Alt

•

Statistik

Statistik

Eine Einführung für Wirtschaftswissenschaftler

von

Dr. Raimund Alt

Linde
international

Bibliografische Information der Deutschen Nationalbibliothek

Die Deutsche Nationalbibliothek verzeichnet diese Publikation in der Deutschen Nationalbibliografie; detaillierte bibliografische Daten sind im Internet über http://dnb.d-nb.de abrufbar.

ISBN: 978-3-7143-0180-9

1210 Wien, Scheydgasse 24, Tel.: 0043/1/24 630
www.lindeverlag.at

Druck: Hans Jentzsch & Co. GmbH
1210 Wien, Scheydgasse 31
1

„Es ist unmöglich, Statistiken zu verstehen, wenn man nicht begriffen hat, wie sie zustande gekommen sind. Es ist ebenfalls unmöglich, aus ihnen Erkenntnisse abzuleiten [...], wenn man die Verfahren ihres Zustandekommens [...] nicht verstanden hat. Aus diesem Grund stellt für den modernen Wirtschaftswissenschaftler die angemessene Beherrschung moderner statistischer Verfahren eine notwendige (wenn auch keine hinreichende) Bedingung dar, keinen Unsinn zu produzieren.“

J.A. Schumpeter (1883–1950)

“If you want literal realism, look at the world around you. If you want understanding, look at theories.”

R. Dorfman (1916–2002)

„Nichts ist praktischer als eine gute Theorie.“

L. Boltzmann (1844–1906)

“It don't mean a thing if it ain't got that swing.”

D. Ellington (1899–1974)

Vorwort

Das vorliegende Lehrbuch ist aus einem Skriptum entstanden, das der Autor erstmals im Studienjahr 2003/2004 an der Fachhochschule des bfi Wien verwendet hat und das in den folgenden Jahren ständig weiterentwickelt wurde. Das Buch stellt eine Einführung in die Grundlagen der Statistik dar und richtet sich vor allem an Studienanfänger wirtschaftswissenschaftlich orientierter Studiengänge. Es kann sowohl als Begleittext zu einer Lehrveranstaltung als auch zum Selbststudium verwendet werden. Das Ziel des Buches ist es, Konzepte und Methoden der Deskriptiven Statistik, der Wahrscheinlichkeitsrechnung und der Induktiven Statistik auf verständliche Weise zu präsentieren und durch zahlreiche Beispiele und Abbildungen zu illustrieren. Am Ende der einzelnen Kapitel befinden sich Exkurse, bei denen zum Teil auch fortgeschrittene statistische Themen berührt werden. Diese sind als Motivation für Studienanfänger gedacht und sollen ihnen zusätzlichen „Appetit" auf Statistik machen. Eine kleine empirische Fallstudie über internationale Aktienindizes im Rahmen der Deskriptiven Statistik sowie ein statistischer Wegweiser am Ende des Buches runden die Darstellung ab.

Um das Verständnis des Stoffes zu erleichtern und zu vertiefen, sind in jedem Kapitel zahlreiche Aufgaben angegeben. Zusätzlich befinden sich im Anhang des Buches Lösungen zu ausgewählten Aufgaben. Aus didaktisch-pädagogischen Gründen wird dabei allerdings nicht der gesamte Lösungsweg, sondern meistens nur das Endergebnis präsentiert. Das sollte die Studenten anregen, Lösungswege nicht einfach nur nachzuvollziehen, sondern es als intellektuelle Herausforderung anzusehen, diese selbst zu finden. Erfahrungsgemäß neigen manche Studenten zu einer Art taktischem Lernen, bei dem es weniger um das Verständnis des Stoffes, sondern eher darum geht, Lösungswege auswendig zu lernen. Das ist allerdings nicht Sinn und Zweck einer akademischen Ausbildung, die die Studierenden zu selbständigem Arbeiten und Denken anregen und befähigen sollte.

Heutzutage stehen für Ausbildungszwecke eine Reihe verschiedener Softwarepakete für den Bereich Statistik zur Verfügung. Um dem technologischen Fortschritt und auch dem Wunsch vieler Studenten Rechnung zu tragen, wurden daher in verschiedenen Kapiteln zahlreiche Aufgaben integriert, für deren Lösung eine geeignete Software erforderlich ist bzw. das Internet benutzt werden soll. Deshalb wurde auch auf die Verwendung traditioneller statistischer Tabellen verzichtet. Falls keine Statistik-Software zur Verfügung steht, kann auf Grund ihrer weiten Verbreitung und wegen des Vorhandenseins einiger statistischer Basiswerkzeuge auch die Software Microsoft Excel für Übungszwecke benutzt werden. Zu diesem Zweck befinden sich im Anhang des Buches einige Hinweise für die Benutzung von Excel bei der Anwendung verschiedener statistischer Funktionen.

Das Buch wurde mit dem Textsatzsystem LaTeX (KOMA-Script) verfasst. Sämtliche Grafiken wurden mit *PSTricks* erstellt. Für die numerischen Berechnungen wurden ein Taschenrechner sowie das Programmpaket R verwendet.

Abschließend möchte ich mich besonders bei meinem Kollegen W. Kreiter für seine langjährige Unterstützung bei der Entwicklung des Skriptums und für die zahlreichen Anregungen und Kritikpunkte bedanken, die wesentlich zur Fertigstellung des Manuskripts beigetragen haben.

Wien, im Juli 2010 *Raimund Alt*

Inhalt

Teil I.

Deskriptive Statistik

Kapitel 1.

Einführung

„*Ein Gast sitzt im Kaffeehaus und trinkt Kaffee.*" Dieser Satz aus einer berühmten Abhandlung[1] des Schriftstellers, Kritikers und Publizisten *F. Torberg* (1908–1979) wird von seinem Autor zum Anlass genommen, eine Reihe von Fragen zu erörtern, die die nach seiner Ansicht komplizierteste der funktionierenden Legenden Wiens betreffen – das Wiener Kaffeehaus. Die drei wichtigsten Fragen für ihn sind dabei: Erstens „*Wer ist der Gast?*", zweitens „*In welcher Art von Kaffeehaus sitzt er?*" und drittens „*Was ist es für ein Kaffee, den er trinkt?*". Für einen Studenten der Wirtschaftswissenschaften dürfte es nahe liegend sein, diesen Fragen unmittelbar eine weitere folgen zu lassen, nämlich: „*Was kostet der Kaffee?*". Und das wird auch die erste in einer Reihe interessanter Fragen sein, mit denen wir uns in dieser Einführung in die Statistik beschäftigen werden. Damit sind wir beim Thema dieses Buches angelangt – Statistik! Einfach ausgedrückt könnte man sagen, dass sich Statistik vor allem mit der Zusammenfassung von Daten beschäftigt. Diese Beschreibung macht deutlich, was im Mittelpunkt der Statistik steht, nämlich Daten. Um es gleich vorwegzunehmen, Daten und Zahlen sind nicht dasselbe! Daten werden zwar häufig zahlenmäßig erfasst, allerdings stehen sie immer in einem sachlichen Kontext. Bei den von Studenten in einer Klausur erzielten Punktezahlen kann man daher von Daten sprechen, bei beliebig vorgegebenen Zahlen wie etwa 2, 5, 7, 10 dagegen nicht.

Angesichts einer immer komplexer werdenden Welt mit ihrem wachsenden Bedürfnis nach Daten ist es kaum überraschend, dass statistische Themen in Beruf und Alltag mehr und mehr an Bedeutung gewinnen, ob es nun um die aktuelle Preisentwicklung, die Höhe des Wirtschaftswachstums oder der Arbeitslosenrate geht oder auch um den Ertrag und das Risiko einer Finanzanlage. Zumindest auf einige dieser Themen werden wir in diesem und den folgenden Kapiteln noch näher eingehen. Im Laufe dieser Einführung wird man dabei auch die Erfahrung machen, dass es oft verschiedene Möglichkeiten zur Beantwortung einer statisti-

TABELLE 1.1. Preise für eine Melange in Wiener Kaffeehäusern (in Euro)

3,10	2,40	3,00	3,20	3,70	4,00	3,20	3,40	2,80	3,20
3,50	3,40	3,10	4,20	3,30	3,00	4,40	3,10	2,90	4,40
3,60	3,30	3,10	2,90	4,40	3,60	3,60	3,50	3,50	3,40
2,30	3,00	2,90	2,60	3,00	2,90	2,60	2,90	2,90	2,70
2,60	2,90	2,50	3,20	2,80	3,70	2,40	3,00	2,70	3,00
3,00	3,00	2,60	2,40	3,30	2,90	3,10	2,60	3,70	2,60
3,30	3,10	2,50	2,60	2,70	2,40	2,60	2,30	4,40	2,60

Zeilen 1 bis 3 = erster Bezirk, Zeilen 4 bis 7 = übrige Bezirke.[2]

schen Frage bzw. zur Lösung eines statistischen Problems gibt, die jede für sich einen anderen Aspekt betont. Dieser Umstand hat der Statistik gelegentlich den Vorwurf eingebracht, dass man mit ihrer Hilfe letztlich alles beweisen kann.

Um die Darstellung etwas konkreter zu machen, werden wir am Beginn einen einfachen Datensatz verwenden, an Hand dessen wir verschiedene statistische Fragestellungen behandeln werden. Bei diesem Datensatz, der in Tabelle 1.1 wiedergegeben ist, handelt es sich um Preise für eine Tasse Kaffee (genauer: für eine Wiener Melange), die für 70 Wiener Kaffeehäuser erhoben wurden[3]. Wir werden dabei versuchen, diesen Datensatz „statistisch“ etwas aufzubereiten. Dazu gehört insbesondere die Darstellung der Daten mit Hilfe von Tabellen bzw. Grafiken, aber natürlich auch der Hinweis auf verschiedene Möglichkeiten, wenn es zum Beispiel um die Berechnung eines geeigneten Mittelwerts oder einer Maßzahl zur Beschreibung der Streuung der Preise geht.

Es folgt ein kurzer Überblick über den Inhalt dieses Kapitels. Der erste Abschnitt beschäftigt sich mit zwei elementaren statistischen Konzepten, die eine Art Gegensatzpaar bilden – Grundgesamtheit und Stichprobe. Weitere wichtige Konzepte werden im zweiten Abschnitt behandelt, nämlich Merkmale (Variablen) und ihre Verteilungen. In diesem Zusammenhang wird insbesondere auf die Unterschiede zwischen quantitativen und qualitativen Merkmalen bzw. zwischen diskreten und stetigen Merkmalen eingegangen. Im dritten Abschnitt werden an Hand verschiedener Beispiele zwei Darstellungsformen betrachtet, die typisch für den Umgang mit statistischen Daten sind, nämlich Tabellen und Grafiken. Der vierte Abschnitt präsentiert den ersten Teil einer kleinen empirischen Fallstudie. Dabei werden Eigenschaften verschiedener Aktienindizes aus Deutschland (DAX), Österreich (ATX), der Schweiz (SMI) und den USA (Dow-Jones-Index) untersucht. Diese Fallstudie wird in den folgenden fünf Kapiteln fortgesetzt, wobei immer ein enger thematischer Zusammenhang zum jeweiligen Kapitel besteht.

1.1. Grundgesamtheit und Stichprobe

Statistische Untersuchungen gehen in der Regel von der Abgrenzung der sogenannten Grundgesamtheit aus. Den Begriff der Grundgesamtheit könnte man vielleicht vergleichen mit dem Begriff der Grundmenge in der Mengenlehre. Es handelt sich dabei um die einer Untersuchung zugrunde liegenden Individuen oder Objekte. Beispiele für Grundgesamtheiten könnten etwa sein

alle Staatsbürger
alle Wahlberechtigten
die Kunden einer Bank
die Studenten eines Studiengangs
sämtliche PCs eines Unternehmens

Betrachtet man die Gesamtheit der Wahlberechtigten, so erhält man an einem Wahltag natürlich Informationen über deren Beteiligung an der Wahl und über die jeweiligen Parteipräferenzen. Oft besteht aber auch ein weiter reichendes Interesse an der Einstellung der Bevölkerung im Hinblick auf persönliche Ansichten, politische Vorhaben oder Entscheidungen. Dabei wird versucht, mit Hilfe von Umfragen durch Markt- und Meinungsforschungsinstitute, entsprechende Antworten von den Befragten zu erhalten. An dieser Stelle kommt ein wichtiger Begriff ins Spiel, der in gewisser Hinsicht einen Gegensatz zur Grundgesamtheit bildet: nämlich die Stichprobe. Es handelt sich hierbei um eine Auswahl von „Objekten“ einer Grundgesamtheit, wobei der Auswahlprozess häufig zur Gänze oder zumindest teilweise zufällig ist. Zweck einer Stichprobenerhebung ist es, Informationen über verschiedene Aspekte einer Grundgesamtheit zu erhalten, ohne allerdings die Grundgesamtheit als Ganzes untersuchen zu müssen. Letzteres wird zum Beispiel vor allem aus Zeit- oder Kostengründen zweckmäßig sein. Die mit Hilfe einer Stichprobe gewonnene Information ist naturgemäß unvollständig und daher mit einer entsprechenden Unsicherheit behaftet. Auf dieses Problem der Unsicherheit im Zusammenhang mit Stichproben werden wir im Rahmen der Induktiven Statistik zurückkommen.

Natürlich verwendet man auch häufig den Begriff der Grundgesamtheit, ohne dass irgendeine Bezugnahme zu einer Stichprobe besteht. Eine Bestandsaufnahme oder Überprüfung sämtlicher PCs eines Unternehmens wäre dafür ein einfaches Beispiel. Ein weiteres wären die zu Beginn dieses Kapitels beschriebenen Melange-Preise Wiener Kaffeehäuser.

1.2. Merkmale und Verteilungen

Im Hinblick auf die Grundgesamtheit 'alle Staatsbürger' könnte man an der Beantwortung von Fragen wie zum Beispiel nach dem Alter, dem ordentlichen Wohnsitz, dem Familienstand oder der Berufstätigkeit interessiert sein. Eine Bank wird sich unter anderem für das Einkommen, das Vermögen oder die Altersstruktur ihrer Kunden interessieren. Dies führt uns zum wichtigen Begriffspaar Merkmal (auch Variable genannt) und Merkmalsausprägungen.

Merkmal und Merkmalsausprägungen

Ein Merkmal ist eine Zusammenfassung von Merkmalsausprägungen. Darunter versteht man Zahlenwerte oder Attribute, die den Objekten der Grundgesamtheit zugeordnet werden.

Bei den Melange-Daten handelt es sich somit um eine Untersuchung des Merkmals 'Preis für eine Melange', wobei die angegebenen Preise konkret beobachtete Ausprägungen dieses Merkmals darstellen.

Verständlicherweise soll eine eindeutige Zuordnung der Objekte der Grundgesamtheit zu den Merkmalsausprägungen erreicht werden. Dazu ist es erforderlich, dass die Ausprägungen eine Zerlegung (Partition) des Merkmals bilden. Das bedeutet, dass die einzelnen Ausprägungen sich gegenseitig ausschließen und jedem Objekt der Grundgesamtheit genau eine dieser Ausprägungen zugeordnet wird. Es könnte zum Beispiel sein, dass bei einer Umfrage das Merkmal 'Familienstand' erhoben wird. Sinnvollerweise sollten dann nicht nur die Ausprägungen ledig, verheiratet, verwitwet bzw. geschieden vorgesehen sein, sondern auch die Möglichkeit, dass die Antwort verweigert wird.

Es gibt verschiedene Möglichkeiten, Merkmale einzuteilen. Dies hat vor allem Konsequenzen im Hinblick auf die Anwendung statistischer Methoden. Eine wichtige Unterteilung ist die in quantitative und qualitative Merkmale.

Quantitative und qualitative Merkmale

Quantitative Merkmale sind Merkmale, deren Ausprägungen durch Zahlenwerte beschrieben werden.

Qualitative Merkmale sind Merkmale, deren Ausprägungen durch Attribute beschrieben werden.

Typische Beispiele für quantitative Merkmale sind etwa das Einkommen oder das Lebensalter von Personen, der Kurs einer Aktie oder die Zahl der täglich eintreffenden E-Mails. Die Melange-Preise gehören natürlich ebenfalls zu den quantitativen Merkmalen. Beispiele für qualitative Merkmale sind das Geschlecht, die Stellung im Beruf (Arbeiter, Angestellter, Beamter, Selbständiger), der Familienstand oder der ordentliche Wohnsitz. Quantitative Merkmale lassen sich noch weiter unterteilen in diskrete und stetige Merkmale.

Diskrete und stetige Merkmale

Diskrete Merkmale sind Merkmale, deren Ausprägungen sich der Reihe nach aufzählen lassen.

Stetige Merkmale sind Merkmale, deren Ausprägungen zumindest prinzipiell jeden Wert innerhalb eines bestimmten Intervalls annehmen können.

Typische Beispiele für diskrete Merkmale sind etwa die Anzahl der innerhalb eines bestimmten Zeitraums eintreffenden Ereignisse (zum Beispiel Geburten, Todesfälle), die Kinderzahl pro Familie usw. Zu den stetigen Merkmalen gehören etwa das Alter, die Größe einer Person oder auch die Zeit, die Sie jede Woche vor dem PC verbringen. In diesem Zusammenhang spricht man auch von diskreten und stetigen Daten. Merkmale, die sich in Geldeinheiten ausdrücken lassen (monetäre Größen), werden übrigens häufig wie stetige Merkmale behandelt, obwohl sie ihrer Natur nach eigentlich zu den diskreten Merkmalen gehören. Beispiele dafür sind das Einkommen, der Umsatz von Unternehmen oder auch die Kurse von Aktien.

Manche statistische Daten kann man an einem bestimmten Stichtag erheben, zum Beispiel die Bevölkerungszahl oder die Zahl der Kunden einer Bank. Solche Daten werden auch Bestandsdaten genannt. Andere Daten lassen sich sinnvoll nur über einen gewissen Zeitraum erheben, wie zum Beispiel Geburten, Todesfälle oder auch das Einkommen. Diese Daten nennt man Bewegungs- oder Stromdaten.

Eine weitere wichtige Klassifizierung von Merkmalen stellt das Skalenniveau dar. Dieses sieht eine Unterteilung von Merkmalen gemäß den folgenden Skalen vor: Nominalskala, Ordinalskala (Rangskala) und Verhältnisskala (metrische Skala). Je nachdem, auf welchem Skalenniveau sich eine Variable befindet, lassen sich bestimmte Operationen durchführen. Qualitative Variablen weisen demnach eine Nominalskala auf. Die Ausprägungen stellen in diesem Fall unterschiedliche

Bezeichnungen dar, bei denen aber keine Anordnung wie etwa größer/kleiner vorliegt. Bei Ausprägungen, die eine Rangordnung darstellen, zum Beispiel Ratings von Unternehmen, ist es nicht sehr sinnvoll, diese zu addieren (auch wenn es sich um Zahlen handelt). Metrische Variablen treten sehr häufig auf, wie zum Beispiel Preise, das Einkommen, die Körpergröße oder das Alter einer Person.

Verteilung

Unter der Verteilung eines Merkmals versteht man die Zuordnung der Merkmalsausprägungen zu den Objekten der Grundgesamtheit.

Der Begriff der Verteilung gehört zu einem der wichtigsten Begriffe der Statistik. Gelegentlich wird die Statistik auch als die Lehre von den Verteilungen bezeichnet. Diese Definition greift vielleicht etwas zu kurz, unterstreicht aber die zentrale Bedeutung dieses Begriffs. Im Rahmen der Deskriptiven Statistik werden wir nur Verteilungen betrachten, die auf Beobachtungen beruhen, das heißt auf beobachteten Daten. Derartige Verteilungen werden auch als empirische Verteilungen bezeichnet. Von besonderem Interesse ist dabei die Frage: Welche Größen und welche Darstellungsformen verwendet man im Zusammenhang mit Verteilungen? Zunächst zum ersten Teil der Frage. Zur Darstellung (empirischer) Verteilungen verwendet man typischerweise absolute oder relative Häufigkeiten. Haben wir ein qualitatives Merkmal oder ein diskretes Merkmal, dann versteht

TABELLE 1.2. Die einzelnen Melange-Preise

Preis	absolute Häufigkeit	Preis	absolute Häufigkeit	Preis	absolute Häufigkeit
2,20	0	3,00	8	3,80	0
2,30	2	3,10	6	3,90	0
2,40	4	3,20	4	4,00	1
2,50	2	3,30	4	4,10	0
2,60	9	3,40	3	4,20	1
2,70	3	3,50	3	4,30	0
2,80	2	3,60	3	4,40	4
2,90	8	3,70	3	4,50	0

man unter der absoluten Häufigkeit einer Ausprägung die Anzahl der Objekte der Grundgesamtheit, die diese Ausprägung besitzen. Für die Melange-Preise zeigt

Tabelle 1.2 die Einzelpreise zwischen 2,20 Euro und 4,50 Euro, wobei 10 Cent-Intervalle verwendet wurden, um etwaige Lücken zu vermeiden.

Symbolisch bezeichnet man die absolute Häufigkeit einer Ausprägung i häufig mit h_i. Die relative Häufigkeit f_i erhält man, indem man die absolute Häufigkeit h_i durch die Anzahl n der Objekte der Grundgesamtheit (den Umfang der Grundgesamtheit) dividiert:

$$f_i = \frac{h_i}{n}$$

Die Summe der relativen Häufigkeiten ergibt natürlich den Wert Eins

$$\sum_{i=1}^{k} f_i = \sum_{i=1}^{k} \frac{h_i}{n} = \frac{1}{n} \sum_{i=1}^{k} h_i = 1$$

wobei k die Anzahl der verschiedenen Merkmalsausprägungen bedeutet. In der folgenden Tabelle werden die Melange-Preise noch einmal dargestellt, diesmal in einer etwas übersichtlicheren Form und zwar mit Hilfe von Intervallen bzw. Klassen. Dabei sind jeweils Preise innerhalb eines bestimmten Bereichs zu einer gemeinsamen Klasse zusammengefasst. Mit anderen Worten, die Ausprägungen im Bereich zwischen 2,20 Euro bis unter 2,60 Euro bilden die erste Preisklasse, usw. Die absolute Häufigkeit einer Klasse ist dann die Zahl derjenigen Preise, die genau in diesen Bereich fallen. Ähnlich verhält es sich mit der relativen Häufigkeit einer Klasse.

TABELLE 1.3. Verteilung der Melange-Preise

Preisklasse (von ... bis unter)	absolute Häufigkeit	relative Häufigkeit (in %)
2,20 – 2,60	8	11,4
2,60 – 3,00	22	31,4
3,00 – 3,40	22	31,4
3,40 – 3,80	12	17,1
3,80 – 4,20	1	1,4
4,20 – 4,60	5	7,1
Summe	70	100,0

Eine derartige Darstellung, bei der Merkmalsausprägungen in Klassen zusammengefasst werden und die absoluten und relativen Häufigkeiten auf der Grundlage dieser Klassen gebildet werden, ist bei stetigen Merkmalen allgemein üblich. Eine Altersverteilung könnte zum Beispiel auf der Klasseneinteilung 0–9 Jahre,

10–19 Jahre, 20–29 Jahre usw. beruhen. Absolute und relative Häufigkeiten beziehen sich dann immer auf die jeweiligen Klassen, wobei es dabei auch zu ungleichen Klassenbreiten kommen kann (Einkommensverteilung).

Gelegentlich werden in Tabellen die kumulierten absoluten und relativen Häufigkeiten ausgewiesen. Die folgende Tabelle zeigt dies für die Melange-Preise. Dabei enthält die zweite Spalte die Summe der kumulierten absoluten Häufigkeiten (hier mit H_i bezeichnet), während die dritte Spalte die entsprechenden kumulierten relativen Häufigkeiten enthält (hier mit F_i bezeichnet). Dieser Tabelle kann man zum Beispiel entnehmen, dass 52 von insgesamt 70 Preisen, das heißt etwa 75%, unter 3,40 Euro liegen.

TABELLE 1.4. Verteilung der Melange-Preise

Preisklasse (von … bis unter)	H_i	F_i (in %)
2,20 – 2,60	8	11,4
2,60 – 3,00	30	42,9
3,00 – 3,40	52	74,3
3,40 – 3,80	64	91,4
3,80 – 4,20	65	92,9
4,20 – 4,60	70	100,0

1.3. Tabellen und Grafiken

Im Folgenden werden wir etwas näher auf verschiedene Darstellungsformen statistischer Daten eingehen. Einige Beispiele dazu haben wir ja bereits kennen gelernt. Nicht wenige assoziieren Statistik gerade mit der Vorstellung von Tabellen. Dabei muss man nicht einmal an Wirtschaftsdaten denken. Für Kinder und Jugendliche sind Tabellen aus dem Bereich des Sports sicher interessanter. Man denke nur an die in vielen Medien gegenwärtigen Fußballtabellen. In gewisser Hinsicht könnte man hier von einer Art Urerfahrung der Statistik sprechen. Tabellen liefern in anschaulicher Form Informationen über die jeweilige Verteilung, was man insbesondere auch für Vergleichszwecke verwenden kann. Da für die Melange-Preise zwei Teil-Datensätze zur Verfügung stehen, kann man diese etwa im Rahmen einer größeren Tabelle einander gegenüberstellen (siehe Tabelle 1.5). Vorteilhaft ist dabei natürlich die Verwendung gleicher Preisklassen.

Tabelle 1.5. Verteilung der Melange-Preise: 1. Bezirk und alle übrigen Bezirke

	1. Bezirk		alle übrigen Bezirke	
Preisklasse (von ... bis unter)	absolute Häufigkeit	relative Häufigkeit (in %)	absolute Häufigkeit	relative Häufigkeit (in %)
2,20 – 2,60	1	3,3	7	17,5
2,60 – 3,00	3	10,0	19	47,5
3,00 – 3,40	11	36,7	11	27,5
3,40 – 3,80	10	33,3	2	5,0
3,80 – 4,20	1	3,3	0	0,0
4,20 – 4,60	4	13,3	1	2,5
Summe	30	100,0	40	100,0

Gegenüber Tabellen verlieren grafische Darstellungen in der Regel an Präzision, liefern dafür aber einen besseren Überblick über die Form der Verteilung. Zur Anwendung kommen dabei häufig Histogramme, Stabdiagramme oder Kreisdiagramme, von denen wir später noch einige Beispiele sehen werden. Zu beachten ist dabei, dass die geometrische Form einer Darstellung mit der Häufigkeit konform gehen sollte. Verwendet man etwa ein Histogramm zur Darstellung einer Häufigkeitsverteilung, so werden in diesem Fall natürlich die Rechteckflächen des Histogramms als Häufigkeiten interpretiert (nicht die Höhen). Bei den Abbildungen 1.1 und 1.2 werden als Beispiele Histogramme zur Darstellung der Melange-Preise verwendet.

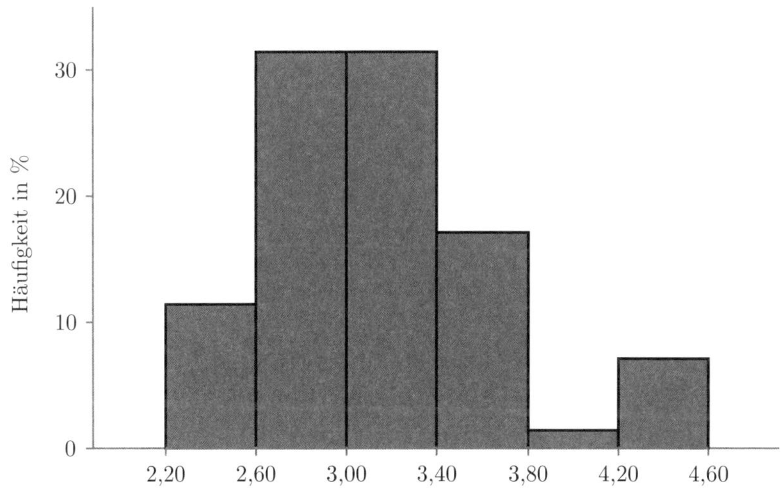

Abbildung 1.1. Histogramm der Verteilung der Melange-Preise

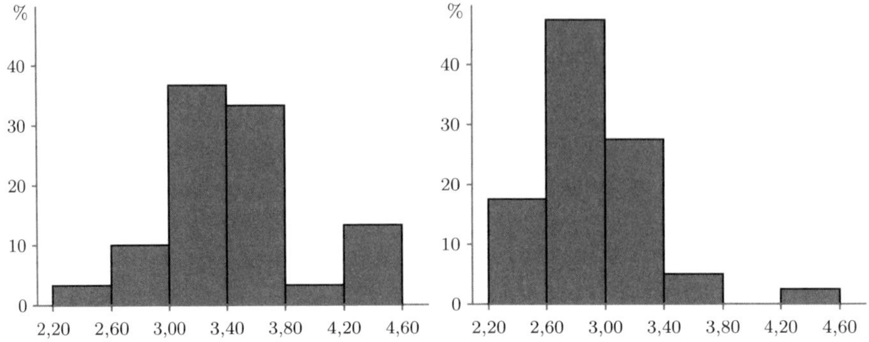

ABBILDUNG 1.2. Verteilung der Melange-Preise: 1. Bezirk (linke Grafik) und alle übrigen Bezirke (rechte Grafik)

Eine interessante Kombination aus Tabelle und Grafik stellen die sogenannten Stiel-und-Blatt-Diagramme dar. Ein Beispiel dazu ist der nachfolgende Fahrplan einer Straßenbahnlinie[4]. Durch die spezielle Anordnung der Abfahrtszeiten (immerhin etwa 450 Werte) liefert diese Darstellung nicht nur die präzisen Informationen einer Tabelle, sondern gleichzeitig einen grafikähnlichen Überblick über die stündlichen Abfahrtshäufigkeiten. Ganz nebenbei hat man hier auch noch einen Vergleich verschiedener Einzelfahrpläne.

TABELLE 1.6. Straßenbahnfahrplan in Form von Stiel-und-Blatt-Diagrammen

Montag–Freitag (Schule)	Montag–Freitag (Ferien)	Samstag	Sonn- und Feiertag
5 31 41 51	**5** 31 41 51 59	**5** 21 31 41 53	**5** 24 41 57
6 00 08 15 23 30 38 45 53	**6** 08 15 23 30 38 45 53	**6** 03 13 23 33 43 53	**6** 12 27 42 57
7 00 08 15 23 30 37 43 49 55	**7** 00 08 15 23 30 38 45 53	**7** 03 13 23 33 43 53	**7** 12 27 42 57
8 01 08 15 23 30 38 45 53	**8** 00 08 15 23 33 43 53	**8** 03 13 23 33 43 53	**8** 12 23 33 43 53
9 00 08 15 23 30 38 45 53	**9** 03 13 23 33 43 53	**9** 03 13 23 33 43 53	**9** 03 13 23 33 43 53
10 00 08 15 23 30 38 45 53	**10** 03 13 23 33 43 53	**10** 03 13 23 33 43 53	**10** 03 13 23 33 43 53
11 00 08 15 23 30 38 45 53	**11** 03 13 23 33 43 53	**11** 03 13 23 33 43 53	**11** 03 13 23 33 43 53
12 00 08 15 23 30 38 45 53	**12** 03 13 23 33 43 53	**12** 03 13 23 33 43 53	**12** 03 13 23 33 43 53
13 00 08 15 23 30 38 45 53	**13** 03 13 23 33 43 53	**13** 03 13 23 33 43 53	**13** 03 13 23 33 43 53
14 00 08 15 23 30 38 45 53	**14** 03 13 23 30 38 45 53	**14** 03 13 23 33 43 53	**14** 03 13 23 33 43 53
15 00 08 15 23 30 38 45 53	**15** 00 08 15 23 30 38 45 53	**15** 03 13 23 33 43 53	**15** 03 13 23 33 43 53
16 00 08 15 23 30 38 45 53	**16** 00 08 15 23 30 38 45 53	**16** 03 13 23 33 43 53	**16** 03 13 23 33 43 53
17 00 08 15 23 30 38 45 53	**17** 00 08 15 23 30 38 45 53	**17** 03 13 23 33 43 53	**17** 03 13 23 33 43 53
18 00 08 15 23 30 38 45 53	**18** 00 08 15 23 30 38 45 53	**18** 03 13 23 33 43 53	**18** 03 13 23 33 43 53
19 00 08 15 23 33 43 53	**19** 00 08 15 23 33 43 53	**19** 03 13 23 33 43 53	**19** 03 13 23 33 43 53
20 03 13 23 33 43 53	**20** 03 13 23 33 43 53	**20** 03 13 27 42 57	**20** 03 13 27 42 57
21 03 13 23 33 43 57	**21** 03 13 23 33 43 57	**21** 12 27 42 57	**21** 12 27 42 57
22 12 27 42 57	**22** 12 27 42 57	**22** 12 27 42 57	**22** 12 27 42 57
23 12 27 42 57	**23** 12 27 42 57	**23** 12 27 42 57	**23** 12 27 42 57
0 12 27 39	**0** 12 27 39	**0** 12 27 39	**0** 12 27 39
1 00	**1** 00	**1** 00	**1** 00

Die spezielle Bezeichnung dieser Diagramme wird verständlich, wenn man sich die Spalten der Stunden (von 5 bis 1) als Stiel und die dazugehörigen Abfahrtszeiten als entsprechende Blätter einer Blume vorstellt.

In den folgenden Kapiteln werden wir es häufig mit Zeitreihen zu tun haben. Bei einer Zeitreihe handelt es sich um zeitlich angeordnete Daten. Beispiele dafür sind die Entwicklung des privaten Konsums, die jährlichen Umsatzzahlen eines Unternehmens oder die Darstellung verschiedener Finanzdaten. Betrachten wir dazu als Beispiel eine Zeitreihe des US-amerikanischen Dow-Jones-Index, des international bekanntesten Aktienindex[5]. Er wurde erstmals im Jahre 1896 für eine Auswahl von Aktien der New Yorker Börse berechnet und setzt sich aus insgesamt 30 Aktientiteln zusammen. Die folgende Abbildung zeigt den Verlauf des Index über den Zeitraum 1896–2007 auf der Basis der jeweiligen Jahresendwerte. Für jedes Jahr des genannten Zeitraums ist der Schlusswert[6] des letzten Handelstages angegeben. An diesem Beispiel kann man insbesondere die Schwierigkeiten erkennen, die sich aus dem gleichzeitigen Auftreten von kleinen und großen Werten innerhalb einer Grafik ergeben können.

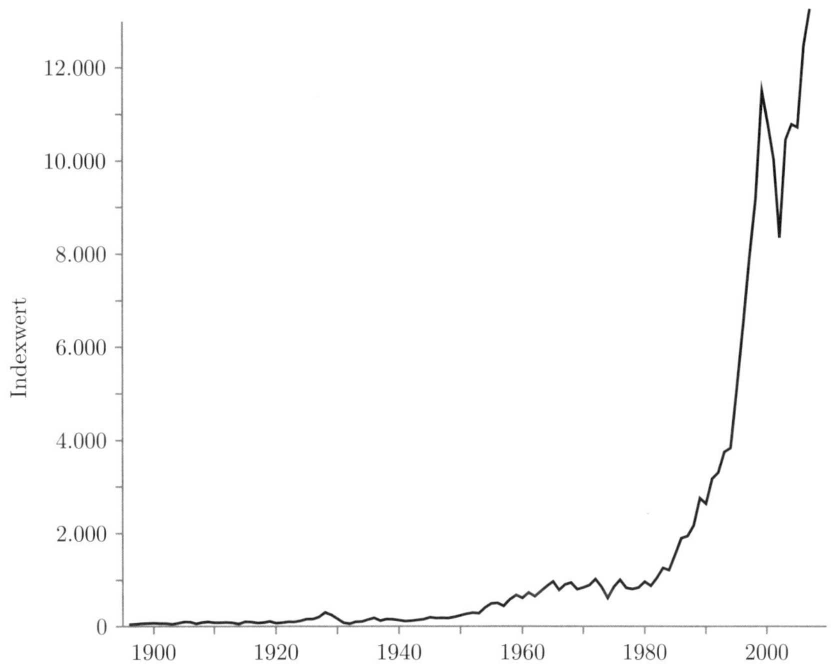

Abbildung 1.3. Dow-Jones-Index 1896–2007 (Jahresendwerte)

Die Darstellung zeigt bis Ende der 1940er Jahre einen geringfügigen Anstieg des Index, der bis Ende der 1970er Jahre etwas stärker ausgeprägt ist und erst in den 1980er Jahren zu einer extremen Dynamik ansetzt. Wer etwas mit der Wirtschafts- bzw. Finanzgeschichte vertraut ist, wird mit einem gewissen Erstaunen feststellen, dass etwa der Börsenkrach des Jahres 1929 und die sich daraus entwickelnde Weltwirtschaftskrise ("Great Depression") der 1930er Jahre oder auch die erste Erdölkrise der Jahre 1973/74 nur als winzige Details in der Grafik zu erkennen sind. Dies hat natürlich mit den hohen Indexwerten der 1990er Jahre zu tun. Ein Rückgang des Index zum Beispiel um 30 Punkte bedeutete Ende der 1920er Jahre einen zweistelligen Renditeverlust, während dies bei einem Kursniveau in der Höhe von 10000 Punkten praktisch nicht wahrgenommen wird.

Mit anderen Worten, die historische Entwicklung des Dow-Jones-Index wird an Hand dieser Grafik äußerst unzureichend wiedergegeben. Der Grund dafür liegt auf der Hand. Investoren orientieren sich nicht so sehr an absoluten Kursen, sondern vor allem an Renditen, und deren Entwicklung wird von der Grafik nicht erfasst! Dazu gibt es allerdings eine Alternative. Die Darstellung lässt sich nämlich wesentlich zweckmäßiger gestalten, wenn man zu einer logarithmischen Skalierung übergeht, bei der statt der absoluten die logarithmierten Indexwerte verwendet werden. Diese Vorgangsweise lässt sich wie folgt begründen. Entsprechend der klassischen Renditeformel besitzt die Rendite r des Index über die Zeitperiode von t nach $t+1$ den Wert

$$r = \frac{x_{t+1} - x_t}{x_t} = \frac{x_{t+1}}{x_t} - 1$$

wobei x_t und x_{t+1} die jeweiligen Indexwerte am Beginn und am Ende der Zeitperiode bedeuten. Für den Logarithmus von $1+r$ folgt dann

$$\ln(1+r) = \ln\left(\frac{x_{t+1}}{x_t}\right) = \ln(x_{t+1}) - \ln(x_t)$$

wobei bei der zweiten Gleichung eine Rechenregel für Logarithmen verwendet wurde. Man kann zeigen, dass für moderate Werte von r die Approximation $\ln(1+r) \approx r$ eine recht gute Näherung darstellt[7].

Es gilt somit die Approximation $r \approx \ln(x_{t+1}) - \ln(x_t)$ für nicht zu große Werte von r. Dies bedeutet aber nichts anderes, als dass der Unterschied zwischen zwei logarithmierten Indexwerten in etwa der Rendite über die jeweilige Zeitperiode entspricht! Anders ausgedrückt: durch die Logarithmierung der Indexwerte wird gerade die Renditeentwicklung des Index sichtbar. Genau das ist es aber,

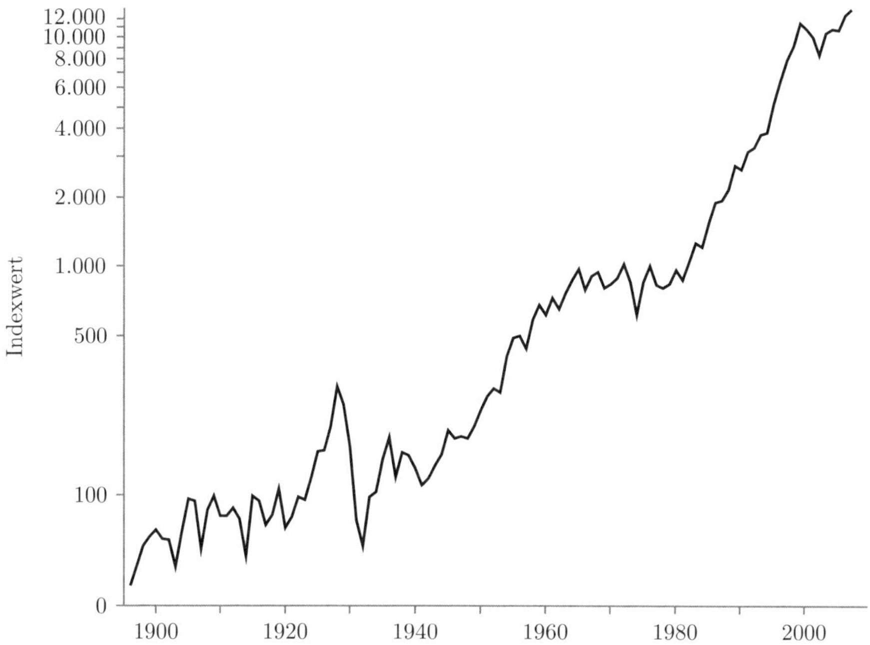

ABBILDUNG 1.4. Dow-Jones-Index 1896–2007 (Jahresendwerte, logarithmiert)

was für die Finanzwelt von Interesse ist[8]. Die nächste Grafik zeigt die logarithmierten Indexwerte, wodurch die historische Entwicklung des Index wesentlich transparenter und damit auch realistischer wiedergegeben wird. Diese Grafik erzählt eine ganz andere Geschichte. Die größte Änderung erkennt man jetzt genau dort, wo man sie aus historischen Gründen auch erwarten würde, nämlich gegen Ende der 1920er und zu Beginn der 1930er Jahre. Größere (insbesondere negative) Änderungen in den Renditen sind vor allem in den ersten Jahrzehnten des 20. Jahrhunderts zu beobachten. Ab den 1940er Jahren werden die Ausschläge deutlich geringer, insbesondere ab den 1980er Jahren.

1.4. Aktienmärkte. Eine empirische Fallstudie (1)

In diesem und einigen nachfolgenden Kapiteln werden wir uns im Rahmen einer kleinen empirischen Fallstudie etwas näher mit Aktienindizes beschäftigen. Unter einem Aktienindex versteht man ganz allgemein eine Größe, die die durchschnittliche Kursentwicklung eines Aktienmarktes beschreiben soll. Am Beispiel von vier Indizes werden wir verschiedene statistische Aspekte des jeweiligen Kapitels betrachten[9]. Bei den verwendeten Aktienindizes handelt es sich um den deutschen DAX (Deutscher Aktienindex), den österreichischen ATX (Austrian Traded Index), den Schweizer SMI (Swiss Market Index) sowie den US-amerikanischen Dow-Jones-Index. Wir beginnen zunächst mit einigen allgemeinen Informationen[10] zu diesen vier Indizes.

Der DAX wurde 1988 an der Frankfurter Börse eingeführt und enthält die 30 größten und umsatzstärksten Aktien am deutschen Aktienmarkt. Dazu gehören zum Beispiel Unternehmen wie BASF, Deutsche Bank, Siemens und Volkswagen.

TABELLE 1.7. Jahresendwerte des DAX, 1991–2007

Jahr	Endwert	Jahr	Endwert	Jahr	Endwert
1991	1578	1997	4224	2003	3965
1992	1545	1998	5002	2004	4256
1993	2267	1999	6958	2005	5408
1994	2107	2000	6434	2006	6597
1995	2254	2001	5160	2007	8067
1996	2889	2002	2893		

Der österreichische ATX umfasst insgesamt 20 Aktien, die zu den umsatzstärksten und höchstkapitalisierten Werten der Wiener Börse gehören. Der Index startete zu Beginn des Jahres 1991 bei einem Anfangswert von 1000 Indexpunkten. Zum ATX gehören unter anderem Unternehmen wie die OMV, Voestalpine und Wienerberger.

TABELLE 1.8. Jahresendwerte des ATX, 1991–2007

Jahr	Endwert	Jahr	Endwert	Jahr	Endwert
1991	883	1997	1295	2003	1545
1992	748	1998	1121	2004	2431
1993	1129	1999	1198	2005	3667
1994	1055	2000	1073	2006	4463
1995	960	2001	1140	2007	4513
1996	1140	2002	1150		

Der SMI ist der bekannteste Aktienindex der Schweiz und enthält insgesamt 20 Titel, die den Schweizer Aktienmarkt repräsentieren. Dazu gehören zum Beispiel die Unternehmen Nestle, Swatch und UBS. Der SMI startete im Jahr 1988 mit einem Indexstand von 1500 Punkten.

TABELLE 1.9. Jahresendwerte des SMI, 1991–2007

Jahr	Endwert	Jahr	Endwert	Jahr	Endwert
1991	1670	1997	6266	2003	5488
1992	2107	1998	7161	2004	5693
1993	2958	1999	7570	2005	7584
1994	2629	2000	8135	2006	8786
1995	3298	2001	6418	2007	8485
1996	3942	2002	4631		

Der Dow-Jones-Index (offiziell: Dow Jones Industrial Average Index) gilt als der weltweit bekannteste Aktienindex und enthält insgesamt 30 Aktien der bedeutendsten US-amerikanischen Unternehmen wie Coca-Cola, McDonald's, Microsoft und Walt Disney. Der Index wurde erstmals im Jahr 1896 publiziert.

TABELLE 1.10. Jahresendwerte des Dow-Jones-Index, 1991–2007

Jahr	Endwert	Jahr	Endwert	Jahr	Endwert
1991	3169	1997	7908	2003	10454
1992	3301	1998	9181	2004	10783
1993	3754	1999	11497	2005	10718
1994	3834	2000	10788	2006	12463
1995	5117	2001	10022	2007	13265
1996	6448	2002	8342		

Es wäre sicher interessant, einmal die Entwicklung dieser Aktienindizes über einen längeren Zeitraum miteinander zu vergleichen. Allerdings ist es in einem solchen Fall nicht sehr sinnvoll, einfach die Zeitreihen der Indexwerte abzubilden. Ende 2000 lag zum Beispiel der Dow-Jones-Index bei knapp 11000 Indexpunkten, der ATX bei knapp 1100. Ein Anstieg um 100 Indexpunkte würde dann beim Dow-Jones-Index etwa 0,9% betragen, beim ATX dagegen etwa 9%. Eine geeignete Vergleichsgrafik sollte daher die prozentuellen (nicht die absoluten) Unterschiede wiedergeben. Zweckmäßigerweise könnte man die einzelnen Zeitreihen auf einen gemeinsamen Anfangswert normieren, zum Beispiel 100. Dies erreicht man, indem man die Werte $S_1, S_2, \ldots, S_T$ der jeweiligen Zeitreihe mit dem Faktor $100/S_1$ multipliziert. Die normierte Zeitreihe lautet dann:

$$100, \frac{S_2}{S_1} \cdot 100, \ldots, \frac{S_T}{S_1} \cdot 100$$

ABBILDUNG 1.5. Vergleich der Indexentwicklung von ATX, DAX, SMI und Dow-Jones-Index (1991–2007, Jahresendwerte, Beginn 1991 = 100)

Sämtliche normierten Zeitreihen haben somit den gleichen Anfangswert 100. Man kann sich leicht überlegen, dass die sukzessiven Wachstumsraten (Renditen) der Originalreihe durch die Normierung unverändert bleiben. Abbildung 1.5 zeigt die entsprechend normierten Zeitreihen für alle vier Aktienindizes. Deutlich kann man die teilweise parallel verlaufende Entwicklung des DAX, des SMI und des Dow-Jones-Index erkennen. Im Gegensatz dazu konnte der ATX über die 1990er Jahre hinweg nur einen moderaten Anstieg verzeichnen. Verglichen mit den anderen Indizes kam es beim ATX allerdings zu keinem Absturz zu Beginn des nächsten Jahrzehnts. Bemerkenswert ist der weitgehend ähnliche Verlauf der Indizes in den nachfolgenden Jahren.

Anmerkungen

1 Hierbei handelt es sich um das 'Traktat über das Wiener Kaffeehaus' aus dem Buch von Torberg (2008).

2 Die Stadt Wien besteht aus insgesamt 23 Bezirken, wobei der 1. Bezirk das Stadtzentrum bildet.

3 Die Preise wurden im Winter 2009/2010 erhoben, und zwar via Internet, Preisaushänge bzw. Verkostung vor Ort. Die Auswahl der Kaffeehäuser wurde dem Buch von Wurmdobler (2005) entnommen.

4 Es handelt sich hierbei um den Fahrplan der Straßenbahnlinie 58, Haltestelle Schloss Schönbrunn (Wien, stadteinwärts, 2008).

5 Die Daten stammen von der folgenden Webseite:
Dow Jones Averages `http://www.djaverages.com/`

6 Der Schlusskurs ist (beim fortlaufenden Handel) der letzte Kurs, der an einem Börsentag ermittelt wird. Bei empirischen Untersuchungen von Aktien werden als Kurswerte meistens Schlusskurse verwendet. Handelt es sich um Wochen-, Monats- oder Jahresdaten, dann spricht man entsprechend von Wochen-, Monats- oder Jahresschlusskursen.

7 Die folgende Tabelle zeigt einen numerischen Vergleich von r und $\ln(1+r)$:

r	$\ln(1+r)$	r	$\ln(1+r)$
0,02	0,0198	0,15	0,1398
0,04	0,0392	0,20	0,1823
0,06	0,0583	0,30	0,2624
0,08	0,0770	0,40	0,3365
0,10	0,0953	0,50	0,4055

8 Die Berechnung der Renditen durch die Differenz der logarithmierten Kurse ist in der wissenschaftlichen Literatur (über Finanzzeitreihen) recht häufig. Bei grafischen Darstellungen findet man beide Varianten, wobei bei kürzeren Zeiträumen die Unterschiede allerdings oft weniger gravierend sind.

9 Die Daten stammen von der folgenden Webseite:
Yahoo! Finanzen `http://de.finance.yahoo.com/`

10 Für weitere Informationen folgen hier die Internetadressen der einzelnen Börsenplätze:

Deutsche Börse `http://deutsche-boerse.com`

Wiener Börse `http://www.wienerboerse.at`

Schweizer Börse `http://www.six-swiss-exchange.com/`

New York Stock Exchange `http://www.nyse.com/`

Aufgaben

Die folgenden Aufgaben dienen dazu, das Verständnis des behandelten Stoffes zu erleichtern und zu vertiefen. Um einen entsprechenden Lerneffekt zu erzielen, sollten dabei die Konzepte und Methoden verwendet werden, die in diesem Kapitel präsentiert wurden. Soweit es um eigene Berechnungen geht, sollte man besonders auf die Darstellung des Lösungswegs achten. Für die mit einem * gekennzeichneten Aufgaben ist eine geeignete Software erforderlich bzw. empfehlenswert. Beachten Sie dazu auch die Hinweise in Anhang A. Lösungen zu den Aufgaben mit geraden Nummern finden Sie in Anhang B.

1.1 Überlegen Sie, ob es sich bei Daten zu den folgenden Merkmalen um Bestandsdaten oder Bewegungsdaten handelt:

Merkmal	Merkmal
Zahl der Filialen einer Bank	Zahl der Arbeitslosen
Zahl der Kinobesucher	Höhe des Privatvermögens
Zahl der Verkehrsunfälle	Zahl der Firmenbankrotte
Zahl der Internetnutzer	Kurs einer Aktie
Zahl der Studenten einer Hochschule	Zahl der Touristen in einer Fremdenverkehrsregion

1.2 Im Folgenden sind einige Merkmale angeführt, die im Rahmen eines Mikrozensus erhoben wurden. Überlegen Sie, welche dieser Merkmale als qualitativ bzw. quantitativ, welche als diskret bzw. stetig zu interpretieren sind.

Merkmal	Merkmal
Familienstand	Nutzfläche der Wohnung
Staatsbürgerschaft	Art der Wohnungsheizung
Zahl der Arbeitsstunden/Woche	Monatlicher Wohnungsaufwand
Zahl der Beschäftigten (Arbeitsstätte)	Höhe der Betriebskosten

1.3 Die folgende Tabelle enthält die innerhalb eines Monats zurückgelegten Tageskilometer eines Taxibetriebes:

285	318	277	264	255	226
225	176	352	312	275	264
360	259	264	176	387	234
265	163	324	354		

a) Wählen Sie eine geeignete Klassenbreite und erstellen Sie eine Häufigkeitstabelle der Tageskilometer auf Basis der absoluten und relativen (Klassen-) Häufigkeiten.

b) Berechnen Sie für die einzelnen Klassen die kumulierten absoluten und relativen Häufigkeiten.

1.4 In einem Restaurant wurden bei einer bestimmten Biersorte innerhalb eines Monats die folgenden Tagesumsätze (in Euro) erzielt:

95	103	72	365	265	105
93	235	155	120	167	215
100	31	83	155	197	157
367	82	128	256	204	182
100	86				

a) Wählen Sie eine geeignete Klassenbreite und erstellen Sie eine Häufigkeitstabelle der Tagesumsätze auf Basis der absoluten und relativen (Klassen-)Häufigkeiten.

b) Berechnen Sie für die einzelnen Klassen die kumulierten absoluten und relativen Häufigkeiten.

*1.5 Besuchen Sie die Eurostat-Homepage und ermitteln Sie die Daten über die Entwicklung der Studentenzahlen in der Europäischen Union und den USA für den Zeitraum 1998–2005 (Jahresdaten).

a) Beschreiben Sie, wie man diese Daten finden kann.

b) Erstellen Sie für Vergleichszwecke eine entsprechende Grafik auf der Basis 1998 = 100.

`http://ec.europa.eu/eurostat`

*1.6 Transformieren Sie die Werte des US-amerikanischen S&P-500-Index (Zeitraum 1991–2007, Jahresendwerte, Schlusskurs) entsprechend der Vorgangsweise, die in Abschnitt 1.4 für den Indexvergleich verwendet wurde.
`http://de.finance.yahoo.com/`

*1.7 Das Gutenberg-Projekt hat sich die Aufgabe gestellt, Texte deutschsprachiger Autoren, die vor mehr als 70 Jahren verstorben sind, kostenlos online zur Verfügung zu stellen. An Hand des ersten Kapitels (ca. 26000 Buchstaben) aus dem Roman „Der Fall Maurizius" (1928) von *J. Wassermann* (1873–1934) soll die Verteilung der Buchstaben mit Hilfe des unten angegebenen Buchstabenzählers bestimmt werden. Erstellen Sie dazu eine Tabelle der relativen Häufigkeiten der Buchstaben und vergleichen Sie das Ergebnis mit dem von Aufgabe 1.10.
`http://gutenberg.spiegel.de/index.php` (Gutenberg-Projekt, deutsch)
`http://www.mtholyoke.edu/courses/quenell/s2003/ma139/js/count.html` (Buchstabenzähler)

*1.8 Vergleichen Sie die Entwicklung des EuroStoxx 50 und des Deutschen Aktienindex DAX für den Zeitraum 2003–2007 (Monatsendwerte, Schlussnotierung).
`http://de.finance.yahoo.com/`

*1.9 Recherchieren Sie im Internet die Daten über die Höhe der Treibhausgasemissionen von Deutschland, Österreich und der Schweiz für den Zeitraum 1990–2006. Fertigen Sie eine Grafik auf der Basis 1990 = 100 an.

*1.10 (Fortsetzung von Aufgabe 1.7)
An Hand des ersten Kapitels (ca. 18000 Buchstaben) aus dem Roman "The Thirty-Nine Steps" (1915) von *J. Buchan* (1875–1940) soll die Verteilung der Buchstaben mit Hilfe des unten angegebenen Buchstabenzählers bestimmt werden. Erstellen Sie dazu eine Tabelle der relativen Häufigkeiten der Buchstaben.
`http://www.gutenberg.org/wiki/Main_Page` (Gutenberg-Projekt, englisch)
`http://www.mtholyoke.edu/courses/quenell/s2003/ma139/js/count.html` (Buchstabenzähler)

Fragen

1. Was ist der Unterschied zwischen einem qualitativen und einem quantitativen Merkmal?
2. Was ist der Unterschied zwischen einem diskreten und einem stetigen Merkmal?
3. Was bedeutet die Aussage „Das Einkommen ist eigentlich eine diskrete Variable, wird aber häufig als stetige Variable angesehen“?
4. Was versteht man unter der Verteilung eines Merkmals?
5. Welche Vorteile hat die Verwendung relativer Häufigkeiten im Vergleich zu absoluten Häufigkeiten?
6. Was sollte man beachten, wenn es darum geht, die Zahl der Klassen(intervalle) einer Häufigkeitsverteilung zu bestimmen?
7. Was versteht man unter dem Begriff Skalenniveau?
8. Worin besteht der Unterschied zwischen Bestandsdaten und Bewegungsdaten?
9. Was bedeutet es für die Interpretation einer Grafik, wenn die Werte einer Zeitreihe logarithmiert dargestellt werden?
10. Welche Vorteile bzw. Nachteile haben die tabellarische und die grafische Darstellung von Daten?

EXKURS

Wo gibt es eigentlich statistische Daten?

Durch das Internet stehen heutzutage eine große Anzahl von Datenquellen online zur Verfügung. Dies gilt insbesondere für den Bereich der Wirtschaftswissenschaften. Im Folgenden sind einige Webadressen angegeben, die bei der Datensuche hilfreich sein können (einen speziellen Exkurs zu *Eurostat* gibt es am Ende des zweiten Kapitels).

Deutschland

Statistisches Bundesamt
`http://www.destatis.de/`
Daten zu speziellen Bereichen findet man unter THEMEN bzw. WEITERE THEMEN. Bei GENESIS-ONLINE (Datenbanken) gelangt man zur Genesis-Datenbank für die Amtliche Statistik Deutschlands. PUBLIKATIONEN (Services) bietet einen Zugang zur Online-Version des Statistischen Jahrbuchs. Hier können die einzelnen Kapitel heruntergeladen werden. Unter WISSENSCHAFTSFORUM (Forschung und Entwicklung) findet man bei METHODEN UND VERFAHREN allgemeine methodische Informationen sowie Erläuterungen zu speziellen Statistiken.

Deutsche Bundesbank
`http://www.bundesbank.de/`
Unter SACHGEBIETE/STATISTIK erhalten Sie Zugang zu zahlreichen Finanz- und Wirtschaftsdaten. Speziell unter ÜBERBLICK/ZEITREIHEN findet man zum Beispiel diverse Zinssätze, Devisenkurse, Goldpreise usw.

Sachverständigenrat zur Begutachtung der gesamtwirtschaftlichen Entwicklung
`http://www.sachverstaendigenrat-wirtschaft.de/`
Der Sachverständigenrat ist ein aus fünf Professoren (die „fünf Weisen") bestehendes Gremium der wissenschaftlichen Politikberatung, das einmal jährlich ein Gutachten zur gesamtwirtschaftlichen Entwicklung Deutschlands erstellt.
Unter dem Menüpunkt ZEITREIHEN stehen kürzere und längere makroökonomische Zeitreihen (national und international) zur Verfügung.

Österreich

Statistik Austria
`http://www.statistik.at/`
Auf der Homepage finden Sie in der linken Spalte eine Liste von Bereichen (Bevölkerung, Arbeitsmarkt usw.), die den unmittelbaren Zugang zu statistischen Daten ermöglicht.

Österreichische Nationalbank (OeNB)
`http://www.oenb.at/`

Schweiz

Bundesamt für Statistik
`http://www.bfs.admin.ch/`

Schweizerische Nationalbank (SNB)
`http://www.snb.ch/de`

Weitere interessante Webadressen

Europäische Zentralbank (EZB)
`http://www.ecb.int/ecb/html/index.de.html`
Unter dem Menüpunkt STATISTICS erhält man den Zugang zu statistischen Daten wie zum Beispiel Wechselkurse, Inflationsraten usw.

OECD
`http://www.oecd.org/`

Internationaler Währungsfonds (IWF)
`http://www.imf.org/`

Weltbank
`http://www.worldbank.org/`

Yahoo! Finanzen
`http://de.finance.yahoo.com/`
Für Übungszwecke findet man hier eine Vielzahl von Zeitreihen zu Aktienkursen und Aktienindizes, die zum Teil Jahrzehnte zurückreichen.

Kapitel 2.

Mittelwerte

Im Zusammenhang mit dem Begriff der Verteilung, der im ersten Kapitel eingeführt wurde, taucht häufig die Frage auf, wie man die vorliegenden Daten durch eine geeignete Größe „repräsentieren" kann. Dabei werden oft Begriffe wie Mittelwert oder Durchschnitt verwendet, die einem bereits aus der Umgangssprache bekannt sind. Bei unserem Kaffeehaus-Beispiel wäre etwa die Frage naheliegend, wie viel eine Melange im Durchschnitt kostet. Gesucht ist hier also nichts anderes als eine quantitative Zusammenfassung der Daten, was zu den typischen Aufgaben der Statistik gehört. Mit diesem aus praktischer Sicht sehr wichtigen Thema werden wir uns auf den folgenden Seiten näher beschäftigen. Wir werden dabei verschiedene Maßzahlen kennenlernen, die auf unterschiedliche Weise der Vorstellung von einem Mittelwert oder Durchschnitt entsprechen. Etwas allgemeiner spricht man in diesem Zusammenhang auch von Lagemaßzahlen. Diese stellen eine Form von komprimierter Information dar. Außerdem erleichtern sie die Vergleichbarkeit von Daten für den Fall, dass nicht nur ein, sondern mehrere Datensätze vorliegen. Wenn man zum Beispiel an den Preis von Produkten wie Kaffee, Bier, Brot, Obst oder auch Benzin denkt, dann hat man es ja nicht mit Einheitspreisen, sondern mit einer Vielzahl von Einzelpreisen zu tun. Wenn daher in Medienberichten vom aktuellen Benzinpreis oder dem diesjährigen Bierpreis am Münchner Oktoberfest die Rede ist, dann sind natürlich Durchschnittspreise gemeint, auch wenn dies nicht immer eigens erwähnt wird.

Betrachten wir ein anderes Beispiel. Abbildung 2.1 zeigt die jährlichen Wachstumsraten des Bruttoinlandsprodukts (BIP) für die EU, Deutschland, Österreich und die Schweiz. Eine naheliegende Frage in diesem Fall wäre wohl die nach einer geeigneten Maßzahl, um das durchschnittliche jährliche Wachstum zu beschreiben. Dies würde nicht nur die Vergleichbarkeit der einzelnen Zeitreihen erleichtern. Es könnte nämlich auch von Interesse sein, das jeweilige Wachstum für verschiedene Abschnitte einer gegebenen Zeitreihe miteinander zu vergleichen. Wir

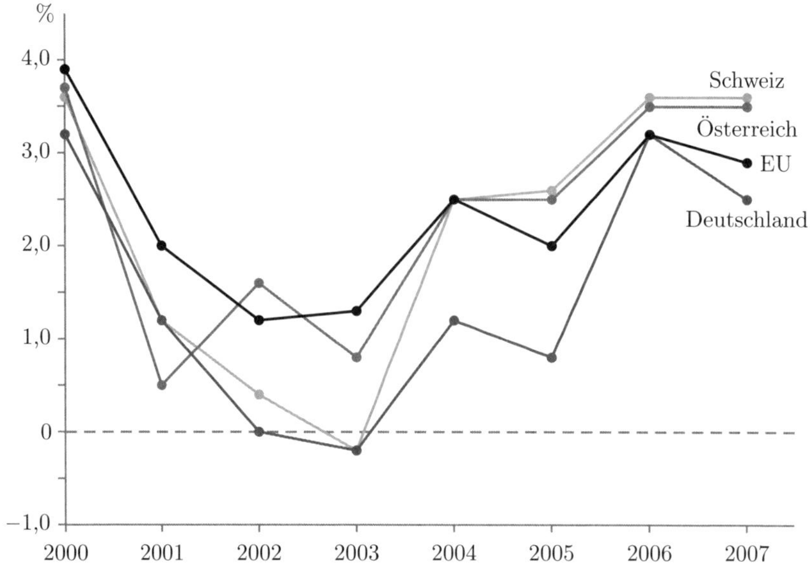

ABBILDUNG 2.1. BIP-Wachstumsraten für die EU, Deutschland, Österreich und die Schweiz, 2000–2007 (Jahresdaten, real, in %)

werden sehen, dass die Beschreibung des Wachstums einer Zeitreihe ein spezielles Mittelwertkonzept erfordert, das man auch in der Finanzmathematik verwendet.

Falls nicht anders vermerkt, setzen wir ab jetzt voraus, dass die verwendeten Ausprägungen immer von quantitativen Merkmalen stammen und dass man uneingeschränkt mit ihnen operieren kann. Beobachtungen, das heißt beobachtete Daten, werden dabei üblicherweise symbolisch mit $x_1, x_2, \ldots, x_n$ bezeichnet.

Es folgt ein kurzer Überblick über den Inhalt dieses Kapitels. Der erste Abschnitt beschäftigt sich mit dem am häufigsten verwendeten Mittelwert, dem arithmetischen Mittel. Dabei werden wir neben der traditionellen Variante auch eine Variante präsentieren, bei der die einzelnen Werte eine Gewichtung aufweisen können. Im zweiten Abschnitt wird das geometrische Mittel behandelt, das typischerweise bei Zeitreihendaten verwendet wird, wenn es darum geht, so etwas wie eine durchschnittliche Wachstumsrate zu bestimmen. Im nächsten Abschnitt wird kurz auf einige weitere Maßzahlen eingegangen, die ebenfalls im Zusammenhang mit Mittelwerten relevant sind, nämlich der Modus, der Median bzw. allgemeiner die Quantile. Eine spezielle grafische Darstellungsform, die Boxplots, wird im vierten Abschnitt vorgestellt. Im letzten Abschnitt schließlich werden die vier Aktienindizes an Hand der durchschnittlichen Wachstumsrate bzw. Rendite miteinander verglichen.

2.1. Arithmetisches Mittel

Wann immer die Frage nach einem Durchschnitt, einem durchschnittlichen Wert oder Mittelwert gestellt wird, wird man häufig zunächst an das arithmetische Mittel denken[1]. Es ist die mit Abstand populärste Lagemaßzahl und wird üblicherweise durch einen Querstrich, zum Beispiel $\overline{x}$, gekennzeichnet[2].

Arithmetisches Mittel

$$\overline{x} = \frac{x_1 + \cdots + x_n}{n} = \frac{1}{n}\sum_{i=1}^{n} x_i$$

Das arithmetische Mittel erhält man also dadurch, indem die Summe der Daten durch ihre Anzahl dividiert wird. Bei den gesamten Melange-Preisen ergibt sich daher für das arithmetische Mittel der Wert

$$\overline{x} = \frac{3{,}10 + 2{,}40 + \cdots + 4{,}40 + 2{,}60}{70} = 3{,}10$$

Die Frage nach dem durchschnittlichen Preis für eine Melange wäre in diesem Fall mit der Angabe des Wertes $\overline{x} = 3{,}10$ beantwortet. Berechnet man noch separat die arithmetischen Mittel der Datensätze für den 1. Bezirk bzw. für die übrigen Bezirke, dann erhält man die Werte $\overline{x}_1 = 3{,}40$ bzw. $\overline{x}_2 = 2{,}85$, was erwartungsgemäß den Unterschied im Preisniveau zwischen dem Stadtzentrum und den übrigen Bezirken widerspiegelt.

Das arithmetische Mittel kann man vergleichen mit dem Gleichgewichtspunkt einer Waage. Betrachtet man die Abweichungen der Beobachtungen vom arithmetischen Mittel, das heißt die Differenzen $x_i - \overline{x}$, dann zeigt sich, dass sich negative und positive Abweichungen gegenseitig aufheben. Es gilt nämlich:

$$\sum_{i=1}^{n}(x_i - \overline{x}) = \sum_{i=1}^{n} x_i - n\overline{x} = n\overline{x} - n\overline{x} = 0$$

Durch diese Eigenschaft wird das arithmetische Mittel charakterisiert. Mit anderen Worten, bei gegebenen Beobachtungen $x_1, x_2, \ldots, x_n$ ist das arithmetische Mittel $\overline{x}$ gerade diejenige Zahl, für die die Summe der Abweichungen den Wert Null ergibt.

Fasst man die 70 Einzelwerte in einer Häufigkeitstabelle zusammen, wie wir es bereits in Kapitel 1 getan haben, dann wird die Darstellung der Melange-Preise

TABELLE 2.1. Häufigkeiten der Melange-Preise

Preis	absolute Häufigkeit	Preis	absolute Häufigkeit
2,30	2	3,40	3
2,40	4	3,50	3
2,50	2	3,60	3
2,60	9	3,70	3
2,70	3	3,80	0
2,80	2	3,90	0
2,90	8	4,00	1
3,00	8	4,10	0
3,10	6	4,20	1
3,20	4	4,30	0
3,30	4	4,40	4

nicht nur übersichtlicher, sondern erlaubt auch eine alternative und elegantere Berechnung des arithmetischen Mittels. Das arithmetische Mittel lässt sich nämlich jetzt auch so berechnen:

$$\overline{x} = \frac{2{,}30 \cdot 2 + 2{,}40 \cdot 4 + \cdots + 4{,}40 \cdot 4}{70} = 3{,}10$$

Dabei wird jeder Preis mit der Häufigkeit seines Auftretens multipliziert („gewichtet“). Bezeichnet man allgemein die verschiedenen Merkmalsausprägungen mit $a_1, a_2, \ldots, a_k$, dann erhält man also das arithmetische Mittel, indem die einzelnen Merkmalsausprägungen mit den entsprechenden absoluten Häufigkeiten $h_1, h_2, \ldots, h_k$ gewichtet werden. Auf diese Weise erhält man formal das sogenannte gewichtete arithmetische Mittel.

Gewichtetes arithmetisches Mittel

$$\overline{x} = \frac{a_1 \cdot h_1 + \cdots + a_k \cdot h_k}{n} = \frac{1}{n}\sum_{i=1}^{k} a_i \cdot h_i$$

Diese Darstellung des arithmetischen Mittels ermöglicht übrigens eine Modifikation, bei der man statt der absoluten Häufigkeiten spezielle positive Gewichte $g_1, g_2, \ldots, g_k$ verwenden kann, wobei dann der Zähler durch die Summe der

Gewichte dividiert wird. Auf diese Weise könnte man die einzelnen Merkmalsausprägungen quasi mit ihrer „Bedeutung" gewichten. Man denke etwa an die Gewichtung von Punktezahlen bei Prüfungen mit unterschiedlichem Schwierigkeitsgrad.

Wenn man das mit den absoluten Häufigkeiten berechnete arithmetische Mittel etwas umformt, dann zeigt sich, dass man $\overline{x}$ darstellen kann als die Summe der Produkte aus den verschiedenen Merkmalsausprägungen und den zugehörigen relativen Häufigkeiten

$$\overline{x} = \frac{1}{n}\sum_{i=1}^{k} a_i \cdot h_i = \sum_{i=1}^{k} a_i \cdot \frac{h_i}{n} = \sum_{i=1}^{k} a_i \cdot f_i$$

Auf diese Darstellung werden wir in der Wahrscheinlichkeitsrechnung noch einmal zurückkommen. Mit ihrer Hilfe lässt sich nämlich der Begriff des Erwartungswerts einer Zufallsvariablen motivieren.

klausurtipp

Falls man das gewichtete arithmetische Mittel verwendet, sollte man sich klar darüber sein, über welche Werte eigentlich „gemittelt" wird. Hier kommt es immer wieder zu Verwechslungen. Betrachten wir zum Beispiel die folgende Berechnung des arithmetischen Mittels der Ausprägungen 1, 2, 3 und 4 eines Merkmals mit den absoluten Häufigkeiten 5, 3, 4 und 8:

$$\overline{x} = \frac{1 \cdot 5 + 2 \cdot 3 + 3 \cdot 4 + 4 \cdot 8}{10} = 3{,}5$$

Dieses Ergebnis ist natürlich falsch! In diesem Fall ist nämlich der Nenner nicht gleich der Summe der Häufigkeiten, sondern gleich der Summe der vier verschiedenen Ausprägungen, die tatsächlich den Wert 10 hat. Wenn man will, könnte man sagen, dass hier das gewichtete arithmetische Mittel von vier Zahlen berechnet wurde, wobei die „Ausprägungen" 5, 3, 4 und 8 mit den „Häufigkeiten" 1, 2, 3 und 4 gewichtet wurden. Das war aber nicht gefragt!

Obwohl das arithmetische Mittel derjenige Mittelwert ist, der am häufigsten verwendet wird, ist seine Anwendung nicht immer ganz unproblematisch. Da nämlich bei seiner Berechnung sämtliche Beobachtungen berücksichtigt werden, können zum Beispiel extreme Werte, sogenannte Ausreißer, den Mittelwert unter Umständen stark beeinflussen. Das ist nicht unbedingt eine wünschenswerte Eigenschaft, wenn man an einem repräsentativen Mittelwert interessiert ist. Auf diesen Aspekt werden wir bei der Definition des Medians noch eingehen.

2.2. Geometrisches Mittel

Als nächstes behandeln wir einen wichtigen Mittelwert, der üblicherweise[3] nur bei Zeitreihen und zwar im Zusammenhang mit Wachstumsraten oder Renditen verwendet wird – das geometrische Mittel. Betrachtet man etwa einen Zeitraum von mehreren Jahren, so könnte man zum Beispiel an der durchschnittlichen jährlichen Wachstumsrate des Umsatzes bzw. Gewinns eines Unternehmens interessiert sein. Weitere Anwendungen wären etwa die durchschnittliche jährliche Inflationsrate oder die Rendite einer Finanzanlage. Derartige Fragen lassen sich mit Hilfe des geometrischen Mittels beantworten. Die entsprechende Formel werden wir im Folgenden aus einer gegebenen Fragestellung herleiten.

Der Einfachheit halber nehmen wir an, wir haben eine Zeitreihe zum Beispiel der jährlichen Umsätze eines Unternehmens, die aus vier Werten besteht, nämlich x_1, x_2, x_3 und x_4. Wir betrachten somit einen Zeitraum von insgesamt vier Jahren. Die jährliche Wachstumsrate r_i berechnen wir nach der Formel

$$r_i = \frac{x_{i+1} - x_i}{x_i} = \frac{x_{i+1}}{x_i} - 1$$

Aus dieser Gleichung ergibt sich die folgende Rekursionsformel:

$$x_{i+1} = x_i(1 + r_i)$$

Wenn man diese Beziehung sukzessive anwendet, dann erhält man für den letzten Wert:

$$\begin{aligned} x_4 &= x_3(1 + r_3) \\ &= x_2(1 + r_2)(1 + r_3) \\ &= x_1(1 + r_1)(1 + r_2)(1 + r_3) \end{aligned}$$

Als durchschnittliche jährliche Wachstumsrate definiert man jetzt denjenigen Wert r, für den gilt:

$$x_4 = x_1(1 + r)^3$$

Eine konstante jährliche Wachstumsrate r würde dann denselben Endwert, nämlich x_4, ergeben. Wir müssen somit nur die folgende Gleichung nach r auflösen:

$$(1 + r)^3 = (1 + r_1)(1 + r_2)(1 + r_3)$$

Wegen $1+r = \sqrt[3]{(1 + r_1)(1 + r_2)(1 + r_3)}$ lautet die durchschnittliche Wachstumsrate daher

$$r = \sqrt[3]{(1 + r_1)(1 + r_2)(1 + r_3)} - 1$$

Bei jährlichen Wachstumsraten von $r_1 = 10\,\%$, $r_2 = 50\,\%$ und $r_3 = 30\,\%$ würde die durchschnittliche Wachstumsrate $r = \sqrt[3]{1{,}1 \cdot 1{,}5 \cdot 1{,}3} - 1 = 0{,}29$ bzw. 29 % betragen. Bei dem Wurzelausdruck handelt es sich übrigens um das geometrische Mittel der „Wachstumsfaktoren" 1,1, 1,5 und 1,3. Allgemein ist das geometrische Mittel wie folgt definiert:

Geometrisches Mittel

$$G = \sqrt[n]{z_1 \cdot z_2 \cdot \ldots \cdot z_n}$$

wobei z_1, z_2, ..., z_n positive Zahlen sind.

Beachten Sie, dass zur Berechnung der durchschnittlichen Wachstumsrate nicht das geometrische Mittel der Wachstumsraten, sondern das geometrische Mittel der Wachstumsfaktoren verwendet wird. Insbesondere können aus n jährlichen Umsatzwerten natürlich nur $n - 1$ Wachstumsfaktoren berechnet werden. Wenn man einmal von dem eher pathologischen Fall absieht, dass die Zahlenwerte z_1, z_2, ..., z_n alle gleich sind, dann kann man zeigen, dass das arithmetische Mittel $\overline{z}$ und das entsprechende geometrische Mittel G immer die Ungleichung $G < \overline{z}$ erfüllen. Würde man daher (fälschlicherweise) das arithmetische Mittel zur Berechnung der durchschnittlichen Wachstumsrate verwenden, dann würde dies immer einen höheren Wert liefern[4].

2.3. Modus, Median und Quantile

Der Modus von gegebenen Daten ist derjenige Wert, der am häufigsten auftritt. Er kann sinnvoll auch bei qualitativen Merkmalen bestimmt werden. Für die gesamten Melange-Preise gilt

$$\text{Modus} = 2{,}60$$

da dieser Preis am häufigsten vorkommt, nämlich insgesamt neunmal. Der entsprechende Wert für den 1. Bezirk beträgt 3,10, für die übrigen Bezirke ebenfalls 2,60. Der Modus stellt eine zusätzliche Information zum arithmetischen Mittel dar. Im Gegensatz zum arithmetischen Mittel ist allerdings beim Modus garantiert, dass es sich um einen tatsächlich beobachteten Wert handelt. Allerdings muss der Modus nicht immer eindeutig sein, da zum Beispiel durchaus zwei Werte gleich häufig auftreten können. In diesem Zusammenhang spricht man auch manchmal von bimodalen Verteilungen.

klausurtipp

Bei der Berechnung des Modus stößt man in manchen Klausuren auf folgendes Phänomen: angenommen, der Modus der Zahlen

$$1, 2, 5, 5, 5, 7, 7, 8, 9, 9$$

ist zu bestimmen. Als Antwort wird gegeben: Modus = 3! Diese Antwort ist natürlich falsch. Die korrekte Antwort lautet: Modus = 5. Was ist da passiert? Die Zahl 5 ist derjenige Wert, der unter den gegebenen Zahlen am häufigsten vorkommt, nämlich dreimal. Bei der obigen (falschen) Antwort wurde somit der häufigste Wert mit der absoluten Häufigkeit des häufigsten Wertes verwechselt. Hier kann man nur empfehlen, nach der Bestimmung des Modus noch einmal zu prüfen, ob es sich wirklich um den denjenigen Wert handelt, der am häufigsten auftritt. Eine Antwort wie beim obigen Beispiel (der Wert 3 tritt überhaupt nicht auf) lässt sich dann hoffentlich vermeiden.

Eine Maßzahl, die relativ robust, das heißt weniger empfindlich, gegenüber Ausreißern ist, ist der Median. Eine einfache, allerdings nicht ganz präzise Charakterisierung lautet: der Median ist derjenige Wert, bei dem 50 % der Daten darunter und 50 % darüber liegen. Für die genaue Definition des Medians nehmen wir zunächst an, dass die Daten x_1, x_2, ..., x_n der Größe nach geordnet sind. Formal wird dieser Sachverhalt häufig so beschrieben

$$x_{(1)} \leq x_{(2)} \leq \ldots \leq x_{(n)}$$

wobei für die Anordnung eine indizierte Beklammerung verwendet wird. Der Wert $x_{(1)}$ bezeichnet somit den kleinsten Wert, $x_{(2)}$ den zweitkleinsten usw. Sind zum Beispiel die fünf Werte $x_1 = 4$, $x_2 = 8$, $x_3 = 4$, $x_4 = 2$ und $x_5 = 3$ gegeben, dann kann man die der Größe nach geordneten Werte so aufschreiben: $x_{(1)} = 2$, $x_{(2)} = 3$, $x_{(3)} = 4$, $x_{(4)} = 4$ und $x_{(5)} = 8$. Für Berechnungen würde es natürlich genügen, die Werte einfach wie folgt anzuordnen: 2, 3, 4, 4, 8.

Die konkrete Definition des Medians hängt jetzt davon ab, ob die Zahl der Daten ungerade oder gerade ist. Im ersteren Fall ist der Median gerade der Wert in der „Mitte“ der Daten, im zweiten Fall verwendet man das arithmetische Mittel aus den beiden in der „Mitte“ liegenden Daten.

Median

$$\text{Median} = \begin{cases} x_{\left(\frac{n+1}{2}\right)} & \text{für } n \text{ ungerade} \\ \frac{1}{2} \cdot \left(x_{\left(\frac{n}{2}\right)} + x_{\left(\frac{n}{2}+1\right)}\right) & \text{für } n \text{ gerade} \end{cases}$$

Bei den gesamten Melange-Preisen ist $n = 70$ und somit eine gerade Zahl. Der Median ist in diesem Fall definiert als das arithmetische Mittel der beiden Werte $x_{(35)}$ und $x_{(36)}$. Die der Größe nach geordneten Melange-Preise (unter Berücksichtigung der Häufigkeiten) sind bereits in der obigen Tabelle angegeben und somit beträgt der Median

$$\text{Median} = \frac{1}{2}\,(3{,}00 + 3{,}00) = 3{,}00$$

Für den 1. Bezirk beträgt übrigens der Median 3,35, für die übrigen Bezirke 2,85. In der Regel gilt, dass sich der Median durch das Hinzufügen eines weit entfernt liegenden Wertes wenig oder gar nicht ändert. Aus diesem Grund sagt man, dass der Median robust ist gegenüber Ausreißern (verglichen etwa mit dem arithmetischen Mittel, das darauf sehr empfindlich reagieren kann). Hinzu kommt, dass sich der Median leicht interpretieren lässt. Typische Beispiele, bei denen der Median verwendet wird, sind etwa Einkommens- oder Altersverteilungen. Tabelle 2.2 enthält als Beispiel die Angaben über das Medianalter einiger Länder.

TABELLE 2.2. Medianalter einiger Länder (in Jahren)

Land	Medianalter
Uganda	14,9
Äthiopien	18,0
Ghana	20,2
Indien	24,8
Brasilien	28,6
Sri Lanka	30,0
China	33,2
USA	36,6
Schweiz	40,4
Österreich	41,3
Deutschland	43,0
Japan	43,5

Abschließend gehen wir noch auf die sogenannten Quantile ein, die in gewisser Hinsicht den Übergang von den Mittelwerten zu den Streuungsmaßzahlen darstellen, die im nächsten Kapitel behandelt werden. Ein $p\,\%$-Quantil ist (wiederum etwas ungenau) derjenige Wert, bei dem $p\,\%$ der Daten unterhalb und $(100-p)\,\%$ der Daten oberhalb des Wertes liegen. Dabei ist p (üblicherweise) eine ganze Zahl zwischen 0 und 100.

$p\,\%$-Quantile

Die Daten seien der Größe nach angeordnet, das heißt

$$x_{(1)} \leq x_{(2)} \leq \ldots \leq x_{(n)}$$

Dann definiert man

$$k = \frac{p}{100} \cdot n$$

- Ist k ganzzahlig, dann ist das $p\,\%$-Quantil die Zahl

$$\frac{1}{2} \cdot \left(x_{(k)} + x_{(k+1)}\right)$$

- Ist k nicht ganzzahlig, dann wird k auf die nächstgrößere ganze Zahl aufgerundet. Diese Zahl liefert die Position des $p\,\%$-Quantils.

Quantile werden manchmal auch als Perzentile bezeichnet. Ein Beispiel für ein Quantil haben wir bereits kennengelernt – den Median. Er ist nämlich gerade das 50 %-Quantil! Wichtige Quantile sind vor allem das 25 %-Quantil und das 75 %-Quantil, die man auch Quartile nennt und häufig mit Q_1 und Q_3 bezeichnet. Berechnen wir abschließend für die gesamten Melange-Preise die beiden Quartile Q_1 und Q_3. Für $p = 25$ ist

$$k = \frac{p}{100} \cdot n = \frac{25}{100} \cdot 70 = 17{,}5$$

Da k nicht ganzzahlig ist, wird k auf die nächstgrößere ganze Zahl, also 18, aufgerundet. Daher gilt $Q_1 = x_{(18)} = 2{,}70$. Für $p = 75$ ist

$$k = \frac{p}{100} \cdot n = \frac{75}{100} \cdot 70 = 52{,}5$$

Rundet man diese Zahl auf, dann erhält man den Wert 53. Somit besitzt das dritte Quartil den Wert $Q_3 = x_{(53)} = 3{,}40$.

Eine optisch attraktive Möglichkeit, diese Werte in übersichtlicher Form mit den Werten für die beiden anderen Datensätze zu vergleichen, bietet die Verwendung von Boxplots, die im nächsten Abschnitt behandelt werden.

2.4. Boxplots

Eine recht populäre Darstellungsform für den Vergleich der Lagemaßzahlen verschiedener Verteilungen sind die sogenannten Boxplots. Dabei werden für einen gegebenen Datensatz (mindestens) fünf Maßzahlen verwendet, nämlich das Minimum, das 1. Quartil, der Median, das 3. Quartil und das Maximum. Abbildung 2.2 zeigt die Boxplots für die drei Melange-Datensätze. Dabei fasst jedes graue Rechteck ("Box") die Daten zwischen dem 1. Quartil und dem 3. Quartil zusammen. Die senkrechte Linie unterhalb eines Rechtecks verläuft vom kleinsten Wert der Daten bis zum 1. Quartil, entsprechend verläuft die obere senkrechte Linie vom 3. Quartil bis zum größten Wert. Zusätzlich wurde hier noch das arithmetische Mittel eingetragen (gestrichelte Linie).

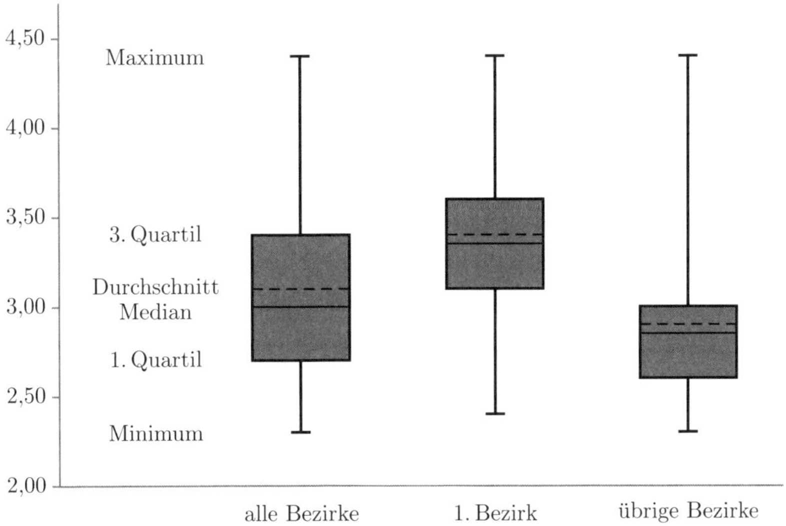

ABBILDUNG 2.2. Box-Plots der Melange-Preise

Was beim Vergleich dieser Datensätze besonders auffällt, ist die Tatsache, dass das zweite Rechteck höher als das dritte liegt, das heißt, das 1. Quartil des zweiten Datensatzes ist größer als das 3. Quartil des dritten Datensatzes. Anders ausgedrückt, bei den Melange-Preisen liegt der mittlere Bereich des 1. Bezirks oberhalb des mittleren Bereichs für die übrigen Bezirke. Die recht intuitive grafische Darstellung weist damit auf einen Aspekt hin, mit dem wir uns im nächsten Kapitel beschäftigen werden, nämlich die Streuung von Daten.

In der Literatur werden zusätzlich noch einige Varianten erwähnt. Zum Beispiel könnte man die Rechtecke unterschiedlich breit machen, um speziell verschieden große Datensätze zu kennzeichnen. Eine weitere Möglichkeit wäre die Darstellung einzelner extremer Werte (Ausreißer). Ein gewisser Nachteil bei der Verwendung von Boxplots besteht darin, dass die Enden der einzelnen Verteilungen, genauer die senkrechten Linien zum Minimum bzw. Maximum, die Bandbreite der Daten stark betonen, obwohl dies unter Umständen nur durch das Auftreten einzelner extremer Werte verursacht sein kann.

2.5. Aktienmärkte. Eine empirische Fallstudie (2)

Im Rahmen unserer Fallstudie werden wir jetzt versuchen, eine für dieses Kapitel nahe liegende Frage zu beantworten, nämlich: Wie hoch ist eigentlich im Durchschnitt die jährliche Rendite bei den einzelnen Aktienindizes? Zur Berechnung dieser Größe, zu der wir natürlich das geometrische Mittel heranziehen, verwenden wir die jährlichen Renditen[5] über den Zeitraum 1991–2007. Diese Werte sind in den folgenden vier Tabellen angegeben. Wie man leicht sehen kann, überwiegen dabei deutlich zweistellige Renditen (positive wie negative). Was man außerdem feststellen kann, ist, dass durch die Angabe der jährlichen Renditen die jeweilige Indexentwicklung nicht nur wesentlich transparenter, sondern auch vergleichbarer wird.

Der DAX verzeichnete einen besonders deutlichen Anstieg in der zweiten Hälfte der 1990er Jahre. Mit Beginn des neuen Jahrzehnts setzte zunächst ein mehrjähriger Rückgang ein, der aber in den folgenden Jahren wieder wettgemacht wurde.

Tabelle 2.3. Jährliche Renditen des DAX, 1991–2007 (in %)

Jahr	Rendite	Jahr	Rendite	Jahr	Rendite
1991	15,5	1997	46,2	2003	37,1
1992	−2,1	1998	18,4	2004	7,3
1993	46,7	1999	39,1	2005	27,1
1994	−7,1	2000	−7,5	2006	22,0
1995	7,0	2001	−19,8	2007	22,3
1996	28,2	2002	−43,9		

Im Vergleich zu den anderen Indizes konnte der ATX in den 1990er Jahren nur eine geringe Dynamik entwickeln. Einer der Gründe dürfte die Marktenge des Wiener Finanzplatzes gewesen sein. Allerdings setzte der ATX mit Beginn des neuen Jahrzehnts zu einem deutlichen Aufschwung an.

TABELLE 2.4. Jährliche Renditen des ATX, 1991–2007 (in %)

Jahr	Rendite	Jahr	Rendite	Jahr	Rendite
1991	−11,7	1997	13,6	2003	34,4
1992	−15,3	1998	−13,5	2004	57,4
1993	51,0	1999	6,9	2005	50,8
1994	−6,5	2000	−10,4	2006	21,7
1995	−9,0	2001	6,2	2007	1,1
1996	18,8	2002	0,8		

Der SMI kann im betrachteten Zeitraum auf eine insgesamt recht positive Entwicklung verweisen. Er dürfte vermutlich die höchste durchschnittliche Rendite erzielen.

TABELLE 2.5. Jährliche Renditen des SMI, 1991–2007 (in %)

Jahr	Rendite	Jahr	Rendite	Jahr	Rendite
1991	21,7	1997	58,9	2003	18,5
1992	26,2	1998	14,3	2004	3,7
1993	40,4	1999	5,7	2005	33,2
1994	−11,1	2000	7,5	2006	15,8
1995	25,4	2001	−21,1	2007	−3,4
1996	19,5	2002	−27,8		

Beim Dow-Jones-Index fällt auf, dass er im Vergleich zu den anderen Indizes deutlich geringere Schwankungen aufweist. Möglicherweise vermitteln Medienberichte oft einen etwas anderen Eindruck, was mit einer gewissen „Fixierung“ auf die absoluten Indexwerte zusammenhängen könnte. Die Bandbreite der jährlichen Renditen deutet zumindest für diesen Zeitraum auf ein niedrigeres Risiko des US-Marktes hin.

Kommen wir jetzt zur Beantwortung unserer eigentlichen Frage. Verwendet man zur Berechnung der durchschnittlichen jährlichen Rendite das geometrische Mittel auf der Basis der angegebenen Jahresrenditen[6], dann erhält man für den

TABELLE 2.6. Jährliche Renditen des Dow-Jones-Index, 1991–2007 (in %)

Jahr	Rendite	Jahr	Rendite	Jahr	Rendite
1991	21,4	1997	22,6	2003	25,3
1992	4,2	1998	16,1	2004	3,1
1993	13,7	1999	25,2	2005	−0,6
1994	2,1	2000	−6,2	2006	16,3
1995	33,5	2001	−7,1	2007	6,4
1996	26,0	2002	−16,8		

DAX den Wert 11,0 %, für den ATX den Wert 9,3 % für den SMI den Wert 11,3 % und für den Dow-Jones-Index den Wert 10,0%. Hätte man zum Beispiel über diesen Zeitraum ein Indexportfolio gehalten, dann kämen beim ATX, beim SMI und beim Dow-Jones-Index zusätzlich noch die jährlichen Dividenden der einzelnen Aktientitel hinzu (nicht so beim DAX, da die Dividendenausschüttungen bereits bei der Indexberechnung berücksichtigt werden). Bei einer regelmäßigen Reinvestition in das Indexportfolio würde dies einen nicht unerheblichen Mehrertrag bedeuten. Wie bei jeder Finanzanlage sollte man aber natürlich auch bei einer Investition in ein Indexportfolio den Risikoaspekt berücksichtigen.

TABELLE 2.7. Durchschnittliche Renditen internationaler Aktienindizes, 1991–2007 (p. a. in %)

Aktienindex	Land	Rendite
DAX	Deutschland	11,0
ATX	Österreich	9,3
SMI	Schweiz	11,3
Dow-Jones-Index	USA	10,0
FTSE 100	Großbritannien	6,7
CAC 40	Frankreich	8,1
Nikkei 225	Japan	−2,6

Für einen Vergleich sind in Tabelle 2.7 zusätzlich die durchschnittlichen jährlichen Renditen des britischen FTSE 100, des französischen CAC 40 und des japanischen Nikkei-Index angegeben. Man beachte insbesondere den Wert des Nikkei-Index. Ein Investment am japanischen Aktienmarkt über den Zeitraum 1991–2007 hätte zu einer (negativen) durchschnittlichen jährlichen Rendite in Höhe von −2,6 % geführt. Man stelle sich vergleichsweise ein Unternehmen vor, dessen Gewinne jährlich um 2,6 % zurückgehen und das über einen Zeitraum von

17 Jahren. Ein deutlicher Indikator für die wirtschaftliche Entwicklung Japans in den letzten beiden Jahrzehnten.

Anmerkungen

1 Ein Problem, das für einen Wirtschaftswissenschaftler eher von geringer Bedeutung ist, das aber wohl jeder aus dem Physikunterricht in der Schule kennt, ist die Berechnung der Durchschnittsgeschwindigkeit eines Fahrzeugs. Nehmen wir einmal an, jemand legt mit einem Elektroauto eine Strecke von 30 km zurück. Die erste Hälfte der Strecke fährt er mit einer Geschwindigkeit von 15 km/h, die zweite Hälfte mit einer Geschwindigkeit von 75 km/h. Verwendet man die bekannte Formel aus der Physik

$$v = \frac{s}{t}$$

das heißt, Geschwindigkeit ist gleich Weg durch Zeit, dann erhält man durch Umformung die Gleichung

$$t = \frac{s}{v}$$

und somit für jede Teilstrecke die Zeiten $t_1 = 15/15 = 1$ Stunde und $t_2 = 15/75 = 0{,}2$ Stunden. Die gesuchte (Durchschnitts-) Geschwindigkeit beträgt also auf der gesamten Strecke $v = 30/1{,}2 = 25$ km/h. Dies ist ein Beispiel, bei dem man nicht einfach das arithmetische Mittel der beiden Geschwindigkeiten 15 km/h und 75 km/h berechnen darf, da dies zu einem völlig falschen Ergebnis, nämlich 45 km/h, führen würde.
In diesem Zusammenhang sei erwähnt, dass es einen speziellen Mittelwert gibt, das sogenannte harmonische Mittel, mit dessen Hilfe Generationen von Studenten die Durchschnittsgeschwindigkeit eines Fahrzeugs bestimmt haben. Dazu müsste man allerdings eine weitere, etwas umständlich wirkende, Formel einführen, die ohnehin nur selten verwendet wird. Auf eine Definition werden wir daher verzichten.

2 Lies: „x quer".

3 SPEC (Standard Performance Evaluation Corporation, `http://www.spec.org/`) ist eine Organisation, die 1988 von Rechnerherstellern gegründet wurde. Sie stellt standardisierte Benchmarkprogramme für Hochleistungsrechner zur Verfügung. Die Leistungsbewertung von Rechnern erfolgt mit Hilfe sogenannter SPEC-Ratios. Bei der Durchschnittsbildung der SPEC-Ratios wird allerdings das geometrische Mittel statt des üblichen arithmetischen Mittels verwendet. Dies wird unter anderem mit einer speziellen Eigenschaft des geometrischen Mittels begründet. So hat zum Beispiel die zehnprozentige Verbesserung eines Programms die gleiche Auswirkung auf das Mittel wie die zehnprozentige Verbesserung eines der anderen Programme. Dadurch wird vermieden, dass bestimmte Programme besonders „gepusht" werden, weil ihre Verbesserung eine größere Wirkung auf den Mittelwert und damit auf das Testergebnis verspricht als andere Programme.

4 Diese Begründung wird klar, wenn man $z_i = 1 + r_i$ setzt, sodass $z_1, z_2, \ldots, z_n$ die Wachstumsfaktoren bedeuten, die natürlich nichtnegativ sind. Dann gilt nämlich:

$$\begin{aligned}\sqrt[n]{(1+r_1)\cdot\ldots\cdot(1+r_n)} &\le \frac{1}{n}\sum_{i=1}^{n}(1+r_i)\\ &= 1 + \frac{1}{n}\sum_{i=1}^{n} r_i\end{aligned}$$

Zieht man auf beiden Seiten den Wert 1 ab, dann erhält man die Ungleichung

$$r \le \overline{r}$$

wobei r die durchschnittliche Wachstumsrate ist (basierend auf dem geometrischen Mittel der Wachstumsfaktoren) und $\overline{r}$ das arithmetische Mittel der Wachstumsraten. Die Gleichheit gilt nur dann, wenn alle Wachstumsraten übereinstimmen.

5 Da der ATX erst seit Beginn des Jahres 1991 berechnet wird, wurde die Rendite dieses Jahres bei allen vier Indizes über den Zeitraum 2. 1. 1991 bis zum Jahresende 1991 berechnet. Die Werte am 2. 1. 1991 lauten: 1366 (DAX), 1000 (ATX), 1372 (SMI) und 2611 (Dow-Jones-Index). Für die folgenden Jahre wurde die übliche Zeitperiode für jährliche Renditen verwendet, das heißt jeweils vom Jahresende bis zum nächsten Jahresende.

6 Hätte man in diesem Fall statt des geometrischen Mittels das arithmetische Mittel der jährlichen Renditen verwendet, so käme man zum Beispiel beim ATX auf den deutlich überhöhten Wert von 11,5 %. Zum Vergleich: Eine 17 Jahre laufende Kapitalanlage mit einer jährlichen Rendite von 11,5 % würde bei einem Anfangswert von 1000 Euro zu einem Endwert in Höhe von fast 6400 Euro führen! Der Jahresendwert des ATX 2007 betrug allerdings nur etwa 4500 Euro.

Aufgaben

Die folgenden Aufgaben dienen dazu, das Verständnis des behandelten Stoffes zu erleichtern und zu vertiefen. Um einen entsprechenden Lerneffekt zu erzielen, sollten dabei die Konzepte und Methoden verwendet werden, die in diesem Kapitel präsentiert wurden. Soweit es um eigene Berechnungen geht, sollte man besonders auf die Darstellung des Lösungswegs achten. Für die mit einem * gekennzeichneten Aufgaben ist eine geeignete Software erforderlich bzw. empfehlenswert. Beachten Sie dazu auch die Hinweise in Anhang A. Lösungen zu den Aufgaben mit geraden Nummern finden Sie in Anhang B.

2.1 a) Berechnen Sie das arithmetische Mittel, den Median und den Modus der folgenden Zahlen:

$$4, 3, 9, 2, 0, 3, 4, 2, 3, 0, 3, 4, 2, 1, 3, 5$$

b) Angenommen, zu den in a) angegebenen Zahlen kommt eine weitere Zahl hinzu, zum Beispiel 13. Wie lauten jetzt das arithmetische Mittel, der Median und der Modus?

2.2 Ein Supermarkt bietet Obst zu folgenden Preisen (in Euro pro kg) an:

	Äpfel	Bananen	Birnen	Trauben
Preis	2,60	3,00	3,60	3,40

Ein Kunde kauft 2 kg Äpfel, 3 kg Bananen, 3 kg Birnen und 2 kg Trauben. Wie viel Geld hat er im Durchschnitt pro kg Obst ausgegeben?

2.3 Bei einem Test erreichen die insgesamt 100 Teilnehmer folgende Punktezahlen:

Punkte	1	2	3	4	5
Anzahl	–	18	33	24	25

Berechnen Sie das arithmetische Mittel, den Modus und den Median der erreichten Punktezahlen.

2.4 Angenommen, in einer Lehrveranstaltung werden zwei kürzere Tests (je 30 Min.) und ein längerer Test (90 Min.) durchgeführt. Falls es für jeden Test eine eigene Note gibt, welchen Mittelwert sollte man nach Ihrer Ansicht verwenden, um zu einer einigermaßen fairen Endnote zu gelangen?

2.5 Im Jahr 1999 betrug der Umsatz eines Unternehmens 1 Mio. Euro. In den folgenden fünf Jahren änderte sich der Umsatz (jeweils bezogen auf den Vorjahreswert) wie folgt:

Jahr	2000	2001	2002	2003	2004
Umsatzsteigerung (in %)	6	−4	15	20	9

a) Wie hoch war der Umsatz im Jahr 2004?

b) Um wie viel Prozent pro Jahr ist der Umsatz in den Jahren 2000–2004 im Durchschnitt gestiegen?

2.6 Die folgende Tabelle enthält die Mehrwertsteuersätze (März 2010) in der EU:

Staat	%	Staat	%
Belgien	21,0	Malta	18,0
Bulgarien	20,0	Niederlande	19,0
Dänemark	25,0	Österreich	19,0
Deutschland	19,0	Polen	22,0
Estland	29,0	Portugal	20,0
Finnland	22,0	Rumänien	19,0
Frankreich	19,6	Schweden	25,0
Griechenland	21,0	Slowakische Republik	19,0
Großbritannien	17,5	Slowenien	20,0
Irland	21,0	Spanien	16,0
Italien	20,0	Tschechische Republik	20,0
Lettland	21,0	Ungarn	25,0
Litauen	21,0	Zypern	15,0
Luxemburg	15,0		

a) Bestimmen Sie den Median der Mehrwertsteuersätze.

b) Überlegen Sie, welches Problem dieses Beispiel aufwirft.

*2.7 Besuchen Sie die Homepage des deutschen Sachverständigenrats und ermitteln Sie dort für Deutschland, Frankreich, Großbritannien und Italien die Werte des HVPI (Harmonisierter Verbraucherpreisindex, 2005 = 100) für den Zeitraum 2000–2009.
`http://www.sachverstaendigenrat-wirtschaft.de/`

a) Erstellen Sie mit Hilfe dieser Werte eine Grafik der jährlichen Preissteigerungsraten.

b) Berechnen Sie die durchschnittlichen jährlichen Preissteigerungsraten über den gesamten Zeitraum.

2.8 Die Jahresendwerte des Dow-Jones-Index für die Jahre 1995–2000 lauteten:

Jahr	1995	1996	1997	1998	1999	2000
Indexwert	5117	6448	7908	9181	11497	10787

Berechnen Sie auf der Basis der Jahresendwerte die durchschnittliche jährliche Indexrendite für den Zeitraum 1996–2000.

*2.9 (Fortsetzung von Aufgabe 1.7)
Berechnen Sie für die drei Staaten die durchschnittliche jährliche Wachstumsrate der Treibhausgas-Emissionen.

2.10 Das reale BIP-Wachstum (BIP = Bruttoinlandsprodukt) in Deutschland, Österreich und der Schweiz betrug in den Jahren 2000–2005 (in %):

	2000	2001	2002	2003	2004	2005
Deutschland	3,2	1,2	0,0	−0,2	1,2	0,8
Österreich	3,7	0,5	1,6	0,8	2,5	2,5
Schweiz	3,6	1,2	0,4	−0,2	2,5	2,6

Welche Maßzahl würde man verwenden, um einen Wachstumsvergleich durchzuführen? Führen Sie diesen Vergleich durch.

Fragen

1. Wie lässt sich das arithmetische Mittel charakterisieren?
2. In welchen Situationen wird das geometrische Mittel verwendet?
3. Wie lässt sich die Definition des geometrischen Mittels motivieren?
4. Was versteht man unter einer bimodalen Verteilung?
5. Was versteht man bei statistischen Daten unter einem Ausreißer?
6. Worin besteht der Unterschied zwischen dem arithmetischen Mittel und dem Median?
7. Was bedeutet die Aussage „Der Median ist robust gegenüber Ausreißern“?
8. Was versteht man unter dem Begriff Medianalter?
9. Was versteht man unter dem unteren und dem oberen Quartil einer Verteilung?
10. Was sind Boxplots?

Exkurs

Ein Besuch bei Eurostat

Eurostat ist das statistische Amt der Europäischen Union mit Sitz in Luxemburg (`http://epp.eurostat.ec.europa.eu/`). Die wesentliche Aufgabe von Eurostat besteht in der Zusammenführung, Vereinheitlichung („Harmonisierung“) und Veröffentlichung statistischer Daten auf europäischer Ebene. Dazu verwendet Eurostat nationale Daten, die von den statistischen Ämtern der einzelnen Mitgliedstaaten zur Verfügung gestellt werden. Von Eurostat selbst werden keine Daten erhoben. Die folgenden Hinweise sollen eine erste Einführung in die Benutzung der Homepage von Eurostat geben.

Ein Besuch dieser dieser Homepage bietet sich an, wenn man statistische Informationen zur EU bzw. zum Euro-Raum sucht oder überhaupt statistische Daten zum Zwecke des Vergleichs mehrerer EU-Staaten. Der konkrete Zugang hängt davon ab, wonach man eigentlich sucht. Man könnte sich zum Beispiel darüber informieren, welche Daten etwa im Bereich Wirtschaft zur Verfügung stehen. Möglicherweise ist man aber auch an ganz speziellen Daten interessiert, zum Beispiel an den jährlichen Inflationsraten einzelner EU-Staaten.

Wenn man sich einen ersten Überblick über die von Eurostat angebotenen statistischen Informationen verschaffen möchte, dann findet man unter dem Menüpunkt Veröffentlichungen den Zugang zum aktuellen Eurostat-Jahrbuch. Das Jahrbuch liefert in optisch aufbereiteter Form umfangreiche statistische Informationen über die EU und die einzelnen Mitgliedstaaten (teilweise auch zu den EFTA-Staaten, Japan und den USA). Das Jahrbuch bietet einen Überblick zu den folgenden Themen:

Wirtschaft
Bevölkerung
Bildung
Gesundheit
Lebensbedingungen und Wohlfahrt
Arbeitsmarkt
Industrie und Dienstleistungen
Landwirtschaft, Forstwirtschaft und Fischerei

Außenhandel
Verkehr
Umwelt
Energie
Wissenschaft und Technologie
Europäische Regionen

Zu jedem dieser Themen kann das zugehörige Kapitel als PDF-File heruntergeladen werden (Tabellen und Grafiken auch als Excel-Files).
Einen direkteren Zugang bietet der Menüpunkt STATISTIKEN. Hier hat man zum Beispiel die Möglichkeit, statistische Daten zu den folgenden Themenbereichen (mit Unterpunkten) zu suchen:

Allgemeine und Regionalstatistiken	Wirtschaft und Finanzen	Bevölkerung und soziale Bedingungen
Industrie, Handel und Dienstleistungen	Landwirtschaft Forstwirtschaft und Fischerei	Außenhandel
Verkehr	Umwelt und Energie	Wissenschaft und Technologie

Einen alternativen Einstieg bietet die Rubrik STATISTIK A–Z beim Menüpunkt STATISTIKEN, bei dem man das gewünschte Thema aus einer alphabetisch sortierten Liste auswählen kann.
Falls man genau weiß, was man eigentlich sucht, kann man auch direkt die Suchfunktion auf der Homepage (rechts) verwenden. Einen raschen Zugang etwa zu Bevölkerungsdaten oder zu Daten über zentrale makroökonomische Größen wie etwa zum BIP-Wachstum, zur Arbeitslosigkeit oder zur Inflation, findet man außerdem auf der Homepage unter AM MEISTEN BESUCHTE DATENBANK-TABELLEN.
Recht nützliche Hinweise stellt das HILFE-Menü bereit. Man beachte hier insbesondere den Menüpunkt ERSTER BESUCH (mit den Unterpunkten INHALT, DATENBANK, EXTRACTION TOOLS und DIENSTE) sowie den Menüpunkt HÄUFIG GESTELLTE FRAGEN.
Auf der Homepage findet man schließlich über LINKS (oben) Zugang zu den nationalen statistischen Ämtern, den Zentralbanken sowie zu internationalen Organisationen.

Kapitel 3.

Streuung und Konzentration

Nachdem wir uns im zweiten Kapitel mit verschiedenen Mittelwerten beschäftigt haben, wird im vorliegenden Kapitel ein weiteres zentrales Thema der Deskriptiven Statistik behandelt, nämlich die Streuung von Daten. Wenn man bei statistischen Daten von Streuung spricht, dann geht es dabei typischerweise darum, wie weit die einzelnen Daten vom Mittelwert entfernt liegen. Eine geringe Streuung würde bedeuten, dass die Daten sehr nahe beim Mittelwert liegen und ein entsprechender Mittelwert die Daten recht gut repräsentieren sollte. Je größer die Streuung der Daten ist, umso weniger aussagekräftig ist der Mittelwert. Durch die Angabe einer Streuungsmaßzahl erhält man somit eine wertvolle Zusatzinformation zu einem gegebenen Mittelwert. Unter den Streuungsmaßzahlen sind die beiden wichtigsten die Varianz und die Standardabweichung, die im ersten Abschnitt eingeführt werden[1]. In gewisser Hinsicht könnte man sagen, dass die Tatsache, dass Daten streuen, die Grundlage bzw. die Ursache für die Beschäftigung mit Statistik darstellt. Wenn Daten nicht streuen würden, was würde dann noch bleiben?

Die in den folgenden Abschnitten beschriebenen Streuungsmaßzahlen werden wir natürlich auf unsere Kaffeehaus-Daten anwenden. Dabei soll in diesem Zusammenhang auf einen besonderen Aspekt aufmerksam gemacht werden. Wenn man etwa weiß, dass eine Melange im Durchschnitt 3,10 Euro kostet, dann stellt diese Aussage eine konkrete Information dar, die jedem Konsumenten (und das sind wir ja alle) eine gewisse Preisorientierung liefert. Insbesondere könnte man hier an den Vergleich mit anderen Kaffeepreisen bzw. Getränkepreisen denken. Mit den Streuungsmaßzahlen verhält es sich aber etwas anders und das ist eine typische Erfahrung, die jemand macht, der beginnt, sich mit Statistik zu beschäftigen. Wenn man nämlich erfährt, dass ein Streuungsmaß einen gewissen Wert besitzt, dann ist das eigentliche Problem oft weniger die Interpretation dieses Wertes, sondern vielmehr die Frage, ob es sich hier um einen eher großen, kleinen

TABELLE 3.1. Einkommenskonzentration in Preußen, 1892 und 1901

Jahreseinkommen (in Mark)	Einkommensbezieher (Anteil in %) 1892	1901	Volkseinkommen (Anteil in %) 1892	1901
unter 900	70,1	60,5	41,2	31,7
900 – 3000	26,0	34,8	30,0	35,3
3000 – 6000	2,5	3,0	8,6	9,3
6000 – 9500	0,7	0,8	4,2	4,5
9500 – 30500	0,6	0,7	7,4	8,1
über 30500	0,1	0,2	8,6	11,1

oder üblichen Wert handelt. In diesem Fall fehlt offensichtlich ein Vergleichsmaßstab, der sich erst bei einer längeren Beschäftigung mit Daten herausbildet. Eine ähnliche Erfahrung wird man auch bei anderen statistischen Maßzahlen machen, die in späteren Kapiteln eingeführt werden.

Eng verwandt mit der Streuung ist der Begriff der Konzentration. Es geht dabei um die Frage, in welchem Ausmaß ein bestimmtes Merkmal innerhalb einer Gruppe sogenannter Merkmalsträger konzentriert ist. Eine der ersten Untersuchungen zu einer solchen Fragestellung wurde von Lorenz (1905) durchgeführt, der sich mit der Messung der Einkommenskonzentration in Preußen beschäftigte (siehe Tabelle 3.1). Neben dem Einkommen könnte man auch an andere Anwendungen denken, wie zum Beispiel die Umsatzkonzentration innerhalb der Supermarktketten. Zur Beschreibung der Konzentration werden in diesem Kapitel verschiedene Konzentrationsmaße präsentiert.

Es folgt ein kurzer Überblick über den Inhalt dieses Kapitels. Im ersten Abschnitt werden die am häufigsten verwendeten Streuungsmaße eingeführt, die Varianz und die Standardabweichung. Diese Streuungsmaße basieren auf den quadrierten Abweichungen der Daten vom arithmetischen Mittel. Mit Hilfe des arithmetischen Mittels und der Standardabweichung lassen sich zwei weitere Maßzahlen definieren, die im zweiten Abschnitt behandelt werden, nämlich der Variationskoeffizient und die sogenannten z-Werte. Da es sich hier um normierte Größen handelt, werden diese besonders für Vergleiche verschiedener Verteilungen verwendet. Im dritten Abschnitt werden Maßzahlen zur Konzentrationsmessung beschrieben. Hier geht es darum, wie man etwa die Konzentration von Unternehmen innerhalb einer Branche messen kann. Im letzten Abschnitt wird die Streuung von Finanzzeitreihen am Beispiel der vier Aktienindizes untersucht. Typischerweise verwendet man dafür als Maßzahl die Standardabweichung der Renditen.

3.1. Varianz und Standardabweichung

Um die Streuung von Daten zu messen, verwendet man vor allem zwei Kennzahlen – die Varianz und die Standardabweichung. Es handelt sich um zwei äquivalente Größen, die auf demselben Konzept beruhen. Grundlage für die Berechnung der Varianz bilden die quadrierten Abweichungen

$$(x_i - \overline{x})^2$$

der Beobachtungen x_i von ihrem arithmetischen Mittel $\overline{x}$. Die Varianz ist dann definiert als das arithmetische Mittel der quadrierten Abweichungen.

Varianz und Standardabweichung

$$s^2 = \frac{1}{n}\sum_{i=1}^{n}(x_i - \overline{x})^2$$

$s = \sqrt{s^2}$ nennt man die Standardabweichung.

Weder Varianz noch Standardabweichung können negativ sein. Abgesehen von dem eher pathologischen Fall, bei dem alle x_i übereinstimmen, sind beide Maßzahlen immer strikt positiv. Man könnte hier natürlich die Frage stellen, warum gerade quadrierte Abweichungen zur Beschreibung der Streuung von Daten verwendet werden. Sinnvollerweise sollte es eine Größe sein, bei der sich positive und negative Abweichungen nicht gegenseitig aufheben. Wegen

$$\sum_{i=1}^{n}(x_i - \overline{x}) = 0$$

wie wir aus dem vorigen Kapitel wissen, ist das arithmetische Mittel der Abweichungen immer gleich Null und kommt daher als Streuungsmaßzahl nicht in Betracht. Eine sinnvollere Alternative wäre, den Durchschnitt der absoluten Abweichungen

$$\frac{1}{n}\sum_{i=1}^{n}|x_i - \overline{x}|$$

zu verwenden, bei der Ausreißer weniger stark gewichtet werden, da sie nicht quadriert werden. Allerdings ist das Arbeiten mit Absolutbeträgen etwas schwerfällig im Vergleich zur Verwendung quadratischer Ausdrücke. Die durchschnittliche absolute Abweichung wird daher nicht sehr häufig verwendet.

Die Standardabweichung als Wurzel aus der Varianz lässt sich damit einfach interpretieren. Sie ist quasi die durchschnittliche Abweichung der Beobachtungen von ihrem Mittelwert. Die Berechnung von Varianz und Standardabweichung kann man sich etwas erleichtern, wenn man die Summe der quadrierten Abweichungen wie folgt umformt:

$$\sum_{i=1}^{n}(x_i-\overline{x})^2=\sum_{i=1}^{n}(x_i^2-2x_i\overline{x}+\overline{x}^2)=\sum_{i=1}^{n}x_i^2-2\overline{x}\sum_{i=1}^{n}x_i+n\overline{x}^2$$
$$=\sum_{i=1}^{n}x_i^2-2n\overline{x}^2+n\overline{x}^2=\sum_{i=1}^{n}x_i^2-n\overline{x}^2$$

Für die Berechnung der Varianz und der Standardabweichung der Melange-Preise benötigt man zunächst die Summe der quadrierten Preise:

$$3{,}10^2+2{,}40^2+\cdots+4{,}40^2+2{,}60^2=688{,}43$$

Für die Varianz ergibt sich dann der Wert

$$s^2=\frac{688{,}43-70\cdot 3{,}10^2}{70}=0{,}22$$

und entsprechend für die Standardabweichung

$$s=\sqrt{0{,}2}=0{,}47$$

Diesen Wert von 0,47 würde man entsprechend interpretieren als die durchschnittliche Abweichung der Melange-Preise von ihrem Mittelwert. Für den ersten Bezirk erhält man den Wert $s_1=0{,}53$, für die übrigen Bezirke den Wert $s_2=0{,}46$.

In diesem Zusammenhang stellen sich eigentlich zwei Fragen, die später in ähnlicher Form auch bei anderen Maßzahlen auftreten werden:

> Wie interpretiert man den Wert der Varianz bzw. der Standardabweichung?
>
> Wie soll man diesen Wert beurteilen, das heißt, woher weiß man etwa, ob es sich um einen großen oder kleinen Wert handelt?

Die erste Frage wurde bereits oben beantwortet. Die Antwort auf die zweite Frage ist etwas schwieriger. Hier wäre es nützlich, wenn zum Beispiel Informationen über die Standardabweichungen anderer Getränkepreise oder der Melange-Preise in anderen Städten zur Verfügung stehen würden. Erst durch einen Vergleich könnte man feststellen, ob andere Preise eine ähnliche oder möglicherweise eine wesentlich andere Streuung aufweisen. „Vergleich“ ist in diesem Zusammenhang wohl das entscheidende Wort. Dabei sollte man sich den alten Werbeslogan in Erinnerung rufen: „Der Vergleich macht Sie sicher.“ Solange man keine Informationen über die Streuung anderer (ähnlicher) Daten hat, ist es oft sehr schwierig, eine entsprechende Maßzahl adäquat zu beurteilen. Diesem Problem werden wir noch mehrmals begegnen.

3.2. Variationskoeffizient und z-Werte

Wenn man verschiedene Datensätze im Hinblick auf ein gemeinsames Merkmal vergleichen will, kann es vorkommen, dass die Werte bei einem der Datensätze ein deutlich höheres Niveau aufweisen als bei dem anderen. Verständlicherweise überträgt sich dieser Unterschied natürlich auch auf die beiden Mittelwerte. Man denke zum Beispiel an einen Einkommensvergleich verschiedener Berufsgruppen. Bei manchen Berufsgruppen wird man wohl deutlich höhere Einkommen erwarten, damit aber auch größere Abweichungen vom Mittelwert, was in der Folge zu einer größeren Varianz bzw. Standardabweichung führt. Um diesen Aspekt besonders zu berücksichtigen, kann man ein korrigiertes Streuungsmaß berechnen, den sogenannten Variationskoeffizienten.

Variationskoeffizient

$$VC = \frac{s}{\overline{x}}$$

Dabei ist $\overline{x}$ das arithmetische Mittel (mit $\overline{x} > 0$) und s die Standardabweichung der Daten $x_1, x_2, \ldots, x_n$.

Hier wird somit für das Streuungsmaß (die Standardabweichung) eine Art Niveaukorrektur vorgenommen. Führen wir das einmal bei den Melange-Preisen durch. Für den ersten Bezirk lauten der Mittelwert $\overline{x}_1 = 3{,}40$ und die Standardabweichung $s_1 = 0{,}53$, während die Werte für die übrigen Bezirke $\overline{x}_2 = 2{,}85$ und $s_2 = 0{,}46$ lauten. Um für einen Streuungsvergleich das unterschiedliche Niveau der beiden Datensätze zu berücksichtigen, berechnet man also die beiden Variationskoeffizienten. Diese lauten $VC_1 = 0{,}156$ und $VC_2 = 0{,}161$ oder, in Prozentschreibweise, $VC_1 = 15{,}6\%$ und $VC_2 = 16{,}1\%$. Das bedeutet aber, dass die Preise in beiden Datensätzen de facto die gleiche (korrigierte) Streuung aufweisen.

Abschließend soll noch auf eine Möglichkeit hingewiesen werden, mit der man Datensätze normieren kann, was auch zu Vergleichszwecken genutzt werden kann. Die Rede ist hier von den sogenannten z-Werten, die man erhält, wenn man von den einzelnen Daten den Mittelwert abzieht und die Differenz durch die Standardabweichung dividiert, das heißt

$$z = \frac{x - \overline{x}}{s}$$

Auf diese Weise kann man jedem beobachteten x-Wert seinen z-Wert zuordnen. Das Besondere an dieser Daten-Transformation ist die Tatsache, dass das arithmetische Mittel der z-Werte, das heißt also der transformierten x-Werte, gleich Null ist, während die Varianz gleich Eins ist. Ein Preis von vier Euro für eine Melange besitzt demnach auf der Basis der Preise des ersten Bezirks den z-Wert 1,13, während der gleiche Preis bei den übrigen Bezirken einen z-Wert von 2,50 besitzt. Letzterer zeigt damit recht anschaulich die deutlich größere „Bedeutung" eines Preises von vier Euro bei den Melange-Preisen der übrigen Bezirke.

3.3. Konzentrationsmaße

Marktanteile von Unternehmen sind innerhalb einer Branche üblicherweise nicht gleichmäßig verteilt. Dies gilt unabhängig davon, ob es sich um Tageszeitungen, TV-Sender, Getränkehersteller oder Mobilfunkbetreiber handelt. Oft liest man Formulierungen der Art, dass diese oder jene Branche eine sehr hohe bzw. eine sehr geringe Konzentration aufweist. Für die Messung der Konzentration sind in der Statistik eine Reihe von Konzentrationsmaßen entwickelt worden. Im Wesentlichen lassen sich diese in zwei Gruppen unterteilen, je nachdem ob man das Konzept der relativen oder das der absoluten Konzentration zugrunde legt. Dabei spricht man von

- relativer Konzentration, wenn ein großer Teil der Merkmalssumme auf einen kleinen Anteil der Merkmalsträger entfällt,
- absoluter Konzentration, wenn ein großer Teil der Merkmalssumme auf eine kleine Anzahl der Merkmalsträger entfällt.

Will man etwa die Konzentration von Tageszeitungen messen, dann könnte man als Merkmal die Auflage oder die Leserzahl verwenden. Merkmalsträger sind in diesem Fall die jeweiligen Tageszeitungen, während die Merkmalssumme die Summe der Auflagezahlen bzw. Leserzahlen ist. Bei der Untersuchung der Konzentration des Mobilfunkmarktes wäre die Teilnehmerzahl pro Mobilfunkbetreiber ein geeignetes Merkmal. Als Merkmalsträger agieren dabei die einzelnen Mobilfunkbetreiber. Die Summe der Teilnehmerzahlen bildet die Merkmalssumme.

Im Folgenden werden wir zunächst eine Maßzahl vorstellen, die zur Bestimmung der relativen Konzentration verwendet wird. Betrachten wir dazu ein fiktives Beispiel an Hand einer Branche mit fünf Unternehmen. Die folgende Tabelle zeigt verschiedene Verteilungen des Umsatzes dieser Unternehmen (Gesamtsumme = 1000). Beachten Sie, dass es für die weiteren Berechnungen erforderlich ist, dass die jeweiligen Umsätze der Größe nach angeordnet sind.

TABELLE 3.2. Verschiedene Verteilungen der Umsätze

A	B	C	D
200	100	50	0
200	100	50	0
200	100	100	0
200	300	200	0
200	400	600	1000

Bei Verteilung A sind die Umsätze gleichmäßig auf alle fünf Unternehmen aufgeteilt, während bei Verteilung D der gesamte Umsatz auf ein einzelnes Unternehmen konzentriert ist. Die Verteilungen C und D liegen entsprechend zwischen diesen beiden Extremen.

TABELLE 3.3. Kumulierte Umsatzanteile der Verteilungen A und B

Verteilung A	kumulierter Umsatzanteil	Verteilung B	kumulierter Umsatzanteil
200	0,20	100	0,10
400	0,40	200	0,20
600	0,60	300	0,30
800	0,80	600	0,60
1000	1,00	1000	1,00
Summe	3,00		2,20

Für die weiteren Berechnungen benötigt man die kumulierten Umsatzanteile der einzelnen Verteilungen, die in den Tabellen 3.3 und 3.4 enthalten sind. Wenn man jetzt mit Hilfe einer Grafik die kumulierten Anteile der Unternehmen (in diesem Fall: 20 %, 40 %, 60 %, 80 % und 100 %) auf der horizontalen Achse aufträgt und die kumulierten Umsatzanteile (in %) auf der vertikalen Achse, dann ergibt sich durch die Verbindung der entsprechenden Punkte ein Streckenzug (Polygon), der als Lorenz-Kurve bezeichnet wird. Ein beliebiger Punkt (x, y) auf der

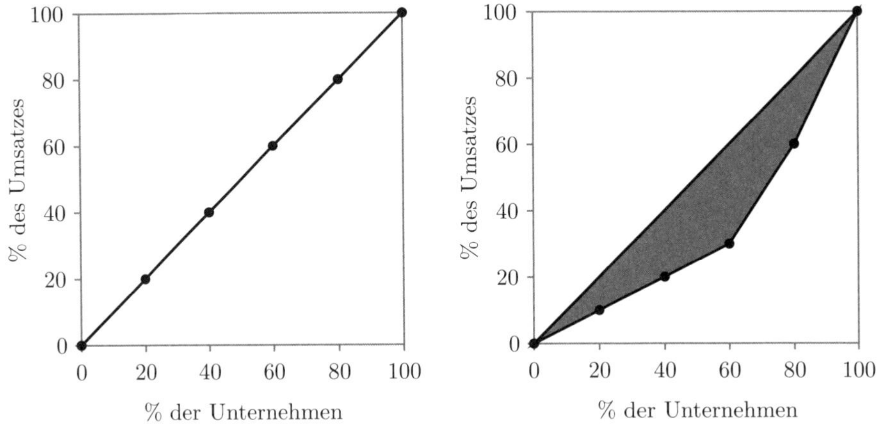

ABBILDUNG 3.1. Lorenz-Kurven der Umsätze der Verteilungen A und B

Lorenz-Kurve lässt sich offensichtlich wie folgt interpretieren: Auf die untersten (kleinsten) x % der Unternehmen entfallen y % des Gesamtumsatzes. Bei Verteilung A stimmt die Lorenz-Kurve mit der Diagonalen überein, da in diesem Fall die Umsätze gleichmäßig auf alle Unternehmen aufgeteilt sind. Bei den anderen Verteilungen dagegen sind diese Kurven umso weiter nach rechts gedehnt, je stärker sich der Branchenumsatz auf ein einzelnes Unternehmen konzentriert.

TABELLE 3.4. Kumulierte Umsatzanteile der Verteilungen C und D

Verteilung C	kumulierter Umsatzanteil	Verteilung D	kumulierter Umsatzanteil
50	0,05	0	0,00
100	0,10	0	0,00
200	0,20	0	0,00
400	0,40	0	0,00
1000	1,00	1000	1,00
Summe	1,75		1,00

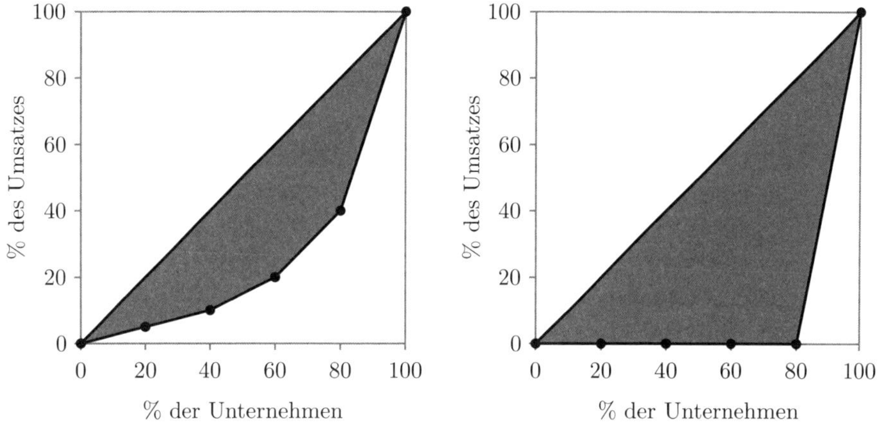

ABBILDUNG 3.2. Lorenz-Kurven der Umsätze der Verteilungen C und D

Hier bietet sich eine Möglichkeit für die Definition eines Konzentrationsmaßes, indem man nämlich die Fläche verwendet, die von der Lorenz-Kurve und der Diagonalen eingeschlossen wird. Dies führt uns zum sogenannten Lorenz-Münzner-Koeffizienten.

Lorenz-Münzner-Koeffizient

$$K = \frac{n - 2V + 1}{n - 1}$$

Dabei ist n die Zahl der Merkmalsträger und V die Summe der kumulierten Merkmalsanteile.

Der Lorenz-Münzner-Koeffizient K ist dabei der Quotient aus der Fläche, die die Lorenz-Kurve mit der Diagonalen bildet und der maximal möglichen Fläche, die man erhält, wenn die Merkmalssumme auf einen einzigen Merkmalsträger entfällt[2].

Es gilt dabei natürlich $0 \leq K \leq 1$. Tabelle 3.5 enthält die Lorenz-Münzner-Koeffizienten der einzelnen Verteilungen, wobei $n = 5$ ist und zusätzlich die bereits berechneten Summenwerte angegeben sind.

Ein Konzentrationsmaß, das man zur Messung der absoluten Konzentration verwendet, ist der sogenannte Herfindahl-Index. Dieser Index ist leicht zu berechnen, da lediglich die quadrierten Merkmalsanteile aufsummiert werden müssen.

TABELLE 3.5. Lorenz-Münzner-Koeffizienten

Verteilung	V	K
A	3,000	0,000
B	2,200	0,400
C	1,750	0,625
D	1,000	1,000

Herfindahl-Index

$$H = \sum_{i=1}^{n} p_i^2$$

Dabei ist n die Zahl der Merkmalsträger und p_1, p_2, …, p_n sind die jeweiligen Merkmalsanteile.

Für den Herfindahl-Index gilt

$$\frac{1}{n} \leq H \leq 1$$

wobei H den Wert 1 bei maximaler Konzentration annimmt (die gesamte Merkmalssumme entfällt auf einen einzigen Merkmalsträger) und den Wert $1/n$ bei minimaler Konzentration (alle Merkmalsträger haben den gleichen Anteil). Im letzteren Fall würde also der Herfindahl-Index umso kleiner sein, je größer die Zahl der Merkmalsträger ist. Dies ist sicher eine sinnvolle Eigenschaft für eine Maßzahl der absoluten Konzentration.

Abbildung 3.3 zeigt als Beispiel den zeitlichen Verlauf des Herfindahl-Index für den Markt der Mobilfunkbetreiber in Österreich (1998–2005, Quelle: *Mobile Communications*). Vergleicht man dabei die Werte von 1998 mit denen des Jahres 2005, dann kann man feststellen, dass sich während dieses Zeitraums die Marktkonzentration halbiert hat. Es kann natürlich durchaus vorkommen, dass es im Zeitablauf zu Änderungen in der Zusammensetzung des Marktes kommt, zum Beispiel durch Übernahmen, Fusionen oder durch den Markteintritt neuer Unternehmen. Für die Konzentrationsmessung sind aber letztlich nur die jeweiligen Marktanteile relevant.

In diesem Zusammenhang könnte man die Frage stellen, ob es bei der Marktkonzentration zum Beispiel so etwas wie eine kritische Schranke gibt, die nicht überschritten werden sollte. Das ist allerdings etwas, was die Statistik nicht liefert

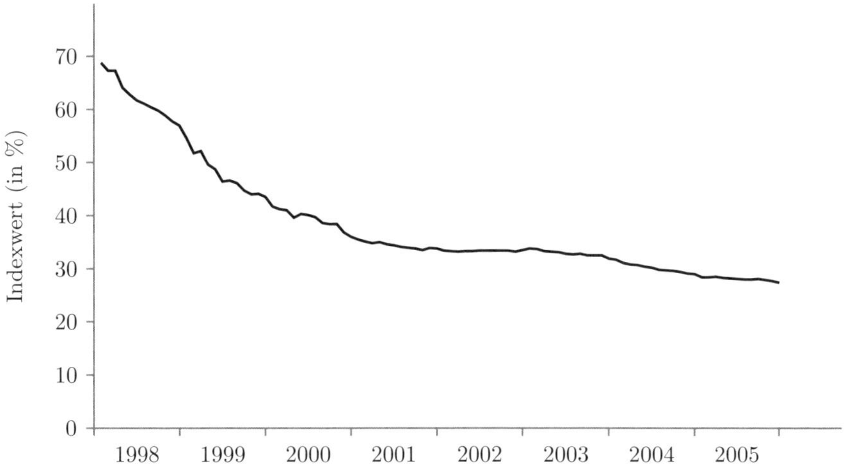

ABBILDUNG 3.3. Herfindahl-Index für den Markt der Mobilfunkbetreiber in Österreich, 1998–2005 (Monatsdaten)

bzw. nicht liefern kann. Dies wird nämlich nicht nur von dem jeweiligen Markt abhängen, sondern auch von den zeitlichen Umständen. So hat man etwa das Postmonopol vor 20 Jahren wohl etwas anders gesehen als heute. Und eine hohe Konzentration wird man sicher auf dem Lebensmittelmarkt anders beurteilen müssen als zum Beispiel auf dem Markt für Spielkartenhersteller.

3.4. Aktienmärkte. Eine empirische Fallstudie (3)

Aus finanzwirtschaftlicher Sicht ist die Standardabweichung von Aktien bzw. Aktienindizes von zentraler Bedeutung, da sie zur Bestimmung des zugehörigen Risikos verwendet wird. Normalerweise wird dabei allerdings nicht die Standardabweichung der Kurse berechnet, sondern die Standardabweichung der entsprechenden Renditen. Im Folgenden geben wir zunächst eine Beschreibung der praxisüblichen Berechnung, wobei (börsen-)tägliche Werte vorausgesetzt werden.

Gegeben seien zum Beispiel die Tagesschlusskurse S_0, S_1, …, S_T einer Aktie an aufeinander folgenden Handelstagen. Als tägliche Renditen werden die Differenzen der logarithmierten Kurse

$$x_t = \ln S_t - \ln S_{t-1}$$

verwendet, für $t = 1, 2, \ldots, T$, das heißt, die tägliche Rendite bezieht sich jeweils auf den Zeitraum vom Schlusskurs eines Handelstages bis zum Schlusskurs des nächsten Handelstages. Der Einfachheit halber werden hier bei der Berechnung die Dividenden nicht berücksichtigt. Die Standardabweichung der täglichen Renditen lautet dann

$$s = \sqrt{\frac{1}{T}\sum_{t=1}^{T}(x_t - \overline{x})^2}$$

wobei $\overline{x}$ das arithmetische Mittel der Renditen bedeutet. In der Finanzwirtschaft wird s häufig auch als Volatilität[3] bezeichnet. Genauer gesagt, handelt es sich hier um die Volatilität pro Handelstag, die üblicherweise auf Jahresbasis (p. a.) umgerechnet wird. Zu diesem Zweck wird die tägliche Volatilität noch mit der Wurzel aus der Anzahl der jährlichen Handelstage multipliziert:

$$\text{Volatilität p. a.} = s \cdot \sqrt{252}$$

Das Ergebnis wird dann häufig in Prozent angegeben, also statt zum Beispiel 0,30 schreibt man daher 30 %.

Tabelle 3.6 enthält Angaben über die Rendite und Volatilität des DAX, des ATX, des SMI sowie des Dow-Jones-Index. Da bei Volatilitätsberechnungen oft eher kürzere Zeiträume von Interesse sind, wird hier beispielhaft der Zeitraum August 2005 bis Juli 2006 auf der Grundlage börsentäglicher Daten betrachtet.

TABELLE 3.6. Rendite und Risiko von Aktienindizes (2005/2006)

Aktienindex	Rendite (in %)	Volatilität p. a. (in %)
DAX	16,2	16,2
ATX	17,4	20,5
SMI	20,2	13,0
Dow-Jones-Index	5,3	10,6

Die Ergebnisse, insbesondere was die Volatilität betrifft, liegen in etwa in dem Bereich, den man für marktbreite Aktienindizes erwarten würde. Bemerkenswert ist immerhin die verhältnismäßig geringe Volatilität des Dow-Jones-Index. Abgesehen vom SMI, kann man bei den anderen Indizes feststellen, dass bei höherer Rendite auch die Volatilität, das heißt das Risiko größer ist, was aus finanzwirtschaftlicher Sicht auch zu erwarten wäre. Eine mögliche Anregung zu weiteren Untersuchungen wäre zum Beispiel ein Vergleich der obigen Werte mit der Rendite und der Volatilität von Einzelaktien.

Anmerkungen

1 Weitere Streuungsmaße, die man gelegentlich antrifft, sind die Quartilsdistanz und die Spannweite. Bei der Quartilsdistanz handelt es sich um die Differenz Q_3-Q_1 (oberes Quartil minus unteres Quartil), bei der Spannweite um die Differenz aus dem größten und dem kleinsten Wert der Daten. Vorteilhaft ist dabei in jedem Fall, wenn man sich an den Quartilen bzw. am Maximum und Minimum der Daten orientiert. Einmal kann man damit direkt die entsprechenden Differenzen bilden, außerdem erhält man etwa durch das Maximum und das Minimum den genauen Bereich, in dem die Daten liegen. Das kann man auch zur Überprüfung von Daten verwenden.

2 Dass der Lorenz-Münzner-Koeffizient tatsächlich der Quotient der beiden bescbriebenen Flächen ist, kann man mit Hilfe geometrischer Überlegungen nachweisen. Der ursprüngliche Ausdruck des Quotienten lässt sich dann durch entsprechendes Kürzen von Zähler und Nenner auf die in der Definition angegebene Form bringen.

3 In der (nichtwissenschaftlichen) Finanzliteratur wird Volatilität nicht selten mit „Schwankungsfreudigkeit" übersetzt. Demnach würde eine Aktie mit hoher Volatilität als sehr schwankungsfreudig gelten. Obwohl dies einen gewissen positiven Beiklang hat, sollte man beachten, dass größere Chancen auch größere Risiken bedeuten.

Aufgaben

Die folgenden Aufgaben dienen dazu, das Verständnis des behandelten Stoffes zu erleichtern und zu vertiefen. Um einen entsprechenden Lerneffekt zu erzielen, sollten dabei die Konzepte und Methoden verwendet werden, die in diesem Kapitel präsentiert wurden. Soweit es um eigene Berechnungen geht, sollte man besonders auf die Darstellung des Lösungswegs achten. Für die mit einem * gekennzeichneten Aufgaben ist eine geeignete Software erforderlich bzw. empfehlenswert. Beachten Sie dazu auch die Hinweise in Anhang A. Lösungen zu den Aufgaben mit geraden Nummern finden Sie in Anhang B.

3.1 Gegeben seien die folgenden Werte:

$$4, 3, 9, 2, 0, 3, 4, 2, 3, 0, 3, 4, 2, 1, 3, 5$$

a) Berechnen Sie die Varianz und die Standardabweichung dieser Werte.

b) Wie würde die Varianz bzw. die Standardabweichung reagieren, wenn man zu jedem dieser Werte eine Konstante addieren würde?

3.2 Angenommen, zu den in Aufgabe 3.1 angegebenen Zahlen kommt eine weitere hinzu, zum Beispiel 20. Wie lauten jetzt die Varianz und die Standardabweichung?

3.3 Berechnen Sie für Aufgabe 3.1 die entsprechenden z-Werte und zeigen Sie, dass diese den Mittelwert Null und die Varianz Eins besitzen.

3.4 Im Juni 2009 hatten die Internet-Suchmaschinen in Deutschland folgende Marktanteile:

Suchmaschine	Marktanteil (in %)
www.google.de	89
www.t-online.de	3
www.yahoo.de	1
Andere	7

Quelle: Webtrekk

Berechnen Sie den Lorenz-Münzner-Koeffizienten und den Herfindahl-Index.

3.5 Im Juni 2009 hatten die Internet-Suchmaschinen in den USA folgende Marktanteile:

Suchmaschine	Marktanteil (in %)
www.google.com	63
www.yahoo.com	16
www.bing.com	11
www.aol.com	4
www.ask.com	2
Andere	4

Quelle: Nielson Online

Berechnen Sie den Lorenz-Münzner-Koeffizienten und den Herfindahl-Index.

3.6 Der österreichische Lebensmitteleinzelhandel verzeichnete im Jahr 2005 folgende Umsatzanteile (in %):

Unternehmen	Anteil
REWE	29,5
SPAR	27,6
Hofer	18,8
ADEG	6,6
ZEV Markant	5,4
Zielpunkt	5,0
Lidl	2,7
Übriger LH	4,4

Berechnen Sie den Lorenz-Münzner-Koeffizienten.

3.7 a) Zeichnen Sie die Lorenz-Kurve zur Aufgabe 3.5.

b) Welcher Zusammenhang besteht zwischen der Lorenz-Kurve und dem zugehörigen Konzentrationsmaß?

c) Angenommen, Sie betrachten auf der horizontalen Achse zum Beispiel bei 50 % den entsprechenden Wert der Lorenz-Kurve. Wie kann man diesen Wert interpretieren?

3.8 Im zweiten Halbjahr 2009 lauteten die Auflagezahlen (gerundet) österreichischer Tageszeitungen wie folgt:

Zeitung	Auflage
Kronen Zeitung	818000
Kleine Zeitung	278000
Kurier	160000
Österreich	152000
Oberösterreichische Nachrichten	111000
Tiroler Tageszeitung	89000
Die Presse	75000
Der Standard	73000
Salzburger Nachrichten	72000
Vorarlberger Nachrichten	64000
Wirtschaftsblatt	23000

a) Berechnen Sie den Herfindahl-Index für die Auflagezahlen.

b) Angenommen, es würde eine neue Tageszeitung auf dem Markt erscheinen. Überlegen Sie, unter welcher Voraussetzung dies zum Beispiel den Wert des Herfindahl-Index beeinflussen könnte.

*3.9 Berechnen Sie die Volatilität (p. a.) der Microsoft-Aktie für das letzte Jahr. *Quelle:* `http://de.finance.yahoo.com/`

3.10 Berechnen Sie den Lorenz-Münzner-Koeffizienten für die Auflagezahlen in Aufgabe 3.8.

Fragen

1. Weshalb werden zur Definition der Varianz quadrierte Abweichungen verwendet?

2. Wie lässt sich die Standardabweichung interpretieren?

3. Wie ist die Aussage „Der Vergleich macht Sie sicher“ zu verstehen?

4. Worin besteht die Bedeutung des Variationskoeffizienten?

5. Welchen Vorteil hat die Verwendung von z-Werten?

6. Was versteht man unter relativer Konzentration?

7. Was versteht man unter absoluter Konzentration?
8. Gilt ein hoher Wert für die Konzentration als schlecht und ein niedriger Wert als gut?
9. Was versteht man unter der Lorenz-Kurve?
10. Wie interpretiert man den Lorenz-Münzner-Koeffizienten?

Exkurs

Wenn Durchschnitte gleiten

In den Wirtschaftswissenschaften hat man es oft mit Zeitreihen unterjähriger Daten zu tun, zum Beispiel Monatsdaten oder Quartalsdaten. Viele dieser Zeitreihen weisen dabei ein mehr oder weniger ausgeprägtes Saisonmuster auf. Man denke etwa an die Umsatzzahlen eines Unternehmens oder die Arbeitslosenrate. Wenn man das Wachstumsverhalten solcher Zeitreihen untersuchen will, dann wirkt das Saisonmuster oft etwas störend. In diesem Fall kann man versuchen, das vorliegende Saisonmuster zu eliminieren, um stattdessen mit saisonbereinigten Daten arbeiten zu können. Eines der einfachsten Saisonbereinigungsverfahren ist die Methode der gleitenden Durchschnitte.

Gleitende Durchschnitte werden zur Glättung von Zeitreihen verwendet. Dadurch lassen sich stärkere Fluktuationen eliminieren oder zumindest deutlich reduzieren. Der Verlauf der Zeitreihe wirkt dadurch abgerundeter (glatter), wodurch ihr langfristiger Verlauf deutlicher sichtbar wird. Ein einfaches Beispiel für einen gleitenden Durchschnitt bei einer Zeitreihe (x_t) ist gegeben durch

$$y_t = \frac{1}{2m} \sum_{i=-m+1}^{m} x_{t+i-m} = \frac{x_{t-2m+1} + \cdots + x_t}{2m}$$

Dabei werden jeweils $2m$ aufeinander folgende Werte zusammengefasst und deren arithmetisches Mittel gebildet. Bei jeder neuen Durchschnittsbildung wird immer der älteste Wert weggelassen und dafür ein neuer Wert hinzugefügt. Betrachten wir für Quartalsdaten zum Beispiel den Fall $m = 2$

$$y_t = \frac{x_{t-3} + x_{t-2} + x_{t-1} + x_t}{4}$$

Die geglättete Zeitreihe (y_t) beginnt also mit y_4, y_5, y_6, ... Für die Berechnung von y_4 werden dabei die Werte x_1, x_2, x_3 und x_4 verwendet, für die Berechnung von y_5 die Werte x_2, x_3, x_4 und x_5, usw.

Die folgende Abbildung veranschaulicht diese Situation. Dabei handelt es sich um eine (fiktive) Zeitreihe von Quartalsdaten über die Dauer von acht Jahren (zum Beispiel der Gewinn pro Aktie eines Unternehmens). Die geglättete Zeitreihe (gestrichelte Linie) beginnt mit dem vierten Quartal

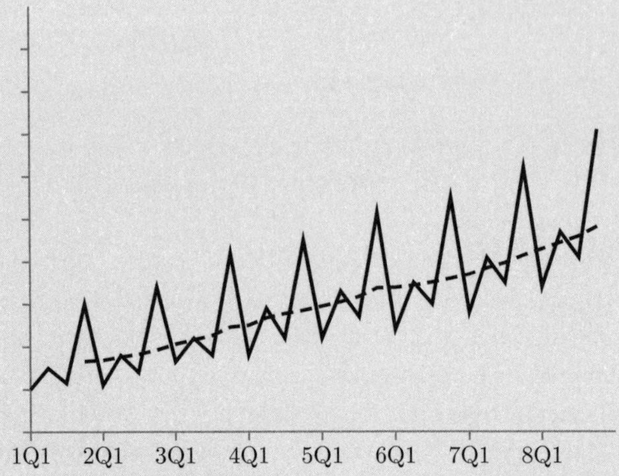

des ersten Jahres. Dann werden jeweils die Durchschnitte von vier aufeinander folgenden Quartalen gebildet. Die Abkürzung 1Q1 steht hier für das erste Quartal des ersten Jahres, 2Q1 für das erste Quartal des zweiten Jahres usw. Die geglättete Zeitreihe zeigt dann den (linearen) Trend über den gesamten Zeitraum, im Wesentlichen bereinigt von den jährlichen Saisoneinflüssen, wobei vorausgesetzt wird, dass ein einigermaßen regelmäßiges Saisonmuster vorliegt.

Statt für jeden Zeitpunkt t das arithmetische Mittel der Werte x_{t-3}, x_{t-2}, x_{t-1} und x_t zu bilden, verwendet man bei Quartalsdaten auch die folgende Variante

$$y_t = \frac{0{,}5x_{t-2} + x_{t-1} + x_t + x_{t+1} + 0{,}5x_{t+2}}{4}$$

Hier werden somit immer jeweils fünf aufeinander folgende Quartalsdaten berücksichtigt, wobei allerdings der erste und der fünfte Wert nur jeweils mit dem halben Gewicht eingehen. Man beachte, dass die (relativen) Gewichte der einzelnen Beobachtungen in diesem Fall gleich 1/8, 1/4, 1/4, 1/4 und 1/8 lauten und somit in Summe gleich Eins sind.

Im Falle von Monatsdaten würde dies entsprechend die folgende Variante ergeben

$$y_t = \frac{0{,}5x_{t-6} + x_{t-5} + \cdots + x_{t+5} + 0{,}5x_{t+6}}{12}$$

Literatur: Chatfield (2004), Schaich und Schweitzer (1995), Schröder (2005), Tempelmeier (2008).

Kapitel 4.

Indexzahlen

Als am 1. Januar 2002 der Euro in zwölf EU-Staaten eingeführt[1] wurde, setzte in der Bevölkerung der betreffenden Staaten zunächst eine Phase ein, die man etwas salopp als „das große Umrechnen“ bezeichnen könnte. Der Übergang von einer vertrauten, heimischen, Währung zu einer neuen, internationalen, Währung bereitete erwartungsgemäß einige Schwierigkeiten bei den kleinen und großen Geschäften des Alltags. Und es dauerte dann auch nicht mehr lange, da wurden immer häufiger Rufe laut wegen angeblich ungerechtfertigter Preiserhöhungen im Zuge der Euro-Einführung. Sehr schnell war dann die neue Währung, insbesondere von bisherigen Gegnern, als vermeintlicher Schuldiger ausgemacht und die öffentliche Diskussion um zwei neue Schlagwörter reicher, nämlich „Teuro“ und „gefühlte Inflation“. Diese Auseinandersetzung, vergleichbar etwa einem Duell zwischen Holzhammer und Florett, taucht mit gewisser Regelmäßigkeit in den Medien immer wieder auf, auch wenn amtliche Stellen auf die niedrigen Inflationszahlen hinwiesen. So wurde in einer Studie des Deutschen Statistischen Bundesamts nachgewiesen, dass im Zeitraum vom Juni 1999 bis zum Dezember 2001 (somit vor der Euro-Einführung) der Verbraucherpreisindex im Durchschnitt um 4,3 % gestiegen war, während er im Zeitraum vom Januar 2002 bis zum Juni 2004 (nach der Euro-Einführung) im Durchschnitt nur um 3,3 % stieg[2,3].

Die Erfahrung zeigt, dass derartige Auseinandersetzungen häufig davon leben, dass die teilnehmenden Akteure über verschiedene Dinge sprechen, aber nicht alle sich dessen bewusst sind. Es reicht eben nicht aus, Preiszettel und Speisekarten lesen zu können, wenn es um so etwas wie den Verbraucherpreisindex geht. Neben den traditionellen, nationalen, Verbraucherpreisindizes gibt es übrigens auch einen EU-weiten Verbraucherpreis-Index, den HVPI (Harmonisierter Verbraucherpreisindex), der nach einer einheitlichen Methodik berechnet wird und die durchschnittliche Entwicklung der nationalen Verbraucherpreise beschreiben soll. Abbildung 4.1 zeigt die Entwicklung des HVPI im Zeitraum 1998–2009.

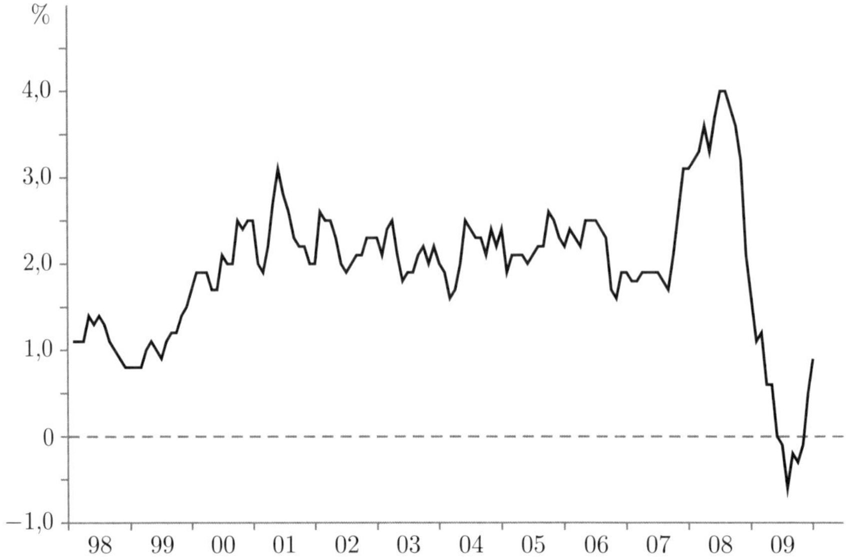

ABBILDUNG 4.1. Veränderung des HVPI Euro-Raum gegenüber dem Vorjahresmonat, 1998–2009 (in %)

Das Ziel dieses Kapitels ist es, eine Einführung in die Konstruktion von Indexzahlen, insbesondere von Preisindizes, zu geben. Dabei wird man insbesondere den Unterschied zwischen einfachen und aggregierten bzw. zwischen ungewichteten und gewichteten Preisindizes kennen lernen.

Es folgt ein kurzer Überblick über den Inhalt dieses Kapitels. Im ersten Abschnitt wird gezeigt, wie man die zeitliche Preisänderung eines Gutes mit Hilfe eines einfachen Preisindex beschreiben kann. Als Beispiel wird dafür die Preisentwicklung für eine Maß Bier am Münchner Oktoberfest verwendet. Der zweite Abschnitt beschäftigt sich mit der Konstruktion aggregierter Preisindizes. Dabei geht es um die Frage, wie man unter Berücksichtigung sowohl der Preise als auch der Verbrauchsmengen einen Index auf der Basis mehrerer Güter konstruieren kann. In diesem Zusammenhang wird der für die Praxis wichtigste Preisindex vorgestellt, nämlich der Preisindex nach Laspeyres. Daneben wird außerdem noch auf verschiedene Preisindex-Varianten eingegangen. Im dritten Abschnitt werden unter anderem Mengenindizes behandelt, mit deren Hilfe sich die Veränderung von Verbrauchsmengen (das heißt die Veränderung des Verbraucherverhaltens), messen lässt. Im vierten Abschnitt wird auf einige praktische Details im Zusammenhang mit der Berechnung von Verbraucherpreisindizes eingegangen. Der fünfte Abschnitt beschäftigt sich mit der Konstruktion von Aktienindizes.

4.1. Ein einfacher Preisindex

In den bisherigen Kapiteln hatten wir uns bereits mit den Preisen für ein bestimmtes Gut, nämlich mit Melange-Preisen, beschäftigt. Oft liegen Preise auch in anderer Form vor, nämlich als Zeitreihe. Ein Beispiel dafür sind die folgenden Preise (in Euro) für eine Maß Bier am Münchner Oktoberfest[4] im Zeitraum 2002–2009:

TABELLE 4.1. Bierpreise

Jahr	Preis
2002	6,55
2003	6,55
2004	6,88
2005	7,03
2006	7,23
2007	7,60
2008	8,05
2009	8,35

Um die Preisentwicklung in solch einem Fall zu beschreiben, ist es oft sinnvoller, statt der absoluten Preise einen einfachen Preisindex zu verwenden, was den zusätzlichen Vorteil hat, dass man damit die Preisentwicklungen verschiedener Güter leichter miteinander vergleichen kann.

Einfacher Preisindex

Wenn p_0, p_1, …, p_n eine Zeitreihe von Preisen eines Gutes ist, dann versteht man unter einem einfachen Preisindex den Ausdruck

$$P_t = \frac{p_t}{p_0} \cdot 100$$

mit $t = 0, 1, \ldots, n$.

Die Berechnung eines solchen Preisindex ist relativ einfach. Man muss lediglich ein Basisjahr festlegen, auf das sich dann alle Preise beziehen. In unserem Fall bietet sich das Jahr 2002 an. Dann wird jeweils der Preis zu einem Zeitpunkt t durch den Preis im Basisjahr dividiert und das Ergebnis mit 100 multipliziert. Der Zeitpunkt bzw. die Zeitperiode t wird dabei auch als Berichtsperiode bezeichnet, der Basis-Zeitpunkt 0 (in unserem Fall das Jahr 2002) als Basisperiode.

TABELLE 4.2. Bierpreis-Index (Basis 2002 = 100)

Jahr	Preis	Preisindex
2002	6,55	100,0
2003	6,55	100,0
2004	6,88	105,0
2005	7,03	107,3
2006	7,23	110,4
2007	7,60	116,0
2008	8,05	122,9
2009	8,35	127,5

Das Ergebnis dieser Berechnungen ist in Tabelle 4.2 zu sehen. Für das Jahr 2002 besitzt der Index natürlich den Wert 100, da der erste Preis immer durch sich selbst dividiert wird. Bei diesem Beispiel ist der zweite Indexwert ebenfalls gleich 100, da sich der Preis im Jahr 2003 nicht geändert hat. Im folgenden Jahr besitzt dann der Index den Wert

$$P_2 = \frac{6{,}88}{6{,}55} \cdot 100 = 105$$

womit der Index anzeigt, dass der Bierpreis vom Jahr 2002 bis zum Jahr 2004 um 5 % gestiegen ist. Von 2002 bis 2009 betrug dementsprechend die Steigerung 27,5 %. Natürlich kann man die Konstruktion des Preisindex dahin gehend erwei-

TABELLE 4.3. Bierpreis-Index (Basis 2005 = 100)

Jahr	Preis	Preisindex
2002	6,55	93,2
2003	6,55	93,2
2004	6,88	97,9
2005	7,03	100,0
2006	7,23	102,8
2007	7,60	108,1
2008	8,05	114,5
2009	8,35	118,8

tern, dass man irgendein anderes Jahr als Basisjahr wählt, zum Beispiel das Jahr 2005 und alle Preise analog wie vorhin auf den Wert dieses Jahres beziehen. Was man an diesem Beispiel auch sehen kann, ist die Tatsache, dass bei wirtschaftlichen Zeitreihen oft weniger die absoluten Größen, sondern vielmehr die zeitlichen (prozentuellen) Veränderungen von Interesse sind.

4.2. Aggregierte Preisindizes

4.2.1. Ein ungewichteter Preisindex

Betrachten wir einmal drei verschiedene Güter A, B und C, deren Preisentwicklung für den Zeitraum 2005–2008 durch die folgende Tabelle gegeben ist.

TABELLE 4.4. Güterpreise in Euro

Jahr	t	Gut A	Gut B	Gut C
2005	0	1,10	3,50	6,50
2006	1	1,20	3,80	6,80
2007	2	1,30	3,90	7,20
2008	3	1,40	4,20	7,50

Man könnte hier natürlich die Preisentwicklung jedes einzelnen Gutes mit Hilfe eines einfachen Preisindex beschreiben. Eine interessante Alternative wäre aber, stattdessen die simultane Preisentwicklung aller drei Güter zu betrachten. Dies geschieht mit Hilfe eines aggregierten (ungewichteten) Preisindex.

Ungewichteter Preisindex

Wenn $p_{0i}, p_{1i}, \ldots, p_{ni}$ für $i = 1, \ldots, k$ die Zeitreihen der Preise von insgesamt k Gütern sind, dann nennt man den Ausdruck

$$P_t = \frac{\sum_{i=1}^{k} p_{ti}}{\sum_{i=1}^{k} p_{0i}} \cdot 100$$

einen ungewichteten Preisindex, mit $t = 0, 1, \ldots, n$.

Die Summe der Güterpreise zum Zeitpunkt t wird somit dividiert durch die Summe der Güterpreise zum Zeitpunkt 0 und dann der Quotient mit 100 multipliziert. Da man ohne weiteres Zähler und Nenner jeweils mit $1/k$ multiplizieren kann, könnte man den Quotienten auch so interpretieren: das arithmetische Mittel der Güterpreise zum Zeitpunkt t wird durch das arithmetische Mittel der Güterpreise zum Zeitpunkt 0 dividiert und dann der Quotient mit 100 multipliziert. Eine durchaus anschauliche Größe, mit deren Hilfe man die aggregierte Preisentwicklung mehrerer Güter beschreiben kann.

Für unser Beispiel würde der Preisindex für den Zeitpunkt $t = 1$ bzw. für das Jahr 2006 den folgenden Wert haben:

$$P_1 = \frac{1{,}20 + 3{,}80 + 6{,}80}{1{,}10 + 3{,}50 + 6{,}50} \cdot 100 = \frac{11{,}8}{11{,}1} \cdot 100 = 106{,}3$$

Hier sind noch einmal die einzelnen Preise zusammengefasst, ergänzt um die Werte des aggregierten Preisindex:

Tabelle 4.5. Güterpreise mit Preisindex

Jahr	t	Gut A	Gut B	Gut C	Preisindex
2005	0	1,10	3,50	6,50	100,0
2006	1	1,20	3,80	6,80	106,3
2007	2	1,30	3,90	7,20	111,7
2008	3	1,40	4,20	7,50	118,0

Wenn man sich zum Beispiel für die Preisentwicklung eines bestimmten Marktes interessiert, dann könnte man jetzt im Prinzip mit einem einzigen Index die Preisentwicklung des gesamten Marktes beschreiben. Man könnte auch überlegen, für die Preisentwicklung der täglichen Konsumgüter etwa eines Haushalts, einen entsprechenden Preisindex zu konstruieren. Allerdings sollte man beachten, dass wir einen Preisindex berechnet haben, der ausschließlich auf den Preisen verschiedener Güter beruht. Das mag auf den ersten Blick sehr natürlich klingen und für manche Anwendungen auch durchaus sinnvoll sein. Tatsächlich erweist es sich aber als sehr zweckmäßig, nicht nur die Preise, sondern zusätzlich auch die (gekauften bzw. verbrauchten) Mengen der einzelnen Güter bei der Berechnung des Preisindex zu berücksichtigen.

4.2.2. Der Laspeyres-Preisindex

Der Laspeyres-Preisindex gilt als der wichtigste Preisindex überhaupt. Es handelt sich dabei um einen gewichteten Preisindex, da die einzelnen Preise bei jedem Zeitpunkt mit gewissen „Mengengewichten“ multipliziert werden, was dieses Indexkonzept äußerst flexibel macht. Betrachten wir wieder unser obiges Beispiel mit den drei Gütern A, B und C, bzw., um es in der Sprache der Statistik zu formulieren, einen Warenkorb mit den drei Gütern A, B und C. Zusätzlich zu den Preisen sind in Tabelle 4.6 jetzt zusätzlich Angaben über die (verbrauchten) Mengen zu den einzelnen Zeitperioden angegeben.

TABELLE 4.6. Warenkorb mit drei Gütern A, B und C

		Gut A		Gut B		Gut C	
Jahr	t	Preis	Menge	Preis	Menge	Preis	Menge
2005	0	1,10	120	3,50	90	6,50	70
2006	1	1,20	140	3,80	70	6,80	80
2007	2	1,30	110	3,90	90	7,20	100
2008	3	1.40	120	4,20	100	7,50	60

Werden jetzt die Mengen der Basisperiode 0 für sämtliche Zeitpunkte konstant gehalten, dann erhält man als gewichteten Preisindex den sogenannten Laspeyres-Preisindex.

Laspeyres-Preisindex

Wenn p_{0i}, p_{1i}, …, p_{ni} und q_{0i}, q_{1i}, …, q_{ni} für $i=1, \ldots, k$ die Zeitreihen der Preise und Mengen von insgesamt k Gütern sind, dann nennt man den Ausdruck

$$P_t^L = \frac{\sum_{i=1}^{k} p_{ti} \cdot q_{0i}}{\sum_{i=1}^{k} p_{0i} \cdot q_{0i}} \cdot 100$$

einen Laspeyres-Preisindex, mit $t=0, 1, \ldots, n$.

Die Tatsache, dass die Mengen konstant gehalten werden, ist in diesem Fall besonders wichtig. Da Änderungen eines Preisindex Änderungen des Preisniveaus anzeigen sollen, müssen die anderen Größen, in diesem Fall die Mengen, konstant gehalten werden. Beim Laspeyres-Preisindex sind es gerade die Mengen der Basisperiode, die sowohl im Zähler als auch im Nenner des Index auftreten. Sollte es im weiteren Zeitablauf zu Änderungen, insbesondere zu einem Anstieg, des Indexwertes kommen, dann beruhen diese ausschließlich auf Preisänderungen. Im Nenner des Bruches steht somit der Preis des Warenkorbes zum Zeitpunkt 0 und im Zähler der Preis zum Zeitpunkt t, wobei natürlich die aktuellen Preise verwendet werden, nicht aber die aktuellen Mengen (die hier gar nicht benötigt werden), sondern die Mengen des Basiszeitpunkts. Man vergleicht somit die Preise ein und desselben Warenkorbes (das heißt mit den gleichen Gütern und Mengen) zu zwei verschiedenen Zeitpunkten, wobei sowohl die Preise der Basisperiode als auch der Berichtsperiode berücksichtigt werden.

Für unser Beispiel würde der Preisindex für den Zeitpunkt $t=1$ bzw. für das Jahr 2006 den folgenden Wert haben:

$$P_1^L = \frac{1{,}20 \cdot 120 + 3{,}80 \cdot 90 + 6{,}80 \cdot 70}{1{,}10 \cdot 120 + 3{,}50 \cdot 90 + 6{,}50 \cdot 70} \cdot 100 = \frac{962}{902} = 106{,}7$$

Hier sind noch einmal die einzelnen Preise zusammengefasst, ergänzt um die Werte des Laspeyres-Preisindex:

TABELLE 4.7. Laspeyres-Preisindex für einen Warenkorb

		Gut A		Gut B		Gut C		
Jahr	t	Preis	Menge	Preis	Menge	Preis	Menge	P_t^L
2005	0	1,10	120	3,50	90	6,50	70	100,0
2006	1	1,20	140	3,80	70	6,80	80	106,7
2007	2	1,30	110	3,90	90	7,20	100	112,1
2008	3	1.40	120	4,20	100	7,50	60	118,7

Bei praktischen Anwendungen gilt der Laspeyres-Preisindex als der am häufigsten verwendete Preisindex. Er lässt sich relativ anschaulich interpretieren. So bedeutet zum Beispiel der Indexwert von 106,7 im Jahr 2006, dass der im Jahr 2005 konstruierte Warenkorb im Jahr 2006 um 6,7 % teurer geworden ist. Ein wesentlicher Vorteil besteht darin, dass für die Berechnung eines neuen Indexwertes lediglich die neuen Preise der aktuellen Berichtsperiode gegeben sein müssen. Die Zusammensetzung des Warenkorbs wird von der Basisperiode übernommen (konstantes Konsumschema).

Auf Grund von Änderungen der Konsumgewohnheiten muss man allerdings damit rechnen, dass der Warenkorb bzw. die Gewichtung der einzelnen Güter im Laufe der Zeit an Aktualität verliert. Daher ist es notwendig, bei der Verwendung des Laspeyres-Preisindex den zugrunde liegenden Warenkorb in gewissen Zeitabständen zu aktualisieren. Das kann natürlich einen beträchtlichen Mehraufwand darstellen, wenn man etwa an eine Untersuchung zum aktuellen Konsumverhalten der privaten Haushalte denkt.

4.2.3. Weitere Preisindizes

Die Tatsache, dass der Warenkorb beim Laspeyres-Preisindex mit zunehmender Zeit allmählich veraltet, stellt natürlich einen nicht geringen Nachteil dar. Man könnte daher auch überlegen, statt eines konstanten Warenkorbs von Gütern aus der Basisperiode einen ständig aktualisierten Warenkorb für jede Berichtsperiode zu verwenden. Dies würde bedeuten, dass für jede einzelne Berechnung des Index der Warenkorb zwar konstant ist, allerdings würde dieser dann nicht aus der Basisperiode stammen, sondern aus der jeweiligen Berichtsperiode. Damit erhält man einen weiteren gewichteten Preisindex, den sogenannten Paasche-Preisindex, der formal wie folgt definiert ist:

$$P_t = \frac{\sum_{i=1}^{k} p_{ti} \cdot q_{ti}}{\sum_{i=1}^{k} p_{0i} \cdot q_{ti}} \cdot 100$$

Wie beim Laspeyres-Preisindex beruht auch in diesem Fall jede Änderung des Paasche-Preisindex auf einer Preisänderung zwischen Basis- und Berichtsperiode. Bei unserem Beispiel erhält man für den Zeitpunkt $t = 1$ bzw. für das Jahr 2006 den folgenden Indexwert

$$P_1 = \frac{1{,}20 \cdot 140 + 3{,}80 \cdot 70 + 6{,}80 \cdot 80}{1{,}10 \cdot 140 + 3{,}50 \cdot 70 + 6{,}50 \cdot 80} \cdot 100 = \frac{912}{856} = 106{,}5$$

Hier sind noch einmal die einzelnen Preise zusammengefasst, diesmal ergänzt um die Werte des Paasche-Preisindex.

TABELLE 4.8. Paasche-Preisindex für einen Warenkorb

		Gut A		Gut B		Gut C		
Jahr	t	Preis	Menge	Preis	Menge	Preis	Menge	P_t
2005	0	1,10	120	3,50	90	6,50	70	100,0
2006	1	1,20	140	3,80	70	6,80	80	106,4
2007	2	1,30	110	3,90	90	7,20	100	111,8
2008	3	1.40	120	4,20	100	7,50	60	119,0

Der Paasche-Preisindex ist allerdings nur von geringer praktischer Bedeutung, vor allem deshalb, weil für seine Berechnung ständig aktuelle Warenkörbe zur Verfügung stehen müssten. Bei einer größeren Zahl von Gütern könnte dies einen immensen Erhebungsaufwand mit sich bringen.

In der Literatur kann man noch eine Reihe weiterer Preisindizes antreffen, von denen der sogenannte Fisher-Preisindex wohl der bekannteste ist. Er ist definiert als das geometrische Mittel aus einem Laspeyres-Preisindex und einem Paasche-Preisindex. Er wird manchmal als eine Art idealer Index angesehen, da er im Vergleich zu anderen Preisindizes einige zusätzliche theoretische Eigenschaften erfüllt. Er besitzt allerdings keinerlei praktische Bedeutung, da er unter anderem auf dem Paasche-Preisindex beruht und somit die gleichen Erhebungsprobleme mit sich bringt.

4.3. Mengenindizes

In diesem Kapitel haben wir bisher verschiedene Varianten von Preisindizes betrachtet, mit deren Hilfe sich Preisänderungen messen lassen. Statt Preisänderungen zu messen, könnte man natürlich auch versuchen, Mengenänderungen zu messe. Man denke etwa an ein Unternehmen, das verschiedene Güter produziert, wobei die Änderungen der Produktionsmengen durch einen Index erfasst werden sollen. Stellvertretend dafür sei hier die Formel für den Laspeyres-Mengenindex angegeben:

$$Q_t^L = \frac{\sum_{i=1}^{k} q_{ti} \cdot p_{0i}}{\sum_{i=1}^{k} q_{0i} \cdot p_{0i}} \cdot 100$$

Abgesehen davon, dass die Reihenfolge der Preis-und Mengensymbole vertauscht ist, werden jetzt die Preise (aus der Basisperiode) konstant gehalten, da es nur um die Mengenänderungen geht. Mit den Daten, die wir bisher verwendet haben, kann man dann auch den zugehörigen Laspeyres-Mengenindex berechnen. Dieser ist in Tabelle 4.9 in der letzten Spalte angegeben.

TABELLE 4.9. Laspeyres-Mengenindex für einen Warenkorb

		Gut A		Gut B		Gut C		
Jahr	t	Menge	Preis	Menge	Preis	Menge	Preis	Q_t^L
2005	0	120	1,10	90	3,50	70	6,50	100,0
2006	1	140	1,20	70	3,80	80	6,80	101,9
2007	2	110	1,30	90	3,90	100	7,20	120,4
2008	3	120	1.40	100	4,20	60	7,50	96,7

4.4. Verbraucherpreisindizes

Im Folgenden werden wir etwas näher auf ein Thema eingehen, das bereits in der Einleitung zu diesem Kapitel angesprochen wurde. Es geht dabei um die Inflation bzw. den Verbraucherpreisindex. Ein Verbraucherpreisindex (VPI) misst die durchschnittliche Preisentwicklung von Gütern und Dienstleistungen, die von privaten Haushalten gekauft werden. Genauer gesagt liegt diesem Index ein repräsentativer Warenkorb solcher Güter und Dienstleistungen zugrunde, die private Haushalte innerhalb eines Jahres typischerweise konsumieren. Der VPI wird monatlich berechnet, wobei der Warenkorb in regelmäßigen Zeitabständen (derzeit alle fünf Jahre) aktualisiert wird. Informationen über die Konsumgewohnheiten beruhen dabei auf Aufzeichnungen von zufällig ausgewählten privaten Haushalten über ihre täglichen Ausgaben. Daneben werden Tausende von Preisen regelmäßig in Städten und Gemeinden erhoben. Dies geschieht zum Beispiel auf Märkten, in stark frequentierten Geschäften, im Internet usw.

Üblicherweise denkt man im Zusammenhang mit dem VPI aber weniger an die konkreten Indexwerte, sondern vielmehr an die Inflationsrate, worunter man die Steigerungsrate des VPI versteht. Hierbei ist besonders zu beachten, dass die Inflationsrate monatlich als prozentuelle Veränderung gegenüber dem Vorjahresmonat bestimmt wird. So bedeutet zum Beispiel die Inflationsrate für den Oktober 2009 den Preisanstieg des VPI vom Oktober 2008 bis zum Oktober 2009. Abgesehen davon dient die Inflationsrate auch als Richtschnur bei Lohnabschlüssen oder Mietzinsklauseln.

Neben den nationalen VPI gibt es auch den sogenannten HVPI (Harmonisierter Verbraucherpreisindex). Hierbei handelt es sich um einen EU-weit nach einer einheitlichen Methode erhobenen Preisindex, mit dessen Hilfe sich die Entwicklungen der Verbraucherpreise verschiedener Länder leichter vergleichen lassen. Die nationalen HVPI werden dann zu einem Index für den gesamten EU-Raum zusammengefasst. Dieser Index gilt als eine Art Indikator für die Geldpolitik der EZB (Europäische Zenralbank), wobei die offizielle Definition für die Preisstabilität im Euro-Raum folgenden Wortlaut hat: „Preisstabilität wird definiert als Anstieg des Harmonisierten Verbraucherpreisindex (HVPI) für das Euro-Währungsgebiet von unter, aber nahe 2 % gegenüber dem Vorjahr. Preisstabilität muss mittelfristig gewährleistet werden.“ (EZB-Rat, 1998). Man beachte dabei, dass Deflation, das heißt der Rückgang des Preisniveaus, mit dieser Definition der Preisstabilität nicht vereinbar ist. Änderungen des HVPI können unter Umständen Änderungen des Zinssatzes durch die EZB bewirken.

4.5. Aktienmärkte. Eine empirische Fallstudie (4)

In thematischer Hinsicht wäre es nahe liegend, in diesem Abschnitt etwas näher auf die Konstruktion bzw. die Berechnung von Aktienindizes einzugehen. Wirft man allerdings einen Blick auf die Reglements der einzelnen Börsen, dann wird man bald feststellen, dass die Beschreibungen der Indexkonstruktionen recht detailreich sein können. Hinzu kommt, dass keineswegs gesichert ist, ob zum Beispiel gleichlautende Begriffe tatsächlich überall auch die gleiche Bedeutung haben. Wir haben es hier mit einer ähnlichen Situation zu tun, wie man sie häufig beim Vergleich internationaler Kennzahlen antrifft. Aus diesem Grund werden wir uns daher auf die Berechnung eines einzigen Index, des deutschen DAX, beschränken und ansonsten nur auf die wichtigsten Unterschiede zu den übrigen Indizes hinweisen.

Beim DAX handelt es sich um einen leicht modifizierten Laspeyres-Preisindex. In diesem Zusammenhang sollte man etwas vorsichtig mit der Bezeichnung Preisindex sein. Wenn man bei Aktienindizes von einem Preisindex (oder Kursindex) spricht, dann ist damit gemeint, dass die Dividenden der im Index enthaltenen Aktientitel bei der Indexberechnung nicht weiters berücksichtigt werden. In diesem Sinne ist der DAX kein Preisindex, da bei der Berechnung unterstellt wird, dass die Dividenden in die jeweiligen Aktien reinvestiert werden. Ein solcher Aktienindex wird auch als Performance-Index bezeichnet. Dies ist ein wesentlicher Aspekt, der den DAX von den übrigen drei Indizes unterscheidet, die (in dieser Hinsicht) „reine“ Preisindizes sind. Die Konstruktionsformel für den DAX lautet wie folgt:

$$DAX_t = K_T \cdot \frac{\sum_{i=1}^{30} p_{it} \cdot q_{iT} \cdot f\!f_{iT} \cdot c_{it}}{\sum_{i=1}^{30} p_{i0} \cdot q_{i0}} \cdot 1000$$

Dabei sind p_{i0} und p_{it} die Kurse der Aktie i zum Zeitpunkt 0 bzw. t, q_{i0} und q_{iT} sind die Gewichtungsfaktoren der Aktie i zum Zeitpunkt 0 bzw. T, c_{it} ist der Korrekturfaktor der Gesellschaft i zum Zeitpunkt t, $f\!f_{iT}$ ist der Free Float-Faktor der Gesellschaft i zum Zeitpunkt T und K_T ist ein indexspezifischer Verkettungsfaktor, gültig ab dem Verkettungszeitpunkt T (einmal jährlich erfolgt eine Indexverkettung).

Hier sind noch einige Erläuterungen zu den Angaben. Die Summation erfolgt über 30 Werte, da dies die Zahl der Aktientitel ist, die der DAX enthält. Der

Wert 1000 stellt den Startwert (=Basis, Zeitpunkt Ende 1987) des DAX dar. Der Free Float-Faktor oder Streubesitzfaktor bezieht sich auf den Streubesitz der jeweiligen Aktientitel. Darunter versteht man denjenigen Anteil der Aktien, die an der Börse frei gehandelt werden können. Besitzt der Staat zum Beispiel 25 % der Aktien eines Unternehmens, dann beträgt der Streubesitz des Unternehmens 75 % bzw. 0,75. Die Gewichtungsfaktoren ergeben sich aus der Börsenkapitalisierung. Darunter versteht man allgemein das Produkt aus dem Aktienkurs und der Zahl der vorhandenen Aktien (= Börsenwert eines Aktientitels). Der Gewichtungsfaktor einer Aktie wäre dann der Anteil seiner Börsenkapitalisierung an der Gesamtkapitalisierung der DAX-Aktientitel. Die Korrekturfaktoren werden für spezielle Ereignisse zum Zeitpunkt t verwendet, zum Beispiel bei Dividendenausschüttungen oder Kapitalveränderungen (ansonsten ist sein Wert gleich Eins).

Kommen wir jetzt zu den übrigen Aktienindizes. Die Berechnungsformel für den ATX besitzt ein ähnliches Aussehen wie beim DAX, allerdings handelt es sich beim ATX im Gegensatz zum DAX um einen Preisindex, nicht um einen Performance-Index. Die Dividenden sämtlicher Aktientitel des ATX werden also bei der Indexberechnung nicht berücksichtigt. Außerdem enthält der ATX für jede Aktie einen sogenannten Repräsentationsfaktor, der so festgesetzt wird, dass die Gewichtung einer Aktie im Index maximal 20 % beträgt. Der Schweizer SMI ist ebenfalls ein leicht modifizierter Laspeyres-Preisindex. Kapitalveränderungen werden bei der Berechnung des Index berücksichtigt, Dividendenausschüttungen bleiben dagegen unberücksichtigt. Beim Dow Jones Index ist vor allem zu beachten, dass es sich hier nicht um einen kapitalgewichteten, sondern um einen preisgewichteten Index handelt. Das bedeutet, dass der Indexwert ausschließlich von den aktuellen Aktienkursen abhängt. Über den Einfluss eines Aktientitels auf den Index entscheidet also allein der Kurs, nicht die Größe des Unternehmens bzw. die Zahl der ausgegebenen Aktien. Der Indexwert stellt dann im Wesentlichen das arithmetische Mittel aus den Kursen der 30 im Dow-Jones-Index enthaltenen Aktientitel dar, wobei für gewisse Aktienveränderungen der Zähler noch etwas „korrigiert“ wird. Seit Bestehen des Index, das heißt seit 1896, hat sich daher der Zähler des Index, der ursprünglich gleich 30 war, stark verändert. Sein Wert ist mittlerweile kleiner als Eins, weshalb der Wert des Index jetzt größer ist als die Summe der 30 Aktienkurse.

Abschließend sei noch darauf hingewiesen, dass es verschiedene Varianten der Berechnungsformeln gibt. Diese haben den Vorteil, dass sie in numerischer Hinsicht weniger anfällig für Rundungsfehler sind.

Anmerkungen

1 Tatsächlich wurde der Euro bereits mit Beginn des Jahres 1999 als Buchwährung eingeführt. Die Einführung der Euro-Münzen und -Banknoten erfolgte mit Beginn des Jahres 2002.

2 Pressemitteilung des Deutschen Statistischen Bundesamts vom 27. Juli 2004.

3 Siehe dazu auch Brachinger (2005).

4 Bei den jährlichen Preisen handelt es sich jeweils um das arithmetische Mittel aus dem höchsten und dem niedrigsten Bierpreis.
Quelle: Fremdenverkehrsamt München

5 Unter den folgenden Links findet man Informationen zur Konstruktion einiger nationaler Verbraucherpreisindizes sowie des HVPI:

Deutschland
`http://www.destatis.de/jetspeed/portal/cms/Sites/destatis/Internet/DE/`
`/Presse/abisz/VPI,templateId=renderPrint.psml`

Österreich
`http://www.statistik.at/web_de/statistiken/preise/`
`/verbraucherpreisindex_vpi_hvpi/index.html`

Schweiz (Landesindex der Konsumentenpreise)
`http://www.bfs.admin.ch/bfs/portal/de/index/themen/05/02.html`

Eurostat (HVPI)
`http://circa.europa.eu/Public/irc/dsis/hiocp/library?l=/public/`
`/short_guide_users/de-shortguide-march/_DE_1.0_&a=d`

Aufgaben

Die folgenden Aufgaben dienen dazu, das Verständnis des behandelten Stoffes zu erleichtern und zu vertiefen. Um einen entsprechenden Lerneffekt zu erzielen, sollten dabei die Konzepte und Methoden verwendet werden, die in diesem Kapitel präsentiert wurden. Soweit es um eigene Berechnungen geht, sollte man besonders auf die Darstellung des Lösungswegs achten. Für die mit einem * gekennzeichneten Aufgaben ist eine geeignete Software erforderlich bzw. empfehlenswert. Beachten Sie dazu auch die Hinweise in Anhang A. Lösungen zu den Aufgaben mit geraden Nummern finden Sie in Anhang B.

4.1 Innerhalb eines Jahres lauten die Monatsendwerte (0 = Jahresbeginn) einer Aktie wie folgt:

Monat	0	1	2	3	4	5	6	7	8	9	10	11	12
Endwert	45	40	39	38	42	46	48	52	56	54	49	47	48

Berechnen Sie für diese Aktie einen einfachen Preisindex (Basis 0 = 100).

4.2 Angenommen, der Preisindex eines Rohstoffs (Basis 2000 = 100) hat im Jahr 2004 den Wert 126 und im Jahr 2008 den Wert 92. Wie würden Sie diese Werte interpretieren?

4.3 Gegeben sei ein Warenkorb, bestehend aus drei Gütern. Die Preise (pro Mengeneinheit) und die Mengen (Verbrauch) dieser Güter für die Jahre 2005 und 2006 sind wie folgt gegeben:

	2005		2006	
Gut	Preis	Menge	Preis	Menge
1	2,50	120	2,75	110
2	6,00	10	6,60	10
3	11,00	50	12,10	40

Um wie viel Prozent sind im Durchschnitt die Preise für diesen Warenkorb von 2005 auf 2006 angestiegen? Verwenden Sie zur Berechnung den Preisindex nach Laspeyres.

4.4 Die Preise dreier Güter A, B und C für die Jahre 2000, 2002, 2004 und 2006 lauten wie folgt (in Euro):

	Preise			
Gut	2000	2002	2004	2006
A	5	5	4	5
B	10	12	13	13
C	20	21	20	22

Angenommen, wir betrachten einen Warenkorb, bestehend aus diesen drei Gütern, mit den Mengen (Stück) 10 (A), 20 (B) und 15 (C). Welche Werte nimmt ein Laspeyres-Preisindex für diesen Warenkorb in den Jahren 2002, 2004 und 2006 an (Basis 2000 = 100)?

4.5 Angenommen, jemand würde als Beispiel für den Preisanstieg vom Jahr 2000 auf das Jahr 2010 die Preise für ein Frühstück in einem Gasthaus in den beiden Jahren heranziehen. Was könnte an einer derartigen Vorgangsweise problematisch sein?

4.6 Kann es vorkommen, dass ein Laspeyres-Preisindex unverändert bleibt, auch wenn sich die Einzelpreise geändert haben? Begründen Sie Ihre Antwort, gegebenenfalls mit Hilfe eines Beispiels.

4.7 Für ein Land (Deutschland, Österreich oder Schweiz) sollen Informationen zur Konstruktion des nationalen Verbraucherpreisindex zusammengestellt werden. Führen Sie dazu eine entsprechende Internet-Recherche durch.

4.8 (Fortsetzung von Aufgabe 4.3)
Verwenden Sie diesmal für die Berechnung den Preisindex nach Paasche.

4.9 Die Preise und die Mengen (Verbrauch) dreier Güter A, B und C für die Jahre 2005, 2005, 2007 und 2008 sind wie folgt gegeben:

	2005		2006		2007		2008	
Gut	Preis	Menge	Preis	Menge	Preis	Menge	Preis	Menge
A	5	10	5	11	4	10	5	12
B	10	30	12	25	13	24	13	20
C	20	4	21	5	20	7	22	10

Betrachten Sie einen Warenkorb, bestehend aus diesen drei Gütern. Wie lauten die Werte des Laspeyres-Preisindex für die Jahre 2006, 2007 und 2008 (Basis $2005 = 100$)?

4.10 (Fortsetzung von Aufgabe 4.9)
Berechnen Sie für die Jahre 2006, 2007 und 2008 die Werte des Laspeyres-Mengenindex.

Fragen

1. Was versteht man allgemein unter einem Preisindex?
2. Was ist der Unterschied zwischen einem einfachen und einem aggregierten Preisindex?
3. Worin besteht der Unterschied zwischen einem Laspeyres-Preisindex und einem Paasche-Preisindex?
4. Aus welchen Gründen wird der Laspeyres-Preisindex gegenüber dem Paasche-Preisindex bevorzugt?
5. Welche Motivation steht hinter der Definition des Fisher-Index?
6. Was versteht man unter einem Mengenindex?
7. Wie werden die Preise zur Berechnung eines Verbraucherpreisindex ermittelt?
8. Welche praktische Bedeutung hat der Verbraucherpreisindex?
9. Wozu gibt es einen harmonisierten Verbraucherpreisindex?
10. Wie hängen Preisstabilität und HVPI im Euroraum zusammen?

EXKURS

Big Mac – Der Index

Wer kennt nicht den Big Mac, das bekannte Produkt der Restaurantkette McDonald's, das in über 100 Staaten der Erde produziert und konsumiert wird. Unter diesem Namen ist seit dem Jahr 1986 ein spezieller Index bekannt, der einmal jährlich von der britischen Wirtschaftszeitschrift THE ECONOMIST veröffentlicht wird. Zur Berechnung dieses Index wird der Preis für einen Big Mac in verschiedenen Ländern erhoben. Auf der Basis dieser Preise wird dann versucht, eine Über- bzw. Unterbewertung der Landeswährung gegenüber dem US-Dollar festzustellen.
Der Big-Mac-Index dürfte nicht unwesentlich dazu beigetragen haben, eine ökonomische Theorie einer breiteren Öffentlichkeit bekannt zu machen, nämlich die Kaufkraftparität („Power Purchasing Parity"- PPP) des Wechselkurses. Diese Theorie besagt, dass die Preise für Güter in verschiedenen Ländern (umgerechnet in einer Basiswährung) nicht dauerhaft voneinander abweichen können. Die Begründung dafür beruht auf einer sogenannten Arbitrage-Überlegung. Angenommen, ein Gut im Land A wäre billiger als im Land B. In diesem Fall würde das Land B vermehrt dieses Gut nachfragen (und damit auch die Währung von Land A), was einen Preisanstieg bei diesem Gut im Land A zur Folge haben sollte. Letztlich sollten sich daher die Preise für dieses Gut in beiden Ländern angleichen (sollte das Gut in Land A teurer sein als in Land B, hat man gerade die umgekehrte Situation).
Soweit die Theorie. Diese setzt natürlich einige Annahmen voraus. So sollte insbesondere ein handelbares, homogenes (das heißt gleichartiges) Gut vorliegen. Natürlich ist der Big Mac kein handelbares Gut, es wäre aber dennoch ganz interessant, sich die Ergebnisse dieses Index einmal anzusehen.
Die folgende Tabelle liefert einen Überblick über die Preise des Big Mac in 30 Ländern sowie einige Wechselkurs-basierte Daten. Nach der Angabe des betreffenden Landes in der ersten Spalte, enthält die zweite Spalte den Preis für einen Big Mac in der Landeswährung. Die dritte Spalte enthält den umgerechneten US-Dollar-Preis (Preis in der Landeswährung dividiert durch den US-Dollar-Wechselkurs in der fünften Spalte), die vierte Spalte den (fiktiven) US-Dollar-Wechselkurs bei Gültigkeit der Theorie

Land	Big-Mac-Preis Landes-währung	in US Dollar	Impliziter PPP-Kurs	Aktueller Wechselkurs 1 US-Dollar =	Bewertung gegenüber US-Dollar (in %)
USA	**3,57**	**3,57**	**1,00**	—	—
Ägypten	13,00	2,28	3,64	5,71	−36
Argentinien	11,50	2,93	3,22	3,93	−18
Australien	4,34	3,62	1,22	1,20	+2
Brasilien	8,03	4,39	2,25	1,83	+23
China	12,50	1,83	3,50	6,84	−49
Dänemark	29,50	4,84	8,26	6,09	+36
Euro-Raum	3,31	4,04	0,93	0,82	+13
Großbritannien	2,29	3,32	0,64	0,69	−7
Island	640,00	4,87	179,27	131,39	+36
Israel	15,00	3,87	4,20	3,88	+8
Japan	320,00	3,51	89,64	91,08	−2
Kanada	3,89	3,70	1,09	1,05	+4
Mexiko	33,00	2,55	9,24	12,95	−29
Neuseeland	4,90	3,31	1,37	1,48	−7
Norwegen	40,00	6,16	11,20	6,49	+73
Pakistan	190,00	2,21	53,22	86,01	−38
Peru	8,06	2,82	2,26	2,86	−21
Phillipinen	99,39	2,12	27,84	46,78	−40
Polen	7,60	2,26	2,13	3,36	−37
Russland	67,00	2,15	18,77	31,14	−40
Saudi-Arabien	11,00	2,93	3,08	3,76	−18
Schweden	39,00	4,96	10,92	7,86	+39
Schweiz	6,50	5,60	1,82	1,16	+57
Südafrika	17,95	2,33	5,03	7,72	−35
Taiwan	75,00	2,32	21,01	32,38	−35
Thailand	64,49	1,97	18,06	32,70	−45
Tschechien	67,92	3,23	19,03	21,00	−9
Türkei	5,65	3,58	1,58	1,58	0
Ungarn	720,00	3,18	201,68	226,20	−9

Big-Mac-Preise vom 16. Juli 2009; Wechselkurse vom 2. Juni 2010

der Kaufkraftparität (Preis in der Landeswährung dividiert durch den aktuellen Dollar-Preis des Big Mac, das heißt 3,57). Die letzte Spalte schließlich gibt die prozentuelle Über- bzw. Unterbewertung der Landeswährung im Vergleich zum US-Dollar an.

Betrachten wir die Ergebnisse an einem Beispiel. Der (durchschnittliche) Preis für einen Big Mac im Euro-Raum beträgt 3,31 Euro bzw. umgerechnet 4,04 US-Dollar, wobei hier der Preis von 0,82 Euro für einen US-Dollar verwendet wird. Interpretiert man die Tatsache, dass 4,04 größer ist als 3,57 (Preis für einen Big Mac in den USA), als Überbewertung des Euro im Vergleich zum US-Dollar, dann erhält man mit Hilfe der Division von 3,31 durch 3,57 denjenigen Wechselkurs, der zu einem gleichen Preis zwischen dem Big Mac im Euro-Raum und den USA führen würde. Das wäre dann 0,93 Euro pro US-Dollar. Der Euro wäre demnach um 13% gegenüber dem US-Dollar überbewertet (wer diese Rechnungen nicht nur nachvollzogen, sondern auch verstanden hat, dem kann man durchaus Grundkenntnisse im Umgang mit Wechselkursen bescheinigen).
Auch wenn er in einigen Fällen künftige Wechselkursbewegungen korrekt vorhersagen konnte, sollte man die Bedeutung des Big-Mac-Index nicht überbewerten. Letztlich handelt es sich hier um einen sehr vereinfachten Indikator zur Schätzung von Kaufkraftparitäten. Immerhin gestattet er einen recht anschaulichen Einblick in eine ökonomische Theorie.

Literatur: Belke und Dross (2009), Clements et al. (2007), Pakko und Pollard (2003), The Economist (2009).

Kapitel 5.

Korrelation

„Alter spielt keine Rolle – außer man ist ein Rotwein“.[1] Dieser Titel eines kürzlich erschienenen Buches verweist auf die nicht nur Weinkennern bekannte Tatsache des Zusammenhangs zwischen dem Alter und der Qualität eines Weines und damit natürlich auch auf seinen Preis. Dieser Aspekt spielt eine wichtige Rolle bei einem Beispiel, mit dem wir uns in diesem und auch in einigen späteren Kapiteln beschäftigen werden. Dabei geht es um den Zusammenhang zwischen dem Preis von Rotweinen und verschiedenen Variablen, die einen (vermutlichen) Einfluss auf seine Preisbildung haben. Der Titel des genannten Buches liefert uns einen ersten Hinweis für eine relevante Variable, nämlich das Alter. Abbildung 5.1 zeigt ein Streudiagramm, das auf einer empirischen Untersuchung[2] über den Einfluss verschiedener Variablen auf die Preisentwicklung roter Bordeaux-Weine basiert. Für diese Untersuchung wurden entsprechende Weine der Jahrgänge 1952 bis 1980 berücksichtigt[3]. Betrachtet man dabei den Einfluss des Jahrgangs auf den Preis, so kann man bei zunehmendem Alter der Weine einen tendenziellen Preisanstieg beobachten[4].

Dieses Beispiel zeigt sehr anschaulich, dass man bei empirischen Anwendungen oft weniger an den Eigenschaften einer einzelnen Variablen interessiert ist, sondern vielmehr an möglichen Zusammenhängen zwischen verschiedenen Variablen. Abgesehen von dem genannten Rotwein-Beispiel könnte man etwa den Zusammenhang zwischen privatem Konsum und Einkommen, zwischen Werbeausgaben und Umsätzen oder auch zwischen Aktienkursen und dem Wirtschaftswachstum untersuchen. Auf Grund von Vorkenntnissen oder persönlicher Erfahrungen lässt sich bei manchen Variablen zumindest etwas über die Richtung des Zusammenhangs sagen. So wird man wohl erwarten, dass größere Personen tendenziell ein höheres Körpergewicht haben als kleinere Personen, obwohl das im Einzelfall nicht immer stimmen wird. Ebenso würde man vermuten, dass Personen mit einer höheren Ausbildung tendenziell über ein größeres Einkommen verfügen dürften

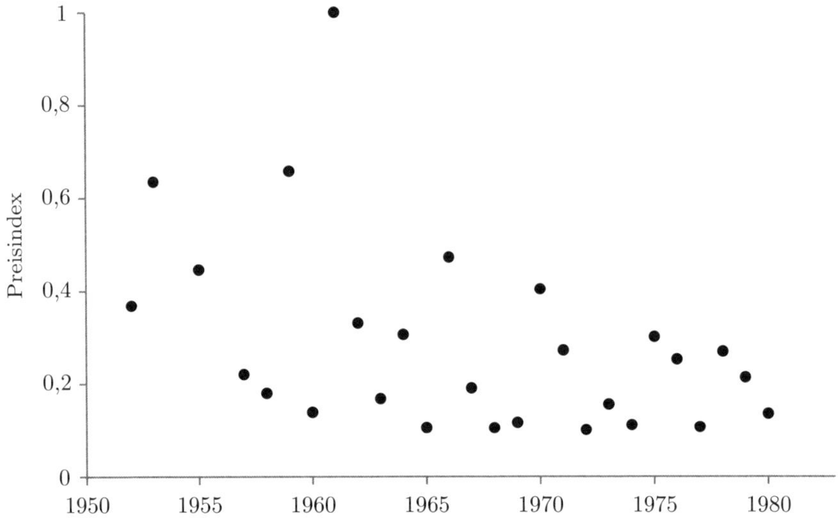

ABBILDUNG 5.1. Streudiagramm der Preise und Jahrgänge roter Bordeaux-Weine, 1952–1980

als Personen mit einer niedrigeren Ausbildung. Grundlegend für eine nähere Beschäftigung mit derartigen Situationen ist im Rahmen der Statistik vor allem der Begriff der Korrelation, der das Thema dieses Kapitel bildet. Damit in Zusammenhang steht die lineare Regression, ein besonders für praktische Anwendungen wichtiges Thema, das im nächsten Kapitel behandelt wird. Während sich die Korrelation mit der Messung der Größe des Zusammenhangs zwischen zwei Variablen beschäftigt, geht es bei der Regression vor allem um die funktionale Beziehung eines etwaigen solchen Zusammenhangs.

Es folgt ein kurzer Überblick über den Inhalt dieses Kapitels. Im ersten Abschnitt werden zwei Maßzahlen präsentiert, die Kovarianz und der Korrelationskoeffizient, mit denen man die Größe des linearen Zusammenhangs zweier quantitativer Variablen bestimmen kann. Im zweiten Abschnitt werden wir auf die besondere Beziehung zwischen Korrelation und Kausalität eingehen. Hier geht es um das nicht immer einfache Problem, zwischen statistischem und kausalem Zusammenhang zu unterscheiden. Im nächsten Abschnitt werden wir uns mit der Autokorrelation von Zeitreihen beschäftigen, das heißt mit der Abhängigkeit zeitlich aufeinander folgender Daten. Der letzte Abschnitt behandelt einen weiteren Teil der Fallstudie über internationale Aktienindizes. Dabei werden etwaige Zusamenhänge untersucht, die zwischen Aktienindizes verschiedener Länder bestehen können.

5.1. Kovarianz und Korrelationskoeffizient

Betrachten wir das Streudiagramm der Werte zweier Variablen X und Y in Abbildung 5.2. Offensichtlich sind bei größeren x-Werten die zugehörigen y-Werte tendenziell ebenfalls größer bzw. bei kleineren x-Werten die y-Werte tendenziell ebenfalls kleiner. Ein Zusammenhangsmaß sollte in diesem Fall ein positives Vorzeichen besitzen. Die Frage, die sich hier stellt, lautet: wie kann man in diesem Fall die Größe des Zusammenhangs der beiden Variablen messen? Aus statistischer Sicht gibt es vor allem zwei Maßzahlen, die man dazu verwenden könnte, nämlich die Kovarianz und den Korrelationskoeffizienten. Diese beiden Maßzahlen werden üblicherweise verwendet, um die Größe des linearen Zusammenhangs zweier Variablen zu messen.

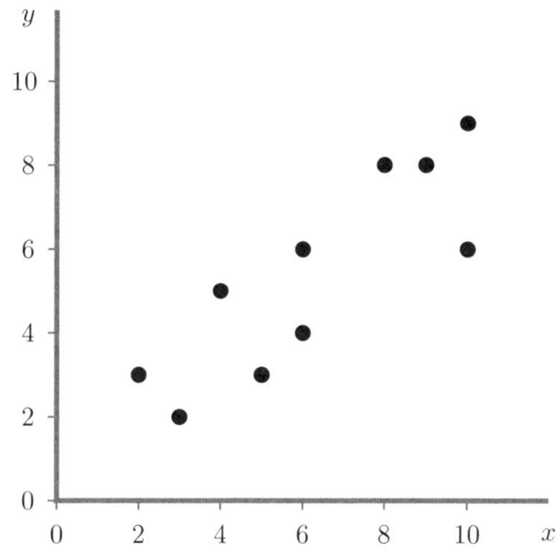

ABBILDUNG 5.2. Streudiagramm von X und Y

Gehen wir einmal davon aus, dass uns die Beobachtungen x_1, x_2, …, x_n bzw. y_1, y_2, …, y_n zweier Variablen X und Y vorliegen. Diese Beobachtungen könnten etwa die Körpergröße und das Körpergewicht von Personen sein, die Renditen eines Aktienindex und das Wirtschaftswachstum aufeinander folgender Jahre oder die jährlichen Werte des privaten Konsums und des verfügbaren Einkommens.

Angenommen, wir würden ein fiktives Koordinatensystem mit dem Mittelpunkt $(\overline{x}, \overline{y})$ konstruieren, wobei $\overline{x}$ und $\overline{y}$ die Mittelwerte der Beobachtungen x_1, x_2, …, x_n bzw. y_1,y_2, …, y_n bedeuten. Jeder Beobachtungspunkt (x_i, y_i) definiert dann ein Rechteck mit der Fläche

$$(x_i - \overline{x})(y_i - \overline{y})$$

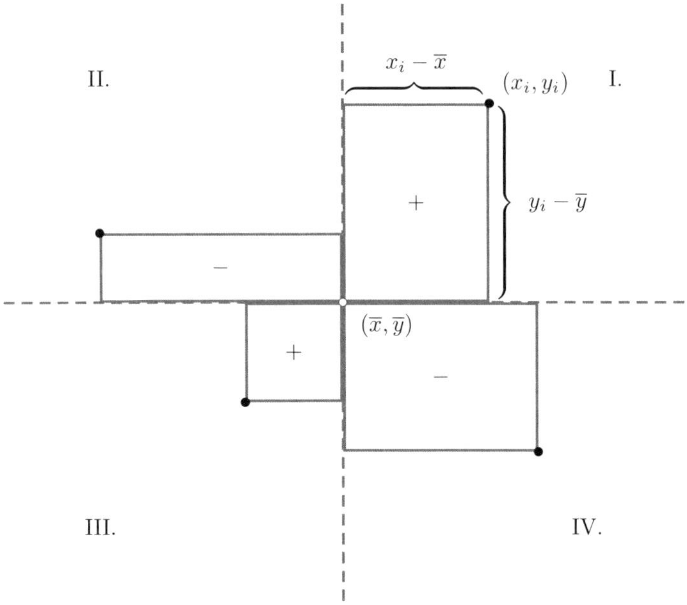

ABBILDUNG 5.3. Fiktives Koordinatensystem mit dem Mittelpunkt $(\overline{x}, \overline{y})$

was man an Hand von Abbildung 5.3 leicht erkennen kann. Liegt der Punkt (x_i, y_i) zum Beispiel im ersten Quadranten (das heißt rechts oben), dann ist das Produkt $(x_i - \overline{x})(y_i - \overline{y})$ natürlich positiv. Bezeichnet man die übrigen Quadranten mit II, III und IV (wie üblich entgegen dem Uhrzeigersinn), dann lassen sich für die Größen $(x_i - \overline{x})$, $(y_i - \overline{y})$ und $(x_i - \overline{x})(y_i - \overline{y})$ die in der folgenden Tabelle angegebenen Vorzeichen bestimmen. Liegt der Punkt (x_i, y_i) dagegen auf

TABELLE 5.1. Vorzeichen der Rechteckflächen

Quadrant	$x_i - \overline{x}$	$y_i - \overline{y}$	$(x_i - \overline{x})(y_i - \overline{y})$
I	+	+	+
II	−	+	−
III	−	−	+
IV	+	−	−

einer der beiden fiktiven Koordinatenachsen, dann ist die entsprechende Rechteckfläche natürlich gleich Null. Wir kommen nun zur Definition eines Abhängigkeitsmaßes, der sogenannten Kovarianz zwischen den Variablen X und Y. Sie ist definiert als das arithmetische Mittel der „Rechteckflächen" aller Datenpunkte

$(x_1, y_1), (x_2, y_2), \ldots, (x_n, y_n)$ und wird häufig mit s_{xy} bezeichnet. Sie beschreibt gewissermaßen die durchschnittliche „Ausrichtung" der Datenpunkte.

Kovarianz

$$s_{xy} = \frac{1}{n} \sum_{i=1}^{n} (x_i - \overline{x})(y_i - \overline{y})$$

Betrachten wir eine Situation, bei der mit zunehmenden x-Werten auch die y-Werte zunehmen. Angenommen, alle Punkte liegen auf einer Geraden, sodass die Punkte sich nur im ersten und dritten Quadranten befinden. Die Kovarianz wäre dann natürlich positiv. Eine positive Kovarianz wäre auch dann zu erwarten, wenn sich die meisten Punkte im ersten und dritten Quadranten befinden, einige aber im zweiten oder vierten Quadranten. Wie ist es im umgekehrten Fall? Man könnte zum Beispiel an eine Situation denken, bei der mit zunehmenden x-Werten die y-Werte tendenziell abnehmen. So wird man etwa bei steigendem Wirtschaftswachstum erwarten, dass die Arbeitslosenquote zurückgehen wird. Entsprechend sollte dann die Kovarianz in diesem Fall negativ sein, da man Beobachtungen wohl vor allem im zweiten und vierten Quadranten erwartet. Ob dies allerdings auch tatsächlich, das heißt empirisch, immer der Fall sein wird, bleibt natürlich noch eine zu klärende Frage.

Korrelationskoeffizient

$$r_{xy} = \frac{s_{xy}}{s_x \cdot s_y} = \frac{\sum_{i=1}^{n} (x_i - \overline{x})(y_i - \overline{y})}{\sqrt{\sum_{i=1}^{n} (x_i - \overline{x})^2} \cdot \sqrt{\sum_{i=1}^{n} (y_i - \overline{y})^2}}$$

Die Kovarianz misst die Größe des Zusammenhangs zwischen zwei Variablen. Allerdings hat sie einen wesentlichen Nachteil: sie hängt von der Skalierung der beiden Variablen ab. Diesen Nachteil kann man dadurch beheben, indem man eine Normierung einführt. Dies geschieht mit Hilfe der Standardabweichungen s_x und s_y der beiden Variablen X und Y. Das Ergebnis ist der Korrelationskoeffizient, das bekannteste statistische Abhängigkeitsmaß.

Die obige Formel lässt sich noch etwas anders darstellen, wodurch die Berechnung vereinfacht wird. Für den Zähler des Bruches gilt nämlich[5]:

$$\sum_{i=1}^{n}(x_i - \overline{x})(y_i - \overline{y}) = \sum_{i=1}^{n} x_i y_i - n\overline{x}\,\overline{y}$$

Aus Kapitel 3 wissen wir bereits, wie man die Summe von quadrierten Abweichungen umformen kann. Die Formel für den Korrelationskoeffizienten r_{xy} kann man daher auch so schreiben:

$$r_{xy} = \frac{\sum_{i=1}^{n} x_i y_i - n\overline{x}\,\overline{y}}{\sqrt{\sum_{i=1}^{n} x_i^2 - n\overline{x}^2} \cdot \sqrt{\sum_{i=1}^{n} y_i^2 - n\overline{y}^2}}$$

Führen wir die Berechnung des Korrelationskoeffizienten an einem einfachen Beispiel durch. Die einzelnen Werte der Variablen X und Y sind zusammen mit

TABELLE 5.2. Berechnung von r_{xy}

x_i	y_i	$x_i y_i$	x_i^2	y_i^2
2	3	6	4	9
3	2	6	9	4
4	5	20	16	25
5	3	15	25	9
6	6	36	36	36
6	4	24	36	16
8	8	64	64	64
9	8	72	81	64
10	9	90	100	81
10	6	60	100	36
63	54	393	471	344

einigen „Hilfsgrößen“ in Tabelle 5.2 enthalten. Die Werte in den ersten beiden Spalten ergeben die Mittelwerte $\overline{x} = 6{,}3$ und $\overline{y} = 5{,}4$. Zusammen mit den Größen in der letzten Zeile

$$\sum_{i=1}^{n} x_i y_i = 393 \qquad \sum_{i=1}^{n} x_i^2 = 471 \qquad \sum_{i=1}^{n} y_i^2 = 344$$

besitzt der Korrelationskoeffizient r_{xy} daher den Wert

$$r_{xy} = \frac{393 - 10 \cdot 6{,}3 \cdot 5{,}4}{\sqrt{471 - 10 \cdot 6{,}3^2} \cdot \sqrt{344 - 10 \cdot 5{,}4^2}} = 0{,}847$$

Für den Korrelationskoeffizienten gelten eine Reihe von Eigenschaften, von denen die wichtigsten hier zusammengefasst sind:

Eigenschaften des Korrelationskoeffizienten

1. $-1 \leq r_{xy} \leq +1$
2. $r_{xy} = r_{yx}$
3. Liegen die Datenpunkte (x_i, y_i) auf einer Geraden, deren Steigung positiv ist, dann ist $r_{xy} = 1$. Bei negativer Steigung ist $r_{xy} = -1$.

Dabei besagt die zweite Eigenschaft, dass die Reihenfolge der Variablen bei der Berechnung des Korrelationskoeffizienten keine Rolle spielt. Ist $r_{xy} > 0$, dann spricht man von positiver Korrelation, bei $r_{xy} < 0$ entsprechend von negativer Korrelation. Ist $r_{xy} = 0$, dann liegt keine Korrelation vor. Die Variablen werden in diesem Fall auch als unkorreliert bezeichnet.

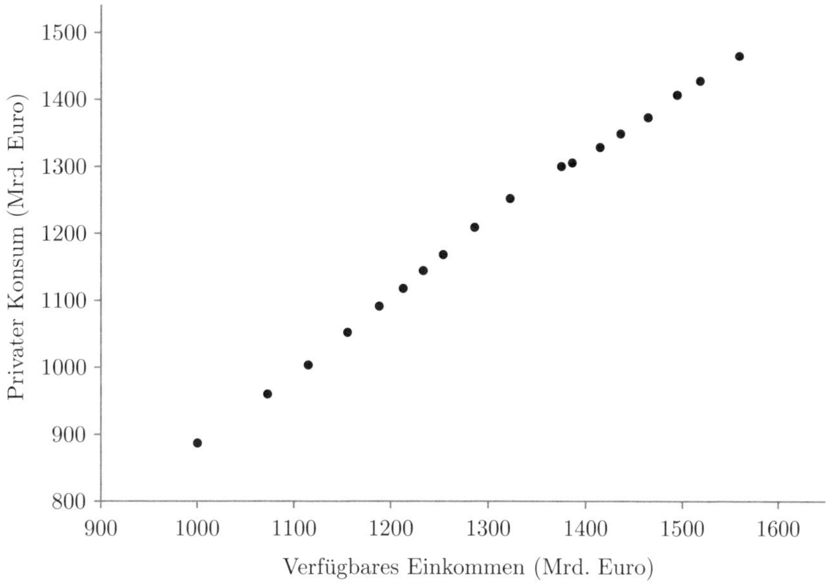

ABBILDUNG 5.4. Privater Konsum und verfügbares Einkommen für Deutschland (1991–2008, jährlich, in jeweiligen Preisen)

Als Beispiel für einen besonders deutlichen Zusammenhang zwischen Variablen betrachten wir zwei wichtige makroökonomische Größen, nämlich den privaten

Konsum und das verfügbare Einkommen. In sachlicher Hinsicht ist natürlich klar, dass zwischen diesen beiden Variablen ein besonderer Zusammenhang bzw. eine große Abhängigkeit besteht. Abbildung 5.4 zeigt das Streudiagramm der beiden Variablen für Deutschland über den Zeitraum 1991–2008 (Jahresdaten). Dabei stellt jeder einzelne Datenpunkt den privaten Konsum (erste Koordinate) sowie das verfügbare Einkommen (zweite Koordinate) eines Jahres dar.

In diesem Zusammenhang wäre es recht nützlich, weitere Beispiele von Streudiagrammen zu betrachten, bei denen allerdings die Datenpunkte jeweils unterschiedliche Ausrichtungen haben, und sie mit den entsprechenden Korrelationskoeffizienten zu vergleichen. Auf diese Weise erhält man ein gewisses Gefühl für das Vorzeichen sowie die Größe der Korrelation. Die Abbildungen 5.5 und 5.6 enthalten dazu vier Beispiele.

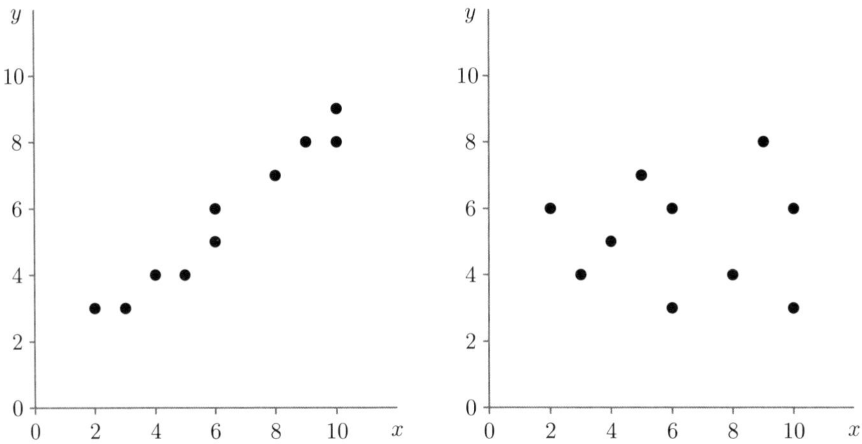

ABBILDUNG 5.5. Streudiagramm der Variablen X und Y (links: $r = 0{,}978$, rechts: $r = -0{,}014$)

Das erste Beispiel (links oben) zeigt einen sehr großen positiven Zusammenhang, der mit einem Korrelationskoeffizienten in der Größe von 98 % entsprechend hoch ausfällt. Das zweite Beispiel daneben zeigt eine Situation, bei der man die beiden Variablen praktisch als unkorreliert ansehen kann. Bei größer (bzw. kleiner) werdenden x-Werten ist im Vergleich dazu keine eindeutige positive (bzw. negative) Tendenz bei den y-Werten zu erkennen. Bei den beiden anderen Beispielen (siehe Abbildung 5.6) liegt ein eindeutig negativer Zusammenhang zwischen den beiden Variablen vor, was durch die entsprechenden Korrelationskoeffizienten bestätigt wird.

Wie groß ist der Korrelationskoeffizient zwischen den Rotweinpreisen und den

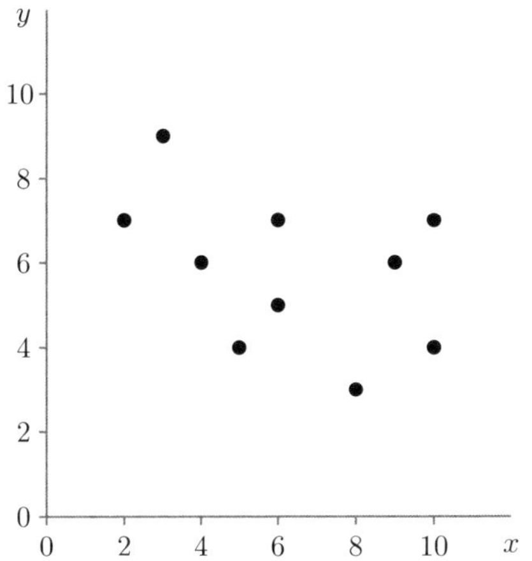

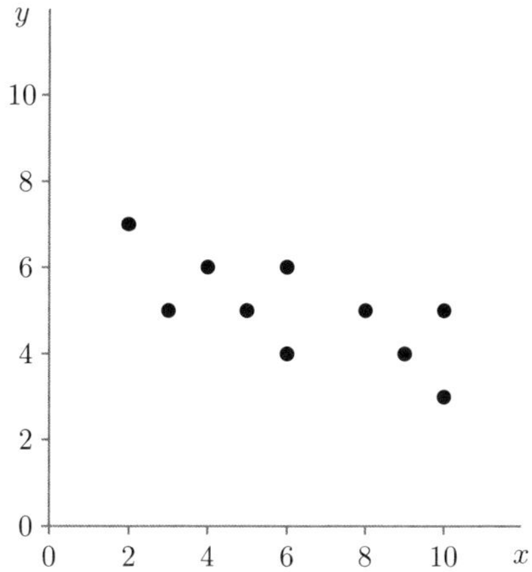

ABBILDUNG 5.6. Streudiagramm der Variablen X und Y, links: $r = -0{,}436$, rechts: $r = -0{,}704$

entsprechenden Jahrgängen? Die Berechnung auf Grundlage der 27 vorliegenden Datenpunkte ergibt einen Wert in Höhe von $r = 0{,}452$ bzw. 45,2 %. Kein extrem hoher Wert, aber er bestätigt jedenfalls den eindeutigen positiven Zusammenhang beider Variablen. Erwartungsgemäß fällt der Korrelationskoeffizient zwischen dem privaten Konsum und dem verfügbaren Einkommen deutlich höher aus. Für den Zeitraum 1991–2008 ergibt sich ein Korrelationskoeffizient von $r = 0{,}998$ bzw. 99,8 %. Diesen hohen Wert konnte man bereits auf Grund der Grafik vermuten. Allerdings lässt sich jetzt der deutliche Zusammenhang der beiden Variablen durch einen entsprechenden Wert quantitativ ausdrücken, was insbesondere aus Gründen der Vergleichbarkeit von Vorteil ist.

5.2. Korrelation und Kausalität

Wie sieht es aus, wenn man nicht weiß, ob zwei Variablen in einem kausalen, das heißt ursächlichen, Zusammenhang zueinander stehen? Folgt dies bei Vorliegen eines hohen Korrelationskoeffizienten? Die Antwort lautet: Nein, ein hoher Korrelationskoeffizient ist kein Beweis für die Existenz eines kausalen Zusammenhangs. Allerdings kann dieser manchmal einen Hinweis liefern für einen derartigen Zusammenhang. Betrachten wir ein Beispiel, bei dem sich eine relativ hohe Korrelation feststellen lässt, obwohl man in diesem Fall kaum von einem kausalen Zusammenhang sprechen wird. Es handelt sich dabei um die US-Superbowl, die jedes Jahr im Januar oder Februar stattfindet. Dabei treffen je eine Mannschaft aus den beiden amerikanischen Football-Ligen aufeinander. Die eine Liga ist die NFC (National Football Conference), die andere die AFC (American Football Conference). Im Laufe der etwa vierzigjährigen Geschichte dieses Endspiels hat sich eine Art Superbowl-Theorie entwickelt, die mehr oder weniger folgendes besagt: Wenn in einem Jahr die Superbowl von einem Team der NFC gewonnen wird, dann wirkt sich dies positiv auf den amerikanischen Aktienmarkt aus. Dagegen wirkt sich eine Niederlage negativ auf den Aktienmarkt aus.

TABELLE 5.3. Liga des Superbowl-Siegers und Performance des Dow-Jones-Index, 1967–2003

Jahr	Liga	Dow-Jones	Jahr	Liga	Dow-Jones
1967	NFC	+	1986	NFC	+
1968	NFC	+	1987	NFC	+
1969	AFC	−	1988	NFC	+
1970	AFC	+	1989	NFC	+
1971	AFC	+	1990	NFC	−
1972	NFC	+	1991	NFC	+
1973	AFC	−	1992	NFC	+
1974	AFC	−	1993	NFC	+
1975	AFC	+	1994	NFC	+
1976	AFC	+	1995	NFC	+
1977	AFC	−	1996	NFC	+
1978	NFC	−	1997	NFC	+
1979	AFC	+	1998	AFC	+
1980	AFC	+	1999	AFC	+
1981	AFC	−	2000	NFC	−
1982	NFC	+	2001	AFC	−
1983	NFC	+	2002	AFC	−
1984	AFC	−	2003	NFC	+
1985	NFC	+			

Soweit die Theorie. Nun zu den Fakten. Tabelle 5.3 zeigt für den Zeitraum 1967–2003 jeweils diejenige Liga an, die den Superbowl-Sieger gestellt hat, sowie die jährliche Performance des Dow-Jones-Index (+ = positive Rendite, − = negative Rendite). Tabelle 5.4 zeigt die Zahl der Jahre, in denen der Dow-Jones-Index eine positive bzw. negative Performance aufwies sowie die Zahl der Jahre, in denen ein NFC-Team bzw. ein AFC-Team die Superbowl gewonnen hat. Die Superbowl-Theorie hat sich somit in 26 von 37 Jahren als zutreffend erwiesen, was immerhin einer Trefferquote von etwa 70 % entspricht!

TABELLE 5.4. Zusammenfassung der Ergebnisse

	NFC	AFC	Summe
Dow-Jones positiv	18	8	26
Dow-Jones negativ	3	8	11
Summe	21	16	37

Berechnen wir einmal den zugehörigen Korrelationskoeffizienten. Hier tritt allerdings ein Problem auf: Bei den beiden angegebenen Variablen (Liga bzw. Dow-Jones Performance) handelt es sich um qualitative Variablen. Für die Berechnung des Korrelationskoeffizienten benötigt man allerdings numerische Werte. Dieses Problem kann man dadurch lösen, dass man etwa die Ausprägungen NFC und AFC mit 1 bzw. 0 kodiert. Die eigentlich qualitative Variable (Liga) mit den Ausprägungen NFC und AFC wird damit zu einer sogenannten Dummy-Variablen mit den Ausprägungen 1 und 0. Analog kann man die andere Variable (Dow-Jones Performance) als Dummy-Variable definieren, indem bei einer positiven Jahresrendite der Wert 1, ansonsten der Wert 0 kodiert wird. Als Korrelationskoeffizient ergibt sich damit der Wert[6]

$$r = \frac{18 - 37 \cdot 0{,}568 \cdot 0{,}703}{\sqrt{21 - 37 \cdot 0{,}568^2} \cdot \sqrt{26 - 37 \cdot 0{,}703^2}} = 0{,}386$$

das heißt fast 40 %! Da bei diesem Beispiel ein sachlicher Zusammenhang nicht erkennbar ist, aber andererseits doch ein relativ hoher Korrelationskoeffizient vorliegt, spricht man auch von einer „Scheinkorrelation“. Man könnte also hier durchaus von einem statistischen Zusammenhang, nicht aber von einem kausalen Zusammenhang sprechen.

Abschließend gehen wir noch kurz auf eine besondere empirische Beziehung ein, die in jedem Einführungsbuch in die Makroökonomie behandelt wird und insbesondere in den 1960er Jahren Gegenstand zahlreicher wirtschaftspolitischer Diskussionen war. Die Rede ist von der sogenannten Phillips-Kurve, bei der es um den Zusammenhang zwischen Arbeitslosigkeit und Inflation geht, genauer: zwischen der Arbeitslosenquote und der Inflationsrate. Wenn man die Abbildung 5.7 betrachtet, wird verständlich, welche Brisanz mitunter hinter einem einfachen Streudiagramm stecken kann. Jahre mit höherer Inflation weisen offensichtlich niedrigere Arbeitslosenquoten auf, während dies in Jahren mit einer eher niedrigen Inflation gerade umgekehrt ist (der Korrelationskoeffizient beträgt ungefähr −86 %). Bedeutet dies, dass man durch die Inkaufnahme einer gewissen Inflati-

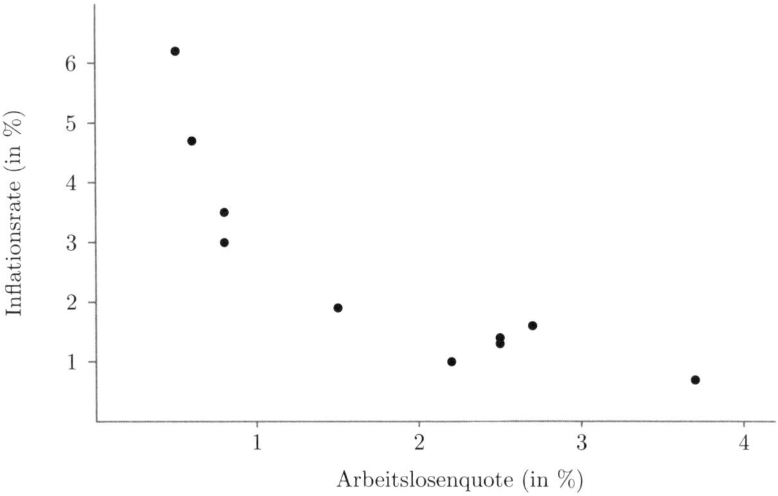

ABBILDUNG 5.7. Arbeitslosenquote und Inflationsrate USA[7], 1960–1969 (jährlich)

on die Höhe der Arbeitslosenquote steuern könnte? Die 1970er Jahre mit ihrer „Stagflation", das heißt dem gleichzeitigen Auftreten von Inflation und Arbeitslosigkeit, sorgten rasch und auf eine sehr schmerzhafte Art und Weise dafür, dass der Gedanke einer Art Feinabstimmung der Wirtschaft bald in den Hintergrund der öffentlichen Diskussion rückte.

5.3. Autokorrelation bei Zeitreihen

Betrachtet man verschiedene Zeitreihen, dann wird man vermuten, dass die Beobachtungen einer Zeitreihe in der Regel eine gewisse Abhängigkeit untereinander aufweisen. Der aktuelle Kurs einer Aktie wird nicht unabhängig vom Kurs des Vortages sein. Wie könnte man bei einer vorliegenden Zeitreihe eine derartige Abhängigkeit messen? Dieses Problem lässt sich dadurch lösen, dass man aus einer gegebenen Zeitreihe zwei gleich lange Teil-Zeitreihen erstellt und dann den entsprechenden Korrelationskoeffizienten bestimmt. Nehmen wir an, eine Zeitreihe sei gegeben durch die Werte

$$x_1, x_2, \ldots, x_{n-1}, x_n$$

Damit lassen sich zwei Teil-Zeitreihen bilden und zwar:

$$x_1, x_2, \ldots, x_{n-2}, x_{n-1}$$

$$x_2, x_3, \ldots, x_{n-1}, x_n$$

Somit hat man jetzt zwei Datensätze zu je $n-1$ Beobachtungen, deren Korrelation sich leicht berechnen lässt. Wenn man die entsprechenden Beobachtungspaare betrachtet

$$(x_1, x_2), (x_2, x_3), \ldots, (x_{n-2}, x_{n-1}), (x_{n-1}, x_n)$$

dann erkennt man, dass der Korrelationskoeffizient gerade die Abhängigkeit zwischen zwei zeitlich aufeinander folgenden Beobachtungen erfasst. Diese bezeichnet man auch als Autokorrelation[8] erster Ordnung. Man könnte natürlich auch die Abhängigkeit zwischen weiter entfernt liegenden Beobachtungen betrachten. Auf diese Möglichkeit werden wir aber hier nicht eingehen.

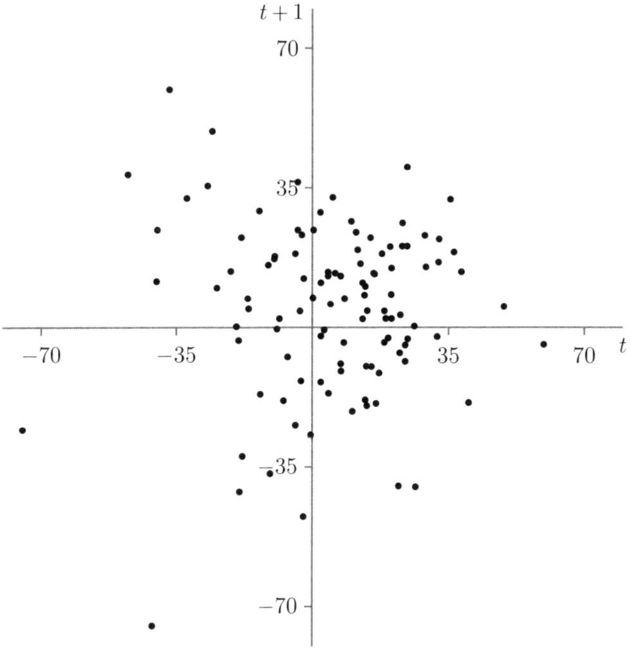

ABBILDUNG 5.8. Streudiagramm der jährlichen Renditen des Dow-Jones-Index für $t = 1896, \ldots, 2004$ (in %)

Als Beispiel dazu betrachten wir wieder die Zeitreihe des Dow-Jones-Index über den Zeitraum 1896–2005 (siehe Abbildung 5.8). Wie bei vielen ökonomischen Zeitreihen üblich, werden wir allerdings nicht die Korrelation der absoluten Werte, sondern die der Veränderungen untersuchen, in diesem Fall der jährlichen Indexrenditen. Für jeden einzelnen Punkt im Streudiagramm der jährlichen Renditen bedeutet die erste Koordinate (bezüglich der horizontalen Achse) die Rendite für das Jahr t, die zweite Koordinate (bezüglich der vertikalen Achse)

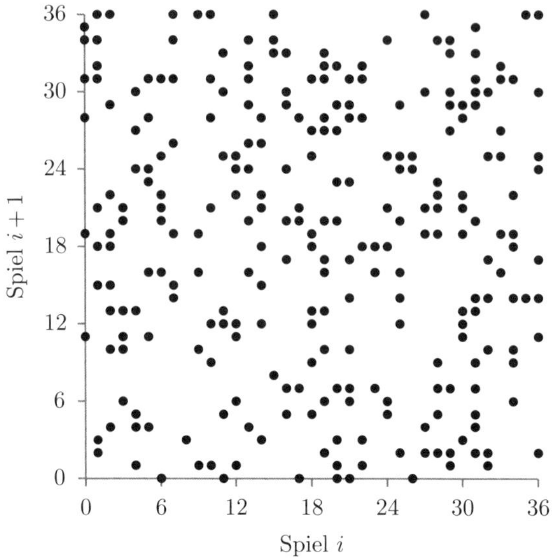

ABBILDUNG 5.9. Streudiagramm von Spielresultaten beim Roulettespiel

die entsprechende Rendite für das Jahr $t+1$. In diesem Fall erhält man den (für einen Finanzwirtschaftler wenig) überraschenden Wert von 0,06 oder 6 %. Dieses Ergebnis besagt nicht mehr und nicht weniger, als dass die jährlichen Renditen des Dow-Jones-Index praktisch unkorreliert sind!

Interessant wäre es, einmal die Korrelation einer Zeitreihe zu berechnen, bei der man davon ausgehen kann, dass aufeinander folgende Beobachtungen praktisch unabhängig voneinander sind. In einem solchen Fall sollte der Korrelationskoeffizient nahe bei Null liegen. Als Beispiel betrachten wir eine Serie von insgesamt 293 Ergebnissen beim Roulettespiel[9]. Abbildung 5.9 zeigt die aufeinander folgenden Beobachtungspaare. Der Korrelationskoeffizient besitzt in diesem Fall den Wert $r = -0{,}049$, der erwartungsgemäß nahe bei Null liegt.

5.4. Aktienmärkte. Eine empirische Fallstudie (5)

Es gibt zahlreiche Studien, die sich mit der Abhängigkeit bzw. den Wechselwirkungen zwischen verschiedenen Aktienmärkten beschäftigen. Man könnte hier etwa an eine gewisse Abhängigkeit des deutschen vom US-Aktienmarkt denken oder des österreichischen vom deutschen Aktienmarkt. Abbildung 5.10 zeigt als Beispiel das Streudiagramm der jährlichen Renditen des Dow-Jones-Index und

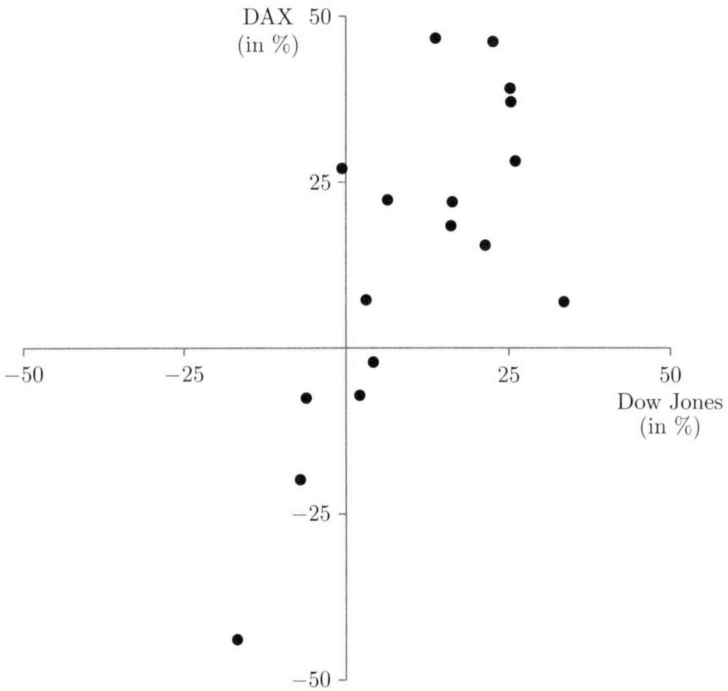

ABBILDUNG 5.10. Streudiagramm der jährlichen Renditen des DAX und des Dow Jones (1991–2007)

des DAX für den Zeitraum 1991 – 2007. Dabei ist ein positiver Zusammenhang deutlich zu erkennen. Tendenziell kann man bei höheren Renditen des Dow Jones auch höhere Renditen des DAX beobachten und entsprechend bei niedrigeren (negativen) Renditen des Dow Jones auch eher niedrigere (negative) Renditen des DAX. Mit Hilfe des Korrelationskoeffizienten kann man einmal diese Zusammenhänge quantifizieren und dadurch leichter miteinander vergleichen.

TABELLE 5.5. Korrelationen zwischen DAX, ATX, SMI und Dow-Jones-Index (1991–2007, jährliche Renditen)

	DAX	ATX	SMI	Dow-Jones-Index
DAX	1,00	0,44	0,76	0,73
ATX	0,44	1,00	0,27	0,01
SMI	0,76	0,27	1,00	0,60
Dow-Jones-Index	0,73	0,01	0,60	1,00

Tabelle 5.5 präsentiert die Korrelationskoeffizienten zwischen den vier Aktienindizes über den Zeitraum 1991 – 2007 (jährliche Renditen). Die symmetrische

Darstellung der Tabelle ergibt sich dabei aus der Symmetrieeigenschaft des Korrelationskoeffizienten. Wenn man von einer Ausnahme absieht, zeigen die Ergebnisse ansonsten überall eine positive Korrelation, wobei die Bandbreite von etwa 27 % bis zu 76 % reicht. Wichtig ist hier zu beachten, dass es sich um jährliche Daten handelt. Daher sollte man diese Angaben auch nur als einen ersten Schritt ansehen. Bei unterjährigen Daten, zum Beispiel wöchentlichen oder täglichen Werten, können die Ergebnisse natürlich etwas anders aussehen. Betrachten wir dazu als Beispiel den Zeitraum August 2005 bis Juli 2006 auf der Basis täglicher Renditen. Die Ergebnisse für die jeweiligen Korrelationskoeffizienten sind in Tabelle 5.6 enthalten.

TABELLE 5.6. Korrelationen zwischen DAX, ATX, SMI und Dow-Jones-Index (August 2005 – Juli 2006, tägliche Renditen)

	DAX	ATX	SMI	Dow-Jones-Index
DAX	1,00	0,63	0,84	0,55
ATX	0,63	1,00	0,68	0,31
SMI	0,84	0,68	1,00	0,44
Dow-Jones-Index	0,55	0,31	0,44	1,00

Es ist nicht überraschend, dass die Ergebnisse zum Teil deutlich von denen in Tabelle 5.5 abweichen. Vor allem hat man es hier mit einem wesentlich kürzeren Zeitraum zu tun, der nur einen kleinen Ausschnitt der „Kurshistorie“ berücksichtigt. Es wäre durchaus interessant, diese Berechnungen für weitere einzelne Jahre durchzuführen. Dabei könnte man auch überprüfen, wie weit manche Korrelationen über die Zeit annähernd konstant bleiben (oder auch nicht). Für einen Investor, einen Pensionsfonds oder eine Versicherung könnte es aber auch interessant sein zu wissen, ob sich Korrelationen zwischen verschiedenen Märkten zumindest innerhalb gewisser Bandbreiten bewegen. Bei einem gleichzeitigen Investment in verschiedene Märkte hängt das Gesamtrisiko nämlich nicht nur von den Einzelrisiken ab, sondern auch von den jeweiligen Korrelationen. Höhere Korrelationen bedeuten dann in diesem Fall auch ein höheres Gesamtrisiko.

Anmerkungen

1 Siehe Petras und Petras (2007). Den Zusammenhang zwischen Rotwein und Alter könnte man auch unter einem anderen Aspekt betrachten, worauf ein Zitat von *W. Busch* (1832–1908) hinweist: „*Rotwein ist für alte Knaben eine von den besten Gaben*".

2 Siehe Ashenfelter et al. (1995) sowie das Buch von Fair (2002). Aus diesem Buch stammen auch die entsprechenden Daten zu Preisen, Jahrgängen und weiteren Variablen wie Temperatur und Niederschläge während des Erntejahres bzw. des Vorjahres, die in der folgenden Tabelle enthalten sind:

Jahrgang	Preis (1961 = 1)	Alter (1983 = 0)	Temperatur April–Sept. (°C)	Niederschlag Okt.–März (ml)	Niederschlag Aug.–Sept. (ml)
1952	0,368	31	17,12	600	160
1953	0,635	30	16,73	690	80
1955	0,446	28	17,15	502	130
1957	0,221	26	16,13	420	110
1958	0,180	25	16,42	582	187
1959	0,658	24	17,48	485	187
1960	0,139	23	16,42	763	290
1961	1,000	22	17,33	830	38
1962	0,331	21	16,30	697	52
1963	0,168	20	15,72	608	155
1964	0,306	19	17,27	402	96
1965	0,106	18	15,37	602	267
1966	0,473	17	16,53	819	86
1967	0,191	16	16,23	714	118
1968	0,105	15	16,20	610	292
1969	0,117	14	16,55	575	244
1970	0,404	13	16,67	622	89
1971	0,272	12	16,77	551	112
1972	0,101	11	14,98	536	158
1973	0,156	10	17,07	376	123
1974	0,111	9	16,30	574	184
1975	0,301	8	16,95	572	171
1976	0,253	7	17,65	418	247
1977	0,107	6	15,58	821	87
1978	0,270	5	15,82	763	51
1979	0,214	4	16,17	717	122
1980	0,136	3	16,00	578	74

3 Die Daten der Weine für die Jahrgänge 1954 und 1956 wurden in die Untersuchung nicht einbezogen, da diese Weine auf Grund schlechterer Qualität nur selten gehandelt wurden.

4 Die Preise stellen in diesem Fall den Wert eines Index für Preise des gleichen Jahrgangs dar. Dabei wurde der Wert für den Jahrgang 1960 auf 1 normiert (= höchster Preis). Die Werte der übrigen Jahrgänge sind entsprechend als Anteile angegeben. So bedeutet zum Beispiel der Preis 0,446 für den Jahrgang 1955, dass der Preis(index) in diesem Fall 44,6 % des Wertes von 1960 beträgt.

5 Diese Formel lässt sich wie folgt herleiten:

$$\begin{aligned}\sum_{i=1}^{n}(x_i-\overline{x})(y_i-\overline{y}) &= \sum_{i=1}^{n}(x_iy_i - x_i\overline{y} - \overline{x}y_i + \overline{x}\,\overline{y}) \\ &= \sum_{i=1}^{n} x_iy_i - \overline{y}\sum_{i=1}^{n} x_i - \overline{x}\sum_{i=1}^{n} y_i + n\overline{x}\,\overline{y} \\ &= \sum_{i=1}^{n} x_iy_i - n\overline{x}\,\overline{y} - n\overline{x}\,\overline{y} + n\overline{x}\,\overline{y} = \sum_{i=1}^{n} x_iy_i - n\overline{x}\,\overline{y}\end{aligned}$$

6 Für die Berechnung wurde die Variable Liga als X-Variable und die Variable Performance als Y-Variable verwendet.

7 Die einzelnen Daten sind in der folgenden Tabelle enthalten:

	Arbeitslosenquote	Inflationsrate
1960	5,5	1,4
1961	6,7	0,7
1962	5,5	1,3
1963	5,7	1,6
1964	5,2	1,0
1965	4,5	1,9
1966	3,8	3,5
1967	3,8	3,0
1968	3,6	4,7
1969	3,5	6,2

8 Eigenkorrelation ist eine recht treffende, allerdings nur selten verwendete Übersetzung.

9 Es handelt sich dabei um die Spielergebnisse im Spielcasino Wien (Tisch F1) vom 1. März 2004, veröffentlicht in: *Permanenzen - Wien, März 2004*, Verlag E.N. Telatzky.

Aufgaben

Die folgenden Aufgaben dienen dazu, das Verständnis des behandelten Stoffes zu erleichtern und zu vertiefen. Um einen entsprechenden Lerneffekt zu erzielen, sollten dabei die Konzepte und Methoden verwendet werden, die in diesem Kapitel präsentiert wurden. Soweit es um eigene Berechnungen geht, sollte man besonders auf die Darstellung des Lösungswegs achten. Für die mit einem * gekennzeichneten Aufgaben ist eine geeignete Software erforderlich bzw. empfehlenswert. Beachten Sie dazu auch die

Hinweise in Anhang A. Lösungen zu den Aufgaben mit geraden Nummern finden Sie in Anhang B.

5.1 Die folgende Tabelle enthält die Werbeausgaben und Umsätze von sieben amerikanischen Erfrischungsgetränken für das Jahr 1997 (Zahlen gerundet, in Mio. Dollar):

Marke	Werbeausgaben	Umsätze
Coca-Cola Classic	131	1930
Pepsi-Cola	92	1380
Diet-Coke	60	810
Sprite	56	540
Dr. Pepper	40	540
Mountain Dew	29	540
7-Up	12	220

a) Welches Vorzeichen wird man allgemein für den Korrelationskoeffizienten zwischen Werbeausgaben und Umsätzen erwarten?

b) Berechnen Sie den Korrelationskoeffizienten.

c) Was würde es praktisch bedeuten, wenn die Korrelation zwischen den Werbeausgaben und den Umsätzen eines Produkts gleich Null bzw. negativ wäre?

*5.2 Die *Best Buy Company* ist die größte Handelskette für Unterhaltungselektronik in den USA. Im Folgenden soll für den Zeitraum August 1996 bis Juli 2000 die Beziehung zwischen der monatlichen Zahl ihrer Filialen sowie der erforderlichen Computer-Rechenleistung (gemessen in Mips = Millions of instructions per second) untersucht werden.

a) Erstellen Sie ein Streudiagramm der beiden Variablen Mips und Zahl der Filialen.

b) Berechnen Sie den Korrelationskoeffizienten der beiden Variablen.

c) Überlegen Sie, welche weiteren Variablen einen Einfluss auf die Höhe der Rechenleistung haben könnten.

Quelle: Hays (2003)
`http://www.amstat.org/publications/jse/v11n1/datasets.hays.html`

5.3 An einem Test zur Überprüfung der Wirksamkeit eines neuen Schlafmittels nahmen 200 Personen (Probanden) teil. 100 Personen erhielten das Schlafmittel (= Behandlungsgruppe), 100 Personen erhielten ein Placebo (= Kontrollgruppe). Die Ergebnisse des „Schlaftests“ sind in der folgenden Tabelle angegeben.

Berechnen Sie den Korrelationskoeffizienten zwischen den beiden Variablen Schlafmittel und Schlaf.

Schlafmittel	Schlaf Gut	Schlecht
Nein	62	38
Ja	85	15

Hinweis: Da es sich hier um qualitative Variablen handelt, müssen diese zunächst in quantitative Variablen umgewandelt werden. Dies geschieht mit Hilfe von Dummy-Variablen. So kann man zum Beispiel die Alternativen Ja/Nein (Schlafmittel = X) bzw. Gut/Schlecht (Schlaf = Y) jeweils mit 1/0 kodieren.

5.4 Bei der Untersuchung der Zahlungsgewohnheiten von 2000 Kunden eines Supermarkts gab es folgende Ergebnisse bei den Variablen Geschlecht und Barzahlung (Ja/Nein):

Geschlecht	Barzahlung Ja	Nein
Weiblich	1069	527
Männlich	174	230

Berechnen Sie den Korrelationskoeffizienten der beiden Variablen. Beachten Sie dabei den Hinweis zu Aufgabe 5.3.

*5.5 Zur Schätzung des Arbeitsaufwands bei Software-Projekten wird häufig ein Verfahren verwendet, das dem Projekt eine bestimmte Zahl an Funktionspunkten zuordnet, die dann zur Aufwandschätzung verwendet wird. Bei der vorliegenden Aufgabe soll zunächst einmal untersucht werden, wie groß der statistische Zusammenhang zwischen der Zahl der Funktionspunkte und dem Arbeitsaufwand ist. Dazu werden Daten von 104 Software-Projekten verwendet, die im Zeitraum 1986–1991 vom US-amerikanischen Telekommunikationskonzern AT&T durchgeführt wurden.

a) Erstellen Sie ein Streudiagramm der beiden Variablen Zahl der Funktionspunkte und Arbeitsaufwand (in Stunden).
b) Berechnen Sie den Korrelationskoeffizienten der beiden Variablen.
c) Entfernen Sie die vier Softwareprojekte mit der höchsten Zahl an Funktionspunkten und berechnen Sie danach noch einmal den Korrelationskoeffizienten. Vergleichen Sie das Ergebnis mit dem von b).

Quelle: Matson und Huguenard (2007)
`http://www.amstat.org/publications/jse/v15n2/datasets.matson.html`

5.6 Angenommen, Ihnen würden Daten zu den folgenden Variablen zur Verfügung stehen, welches Vorzeichen würden Sie für den Korrelationskoeffizienten erwarten?

a) Durchschnittliche Tagestemperatur und Gewicht der Kleidung pro Person

b) Haushaltseinkommen und Zahl der im Haushalt vorhandenen Bücher

c) Fernsehkonsum und Internetnutzung

d) Eiskonsum und Getränkekonsum

5.7 Sie schlagen morgens eine Tageszeitung auf und lesen die Schlagzeile „*Wer kurze Haare hat, verdient mehr. Wer lange Haare hat, lebt länger.*“ Woran würden Sie denken, wenn Sie diese Schlagzeile lesen?

5.8 Für zwei Variablen X und Y seien die folgenden Werte gegeben:

X	1	2	3	4	5	6	7	8	9	10
Y	4	3	2	1	0	0	1	2	3	4

a) Zeichnen Sie die Daten in ein Koordinatensystem ein und geben Sie an Hand der Grafik eine erste Schätzung des Korrelationskoeffizienten an.

b) Berechnen Sie den Korrelationskoeffizienten.

c) Welche Schlussfolgerung kann man aus diesem Beispiel im Hinblick auf praktische Anwendungen ziehen?

*5.9 Wie groß ist die Korrelation zwischen dem Wirtschaftswachstum eines Staates und der Rendite seines Aktienmarktes? Untersuchen Sie diese Frage an Hand eines von Ihnen gewählten Beispiels.

a) Zeichnen Sie ein entsprechendes Streudiagramm für den Zeitraum 1991–2007 auf Basis jährlicher Daten.

b) Bestimmen Sie den Korrelationskoeffizienten.

Quelle: Yahoo, Sachverständigenrat.

5.10 Bei einer Umfrage wurden unter anderem die beiden folgenden Fragen gestellt (Noelle-Neumann und Petersen [2005]):

> Frage: „*Tragen Sie ständig oder gelegentlich eine Brille, abgesehen von normalen Sonnenbrillen oder Schutzbrillen, oder tragen Sie Haftschalen, Kontaktlinsen?*“
> Frage: „*Könnten Sie schätzen, wie viel Stunden Sie an einem normalen Werktag – montags bis freitags – fernsehen, wie viel Stunden durchschnittlich pro Tag?*“

Die Antworten auf diese beiden Fragen sind in der folgenden Tabelle zusammengefasst.

	Durchschnittlicher Fernsehkonsum an Werktagen (in %)			
	Bis etwa 1 Std.	Etwa 2 Std.	Etwa 3 Std.	Etwa 4 Std. und mehr
Ja, trage Brille oder Kontaktlinsen	53	55	62	69
Nein	47	45	38	31
	100	100	100	100
$n =$	5077	6437	5111	3332

Kann man aus dem Ergebnis der Umfrage schließen, dass höherer Fernsehkonsum zu schlechteren Augen führt?

Fragen

1. Was versteht man unter dem Begriff Korrelation?
2. Was bedeutet es, wenn zwei Variablen korreliert sind?
3. Was bedeutet es, wenn zwei Variablen unkorreliert sind?
4. Wie bestimmt man den Korrelationskoeffizienten bei qualitativen Variablen?
5. Warum wird bei Anwendungen vor allem der Korrelationskoeffizient, aber seltener die Kovarianz angegeben?
6. Was ist der Unterschied zwischen statistischer Abhängigkeit und kausaler Abhängigkeit?
7. Folgt aus der kausalen Abhängigkeit zweier Variablen, dass der Korrelationskoeffizient verschieden von Null ist?
8. Was versteht man unter einer Scheinkorrelation?
9. Welche Beispiele für Scheinkorrelationen kennen Sie?
10. In welchem Zusammenhang tritt der Begriff Autokorrelation auf?

Exkurs

Bildung und der „Geist“ des Kapitalismus

In seiner berühmten Studie *Die protestantische Ethik und der „Geist“ des Kapitalismus* (1904/05, 1920) untersuchte der Wirtschaftssoziologe *M. Weber* (1864–1920) den Zusammenhang zwischen Religion und wirtschaftlicher Entwicklung. Nach Webers Ansicht war es gerade der Protestantismus, der wesentlich zum wirtschaftlichen Fortschritt beigetragen hat. Er konnte nachweisen, dass Regionen mit einer protestantischen Mehrheit ökonomisch erfolgreicher waren als Regionen mit einer katholischen Mehrheit. Seine Erklärung dieses empirischen Phänomens war, dass der Protestantismus über eine spezielle Arbeitsethik verfügt, die, im Gegensatz zum Katholizismus, ein wirtschaftlich erfolgreiches Leben als besonders erstrebenswert erscheinen lässt. Ob er damit auch den Protestantismus als Ursache für die Entwicklung des Kapitalismus ansah, wird in der Literatur nach wie vor kontrovers diskutiert.

In einer kürzlich erschienenen Studie von Becker und Wößmann (2009) liefern die Autoren eine interessante alternative Erklärung für die von Weber beobachtete positive Korrelation zwischen Protestantismus und wirtschaftlichem Erfolg. Nach ihrer Ansicht beruhen die Unterschiede allein auf einer vermutlich besseren Ausbildung der Protestanten. Modern ausgedrückt, die im Hinblick auf den wirtschaftlichen Erfolg bestehenden Unterschiede lassen sich auf Unterschiede in der Humankapitalausstattung zurückführen.

Um diese Argumentation zu verstehen, ist es von Vorteil, kurz ins 16. Jahrhundert zurückzublenden, in ein Jahrhundert also, in dem die Reformation einsetzte, eine von *M. Luther* (1483–1546) eingeleitete Reformbewegung innerhalb der römischen Kirche. Durch seine Übersetzung der Bibel in die deutsche Sprache wurde die Bibel erstmals einer breiten Bevölkerung überhaupt zugänglich gemacht. Dabei setzte Luthers Aufforderung, regelmäßig die Bibel zu lesen, natürlich voraus, dass die Bevölkerung dazu überhaupt in der Lage war! Und hier kommt eine zentrale Bildungsvoraussetzung ins Spiel: die Fähigkeit zu lesen, das heißt die Lesekompetenz, die heutzutage als Schlüsselqualifikation schlechthin gilt. In diesem Zusammenhang ist wohl nicht überraschend, dass die Reformation zu den Wurzeln des deutschen Schulsystems gehört.

Aus Sicht der Bildungsökonomie, als dessen zentrales Konzept der Begriff des Humankapitals gilt, stellt die Ausbildung eine Investition dar, die zu einer höheren Produktivität führt und damit ein höheres Einkommen impliziert. Somit könnte man also den größeren wirtschaftlichen Erfolg, den Weber unter den Protestanten beobachtet hat, auf eine möglicherweise bessere Ausbildung der Protestanten zurückführen. Aus statistischer Sicht hat man es hier mit zwei korrelierten Variablen zu tun (wobei man den wirtschaftlichen Erfolg etwa durch die Höhe des Einkommens messen könnte) und einer weiteren (sogenannten versteckten) Variablen, durch die sich die Korrelation der beiden anderen Variablen erklären ließe.
In ihrer Arbeit verwendeten Becker und Wößmann (2009) Volkszählungsdaten aus den 1870er Jahren für die insgesamt 450 preußischen Landkreise. Damals wurde nämlich in Preußen erstmals bei einer Volkszählung die Lesekompetenz der Bevölkerung erhoben. Preußen war übrigens zu jener Zeit mit etwa 25 Mio. Einwohnern der größte Teilstaat des nach dem Ende des deutsch-französischen Krieges 1870/71 gegründeten Deutschen Reiches. Sein flächenmäßiger Anteil betrug etwa 60%, sein Bevölkerungsanteil etwa 65%. Das Zahlenverhältnis in Preußen zwischen Protestanten und Katholiken betrug etwa 2 : 1. An Hand der Daten konnte zunächst das Ergebnis der Studie von Weber bestätigt werden. Landkreise mit einer protestantischen Mehrheit waren wirtschaftlich erfolgreicher als Landkreise mit einer katholischen Mehrheit. Insbesondere waren Landkreise mit protestantischer Mehrheit stärker in modernen Wirtschaftssektoren tätig. Schließlich stellte sich heraus, dass protestantische Landkreise eine höhere Alphabetisierungsquote aufwiesen, die im Durchschnitt um zehn Prozentpunkte höher als bei katholischen Landkreisen war.
Becker und Wößmann (2009) konnten außerdem nachweisen, dass wenn man bei den Protestanten den Einkommenszuwachs auf Grund der höheren Alphabetisierungsquote „herausrechnet“, zwischen Protestanten und Katholiken keine weiteren Einkommensunterschiede mehr vorlagen. Der zunächst vorhandene Unterschied lässt sich also allein durch die unterschiedliche Alphabetisierungsquote erklären. Für eine etwaige spezielle Arbeitsethik bei Protestanten bleibt damit aber keine quantifizierbare Größe mehr übrig.

Literatur: Becker und Wößmann (2009), Die ZEIT (2008), Weber (1904/05, 1920).

Kapitel 6.

Lineare Regression

Im letzten Kapitel haben wir uns mit dem Zusammenhang zweier Variablen X und Y beschäftigt. Die Erstellung eines Streudiagramms sowie die Bestimmung des Korrelationskoeffizienten sind oft die ersten Schritte, wenn man die Beziehung zwischen zwei Variablen untersuchen will. Obwohl man bei empirischen Untersuchungen keine exakten funktionalen Beziehungen erwarten sollte, wäre es nahe liegend, sich jetzt mit dem Problem zu beschäftigen, wie man zum Beispiel für einen vorgegebenen Wert der Variablen X eine Art Näherungswert für die Variable Y erhalten könnte. Das wird das Thema dieses Kapitels sein. Typisch dafür sind etwa die folgenden Fragestellungen:

> Wie kann man den Zusammenhang zwischen dem privaten Konsum und dem verfügbaren Einkommen beschreiben?
>
> Kann man den Preis von Rotwein durch sein Alter sowie die Wetterbedingungen im Erntejahr erklären?
>
> Wie kann man die Computer-Rechenleistung einer Handelskette auf Grund der Zahl der Filialen prognostizieren?

Betrachten wir zum Beispiel das Streudiagramm des privaten Konsums und des verfügbaren Einkommens für Deutschland in Abbildung 6.1. Wenn man die Beziehung zwischen den beiden Variablen zumindest approximativ beschreiben wollte, wäre es wohl nahe liegend, durch die dargestellte Punktwolke einfach eine Gerade zu ziehen, das heißt also eine lineare Funktion (wie durch die gestrichelte Linie angedeutet). Sachlogisch gesehen wird man davon ausgehen, dass die Höhe des privaten Konsums vom verfügbaren Einkommen abhängt und nicht umgekehrt. Wir werden somit versuchen, den privaten Konsum mit Hilfe einer linearen Funktion des verfügbaren Einkommens zu erklären. Dieser Ansatz wird als lineare Regression bezeichnet. Den privaten Konsum würde man in diesem

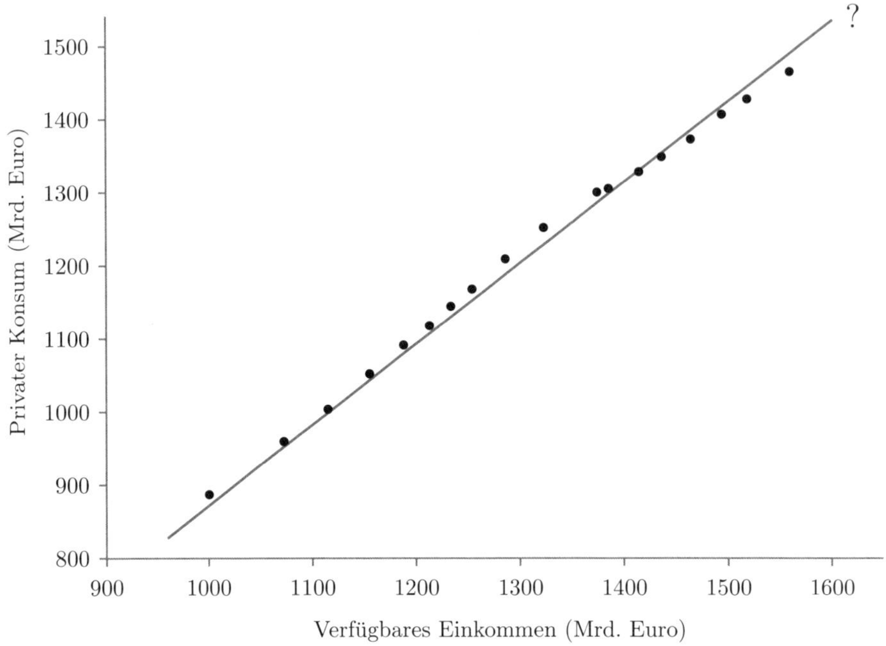

ABBILDUNG 6.1. Streudiagramm des privaten Konsums und des verfügbaren Einkommens für Deutschland (1991–2008, jährlich, in jeweiligen Preisen)

Fall als abhängige Variable und das verfügbare Einkommen als erklärende Variable bezeichnen. Wie die Überschrift dieses Kapitels es bereits andeutet, werden wir zur Darstellung der abhängigen Variablen ausschließlich lineare Funktionen der erklärenden Variablen verwenden.

Es folgt ein kurzer Überblick über den Inhalt dieses Kapitels. Der erste Abschnitt beschäftigt sich mit der einfachen linearen Regression. Dabei wird versucht, eine gegebene Variable (die abhängige Variable) durch eine lineare Funktion einer anderen Variablen (der erklärenden Variablen) zu approximieren. Diese lineare Funktion erhält man mit Hilfe der Methode der kleinsten Quadrate. Im zweiten Abschnitt wird das Bestimmtheitsmaß behandelt, ein wichtiges Qualitätskriterium einer linearen Regression. Der dritte Abschnitt bringt eine Einführung in die multiple Regression. Diese gilt als eine der populärsten statistischen Techniken überhaupt. Im Gegensatz zur einfachen linearen Regression werden bei der multiplen linearen Regression zwei oder mehr erklärende Variablen verwendet, wodurch die Qualität der Approximation erhöht werden kann. Der letzte Abschnitt dieses Kapitels bildet den Abschluss der Fallstudie über Aktienmärkte.

6.1. Einfache lineare Regression

6.1.1. Methode der kleinsten Quadrate

Statt mit Hilfe einer eher oberflächlichen „Freihandmethode“ eine Gerade durch gegebene Punkte zu legen, ist es sicher zweckmäßiger, ein analytisches Verfahren zu verwenden, das auf Basis der vorhandenen Daten zu einer eindeutig bestimmten Geraden führt. Ein solches Verfahren ist die Methode der kleinsten Quadrate, mit der wir uns im Folgenden beschäftigen werden[1].

Betrachten wir zur Motivation die Anwendung dieser Methode an Hand eines einfachen Beispiels. Angenommen, die Daten $y_1, y_2, \ldots, y_n$ sollen durch eine geeignete Zahl a „möglichst gut“ approximiert werden. Bei der Methode der kleinsten Quadrate würde man in diesem Fall diejenige Zahl a suchen, bei der die Summe $S(a)$ der quadrierten Abweichungen $(y_i - a)^2$ minimal ist. Verwenden wir zur Illustration die Werte $y_1 = 1$, $y_2 = y_3 = y_4 = 3$, $y_5 = y_6 = 4$, $y_7 = 6$, $y_8 = 7$, $y_9 = 9$ und $y_{10} = 10$. Insbesondere gilt dann: Min $= 1$, Modus $= 3$, Median $= 4$, $\overline{y} = 5$ und Max $= 10$. Berechnet man einmal für jede dieser Maßzahlen die entsprechende Summe der quadrierten Abweichungen, dann erhält man die in Tabelle 6.1 angegebenen Werte. Man beachte, dass $S(a)$ den kleinsten Wert für $a = \overline{y} = 5$ annimmt. Man kann zeigen, dass es sich dabei nicht um ein zufälliges Ergebnis

TABELLE 6.1. Werte von $S(a)$

Maßzahl	a	$S(a)$
Min	1	236
Modus	3	116
Median	4	86
Mittel	5	76
Max	10	326

handelt. Wenn man nämlich das Minimum der Funktion

$$S(a) = \sum_{i=1}^{n} (y_i - a)^2$$

bestimmen will, dann muss man offensichtlich die erste Ableitung von $S(a)$ bilden und diese gleich Null setzen

$$S'(a) = -2 \sum_{i=1}^{n} (y_i - a) = 0$$

Daraus folgt unmittelbar, dass die Summe der Abweichungen $(y_i - a)$ ebenfalls gleich Null sein muss. Aus Kapitel 2 wissen wir, dass diese Eigenschaft nur von einer einzigen Zahl a erfüllt wird, nämlich vom arithmetischen Mittel der gegebenen Daten, und damit ist $a = \overline{y}$ das gesuchte Minimum[2]. Mit Hilfe der Methode der kleinsten Quadrate kann man somit zeigen, dass das arithmetische Mittel derjenige Wert ist, der den geringsten Abstand (gemessen in quadrierten Abweichungen) von den gegebenen Daten besitzt.

Dieses Ergebnis unterstreicht die Bedeutung des arithmetischen Mittels. Aber nicht nur das, im Hinblick auf unser weiteres Vorgehen kann man hier auch von einer Art vertrauensbildender Maßnahme sprechen. Da die obige Anwendung der Methode der kleinsten Quadrate zu einem sinnvollen Ergebnis führte, werden wir diese jetzt auch zur Bestimmung der gesuchten Geraden verwenden.

Wir kehren daher wieder zu unserer ursprünglichen Fragestellung zurück und gehen dabei von den Beobachtungspaaren $(x_1, y_1), (x_2, y_2), \ldots, (x_n, y_n)$ aus, wobei $x_1, x_2, \ldots, x_n$ die Werte der erklärenden Variablen X und $y_1, y_2, \ldots, y_n$ die Werte der abhängigen Variablen Y bedeuten. Das Ziel ist es, eine Gerade der Form

$$\widehat{y} = a + bx$$

zu konstruieren, die „möglichst gut" an die Datenpunkte angepasst ist. Man beachte, dass die Gerade mit $\widehat{y} = a + bx$ und nicht etwa mit $y = a + bx$ bezeichnet wird[3]. Die letztere Schreibweise würde nämlich $y_i = a + bx_i$ implizieren, was nichts anderes bedeuten würde, als dass die Datenpunkte auf einer Geraden liegen. Das ist aber üblicherweise nicht der Fall[4].

Die Koeffizienten a und b der gesuchten Geraden sollen jetzt so bestimmt werden, dass die Fehlerterme (Abweichungen)

$$u_i = y_i - (a + bx_i)$$

möglichst klein sind. Genauer gesagt, soll, entsprechend der Methode der kleinsten Quadrate, die Summe der quadrierten Abweichungen minimiert werden, das heißt

$$\sum_{i=1}^{n} u_i^2 = \sum_{i=1}^{n} (y_i - (a + bx_i))^2 = \text{Min!}$$

Diese Situation soll an Hand eines einfachen Datensatzes, den wir bereits in Kapitel 5 verwendet haben, veranschaulicht werden. Dazu definieren wir die Funktion

$$S(a, b) = \sum_{i=1}^{n} (y_i - (a + bx_i))^2$$

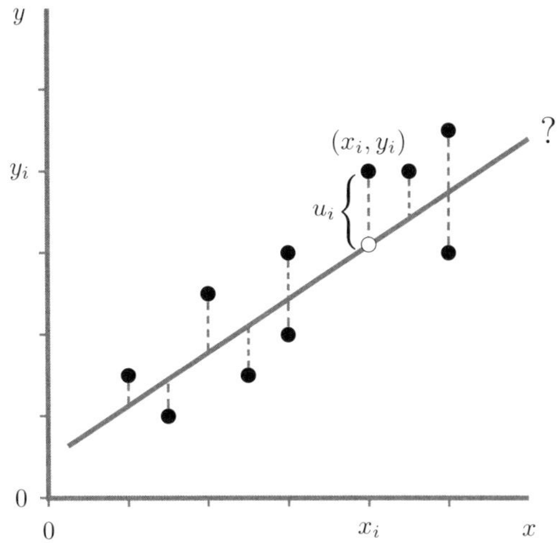

ABBILDUNG 6.2. Streudiagramm der Variablen X und Y

Hierbei ist zu beachten, dass es sich bei dem Ausdruck $S(a, b)$ um eine Funktion mit zwei Variablen handelt, nämlich a und b, wobei die Beobachtungen x_i und y_i für $i = 1, 2, \ldots, n$ als gegeben vorausgesetzt werden. Diese Funktion werden wir jetzt minimieren, das heißt, gesucht sind diejenigen Werte für a und b, bei der die Summe $S(a, b)$ der quadrierten Abweichungen ein Minimum ergibt. Da es sich hier um eine Funktion in zwei Variablen handelt, werden in diesem Fall die partiellen Ableitungen von $S(a, b)$ gebildet und dann gleich Null gesetzt:

$$\frac{\partial S}{\partial a} = -2 \cdot \sum_{i=1}^{n} (y_i - a - bx_i) = 0$$

$$\frac{\partial S}{\partial b} = -2 \cdot \sum_{i=1}^{n} (y_i - a - bx_i) x_i = 0$$

Verwendet man zunächst die erste Gleichung, dann folgt:

$$\sum_{i=1}^{n} (y_i - a - bx_i) = \sum_{i=1}^{n} y_i - na - b \sum_{i=1}^{n} x_i = 0 \tag{6.1}$$

Dividiert man jetzt die rechte Gleichung in (6.1) durch n, dann erhält man die Gleichung $\overline{y} - a - b\overline{x} = 0$. Die Auflösung dieser Gleichung nach a ergibt schließlich

$$a = \overline{y} - b\overline{x}$$

Für die Berechnung von a ist allerdings noch die Kenntnis des Wertes von b erforderlich. Dazu verwenden wir die Gleichung für die zweite partielle Ableitung, aus der sich unmittelbar die Gleichungen

$$\sum_{i=1}^{n}(y_i - a - bx_i)x_i = 0$$

$$\sum_{i=1}^{n} x_i y_i - an\overline{x} - b\sum_{i=1}^{n} x_i^2 = 0$$

ergeben. Setzt man in der zweiten Gleichung das obige Resultat $a = \overline{y} - b\overline{x}$ ein, dann gilt:

$$\sum_{i=1}^{n} x_i y_i - (\overline{y} - b\overline{x})n\overline{x} - b\sum_{i=1}^{n} x_i^2 = 0 \qquad (6.2)$$

In Gleichung (6.2) tritt nur noch eine einzige Unbekannte auf, nämlich b. Alle anderen Größen sind vorgegeben bzw. können leicht berechnet werden. Löst man jetzt die Gleichung (6.2) nach b auf, dann erhält man als Ergebnis

$$b = \frac{\sum_{i=1}^{n} x_i y_i - n\overline{x}\,\overline{y}}{\sum_{i=1}^{n} x_i^2 - n\overline{x}^2}$$

und damit stehen die beiden Werte a und b fest, die die Funktion $S(a, b)$ minimieren.

6.1.2. Regressionsgleichung

Mit Hilfe der Werte a und b kann man jetzt die gesuchte Geradengleichung aufstellen, die als Regressionsgerade oder Regressionsgleichung bezeichnet wird.

Regressionsgerade (Regressionsgleichung)

Die Regressionsgerade $\widehat{y} = a + bx$ ist gegeben durch die beiden Werte

$$a = \overline{y} - b\overline{x} \qquad b = \frac{\sum_{i=1}^{n} x_i y_i - n\overline{x}\,\overline{y}}{\sum_{i=1}^{n} x_i^2 - n\overline{x}^2}$$

Zunächst sollte also der Wert für b berechnet werden, der dann in die andere Gleichung zur Bestimmung von a eingesetzt wird[5]. Der Koeffizient b gibt die Steigung der Regressionsgeraden an. Zusätzlich besitzt er aber eine Interpretation, die auf die Beziehung zwischen Regression und Korrelation verweist. Es gilt nämlich:

$$b = \frac{\sum_{i=1}^{n} x_i y_i - n\overline{x}\,\overline{y}}{\sum_{i=1}^{n} x_i^2 - n\overline{x}^2} = \frac{\sum_{i=1}^{n}(x_i - \overline{x})(y_i - \overline{y})}{\sum_{i=1}^{n}(x_i - \overline{x})^2}$$

$$= \frac{\text{Kovarianz zwischen } X \text{ und } Y}{\text{Varianz von } X} = \frac{s_{xy}}{s_x^2}$$

Die Steigung der Regressionsgeraden ist somit gleich dem Quotienten aus der Kovarianz zwischen X und Y und der Varianz von X. Führen wir die notwendigen Berechnungen zunächst an unserem kleinen Datensatz durch. Die Mittelwerte

TABELLE 6.2. Berechnung der Regression

x_i	y_i	$x_i y_i$	x_i^2
2	3	6	4
3	2	6	9
4	5	20	16
5	3	15	25
6	6	36	36
6	4	24	36
8	8	64	64
9	8	72	81
10	9	90	100
10	6	60	100
63	54	393	471

der x-Werte und y-Werte lauten $\overline{x} = 6{,}3$ und $\overline{y} = 5{,}4$. Die Koeffizienten der Regressionsgerade berechnen sich daher wie folgt:

$$b = \frac{393 - 10 \cdot 6{,}3 \cdot 5{,}4}{471 - 10 \cdot 6{,}3^2} = 0{,}713$$

$$a = 5{,}4 - 0{,}713 \cdot 6{,}3 = 0{,}91$$

Wie bereits erwähnt, wird also rechentechnisch zunächst der Koeffizient b bestimmt. Dessen Wert geht dann ein in die Berechnung des Koeffizienten a. Die Regressionsgerade besitzt daher die folgende Darstellung:

$$\widehat{y} = 0{,}91 + 0{,}713x$$

Hierzu sei noch angemerkt, dass die Summe der quadrierten Abweichungen für $a = 0{,}91$ und $b = 0{,}713$ den „minimalen" Wert $S(a, b) = 14{,}78$ annimmt.

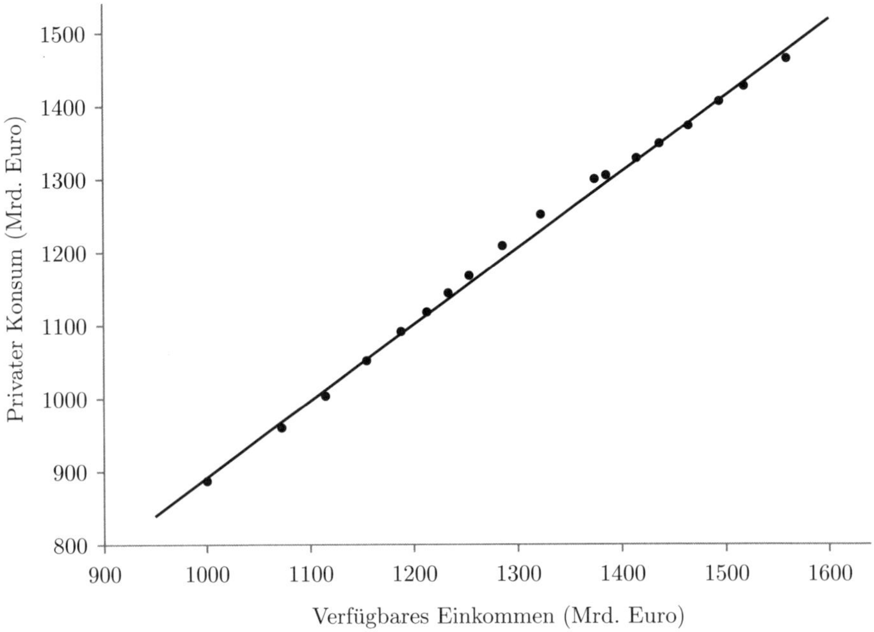

ABBILDUNG 6.3. Streudiagramm des privaten Konsums und des verfügbaren Einkommens für Deutschland (1991–2008, jährlich, in jeweiligen Preisen) mit Regressionsgerade

Führen wir jetzt die Regression des privaten Konsums auf das verfügbare Einkommen durch. Die entsprechende Regressionsgerade lautet in diesem Fall

$$\widehat{y} = -76{,}09 + 0{,}96x$$

Unter Verwendung der ökonomischen Symbole kann man das auch so schreiben

$$\widehat{C} = -76{,}09 + 0{,}96YD$$

Abbildung 6.3 zeigt das Streudiagramm zusammen mit der Regressionsgeraden.

Erwartungsgemäß liegen die Datenpunkte sehr nahe bei der Geraden. Man beachte, dass die Regressionsgerade durch die Daten eindeutig festgelegt ist. Insbesondere gibt es keine andere Gerade, die eine bessere Anpassung aufweist. Dies wird durch die Methode der kleinsten Quadrate garantiert. Angenommen, man würde für das folgende Jahr mit einem verfügbaren Nettoeinkommen in Höhe von 1600 Mrd. Euro rechnen. In diesem Fall würde die Regressionsgleichung für den privaten Konsum einen Wert in Höhe von

$$\widehat{C} = -76{,}09 + 0{,}96 \cdot 1600 = 1460 \qquad \text{(Mrd. Euro)}$$

prognostizieren. Da es sich um einen einzelnen Wert handelt, spricht man in diesem Fall auch von einer Punktprognose (im Gegensatz zu einer sogenannten Intervallprognose).

6.2. Bestimmtheitsmaß

In diesem Abschnitt werden wir eine Maßzahl einführen, die zu den wichtigsten Kriterien gehört, wenn es um die Beurteilung der Qualität einer Regression geht. Diese Maßzahl wird als Bestimmtheitsmaß bezeichnet. Bevor wir darauf näher eingehen, werden wir uns zunächst mit dem Konzept der Residuen beschäftigen. Es geht dabei um die Abweichungen der Beobachtungen von der vorliegenden Regressionsgeraden. Mit Hilfe der Regressionsgeraden kann man ja für jeden der gegebenen x_i-Werte einen entsprechenden „Näherungswert" $\widehat{y}_i$ berechnen und damit auch die Abweichung $\widehat{u}_i = y_i - \widehat{y}_i$, die als Residuum (Plural: Residuen) bezeichnet wird. Das Residuum ist somit die Differenz zwischen dem beobachteten Wert y_i und dem geschätzten Wert $\widehat{y}_i$.

Residuen

Unter den Residuen einer Regression versteht man die Abweichungen

$$\widehat{u}_i = y_i - \widehat{y}_i$$

mit $\widehat{y}_i = a + bx_i$, für $i = 1, 2, \ldots, n$.

In Abbildung 6.4 sind zur Veranschaulichung die Residuen unseres Demonstrationsbeispiels, das heißt die Abweichungen der Punkte von der Regressionsgeraden $\widehat{y} = 0{,}91 + 0{,}713x$, als vertikale gestrichelte Linien gekennzeichnet. Unter

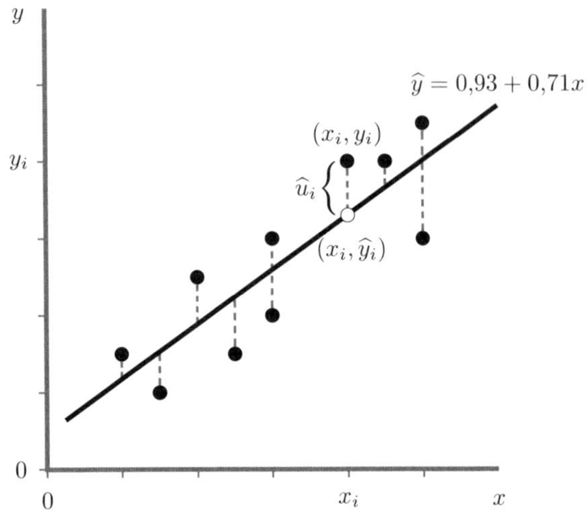

ABBILDUNG 6.4. Streudiagramm der Variablen X und Y mit Regressionsgerade

allen möglichen Geraden ist genau für diese Gerade die Summe der quadrierten Abweichungen minimal. Damit im Zusammenhang stehen eine Reihe wichtiger Eigenschaften, die hier präsentiert und im Folgenden näher diskutiert werden sollen.

Eigenschaften der einfachen linearen Regression

1. Die Summe der Residuen ist Null:
$$\sum_{i=1}^{n} \widehat{u}_i = 0$$

2. Das arithmetische Mittel der $\widehat{y}$-Werte ist gleich dem arithmetischen Mittel der y-Werte:
$$\overline{\widehat{y}} = \overline{y}$$

3. Es gilt die folgende Streuungszerlegung:
$$\sum_{i=1}^{n}(y_i - \overline{y})^2 = \sum_{i=1}^{n}(\widehat{y}_i - \overline{\widehat{y}})^2 + \sum_{i=1}^{n}(y_i - \widehat{y}_i)^2$$

ad 1. Diese Eigenschaft besagt, dass sich die positiven und negativen Residuen, das heißt die Abweichungen der y-Werte von den $\widehat{y}$-Werten, gegenseitig aufheben. Damit scheidet die Summe der Residuen als potentielles Qualitätsmaß für die Regression aus. Eine ähnliche Eigenschaft haben wir bereits in Kapitel 2 beim arithmetischen Mittel kennen gelernt.

ad 2. Dividiert man die bei Eigenschaft 1 angegebene Gleichung durch die Anzahl n der gegebenen Werte, dann ergibt sich daraus wegen $\widehat{u}_i = y_i - \widehat{y}_i$ unmittelbar die zweite Eigenschaft.

ad 3. Die Streuungszerlegung ist eine zentrale Eigenschaft der linearen Regression. Sie wird verbal häufig wie folgt formuliert:

$$\text{Gesamtstreuung} = \text{Erklärte Streuung} + \text{Reststreuung}$$

Um sie zu verstehen, sollte man sich zunächst die Gültigkeit der folgenden Gleichungen klarmachen

$$y_i - \overline{y} = (\widehat{y}_i - \overline{y}) + (y_i - \widehat{y}_i) = (\widehat{y}_i - \overline{\widehat{y}}) + (y_i - \widehat{y}_i)$$

wobei die Eigenschaft 2, das heißt $\overline{\widehat{y}} = \overline{y}$, verwendet wurde. Jede Abweichung eines y-Werts vom Mittelwert $\overline{y}$ lässt sich somit in die Summe zweier Differenzen zerlegen. Die erste Differenz ist die Abweichung des $\widehat{y}$-Werts vom Mittelwert $\overline{\widehat{y}}$, das heißt $\widehat{y}_i - \overline{\widehat{y}}$, während die zweite Differenz gleich dem Residuum $y_i - \widehat{y}_i$ ist. Bildet man jetzt die Summe der quadrierten Abweichungen $(y_i - \overline{y})^2$, dann kann man zeigen, dass dies zur Eigenschaft 3 führt. Jede lineare Regression bewirkt eine derartige Zerlegung.

Diese Zerlegung werden wir jetzt verwenden, um eine Maßzahl zu definieren, mit deren Hilfe man die Qualität oder Güte einer Regression beschreiben kann. Dies bietet insbesondere die Möglichkeit, verschiedene Regressionen derselben abhängigen Variablen miteinander zu vergleichen. Aus der Streuungszerlegung und aus der Tatsache, dass die Erklärte Streuung und die Reststreuung nichtnegativ sind, folgt zunächst die Ungleichung:

$$\text{Erklärte Streuung} \leq \text{Gesamtstreuung}$$

Die Gleichheit liegt genau dann vor, wenn die Reststreuung gleich Null ist, das heißt wenn jede der Beobachtungen y_i mit dem zugehörigen $\widehat{y}_i$-Wert übereinstimmt. In diesem Fall hätten wir eine perfekte Anpassung. Je größer dagegen die Residuen sind, umso größer ist natürlich auch die Reststreuung und umso kleiner ist entsprechend die Erklärte Streuung. Anders ausgedrückt, die Qualität einer Regression wird umso besser sein, je größer die Erklärte Streuung ist (und umgekehrt). Diese Überlegung führt zur Definition des sogenannten Bestimmtheitsmaßes.

Bestimmtheitsmaß

$$R^2 = \frac{\sum_{i=1}^{n} (\widehat{y}_i - \overline{\widehat{y}})^2}{\sum_{i=1}^{n} (y_i - \overline{y})^2} = \frac{\text{Erklärte Streuung}}{\text{Gesamtstreuung}}$$

Das Bestimmtheitsmaß, das üblicherweise mit R^2 bezeichnet wird[6], beschreibt somit den Anteil der Erklärten Streuung an der Gesamtstreuung. Je größer dieser Anteil ist, umso größer ist auch der Erklärungswert der Regression und umso größer ist der Wert von R^2. Berechnen wir jetzt das Bestimmtheitsmaß für die beiden obigen Regressionsbeispiele. Im Falle einer einfachen Regression lässt sich dieses sehr leicht berechnen.

Eigenschaften des Bestimmtheitsmaßes

1. $0 \leq R^2 \leq 1$
2. R^2 ist gleich dem Quadrat des Korrelationskoeffizienten zwischen den y-Werten und den $\widehat{y}$-Werten.
3. R^2 ist gleich dem Quadrat des Korrelationskoeffizienten zwischen den y-Werten und den x-Werten.

Für die Berechnung des Bestimmtheitsmaßes genügt es also, lediglich den Korrelationskoeffizienten der beiden Variablen X und Y zu berechnen und dann zu quadrieren. Im Falle der Regressionsgleichung $\widehat{y} = 0{,}91 + 0{,}713x$ erhält man daher den Wert $R^2 = 0{,}717$. Für die Konsumgleichung $\widehat{C} = -76{,}09 + 0{,}96YD$ ergibt sich auf analoge Weise der Wert $R^2 = 0{,}9966$. Die Frage, ob es sich in diesem Fall um einen hohen Wert handelt, erübrigt sich wohl.

Es gibt mittlerweile diverse Software-Pakete, die je nach Programmausrichtung über zahlreiche Statistikfunktionen verfügen. Als eine der am häufigsten verwendeten statistischen Techniken gehört die lineare Regression üblicherweise zum Standardrepertoire solcher Pakete (beachten Sie dazu auch die Hinweise in Anhang A). Der bei der Durchführung einer Regression generierte Output wird dabei zumindest die folgenden Informationen enthalten: die Namen der abhängigen und erklärenden Variablen, die Zahl der Beobachtungen, der Wert des Bestimmtheitsmaßes sowie die entsprechenden Koeffizienten der Regression. Die genannten Größen sind für das Beispiel der Konsumfunktion im folgenden „Pseudo"-Output zusammengefasst.

Lineare Regression

Abhängige Variable: C
Beobachtungen: 18
$R^2 = 0{,}9966$

Regressor	Koeffizient
Konstante	−76,08735
YD	0,96219

Mit Hilfe dieser Angaben lässt sich sofort die entsprechende Regressionsgleichung aufstellen. Häufig enthält ein solcher Regressions-Output noch weitere Kriterien sowie die Ergebnisse diverser statistischer Tests. Letztere werden wir in Kapitel 15 im Rahmen der Induktiven Statistik (zumindest teilweise) berücksichtigen.

6.3. Multiple lineare Regression

In diesem Kapitel haben wir uns bisher mit der einfachen linearen Regression beschäftigt, bei der nur eine einzige erklärende Variable verwendet wird. In empirischen Anwendungen stellt dies allerdings eher die Ausnahme als die Regel dar. Im Gegenteil, es kommt wesentlich häufiger vor, dass man versucht, eine abhängige Variable mit Hilfe mehrerer Variablen zu erklären, was wohl auch plausibler erscheint. In diesem Fall spricht man von der sogenannten multiplen linearen Regression. Betrachten wir noch einmal ein Beispiel, mit dem wir uns bereits im

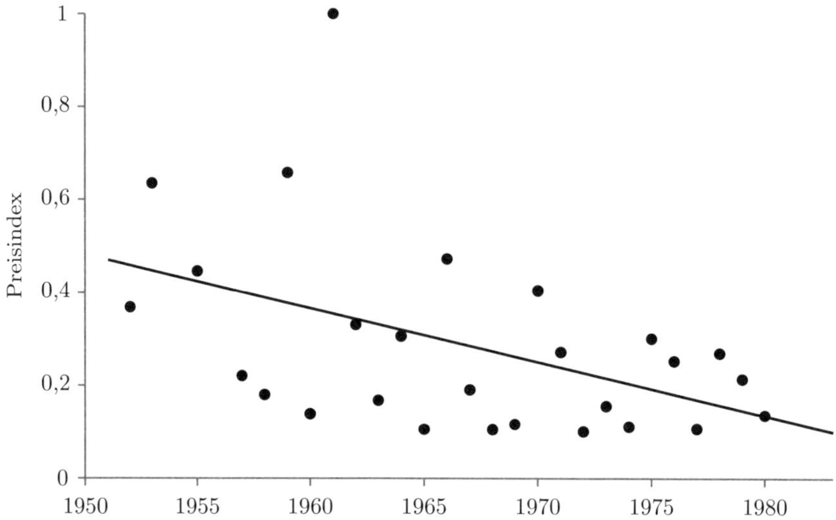

ABBILDUNG 6.5. Streudiagramm der Preise und Jahrgänge roter Bordeaux-Weine mit Regressionsgerade

vorigen Kapitel beschäftigt haben, nämlich den Preisen von Bordeaux-Weinen (siehe Abbildung 6.5). Die eingezeichnete Regressionsgerade verdeutlicht, dass es bei zunehmendem Alter des Weins einen tendenziellen Preisanstieg gibt bzw. dass bei jüngeren Weinen tendenziell niedrigere Preise auftreten. Man beachte, dass

Lineare Regression

Abhängige Variable: *Preis*
Beobachtungen: 27
$R^2 = 0{,}2046$

Regressor	Koeffizient
Konstante	0,10097
Alter	0,01154

der Koeffizient für das Alter tatsächlich positiv ist, die Regressionsgerade allerdings „anders herum" präsentiert wird, um die übliche Darstellung der Zeitachse beizubehalten, bei der die Zeit von links nach rechts verläuft. Wenn man einmal die einzelnen Punkte miteinander verbindet, so erhält man eine Darstellung der Zeitreihe, die jetzt wesentlich transparenter wirkt. Man kann deutlich erkennen,

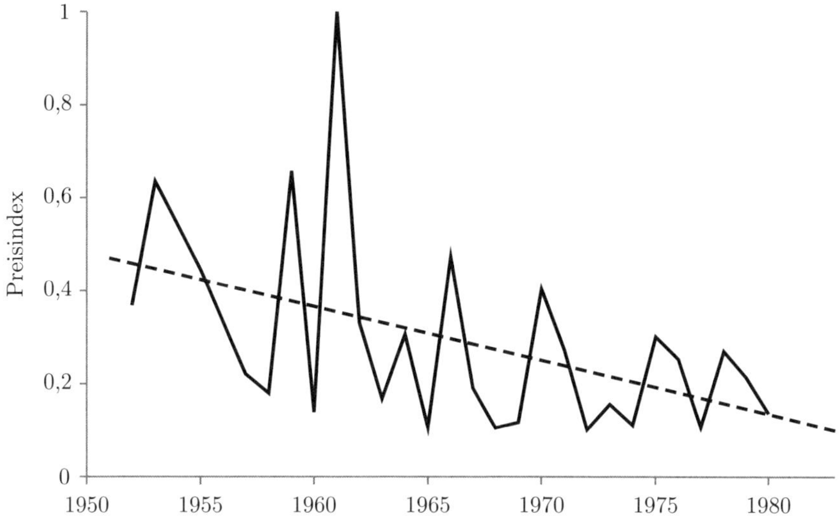

ABBILDUNG 6.6. Verlauf der *Preis*- und der $\widehat{Preis}$-Variablen (gestrichelte Linie)

dass wir es hier mit einer recht volatilen Zeitreihe zu tun haben, was durch das häufige Auf und Ab der Rotweinpreise veranschaulicht wird. Dies bedeutet aber, dass die Regressionsgerade in diesem Fall nur eine sehr ungenügende Beschreibung des Zusammenhangs zwischen den Preisen und dem Alter liefert, ähnlich wie etwa das arithmetische Mittel bei weit streuenden Daten. Nahe liegend wäre es daher, zusätzliche Variablen zur Erklärung der Preisentwicklung zu berücksichtigen. Zu den Variablen, die in der bereits erwähnten Untersuchung verwendet wurden, gehören neben dem Alter außerdem noch die Temperatur (Durchschnittstemperatur April bis September) sowie die Niederschlagsmengen (August bis September bzw. Oktober des Vorjahres bis März) des jeweiligen Erntejahres.

Abbildung 6.7 zeigt ein Streudiagramm der einzelnen Jahrgänge im Hinblick auf Temperatur und Niederschlagsmenge (August bis September). Dabei bedeuten die grau markierten Datenpunkte Wein-Jahrgänge, die einen überdurchschnittlichen Preis erzielten. Man kann leicht erkennen, dass sich die meisten dieser Weine im rechten unteren Quadranten befinden, also dort, wo höhere Temperaturen sowie geringere Niederschläge vorherrschen. Dieses Ergebnis bestätigt die Bedeutung der beiden genannten Variablen für die Entwicklung der Rotweinpreise über den betrachteten Zeitraum.

Um eine abhängige Variable auf mehrere erklärende Variablen zu regressieren, verwendet man wieder die Methode der kleinsten Quadrate, ähnlich wie im Fall

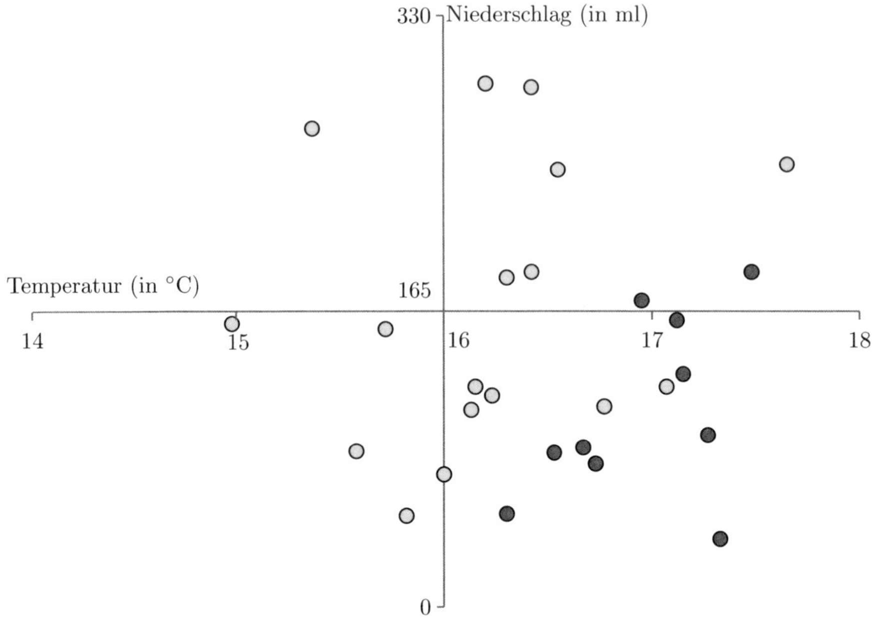

Abbildung 6.7. Streudiagramm der Bordeaux-Weine bezüglich der Variablen Temperatur und Niederschlagsmenge (August bis September)

der einfachen linearen Regression. Die Minimierungsfunktion berücksichtigt allerdings jetzt die Verwendung mehrerer erklärender Variablen. Die Lösung des Optimierungsproblems erfolgt analog zur einfachen linearen Regression wieder mit Hilfe der partiellen Ableitungen. Auf Details werden wir aber hier nicht weiter eingehen.

Lineare Regression

Abhängige Variable: *Preis*
Beobachtungen: 27
$R^2 = 0{,}4306$

Regressor	Koeffizient
Konstante	−2,453620
Alter	0,007805
Temperatur	0,158698

Was man allerdings beachten sollte, ist die Tatsache, dass das Bestimmtheitsmaß jetzt nicht mehr das Quadrat des Korrelationskoeffizienten der abhängigen und der erklärenden Variablen darstellt, da bei der multiplen Regression nicht mehr nur eine, sondern mehrere erklärende Variablen verwendet werden. Jedenfalls bleibt weiterhin die Eigenschaft gültig, dass das Bestimmtheitsmaß gleich dem Quadrat des Korrelationskoeffizienten zwischen den y-Werten und den $\widehat{y}$-Werten ist.

Der Regressions-Output besitzt ein ähnliches Aussehen wie im Fall der einfachen Regression. Der wesentliche Unterschied besteht darin, dass er im vorliegenden Fall die Koeffizienten von zwei erklärenden Variablen enthält, nämlich Alter und Temperatur. Das Bestimmtheitsmaß liegt jetzt über 40 %, während es bei der einfachen Regression bei etwa 20 % lag.

Abbildung 6.8 zeigt, wie flexibel eine multiple Regression sein kann, bei der die $\widehat{Preis}$-Variable jetzt wesentlich besser die Preisbewegungen nachbilden kann.

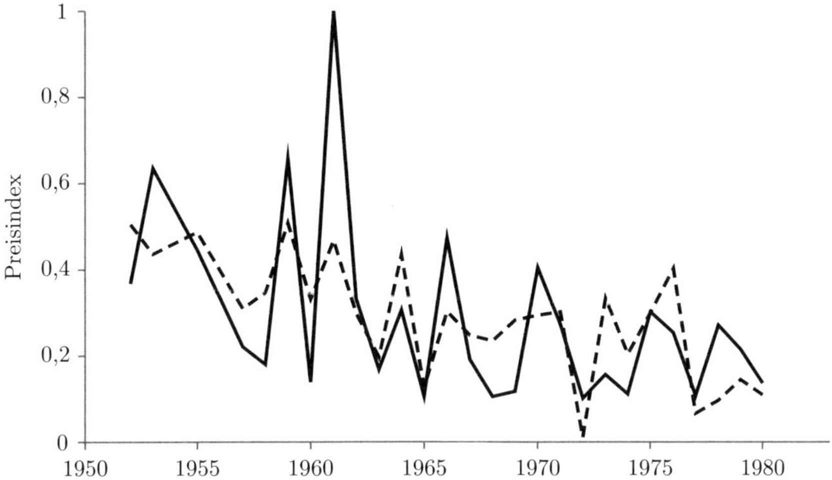

ABBILDUNG 6.8. Verlauf der *Preis*- und der $\widehat{Preis}$-Variablen (Alter und Temperatur als erklärende Variablen)

Fügt man noch zwei weitere Variablen hinzu, nämlich die Variablen zur Niederschlagsmenge, *RegenV* (voriger Okt.–März) und *RegenS* (Aug.–Sept.), hinzu, so erhöht sich das Bestimmtheitsmaß auf fast 74 %. Mit Hilfe der Angaben über die Koeffizienten lautet die zugehörige Regressionsgleichung jetzt wie folgt:

$$\widehat{Preis} = -3{,}17 + 0{,}008 Alter + 0{,}19 Temperatur + 0{,}0006 RegenV - 0{,}001 RegenS$$

Abbildung 12.9 zeigt den Verlauf der *Preis*-Variablen (schwarze Linie) sowie der $\widehat{Preis}$-Variablen (gestrichelte Linie). Man beachte, dass die letztere Variable für

Lineare Regression

Abhängige Variable: *Preis*
Beobachtungen: 27
$R^2 = 0{,}7356$

Regressor	Koeffizient
Konstante	−3,1716289
Alter	0,0080519
Temperatur	0,1903096
RegenV	0,0005638
RegenS	−0,0010351

zwei Jahrgänge negative Werte annimmt. Dies könnte man zum Beispiel dadurch korrigieren, dass man die Methode der kleinsten Quadrate unter der Nebenbedingung durchführt, dass die $\widehat{Preis}$-Variable nur positive Werte annehmen darf. Eine Alternative dazu werden wir später in Kapitel 15 kennen lernen.

ABBILDUNG 6.9. Verlauf der *Preis*- und der $\widehat{Preis}$-Variablen

Um einen gewissen Vergleich verschiedener Regressionen mit der gleichen abhängigen Variablen zu erhalten, wurden in Abbildung 6.10 für jede Regression mit einer, zwei, drei oder vier erklärenden Variablen jeweils das Bestimmtheitsmaß R^2

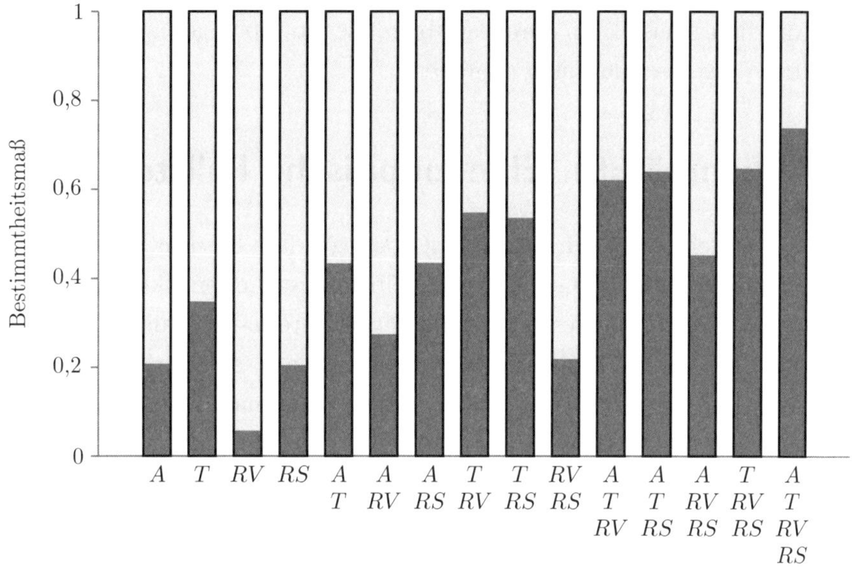

ABBILDUNG 6.10. Bestimmtheitsmaße verschiedener Regressionen

(graue Fläche) angegeben. Die abhängige Variable ist jeweils die Preisvariable. Die ersten vier Balken des Diagramms veranschaulichen dabei die jeweiligen Werte von R^2 für Regressionen mit nur einer der vier möglichen Variablen. Die nächsten sechs Balken gehören zu Regressionen mit genau zwei erklärenden Variablen. Danach kommen die Balken, die zu den Regressionen mit genau drei erklärenden Variablen gehören. Der letzte Balken schließlich gehört zur Regression mit allen vier Variablen (die verwendeten Abkürzungen sind selbsterklärend). Man kann gut erkennen, dass mit zunehmender Zahl der erklärenden Variablen das Bestimmtheitsmaß und damit die Erklärungsqualität der Regression tendenziell zunimmt. Dies ist ein wesentlicher Grund für die Bedeutung und die Popularität der multiplen Regression. Allerdings beachte man, dass durch die Hinzunahme einer zusätzlichen erklärenden Variablen das Bestimmtheitsmaß auch kleiner werden kann. Wenn man sich aber die Gruppe der Balken bei einer, zwei, drei und vier erklärenden Variablen separat ansieht, dann erkennt man den allmählichen Anstieg. Nebenbei wird damit auch klar, was man unter einer tendenziellen Entwicklung versteht.

In Kapitel 15 werden wir im Rahmen der induktiven Statistik noch einmal auf die lineare Regression zurückkommen und dabei ein häufig verwendetes Verfahren kennen lernen. Mit Hilfe statistischer Tests kann man nämlich überprüfen, ob eine erklärende Variable einen signifikanten Einfluss auf die abhängige Variable besitzt. Auf diese Weise kann man Variablen, die nur einen geringen Erklärungswert besitzen, aus der Gleichung eliminieren.

6.4. Aktienmärkte. Eine empirische Fallstudie (6)

Im letzten Kapitel haben wir uns bereits überlegt, dass es nicht unplausibel ist, davon auszugehen, dass das Geschehen auf einem bestimmten Aktienmarkt einen gewissen Einfluss auf das Geschehen anderer Märkte haben kann. Dabei könnte man vor allem an etwas denken, was man vielleicht als Marktstimmung bezeichnen könnte. Angesichts der Größenordnung kann man daher einen gewissen Einfluss der Stimmung am amerikanischen Aktienmarkt auf die Stimmung am deutschen Markt vermuten. Entsprechend könnte man jetzt versuchen, die Entwicklung des deutschen Aktienmarktes durch die Entwicklung des amerikanischen Marktes zu erklären.

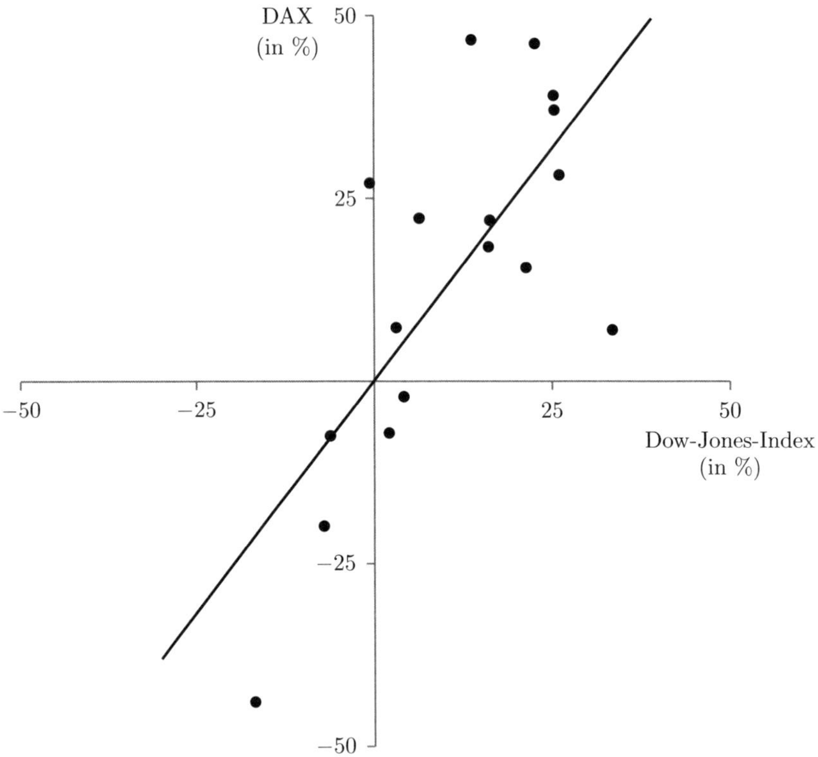

Abbildung 6.11. Streudiagramm mit Regressionsgerade der jährlichen Renditen des DAX und des Dow-Jones-Index (1991–2007)

Abbildung 6.11 zeigt noch einmal das Streudiagramm der jährlichen Renditen des Dow-Jones-Index sowie des DAX. Hinzu kommt jetzt die Regressionsgerade, die man erhält, wenn der DAX auf den Dow-Jones-Index regressiert wird (gemeint sind hier natürlich die Renditen). Auch wenn in diesem Fall die Zahl der Datenpunkte nicht sehr groß ist, ist doch eine deutliche Tendenz des DAX bei Bewegungen des Dow-Jones-Index zu erkennen. Erwartungsgemäß zeigt die Regressionsgerade einen recht starken Anstieg.

Lineare Regression

Abhängige Variable: *RDAX*
Beobachtungen: 17
$R^2 = 0{,}5359$

Regressor	Koeffizient
Konstante	0,09159
RDow	1,26859

Bemerkenswert ist die Steigung der Regressionsgeraden, die bei etwa 1,25 liegt. Dies würde nahe legen, dass bei einer Änderung des Dow-Jones-Index eine deutlich größere Änderung des DAX zu erwarten wäre. Die stärkeren Kursbewegungen des DAX würden dann aber auch für ein höheres Risiko sprechen (beachten Sie dazu auch den letzten Abschnitt in Kapitel 3). Das Bestimmtheitsmaß ist mit einem Wert von knapp über 50% zwar nicht sehr groß, aber bei einer einzigen erklärenden Variablen sollte man in diesem Fall auch nicht viel mehr erwarten. Dies wäre wieder eine Situation, bei der man überlegen könnte, weitere erklärende Variablen in die Regression aufzunehmen. In erster Linie würde man dabei wohl an makroökonomische Größen denken. Interessant wäre natürlich auch, das an Hand höherfrequenter Daten zu untersuchen. Dies würde aber über den Umfang einer kleinen Fallstudie hinausgehen, die wir mit den genannten Anregungen beenden wollen.

Anmerkungen

1 Die Methode der kleinsten Quadrate wurde, unabhängig voneinander, zuerst von *C. F. Gauß* (1777–1855) und später von *A. M. Legendre* (1752–1833) „entdeckt", der sie allerdings als Erster veröffentlichte und der Methode ihren Namen gab. Siehe dazu auch die lesenswerte Gauß-Biographie von Mania (2008).

2 Da für die zweite Ableitung $S''(a) = 2n > 0$ gilt, ist $a = \overline{y}$ tatsächlich das Minimum der Funktion $S(a)$.

3 Die gesuchte Geradengleichung könnte man natürlich auch mit $f(x) = a + bx$ oder mit $z = a + bx$ bezeichnen. Allerdings ist die Verwendung der Gleichung $\widehat{y} = a + bx$ aus notationstechnischen Gründen vorteilhafter.

4 In diesem Zusammenhang sei an das Motto des Malers *F. Hundertwasser* (1928–2000) erinnert: „In der Natur gibt es keine geraden Linien."

5 Durch die spezielle Darstellung von a und b soll die Berechnung möglichst einfach gehalten werden. Man könnte natürlich ohne weiteres die Werte a und b auch so angeben, dass sie unabhängig voneinander berechnet werden können.

6 Die Schreibweise R^2 erklärt sich aus der Eigenschaft 3 des Bestimmtheitsmaßes.

Aufgaben

Die folgenden Aufgaben dienen dazu, das Verständnis des behandelten Stoffes zu erleichtern und zu vertiefen. Um einen entsprechenden Lerneffekt zu erzielen, sollten dabei die Konzepte und Methoden verwendet werden, die in diesem Kapitel präsentiert wurden. Soweit es um eigene Berechnungen geht, sollte man besonders auf die Darstellung des Lösungswegs achten. Für die mit einem * gekennzeichneten Aufgaben ist eine geeignete Software erforderlich bzw. empfehlenswert. Beachten Sie dazu auch die Hinweise in Anhang A. Lösungen zu den Aufgaben mit geraden Nummern finden Sie in Anhang B.

6.1 (Fortsetzung von Aufgabe 5.1)

a) Regressieren Sie die Umsätze auf die Werbeausgaben, das heißt, stellen Sie die entsprechende Regressionsgleichung auf.

b) Abgesehen von den Werbeausgaben, welche weiteren Variablen könnten einen Einfluss auf den Umsatz haben?

6.2 Angenommen, für eine einfache Regression wurde eine Regressionsgerade aufgestellt und das Bestimmtheitsmaß berechnet.

a) Wie kann man an Hand der Regressionsgeraden erkennen, ob die beiden Variablen (das heißt die abhängige und die erklärende Variable) positiv bzw. negativ korreliert sind?

b) Wie kann man in diesem Fall den Korrelationskoeffizienten bestimmen?

6.3 (Fortsetzung von Aufgabe 6.1)

a) Erklären Sie an Hand von zumindest zwei Methoden, wie man eine Gerade in ein Koordinatensystem einzeichnen kann.

b) Zeichnen Sie das Streudiagramm und die Regressionsgerade.

c) Warum besitzt die Regressionsgerade nicht die Darstellung $y = a + bx$?

6.4 (Fortsetzung von Aufgabe 6.1)

a) Berechnen Sie das Bestimmtheitsmaß.

b) Wie kann man das Ergebnis von a) interpretieren?

c) Wie groß wäre etwa der Umsatz bei einem Werbeetat in Höhe von 50 bzw. 100 Mio. Dollar?

*6.5 (Fortsetzung von Aufgabe 5.2) Regressieren Sie die Mips-Variable auf die Zahl der Filialen der *Best Buy Company* für den Zeitraum August 1996 – Juli 2000.

a) Beschreiben Sie die wichtigsten Ergebnisse der Regression.

b) Stellen Sie die Regressionsgleichung auf.

6.6 Sie sind Marketingmanager einer EDV-Firma und analysieren Werbeausgaben und PC-Verkäufe der letzten beiden Jahre (= acht Quartale):

Quartal	Werbeausgaben (in Tsd. Euro)	Zahl der verkauften PCs
1	15	170
2	18	200
3	20	210
4	15	190
5	23	250
6	27	280
7	31	240
8	35	300

Regressieren Sie die Anzahl der verkauften PCs auf die Werbeausgaben.

*6.7 (Fortsetzung von Aufgabe 5.5) Verwenden Sie die Daten zu den Software-Projekten von AT&T und regressieren Sie die Variable Aufwandschätzung auf die Zahl der Funktionspunkte.

a) Beschreiben Sie die wichtigsten Ergebnisse der Regression.

b) Stellen Sie die Regressionsgleichung auf.

6.8 Bei einer Untersuchung über den Zusammenhang zwischen dem Ölpreis am Spotmarkt und dem Strompreis eines europäischen Anbieters wurde anhand von 24 Monatsendpreisen eine lineare Regression durchgeführt. Hier sind die Ergebnisse.

Lineare Regression

Abhängige Variable: *Strompreis*
Beobachtungen: 24
$R^2 = 0{,}407$

Regressor	Koeffizient
Konstante	−0,41071
Ölpreis	2,62717

a) Wie lautet die geschätzte Regressionsgleichung?

b) Was können Sie über den Zusammenhang dieser Variablen sagen bzw. wie könnte man das Ergebnis der Regression verbessern?

*6.9 Die folgende Tabelle enthält die jährlichen Wachstumsraten (in %) des verfügbaren Einkommens und des privaten Konsums für Österreich im Zeitraum 1996–2008.

Jahr	Verfügbares Einkommen	Privater Konsum
1996	3,9	4,1
1997	0,9	0,3
1998	3,7	2,9
1999	3,1	3,2
2000	5,0	4,4
2001	1,4	2,5
2002	4,1	1,8
2003	2,2	2,8
2004	4,6	3,9
2005	4,4	4,6
2006	5,3	4,3
2007	4,9	3,7
2008	4,4	4,2

a) Welche Variable würde man als abhängige, welche als erklärende Variable verwenden?

b) Führen Sie die entsprechende Regression durch.

6.10 Die folgende Tabelle enthält die Zahl der Neuabschlüsse von Bausparverträgen bei einer Bausparkasse im Zeitraum 1998–2003.

Jahr	Neuabschlüsse (in Tsd.)
1998	238
1999	240
2000	260
2001	276
2002	281
2003	287

a) Regressieren Sie die Zeitreihe der Neuabschlüsse auf die Jahre.

b) Wie viele Neuabschlüsse würde man für das Jahr 2004 prognostizieren?

Fragen

1. Was ist die Methode der kleinsten Quadrate?
2. Worin besteht der Unterschied zwischen Korrelation und Regression?
3. Was ist der Unterschied zwischen erklärender Variable und abhängiger Variable?
4. Was versteht man unter der Regressionsgleichung?
5. Welche zusätzliche(n) Eingabegröße(n) benötigt man, wenn man eine Regressionsgleichung zur Prognose verwenden will?
6. Was sind Residuen?
7. Was versteht man unter der Streuungszerlegung?
8. Aus welchen Größen besteht das Bestimmtheitsmaß?
9. Weshalb wird das Bestimmtheitsmaß mit R^2 bezeichnet?
10. Weshalb kommt bei praktischen Anwendungen der multiplen Regression im Vergleich zur einfachen Regression die größere Bedeutung zu?

Exkurs

Was ist eigentlich ein Frühindikator?

Wenn ein börsennotiertes Unternehmen einen größeren Auftrag erhält oder eine Zinssenkung durch die Zentralbank bekannt gegeben wird, dann sollte dies unmittelbar einen positiven Effekt auf den Aktienkurs haben. In diesem Fall könnte man den Aktienkurs als einen Frühindikator des wirtschaftlichen Erfolgs eines (börsennotierten) Unternehmens betrachten. Ähnliches gilt für die Zahl der Baubewilligungen im Hinblick auf die Bauwirtschaft oder die Zahl der Reisebuchungen für den Tourismus.
Frühindikatoren spielen auch in anderen Bereichen eine wichtige Rolle, etwa bei der Entwicklung sogenannter Frühwarnsysteme für Währungskrisen. Beispielhaft sei hier die Arbeit von Kaminsky et al. (1998) erwähnt. Die dort präsentierte Indikator-Methode basiert auf einem Bündel ökonomischer Variablen, die quasi als Indikatoren künftige Währungskrisen signalisieren sollen. An Hand von Daten über Währungskrisen im Zeitraum 1970–1995 stellte sich unter anderem heraus, dass vor allem der reale Wechselkurs, aber auch monetäre und Finanzmarktaggregate sowie Handelsgrößen in den Vorkrisenmonaten ein signifikant anderes Verhalten als zu „normalen" Zeiten aufwiesen.
Nicht zuletzt seit Beginn der Wirtschafts- und Finanzkrise stehen vor allem Frühindikatoren der realwirtschaftlichen Entwicklung verstärkt im Fokus der Öffentlichkeit, insbesondere diejenigen, wie sie etwa zur Prognose der Industrieproduktion, der Exporte oder des Bruttoinlandsprodukts verwendet werden. Gerade bei diesen Größen machen sich in wirtschaftlich turbulenten Zeiten eine Reihe von Problemen besonders unangenehm bemerkbar. Abgesehen von der Möglichkeit späterer Revisionen gehört dazu vor allem die zeitlich verzögerte offizielle Veröffentlichung, die je nach betrachteter Größe bis zu zwei Monaten betragen kann.
Im Vergleich zu den offiziellen Daten haben Frühindikatoren, die in diesem Zusammenhang auch als Konjunkturindikatoren bezeichnet werden, vor allem den Vorteil, dass sie selten Revisionen unterliegen, zeitlich rascher zur Verfügung stehen und bei Verwendung höherfrequenter Daten leichter aktualisierbar sind. Außerdem können sie nicht nur für traditionelle Prognosen, sondern auch für Prognosen am „aktuellen Rand" des Wirtschaftsgeschehens ("nowcasting") verwendet werden.

Im Folgenden werden kurz einige Beispiele von Frühindikatoren beschrieben. Als besonders populär gelten der ifo-Geschäftsklimaindex und der ZEW-Konjunkturindikator, bei denen es sich um sogenannte Stimmungsindikatoren handelt, die beide auf Umfragen beruhen.
Das Münchner ifo Institut für Wirtschaftsforschung befragt monatlich etwa 7000 Unternehmen aus der Bauwirtschaft, dem Groß- und Einzelhandel sowie aus dem verarbeitenden Gewerbe zu ihrer wirtschaftlichen Situation. Die Fragen betreffen die aktuelle Geschäftslage sowie die Erwartungen für die nächsten sechs Monate.
Der vom Zentrum für Empirische Wirtschaftsforschung in Mannheim erstellte ZEW-Index wird in monatlichen Abständen publiziert. Dieser Index basiert auf Umfragen unter etwa 350 Finanzanalysten von Banken, Versicherungen und großen Industrieunternehmen, die nach ihrer Einschätzung im Hinblick auf die wirtschaftliche Entwicklung der kommenden sechs Monate befragt werden.
Als internationaler Frühindikator gilt der Baltic Dry Index, wobei es sich hier nicht um einen Preisindex für Kosmetikartikel handelt, sondern um einen Index der Frachtkosten auf den weltweit wichtigsten Schiffsrouten. Die Bedeutung dieses Index kann man aus der Tatsache ersehen, dass etwa 90% aller Güter im Welthandel auf dem Seeweg transportiert werden.
Ein Beispiel für einen auf hochfrequenten Daten beruhenden Frühindikator ist der seit 2009 publizierte Export-Frühindikator der Österreichischen Nationalbank. Dabei wird versucht, das Wirtschaftswachstum mit Hilfe des Frachtaufkommens auf den österreichischen Autobahnen zu erklären. Der Frühindikator verwendet Daten über Mautgebühren, die von der Autobahngesellschaft ASFINAG unmittelbar nach Ablauf eines Berichtsmonats zur Verfügung gestellt werden. Daten über die LKW-Fahrleistung auf Österreichs Autobahnen stehen seit dem Jahr 2004 zur Verfügung. Das verwendete Prognosemodell basiert auf einer linearen Regression, bei der die monatlichen Güterexporte mit Hilfe der LKW-Fahrleistung auf den Autobahnen (genauer: jeweils die monatlichen Veränderungen gegenüber dem Vorjahr) erklärt werden. Bei der Prognose ergibt sich ein zeitlicher Vorlauf von etwa zwei Monaten gegenüber der Veröffentlichung der offiziellen Export-Daten.

Literatur: Alt et al. (2008), Fenz und Schneider (2009), Ganz und Waller (2003), Niederhübner (2005), Oppenländer (1998), Silgoner (2005).

Teil II.

Wahrscheinlichkeitsrechnung

Kapitel 7.

Einführung

"In this world nothing can be said to be certain, except death and taxes." Ausgehend von dieser Erkenntnis des amerikanischen Staatsmannes und Erfinders *B. Franklin* (1706–1790) wird man zwangsläufig zu der Schlussfolgerung gelangen, dass die angenehmen Seiten des Lebens mit Unsicherheit behaftet sind. Höchste Zeit also, sich einmal intensiver mit diesem Thema, genauer gesagt mit der Theorie des Zufalls, auseinanderzusetzen. Ein erster Gedanke wäre vielleicht, zunächst einmal zu definieren, was man eigentlich unter dem Begriff „Zufall" zu verstehen hat. Genau damit werden wir uns aber hier nicht näher beschäftigen. Stattdessen wählen wir eine eher pragmatische Vorgangsweise, bei der von einem intuitiven Verständnis des Begriffs Zufall ausgegangen wird. Man könnte dies etwa vergleichen mit der Situation eines Fahrschülers, der in seinen Fahrstunden an alles Mögliche denken wird, nur nicht daran, wie man den Begriff „Auto" definiert.

Es gibt wohl kaum einen Gegenstand, der so häufig mit dem Zufall assoziiert wird wie der Würfel. Er soll uns daher auch bei unseren ersten Schritten in die Welt der Wahrscheinlichkeitsrechnung begleiten. Da sich erfahrungsgemäß viele

wahrscheinlichkeitstheoretische Konzepte leichter an Hand von Glücksspielen erklären lassen, wird in den ersten Kapiteln häufig die Rede von Münzen, Würfeln oder Kugeln sein. Dabei werden wir aber praktische Anwendungen nicht aus den Augen verlieren, deren Bedeutung von Kapitel zu Kapitel zunehmen wird.

Historisch betrachtet hat sich die Wahrscheinlichkeitsrechnung aus der Beschäftigung mit Glücksspielen entwickelt, wobei als Geburtsjahr häufig das Jahr 1654 genannt wird. Damals gab es einen berühmten Briefwechsel zwischen den beiden

Mathematikern *B. Pascal* (1623–1662) und *P. Fermat* (1601–1665), der den Beginn der Wahrscheinlichkeitsrechnung als wissenschaftliche Disziplin begründete. Dabei wurde unter anderem ein Problem diskutiert, das in Glücksspielerkreisen aufgetaucht war und dort für einige Verwirrung gesorgt hatte. Es ging dabei um zwei Spielvarianten, bei denen jeweils ein einzelner Spieler gegen die Bank spielt:

Variante A: Der Spieler gewinnt, wenn beim 4-maligen Werfen eines Würfels keine Sechs auftritt.

Variante B: Der Spieler gewinnt, wenn beim 24-maligen Werfen zweier Würfel keine Doppelsechs auftritt.

Erfahrene Glücksspieler waren der Ansicht, dass die Chancen für den Spieler bei beiden Varianten gleich groß sein sollten. In der Praxis zeigte es sich jedoch, dass die Variante B für den Spieler vorteilhafter war, was schließlich auch mathematisch bewiesen werden konnte.

Es folgt ein kurzer Überblick über den Inhalt dieses Kapitels. Der erste Abschnitt beginnt mit elementaren wahrscheinlichkeitstheoretischen Grundbegriffen, die an Hand verschiedener Beispiele erklärt werden. Die Darstellung von Ereignissen als Mengen wird dabei mit Hilfe von Venn-Diagrammen unterstützt. Der zweite Abschnitt behandelt zunächst die klassische Definition der Wahrscheinlichkeit. Danach wird der Begriff der relativen Häufigkeit eines Ereignisses eingeführt. Seine empirische Bedeutung wird an Hand von Roulette-Ergebnissen eines Spielcasinos veranschaulicht. Mit Hilfe der Eigenschaften relativer Häufigkeiten wird der axiomatische Wahrscheinlichkeitsbegriff motiviert. Anschließend werden die Wahrscheinlichkeitsaxiome sowie einige wichtige Folgerungen präsentiert. Im letzten Abschnitt werden verschiedene kombinatorische Fragestellungen mit den dazugehörigen Berechnungsformeln behandelt. Den Abschluss des Kapitels bildet eine Anwendung der Kombinatorik auf das sogenannte Geburtstagsproblem.

7.1. Zufallsexperiment, Ergebnisraum und Ereignisse

Das Werfen eines Würfels, einer Münze oder einer Roulettekugel sind einfache Beispiele von Zufallsexperimenten. Derartige Experimente sind grundlegend für das Arbeiten mit Wahrscheinlichkeiten.

Zufallsexperiment

Ein Zufallsexperiment ist ein Versuch, dessen Ergebnis vom Zufall abhängt.

Zu den klassischen Zufallsexperimenten gehören natürlich auch das Ziehen eines Loses oder die regelmäßigen Ausspielungen bei Lotto „6 aus 45“. Im weiteren Sinne lassen sich aber zum Beispiel auch Meinungsumfragen, die auf einer Zufallsauswahl beruhen, oder überhaupt Situationen, die zufälligen Einflüssen unterliegen, als Zufallsexperimente interpretieren. So kann man etwa den Kurs einer Aktie, die Dauer eines Projekts oder das Eintreffen einer E-Mail ebenfalls als Ergebnisse von Zufallsexperimenten interpretieren. Das soll allerdings nicht heißen, dass die Kursbildung einer Aktie mit dem Werfen eines Würfels gleichgesetzt wird. Es bedeutet lediglich, dass man in beiden Fällen ein Ergebnis erhält, bei dessen Zustandekommen verschiedene zufällige Einflüsse mitgewirkt haben (können), auch wenn dies beim Werfen eines Würfels offensichtlicher sein mag.

Betrachten wir einmal genauer das Zufallsexperiment „Werfen eines Würfels“. Von besonderem Interesse sind zunächst die verschiedenen möglichen Ergebnisse, das heißt die Augenzahlen 1, 2, 3, 4, 5 und 6. Die Ergebnisse eines Zufallsexperiments werden durch den Begriff des Ergebnisraums erfasst.

Ergebnisraum

Unter dem Ergebnisraum S versteht man die Menge aller möglichen Ergebnisse eines Zufallsexperiments.

Der Ergebnisraum beim Werfen eines Würfels ist somit die Menge

$$S = \{1, 2, 3, 4, 5, 6\}$$

während die möglichen Ergebnisse beim Werfen einer Münze durch $S = \{K, W\}$ beschrieben werden können. Dabei steht K für Kopf und W für Wappen. Beim 2-maligen Werfen eines Würfels könnte man den Ergebnisraum durch die Menge

$$\begin{aligned} S = \{&(1,1),(1,2),(1,3),(1,4),(1,5),(1,6)\\ &(2,1),(2,2),(2,3),(2,4),(2,5),(2,6)\\ &(3,1),(3,2),(3,3),(3,4),(3,5),(3,6)\\ &(4,1),(4,2),(4,3),(4,4),(4,5),(4,6)\\ &(5,1),(5,2),(5,3),(5,4),(5,5),(5,6)\\ &(6,1),(6,2),(6,3),(6,4),(6,5),(6,6)\} \end{aligned}$$

darstellen, wobei zum Beispiel das geordnete Paar $(1, 2)$ das Ergebnis des ersten Wurfs $(= 1)$ und das Ergebnis des zweiten Wurfs $(= 2)$ beschreibt. Dieser Ergebnisraum enthält daher insgesamt 36 verschiedene Elemente. Das 2-malige Werfen einer Münze lässt sich entsprechend durch

$$S = \{(K, K), (K, W), (W, K), (W, W)\}$$

angeben, wobei zum Beispiel das geordnete Paar (K, W) das Ergebnis beschreibt, bei dem der erste Wurf Kopf und der zweite Wurf Wappen ergibt.

Man beachte, dass es durchaus verschiedene Möglichkeiten geben kann, das Ergebnis eines Zufallsexperiments zu beschreiben und daher auch verschiedene Möglichkeiten, den Ergebnisraum zu definieren. Man könnte etwa den Ergebnisraum beim 2-maligen Werfen eines Würfels auch durch $S = \{2, 3, \ldots, 12\}$ beschreiben, das heißt durch die Summen der möglichen Augenzahlen beider Würfe. Es wird sich allerdings zeigen, dass manche Darstellungen des Ergebnisraums zweckmäßiger sind als andere. Der Ergebnisraum entspricht dem bekannten Konzept der Grundmenge aus der Mengenlehre. Seine Teilmengen werden als Ereignisse bezeichnet.

Ereignisse

Ereignisse sind Teilmengen des Ergebnisraums. Spezielle Ereignisse sind:

- das sichere Ereignis S (= Ergebnisraum)
- das unmögliche Ereignis $\emptyset$ (= leere Menge)

Beim Werfen eines Würfels wäre dann zum Beispiel die Menge $A = \{2, 4, 6\}$ das Ereignis, eine gerade Zahl zu erzielen, während $B = \{1, 6\}$ das Ereignis ist, eine 1 oder eine 6 zu erhalten. Jedes dieser Ereignisse kann entweder eintreten oder nicht eintreten. Falls also eine 6 gewürfelt wird, dann tritt sowohl das Ereignis A als auch das Ereignis B ein. Erscheint dagegen eine 2, dann tritt das Ereignis A ein, das Ereignis B dagegen nicht.

Da Ereignisse als Mengen definiert werden, kann man sie natürlich auch durch die aus der Mengenlehre bekannten Venn-Diagramme veranschaulichen. Abbildung 7.1 zeigt die Darstellung eines beliebigen Ereignisses A als Teilmenge des Ergebnisraums S. Analog zur Mengenlehre lassen sich durch die Bildung von

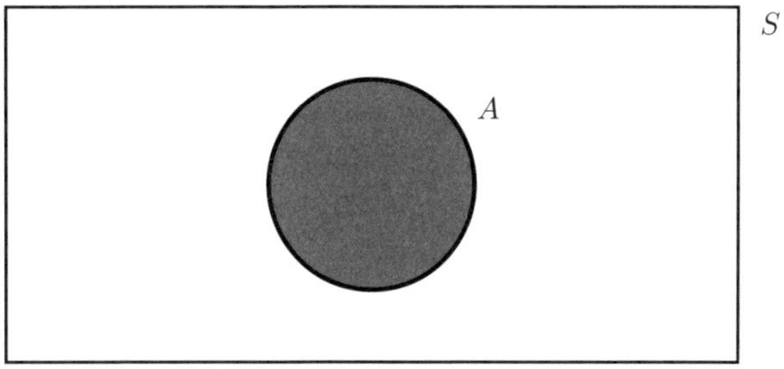

ABBILDUNG 7.1. Venn-Diagramm des Ereignisses A

Komplement, Durchschnitt und Vereinigung von Ereignissen neue Ereignisse bilden. Sind also A und B Ereignisse, dann sind etwa $\overline{A}$, $A \cap B$ oder $A \cup B$ ebenfalls Ereignisse. Diese Ereignisse werden wir jetzt an Hand von Venn-Diagrammen genauer betrachten.

Komplement eines Ereignisses

Das Ereignis $\overline{A}$ tritt genau dann ein, wenn das Ereignis A nicht eintritt. In unserem Beispiel lauten die komplementären Ereignisse daher $\overline{A} = \{1, 3, 5\}$ und $\overline{B} = \{2, 3, 4, 5\}$.

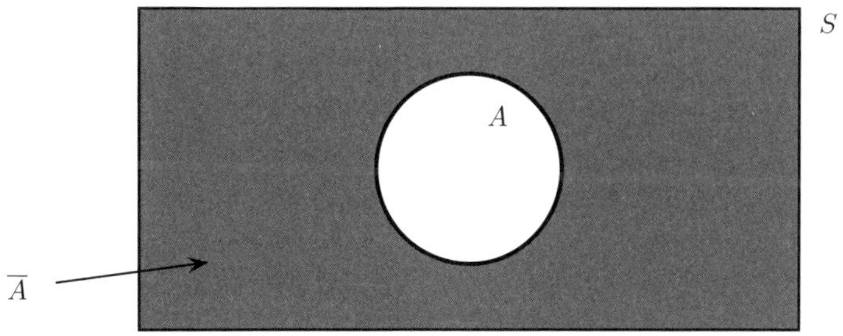

ABBILDUNG 7.2. Venn-Diagramm des Ereignisses $\overline{A}$

Durchschnitt zweier Ereignisse

Das Ereignis $A \cap B$ tritt genau dann ein, wenn sowohl A als auch B eintreten. In unserem Beispiel ist daher $A \cap B = \{6\}$, das heißt das Ereignis, eine 6 zu werfen.

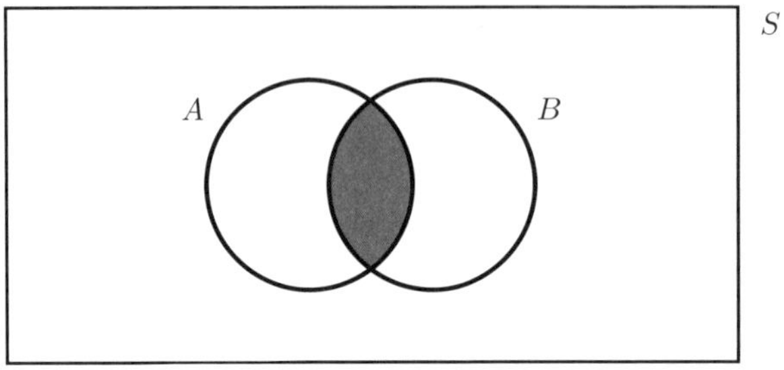

ABBILDUNG 7.3. Venn-Diagramm des Ereignisses $A \cap B$

Vereinigung zweier Ereignisse

Das Ereignis $A \cup B$ tritt genau dann ein, wenn A eintritt oder B eintritt, das heißt, wenn mindestens eines der beiden Ereignisse eintritt. Bei unserem Beispiel gilt entsprechend $A \cup B = \{1, 2, 4, 6\}$.

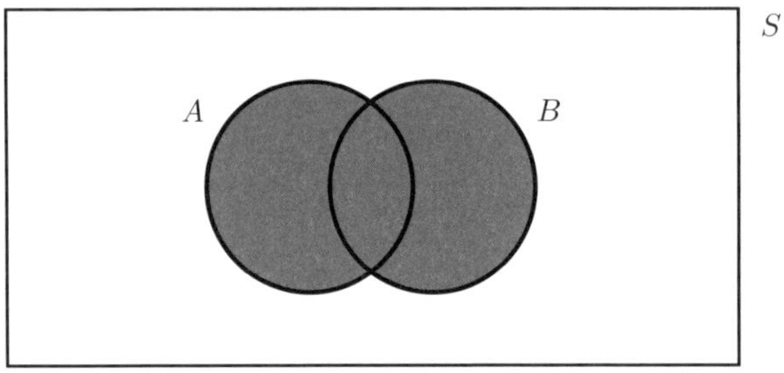

ABBILDUNG 7.4. Venn-Diagramm des Ereignisses $A \cup B$

Der Durchschnitt und die Vereinigung zweier Ereignisse lassen sich auf den Durchschnitt und die Vereinigung endlich vieler Ereignisse $A_1, A_2, \ldots, A_n$ erweitern. Somit tritt das Ereignis $A_1 \cap A_2 \cap \ldots \cap A_n$ genau dann ein, falls jedes einzelne der Ereignisse $A_1, A_2, \ldots, A_n$ eintritt. Das Ereignis $A_1 \cup A_2 \cup \ldots \cup A_n$ tritt entsprechend genau dann ein, wenn mindestens eines der Ereignisse $A_1, A_2, \ldots, A_n$ eintritt. Man beachte, dass durch die Definition von Ereignissen als Mengen die üblichen Regeln für Mengenoperationen auch für Ereignisse gelten[1].

7.2. Relative Häufigkeit und Wahrscheinlichkeit

7.2.1. Klassische Definition der Wahrscheinlichkeit

In der Geschichte der Wahrscheinlichkeitsrechnung hat es zahlreiche Versuche gegeben, den Begriff Wahrscheinlichkeit zu definieren. Zu Beginn werden wir vor allem die folgende, auf *P.S. Laplace* (1749–1827) zurückgehende „klassische" Definition verwenden.

Klassische Definition der Wahrscheinlichkeit

Falls der Ergebnisraum S endlich ist und alle Ergebnisse des Zufallsexperiments gleichmöglich sind, dann wird jedem Ereignis A durch den Quotienten

$$\mathrm{P}(A) = \frac{\text{Anzahl der Elemente in } A}{\text{Anzahl der Elemente in } S}$$

die Wahrscheinlichkeit von A zugeordnet.

Für die praktische Berechnung dieses Quotienten ist folgende Vorgangsweise zu empfehlen. Zunächst sollte man sich überlegen, wie die Elemente des Ergebnisraums S konkret aussehen. Danach sollte man die Anzahl der Elemente von S bestimmen. Auf der Grundlage aller Elemente in S sollte man dann die Anzahl derjenigen Elemente bestimmen, bei denen das betreffende Ereignis eintritt. Diese Definition findet man häufig auch in der folgenden Formulierung:

$$\mathrm{P}(A) = \frac{\text{Anzahl der günstigen Fälle}}{\text{Anzahl der möglichen Fälle}}$$

Dabei bedeutet die Anzahl der möglichen Fälle die Anzahl der Elemente des Ergebnisraums S, das heißt die Anzahl aller möglichen Ergebnisse des Zufallsexperiments. Die Anzahl der günstigen Fälle ist dann die Anzahl aller derjenigen möglichen Fälle, bei denen das Ereignis A eintritt.

Betrachten wir das Ereignis $A = \{6\}$ beim Werfen eines Würfels. Da in diesem Fall $S = \{1, 2, 3, 4, 5, 6\}$ ist, gibt es insgesamt sechs mögliche Fälle. Die Anzahl der günstigen Fälle beträgt Eins. Somit ergibt sich für die Wahrscheinlichkeit, eine 6 zu werfen, der Wert

$$\mathrm{P}(A) = \frac{1}{6}$$

Angenommen, B ist das Ereignis, dass die Augensumme beim 2-maligen Werfen eines Würfels gleich acht ist. Der entsprechende Ergebnisraum ist wieder die

Menge S aller möglichen Paare (i, j) von Augenzahlen, wobei S insgesamt 36 Elemente enthält. Die Anzahl der günstigen Fälle erhält man, indem man alle Paare von Würfelergebnissen betrachtet, bei denen die Augensumme gleich acht ist, das heißt also (2,6), (3,5), (4,4), (5,3) und (6,2). Insgesamt gibt es somit fünf Möglichkeiten, beim 2-maligen Werfen eines Würfels eine Augensumme von acht zu erhalten. Daher lautet die gesuchte Wahrscheinlichkeit:

$$\mathrm{P}(B) = \frac{5}{36}$$

Bei der Anwendung der Laplace-Definition – man spricht in diesem Zusammenhang auch vom Laplace-Modell – sollte man sich vor allem überlegen, ob die Elemente des Ergebnisraums als gleichmöglich angesehen werden können[2]. Bei den obigen Beispielen sind wir stillschweigend von einem idealen Würfel ausgegangen, bei dem keine Seite des Würfels bevorzugt auftritt. In der Realität darf man allerdings keine perfekten Zufallsexperimente erwarten. Daher wird man sich bei jeder praktischen Anwendung der Laplace-Definition überlegen (müssen), ob die Annahme der Gleichmöglichkeit zumindest näherungsweise gerechtfertigt ist.

7.2.2. Axiomatische Definition der Wahrscheinlichkeit

Die Laplace-Definition mit ihrer Beschränkung auf endliche Ergebnisräume ist ein Beispiel für einen „induktiven" Zugang zum Begriff der Wahrscheinlichkeit. Im Gegensatz dazu erfolgt die moderne Definition der Wahrscheinlichkeit über einen „deduktiv" orientierten Zugang. Dabei werden für die Wahrscheinlichkeiten beliebiger Ereignisse bestimmte Eigenschaften postuliert, die auch als Wahrscheinlichkeitsaxiome bezeichnet werden. Aufbauend auf diesen Eigenschaften wird dann die Theorie der Wahrscheinlichkeit entwickelt.

Dabei stellt sich natürlich die Frage, welche konkreten Eigenschaften die Wahrscheinlichkeiten von Ereignissen haben sollten. Auf Grund unserer Alltagserfahrung erscheint die Forderung plausibel, dass Wahrscheinlichkeiten gleiche oder zumindest ähnliche Eigenschaften aufweisen sollten wie die relativen Häufigkeiten von Ereignissen. Diesen Zugang zum Begriff der Wahrscheinlichkeit bezeichnet man auch als „Häufigkeitsinterpretation". Dabei stellt die relative Häufigkeit eines Ereignisses im Wesentlichen eine Erweiterung des Begriffs der relativen Häufigkeit aus der Deskriptiven Statistik dar. Ein Zufallsexperiment wird n-mal durchgeführt und dann die Anzahl der Versuche, bei denen ein bestimmtes Ereignis A eingetreten ist, durch die Zahl n der Versuche dividiert. Das Ergebnis bezeichnet man als die relative Häufigkeit des Ereignisses A. Man beachte, dass bei einer Wiederholung der n Versuche die relative Häufigkeit in der Regel einen etwas anderen Wert annehmen wird. Dies wird unter anderem von der Anzahl n der Versuche abhängen. Ist n groß, dann sollte der Unterschied gering sein.

Betrachten wir dazu als Beispiel das Werfen einer Roulettekugel. Beim Roulette tritt bei jedem Spiel genau eine der Zahlen $0, 1, 2, \ldots, 36$ als Gewinnzahl auf. Dabei befinden sich 18 der 37 Zahlen auf einem roten Feld (= rote Zahlen), weitere 18 Zahlen auf einem schwarzen Feld (= schwarze Zahlen) sowie die Zahl 0 (Zero) auf einem grünen Feld. Je nachdem, wie ein Spieler seine Jetons auf dem Spielfeld setzt, ergeben sich unterschiedliche Gewinnchancen. Erscheint zum Beispiel eine rote Zahl, dann erhält jeder, der auf Rot gesetzt hat, einen Gewinn in Höhe des Einsatzes. Setzt man dagegen auf eine einzelne Zahl, dann erhält man, falls diese erscheint, das 35-fache des Einsatzes.

ABBILDUNG 7.5. Roulettekessel

In einem Spielcasino wurde in einer Serie von 9931 Spielen[3] insgesamt 4795-mal Rot beobachtet. Abbildung 7.6 zeigt zunächst die relativen Häufigkeiten $R_n(\text{Rot})$ für die ersten 100 Spiele, wobei die relative Häufigkeit von Rot berechnet wurde als der Quotient

$$R_n(\text{Rot}) = \frac{\text{Anzahl der Spiele mit einer roten Gewinnzahl}}{\text{Anzahl } n \text{ der bisherigen Spiele}}$$

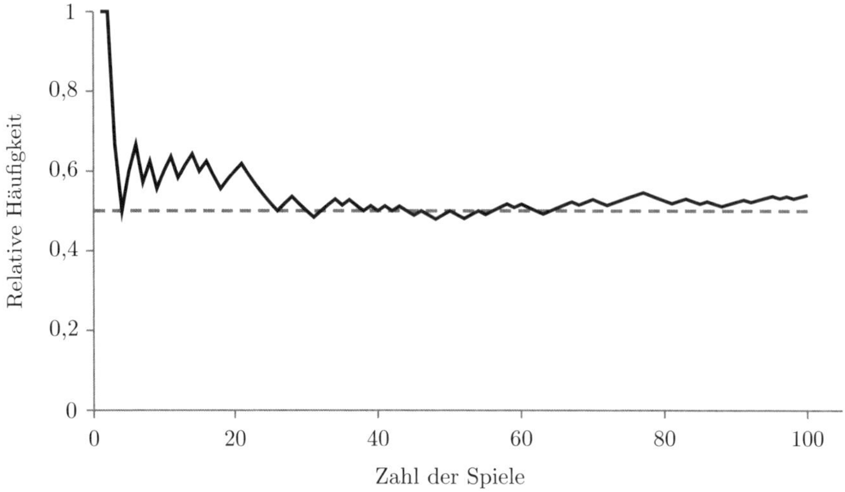

ABBILDUNG 7.6. Relative Häufigkeit $R_n(\text{Rot})$ für $n = 1, 2, \ldots, 100$ Spiele

für $n = 1, 2, \ldots, 100$. Während bei den ersten Spielen sehr starke Schwankungen zu beobachten sind, kann man ab etwa 35 Spielen eine gewisse Stabilisierung der relativen Häufigkeiten feststellen.

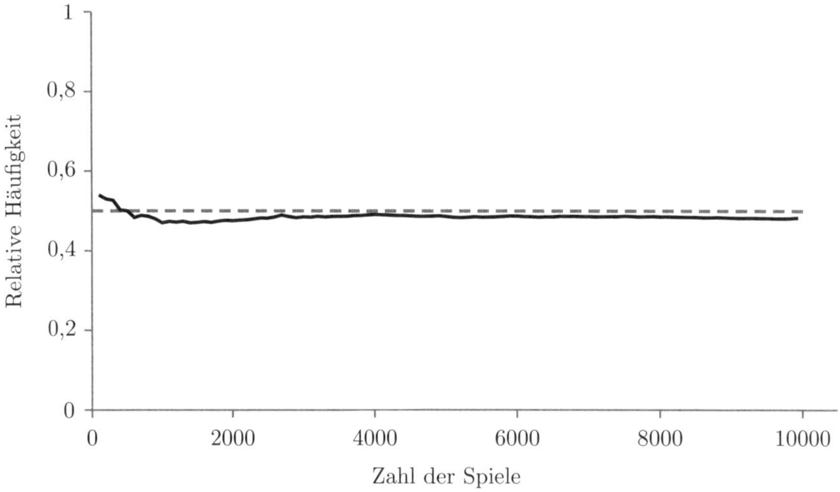

ABBILDUNG 7.7. Relative Häufigkeit $R_n(\text{Rot})$ für $n = 100, 200, 300, \ldots$ Spiele

In Abbildung 7.7 sind dann die relativen Häufigkeiten für $n = 100, 200, 300, \ldots$ Spiele dargestellt. Offensichtlich strebt $R_n(\text{Rot})$ einem Wert zu, der etwas unterhalb von 0,5 liegt. Das ist nicht überraschend. Es handelt sich hier nämlich um eine Illustration des Gesetzes der großen Zahlen, das im vorliegenden Zusammenhang besagt, dass die Folge der relativen Häufigkeiten von Rot (in einem bestimmten Sinne) gegen die Wahrscheinlichkeit von Rot konvergiert. Diese Wahrscheinlichkeit beträgt nach der Laplace-Definition gerade $18/37 = 0{,}486$, da unter den 37 möglichen Zahlen genau 18 rote Zahlen sind. Für $n = 9931$ ergibt sich übrigens für die relative Häufigkeit von Rot ein Wert von $4795/9931 = 0{,}48283$. Ausgehend von diesem Beispiel betrachten wir jetzt einige allgemeine Eigenschaften der relativen Häufigkeit von Ereignissen bei n Versuchen:

- Die relative Häufigkeit eines Ereignisses liegt zwischen Null und Eins.
  Die relative Häufigkeit kann niemals negativ sein. Da bei n Versuchen das Ereignis höchstens n-mal eintreten kann, liefert die Division durch n einen Wert, der höchstens gleich Eins ist.

- Die relative Häufigkeit des sicheren Ereignisses S ist gleich Eins.
  Da das sichere Ereignis bei jedem der n Versuche eintritt, ergibt sich nach der Division durch n genau der Wert Eins.

- Die relative Häufigkeit des Ereignisses $\overline{A}$ ist gleich Eins minus der relativen Häufigkeit des Ereignisses A.
  Da bei jedem Versuch entweder A oder $\overline{A}$ eintritt, müssen sich die relativen Häufigkeiten von A und $\overline{A}$ auf Eins summieren.

- Falls sich zwei Ereignisse A und B gegenseitig ausschließen, dann ist die relative Häufigkeit des Ereignisses $A \cup B$ gleich der Summe der relativen Häufigkeiten von A und B.
  Offensichtlich tritt in diesem Fall das Ereignis $A \cup B$ genau dann ein, wenn entweder A oder B eintritt. Addiert man somit die Zahl der Versuche, bei denen A bzw. B eintritt, dann stimmt die Summe überein mit der Zahl der Versuche, bei denen $A \cup B$ eintritt.

Ereignisse, die sich gegenseitig ausschließen, nennt man auch disjunkte Ereignisse. Das Eintreten eines der beiden Ereignisse schließt somit das Eintreten des anderen Ereignisses aus, das heißt, es gilt $A \cap B = \emptyset$.

Mit diesen Eigenschaften kommen wir jetzt zur modernen Definition der Wahrscheinlichkeit, die im Wesentlichen auf *A.N. Kolmogorov* (1903–1987) zurückgeht. Ausgangspunkt sei ein Zufallsexperiment mit dem Ergebnisraum S. Das Ziel ist es, jedem Ereignis A eine Zahl $\mathrm{P}(A)$ zuzuordnen, wobei diese Zuordnung gewisse Eigenschaften erfüllen soll, die durch die Eigenschaften relativer Häufigkeiten motiviert sind[4].

Wahrscheinlichkeitsaxiome

Eine Wahrscheinlichkeit P ordnet jedem Ereignis A eine Zahl $P(A)$ zu, die Wahrscheinlichkeit von A, wobei die folgenden Eigenschaften (Axiome) erfüllt sind:

A1. Die Wahrscheinlichkeit von A liegt zwischen Null und Eins:

$$0 \leq P(A) \leq 1$$

A2. Die Wahrscheinlichkeit des sicheren Ereignisses S ist gleich Eins:

$$P(S) = 1$$

A3. Sind $A_1, A_2, \ldots$ Ereignisse, die sich gegenseitig ausschließen, dann ist die Wahrscheinlichkeit, dass mindestens eines dieser Ereignisse eintritt, gleich der Summe ihrer Wahrscheinlichkeiten:

$$P(A_1 \cup A_2 \cup \ldots) = P(A_1) + P(A_2) + \ldots$$

Von entscheidender Bedeutung ist die Aussage des dritten Axioms. Es besagt etwa, dass für zwei disjunkte Ereignisse A und B gilt

$$P(A \cup B) = P(A) + P(B)$$

Die Formulierung dieses Axioms berücksichtigt darüber hinaus den Fall von beliebig endlich (und sogar unendlich) vielen Ereignissen[5]. Man beachte vor allem, dass bei der Anwendung dieses Axioms die Ereignisse paarweise (!) disjunkt sein müssen. Es muss also gelten $A_i \cap A_j = \emptyset$ für $i \neq j$. Aus den angegebenen Axiomen lassen sich weitere Eigenschaften von Wahrscheinlichkeiten ableiten. Einige sind im Folgenden zusammengefasst.

Folgerungen aus den Wahrscheinlichkeitsaxiomen

Sind A und B Ereignisse, dann gilt:

1. $P\left(\overline{A}\right) = 1 - P(A)$
2. $P(\emptyset) = 0$
3. $P(A \cup B) = P(A) + P(B) - P(A \cap B)$

Um im Umgang mit Wahrscheinlichkeiten etwas vertrauter zu werden, werden wir als Übung diese Eigenschaften aus den Axiomen logisch herleiten.

1. Für jedes Ereignis A ist $S = A \cup \overline{A}$. Da A und $\overline{A}$ disjunkt sind, folgt:

$$\mathrm{P}(S) = \mathrm{P}(A \cup \overline{A}) = \mathrm{P}(A) + \mathrm{P}(\overline{A})$$

   Wegen $\mathrm{P}(S) = 1$ gilt also:

$$\mathrm{P}(\overline{A}) = 1 - \mathrm{P}(A)$$

   $\mathrm{P}(\overline{A})$ bezeichnet man auch als komplementäre Wahrscheinlichkeit oder Gegenwahrscheinlichkeit. Beachten Sie, dass man die letzte Gleichung auch in der Form $\mathrm{P}(A) = 1 - \mathrm{P}(\overline{A})$ schreiben kann, das heißt, die Wahrscheinlichkeit eines Ereignisses ist gleich Eins minus der Gegenwahrscheinlichkeit[6].

2. Wegen $\mathrm{P}(S) = 1$ und Folgerung 1 gilt für das Ereignis $\overline{S}$:

$$\mathrm{P}(\overline{S}) = 1 - \mathrm{P}(S) = 0$$

   Das Komplement von S ist das unmögliche Ereignis, das heißt $\overline{S} = \emptyset$. Daher ist

$$\mathrm{P}(\emptyset) = 0$$

3. Sind A und B zwei beliebige Ereignisse, dann lässt sich jedes als Vereinigung zweier disjunkter Ereignisse darstellen, nämlich $A = (A \cap B) \cup (A \cap \overline{B})$ und $B = (A \cap B) \cup (B \cap \overline{A})$, was man sich an Hand von Abbildung 7.8 klarmachen kann.

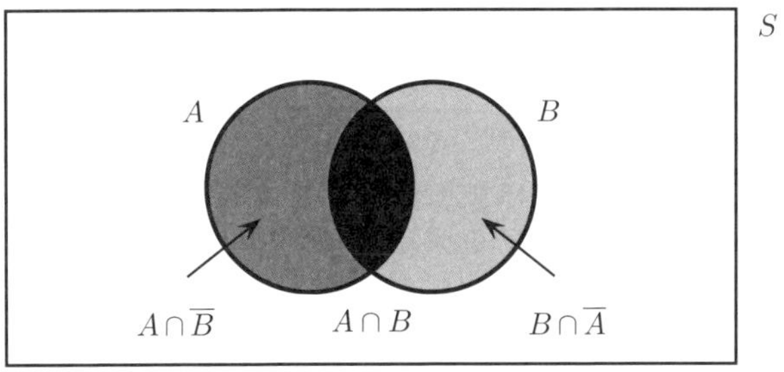

ABBILDUNG 7.8. Venn-Diagramm der Ereignisse $A \cap \overline{B}$, $A \cap B$ und $B \cap \overline{A}$

Für die zugehörigen Wahrscheinlichkeiten gilt dann

$$\mathrm{P}(A) = \mathrm{P}(A \cap B) + \mathrm{P}(A \cap \overline{B})$$
$$\mathrm{P}(B) = \mathrm{P}(A \cap B) + \mathrm{P}(B \cap \overline{A})$$

Entsprechend lässt sich auch die Vereinigung von A und B darstellen als $A \cup B = (A \cap \overline{B}) \cup (A \cap B) \cup (B \cap \overline{A})$, wobei die Ereignisse auf der rechten Seite der Gleichung paarweise disjunkt sind. Mit Hilfe der obigen Gleichungen für $\mathrm{P}(A)$ und $\mathrm{P}(B)$ folgt dann

$$\begin{aligned} \mathrm{P}(A \cup B) &= \mathrm{P}(A \cap \overline{B}) + \mathrm{P}(A \cap B) + \mathrm{P}(B \cap \overline{A}) \\ &= (\mathrm{P}(A) - \mathrm{P}(A \cap B)) + \mathrm{P}(A \cap B) + (\mathrm{P}(B) - \mathrm{P}(A \cap B)) \\ &= \mathrm{P}(A) + \mathrm{P}(B) - \mathrm{P}(A \cap B) \end{aligned}$$

Sind also zwei beliebige Ereignisse gegeben, dann ist die Wahrscheinlichkeit, dass mindestens eines der beiden Ereignisse eintritt, gleich der Summe ihrer Wahrscheinlichkeiten minus der Wahrscheinlichkeit, dass beide Ereignisse gemeinsam eintreten[7].

Damit besitzen wir eine Reihe von elementaren Rechenregeln für den Umgang mit Wahrscheinlichkeiten. Man kann übrigens zeigen, dass bei der klassischen Definition nach Laplace die Wahrscheinlichkeitsaxiome ebenfalls erfüllt sind. Damit ist die Verwendung der Laplace-Definition auch aus moderner Sicht gerechtfertigt.

7.3. Wahrscheinlichkeit und Kombinatorik

Bei der Berechnung von Wahrscheinlichkeiten erweist sich die Kenntnis einiger Formeln aus der Kombinatorik oft als recht nützlich. Die Kombinatorik ist ein Zweig der Mathematik, der sich unter anderem mit Problemen beschäftigt, bei denen es um die Bestimmung von Auswahl- bzw. Anordnungsmöglichkeiten endlich vieler Objekte geht. Man könnte hier zum Beispiel an die Zahl der möglichen Passwörter denken oder die Zahl der möglichen Stichproben, die aus einer Grundgesamtheit gezogen werden. Bevor wir uns aber mit derartigen Fragen beschäftigen, betrachten wir zunächst einige elementare kombinatorische Probleme. Beginnen wir mit einem einfachen Permutationsproblem. Gegeben seien n verschiedene Objekte, die mit $1, 2, \ldots, n$ bezeichnet sind. Wie viele mögliche Anordnungen dieser n Objekte gibt es? Hier ist die Antwort[8].

***n*!**

Anzahl der Möglichkeiten, n verschiedene Objekte anzuordnen:

$$n! = n \cdot (n-1) \cdot \ldots \cdot 2 \cdot 1$$

Die gesuchte Zahl ist gerade das Produkt der ersten n natürlichen Zahlen[9,10]. Versuchen wir, uns diese Formel plausibel zu machen. Ist $n=1$, dann gibt es natürlich nur eine einzige Anordnung, nämlich 1, was mit 1! übereinstimmt. Ist $n=2$, dann gibt es $2!=2\cdot 1$ mögliche Anordnungen, nämlich

$$12 \quad 21$$

Fügt man ein weiteres Objekt, also 3, hinzu, dann kann man zu jeder der beiden Anordnungen drei neue konstruieren und zwar

$$\begin{array}{ccc} 123 & 132 & 312 \\ 213 & 231 & 321 \end{array}$$

Die Formel liefert den entsprechenden Wert $3!=3\cdot 2\cdot 1=6$. Für $n=4$ Objekte gibt es 4! mögliche Anordnungen, nämlich:

$$\begin{array}{cccc} 1234 & 1243 & 1423 & 4123 \\ 1324 & 1342 & 1432 & 4132 \\ 3124 & 3142 & 3412 & 4312 \\ 2134 & 2143 & 2413 & 4213 \\ 2314 & 2341 & 2431 & 4231 \\ 3214 & 3241 & 3421 & 4321 \end{array}$$

Offensichtlich besteht zwischen der Anzahl der möglichen Anordnungen von n bzw. $n-1$ Objekten die folgende rekursive Beziehung

$$n! = n\cdot(n-1)!$$

aus der sich schließlich die gesuchte Lösung ergibt.

Bei den kombinatorischen Problemen, die uns interessieren, geht es vor allem darum, die Anzahl der Möglichkeiten zu bestimmen, aus n verschiedenen Objekten k Objekte auszuwählen. Dabei sind zwei unterschiedliche Fragestellungen zu unterscheiden.

> Soll bei der Auswahl der Objekte auch deren Anordnung berücksichtigt werden?
>
> Soll die Auswahl der Objekte mit oder ohne Zurücklegen durchgeführt werden?

Bei der zweiten Frage geht es darum, ob dasselbe Objekt mehrmals ausgewählt werden darf oder nicht. Je nachdem, wie diese beiden Fragen beantwortet werden, lassen sich insgesamt vier kombinatorische Grundformeln unterscheiden, die im Folgenden zusammengestellt sind.

> **(1) Mit Berücksichtigung der Anordnung, mit Zurücklegen**
>
> Anzahl der Möglichkeiten, aus n verschiedenen Objekten k Objekte auszuwählen:
> $$n^k$$

Setzt man zum Beispiel $n = 4$ und $k = 2$, dann gibt es insgesamt $4^2 = 16$ Möglichkeiten, aus vier verschiedenen Objekten zwei Objekte auszuwählen:

11	12	13	14
21	22	23	24
31	32	33	34
41	42	43	44

> **(2) Mit Berücksichtigung der Anordnung, ohne Zurücklegen**
>
> Anzahl der Möglichkeiten, aus n verschiedenen Objekten k Objekte auszuwählen:
> $$n \cdot (n-1) \cdot \ldots \cdot (n-k+1)$$

In diesem Fall gibt es für $n = 4$ und $k = 2$ insgesamt $4 \cdot 3 = 12$ Möglichkeiten, aus vier verschiedenen Objekten zwei Objekte auszuwählen:

•	12	13	14
21	•	23	24
31	32	•	34
41	42	43	•

> **(3) Ohne Berücksichtigung der Anordnung, ohne Zurücklegen**
>
> Anzahl der Möglichkeiten, aus n verschiedenen Objekten k Objekte auszuwählen:
> $$\binom{n}{k} = \frac{n \cdot (n-1) \cdot \ldots \cdot (n-k+1)}{k!}$$

In diesem Fall[11,12] gibt es für $n=4$ und $k=2$ insgesamt

$$\binom{4}{2} = \frac{4 \cdot 3}{2 \cdot 1} = 6$$

Möglichkeiten, aus vier verschiedenen Objekten zwei Objekte auszuwählen:

$$\begin{matrix} \bullet & 12 & 13 & 14 \\ \bullet & \bullet & 23 & 24 \\ \bullet & \bullet & \bullet & 34 \\ \bullet & \bullet & \bullet & \bullet \end{matrix}$$

(4) Ohne Berücksichtigung der Anordnung, mit Zurücklegen

Anzahl der Möglichkeiten, aus n verschiedenen Objekten k Objekte auszuwählen:

$$\binom{n+k-1}{k}$$

In diesem Fall gibt es für $n=4$ und $k=2$ insgesamt

$$\binom{4+2-1}{2} = 10$$

Möglichkeiten, aus vier verschiedenen Objekten zwei Objekte auszuwählen[13]:

$$\begin{matrix} 11 & 12 & 13 & 14 \\ \bullet & 22 & 23 & 24 \\ \bullet & \bullet & 33 & 34 \\ \bullet & \bullet & \bullet & 44 \end{matrix}$$

TABELLE 7.1. Kombinatorische Grundformeln

Anzahl der Möglichkeiten	mit Zurücklegen	ohne Zurücklegen
mit Berücksichtigung der Anordnung	n^k	$n \cdot (n-1) \cdot \ldots \cdot (n-k+1)$
ohne Berücksichtigung der Anordnung	$\binom{n+k-1}{k}$	$\binom{n}{k}$

Beispiel 7.1

Transaktionsnummern (TAN's) sind mehrstellige Zufallszahlen, die bei Banküberweisungen als elektronische Unterschrift verwendet werden. Wie viele 7-stellige Transaktionsnummern gibt es, wenn man berücksichtigt, dass Transaktionsnummern auch gleiche Ziffern enthalten können?

Der Einfachheit halber gehen wir davon aus, dass für jede der sieben Stellen alle zehn Ziffern $0, 1, \ldots, 9$ verwendet werden können. Die Aufgabe besteht dann darin, sieben Ziffern aus den vorhandenen zehn auszuwählen, wobei natürlich die Reihenfolge der Ziffern relevant ist und die gleiche Ziffer auch mehrmals auftreten kann. Die sieben Ziffern werden somit unter Berücksichtigung der Anordnung und mit Zurücklegen ausgewählt. Insgesamt gibt es daher 10^7 verschiedene Möglichkeiten, 7-stellige Transaktionsnummern zu bilden. □

Beispiel 7.2

Der Zugang zu einem Computer-Netzwerk sei durch Passwörter geschützt, die aus acht verschiedenen alphanumerischen Zeichen bestehen, wobei Groß- und Kleinbuchstaben als verschieden gelten. Wie viele derartige Passwörter gibt es?

In diesem Fall geht es darum, acht verschiedene Zeichen aus insgesamt 62 Zeichen auszuwählen, wobei sich diese Zahl aus den möglichen Ziffern sowie allen Klein- und Großbuchstaben zusammensetzt. Die acht Zeichen werden somit unter Berücksichtigung der Anordnung und ohne Zurücklegen ausgewählt. Die Anzahl aller möglichen 8-stelligen Passwörter beträgt daher

$$62 \cdot 61 \cdot 60 \cdot 59 \cdot 58 \cdot 57 \cdot 56 \cdot 55 = 136325893300000$$ □

Beispiel 7.3

Wie groß ist die Wahrscheinlichkeit, bei Lotto „6 aus 45" mit einem einzigen Tipp sechs Richtige zu erhalten?

Bei den einzelnen Tipps kommt es offensichtlich nicht auf die Anordnung der Zahlen an. Außerdem kann eine Zahl nicht mehrmals (bei derselben Ziehung) gezogen werden. Somit müssen also sechs aus insgesamt 45 Zahlen ausgewählt werden, ohne Berücksichtigung der Anordnung und ohne Zurücklegen. Die Anzahl der möglichen Tipps beträgt daher:

$$\binom{45}{6} = \frac{45 \cdot 44 \cdot 43 \cdot 42 \cdot 41 \cdot 40}{6 \cdot 5 \cdot 4 \cdot 3 \cdot 2 \cdot 1} = 8145060$$

Die Wahrscheinlichkeit, sechs Richtige zu erhalten, lautet somit:

$$\text{P(sechs Richtige)} = \frac{1}{8145060} = 0{,}000000123$$ □

Rechenregeln für Binomialkoeffizienten $(0 \leq k \leq n)$

1. $\binom{n}{0} = \binom{n}{n} = 1, \quad \binom{n}{1} = n$
2. $\binom{n}{k} = \binom{n}{n-k}$
3. $\binom{n}{k} = \dfrac{n!}{k!\,(n-k)!}$

Für Binomialkoeffizienten sind hier einige Rechenregeln zusammengestellt, von denen vor allem die zweite Regel recht nützlich ist. So gilt etwa für $n = 10$ und $k = 8$ die Gleichung

$$\binom{10}{8} = \binom{10}{2} \tag{7.1}$$

Bei der Berechnung des Binomialkoeffizienten auf der linken Seite von (7.1) müsste man für Zähler und Nenner des entsprechenden Bruches jeweils ein Produkt aus acht Faktoren bilden. Bei der rechten Seite ist lediglich der Ausdruck $(10 \cdot 9)/2 = 45$ zu berechnen.

Es fällt nicht immer leicht, gewisse Resultate der Wahrscheinlichkeitsrechnung zu akzeptieren, selbst wenn man sich bewusst ist, dass die mathematische Begründung korrekt ist. Erfahrungsgemäß bewegen sich eben Intuition und Wahrscheinlichkeitsrechnung nicht immer in parallelen Bahnen, so dass die Berechnung von Wahrscheinlichkeiten gelegentlich zu Ergebnissen führt, die dem Normalbürger nicht unmittelbar plausibel erscheinen (um es einmal vornehm auszudrücken). Ein bekanntes Beispiel dafür ist das sogenannte Geburtstagsproblem.

Beispiel 7.4
Angenommen, eine bestimmte Anzahl n von Personen wird zufällig ausgewählt, wobei $n \leq 365$ ist. Wie groß ist die Wahrscheinlichkeit, dass mindestens zwei Personen am selben Tag Geburtstag haben?

Der Einfachheit halber werden wir hier die Annahme treffen, dass die Geburtstage in der Bevölkerung gleichmäßig auf das Jahr verteilt sind. Bei der Berechnung der Wahrscheinlichkeit verwenden wir diesmal die Gegenwahrscheinlichkeit, das heißt wir benützen die Gleichung

$$\mathrm{P}(A) = 1 - \mathrm{P}(\overline{A})$$

wobei $\overline{A}$ das Ereignis bedeutet, dass keine (!) zwei Personen am selben Tag Geburtstag haben (das heißt also, dass alle n Personen an verschiedenen Tagen Geburtstag haben). Für eine einzelne Person gibt es 365 Möglichkeiten (= Anzahl der Tage im Jahr), Geburtstag zu haben. Für zwei Personen gibt es 365^2 Möglichkeiten, das heißt 365^2 Paare von Geburtstagen. Allgemein gibt es daher für n Personen 365^n Möglichkeiten. Dies ist die Anzahl der möglichen Fälle für das Ereignis $\overline{A}$.

Bei den günstigen Fällen muss man darauf achten, dass keine zwei Geburtstage gleich sein dürfen. Ist zum Beispiel $n = 2$, dann gibt es $365 \cdot 364$ solcher Möglichkeiten. Allgemein gibt es daher für n Personen $365 \cdot 364 \cdot \ldots \cdot (365 - n + 1)$ Möglichkeiten, verschiedene Geburtstage zu haben. Mit Hilfe der Laplace-Definition ergibt sich dann die gesuchte Wahrscheinlichkeit als

$$\mathrm{P}(A) = 1 - \frac{365 \cdot 364 \cdot \ldots \cdot (365 - n + 1)}{365^n}$$

Abbildung 7.9 zeigt die Ergebnisse dieser Formel für $n = 2, 3, \ldots, 365$ Personen. Man beachte insbesondere den steilen Anstieg der Wahrscheinlichkeit zwischen $n = 2$ und $n = 50$.

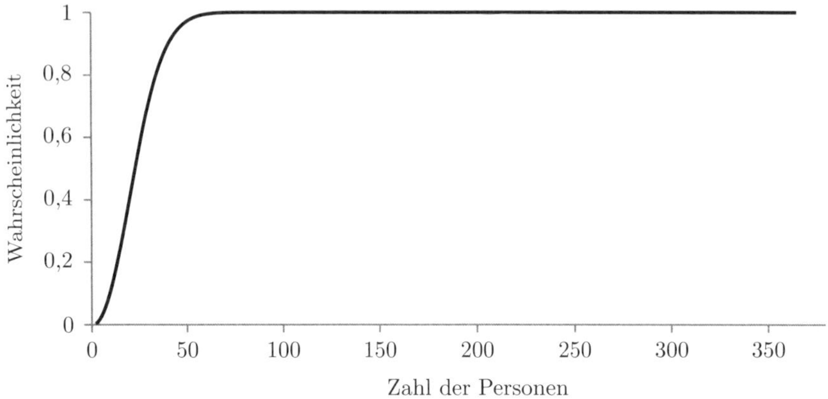

ABBILDUNG 7.9. Wahrscheinlichkeit, dass von n Personen mindestens zwei am selben Tag Geburtstag haben

Einige Detailergebnisse können Sie aus Tabelle 7.2 ersehen. Bereits für $n = 25$ Personen beträgt die Wahrscheinlichkeit deutlich mehr als 50 %, dass mindestens zwei von ihnen am selben Tag Geburtstag haben. Bei $n = 40$ liegt diese Wahrscheinlichkeit bei knapp 90 % und bei $n = 60$ bereits über 99 %. Angesichts dieser auf den ersten Blick doch etwas überraschenden Ergebnisse verwundert es nicht,

TABELLE 7.2. Wahrscheinlichkeit, dass von n Personen mindestens zwei am selben Tag Geburtstag haben

n	Wahrscheinlichkeit	n	Wahrscheinlichkeit	n	Wahrscheinlichkeit
2	0,002739726	10	0,116948200	50	0,970373600
3	0,008204166	15	0,252901300	60	0,994122700
4	0,016355910	20	0,411438400	70	0,999159600
5	0,027135570	25	0,568699700	80	0,999914300
6	0,040462480	30	0,706316200	90	0,999993800
7	0,056235700	35	0,814383200	100	0,999999700
8	0,074335290	40	0,891231800		
9	0,094623830	45	0,940975900		

wenn Laien (und zunächst auch Studienanfänger) der Wahrscheinlichkeitsrechnung und ihren Resultaten oft mit einer gewissen Skepsis gegenüberstehen. Im konkreten Fall könnte man zum Beispiel versuchen, die Ergebnisse zunächst für kleine Werte von n nachzurechnen, um so das Beispiel etwas übersichtlicher bzw. transparenter zu machen. Ansonsten sollte man aber auch auf einen gewissen Erfahrungs- und Gewöhnungseffekt vertrauen, der sich bei näherer Beschäftigung mit den Themen und Fragestellungen der Wahrscheinlichkeitsrechnung einstellen sollte.

Anmerkungen

1 Hier ist eine Zusammenstellung der wichtigsten Regeln für Mengenoperationen:

$A \cup A = A$, $A \cap A = A$

$A \cup \emptyset = A$, $A \cap \emptyset = \emptyset$

$A \cup S = S$, $A \cap S = A$

$A \cap B = B \cap A$, $A \cup B = B \cup A$ Kommutativgesetze

$A \cap (B \cap C) = (A \cap B) \cap C$, $A \cup (B \cup C) = (A \cup B) \cup C$ Assoziativgesetze

$A \cap (B \cup C) = (A \cap B) \cup (A \cap C)$, $A \cup (B \cap C) = (A \cup B) \cap (A \cup C)$ Distributivgesetze

$\overline{S} = \emptyset$, $\overline{\emptyset} = S$

$\overline{\overline{A}} = A$

$\overline{A \cup B} = \overline{A} \cap \overline{B}$, $\overline{A \cap B} = \overline{A} \cup \overline{B}$ De-Morgan-Gesetze

2 Angenommen, man würde beim 2-maligen Werfen eines Würfels den Ergebnisraum $S = \{2, \ldots, 12\}$ verwenden, der sämtliche mögliche Augensummen enthält. Bei diesem Ergebnisraum wird man die einzelnen Ergebnisse nicht als gleichmöglich ansehen können, was entscheidend für eine sinnvolle Anwendung der Laplace-Definition ist. Um zum Beispiel die Augensumme zwei zu erzielen, muss bei jedem Wurf eine 1 geworfen werden, was gerade dem Paar (1,1) entspricht. Die Augensumme drei kann aber auf zwei verschiedene Arten zustande kommen und zwar durch die beiden Paare (1,2) und (2,1). Dies würde auch unserer Erfahrung entsprechen, dass nämlich beim 2-maligen Wurf eines Würfels die Augensumme drei häufiger auftritt als die Augensumme zwei.

3 Es handelt sich dabei um die Spielergebnisse des Spielcasinos Wien in der Zeit vom 1. bis 31. März 2004 (Tisch F1), veröffentlicht in: *Permanenzen - Wien, März 2004*, Verlag E. N. Telatzky.

4 Mathematisch betrachtet handelt es sich bei P um eine Funktion, die jedem Ereignis A den Funktionswert $\mathrm{P}(A)$ zuordnet. Diese Funktion wird auch als Wahrscheinlichkeitsmaß bezeichnet.

5 Gelegentlich wird das dritte Axiom nur für endlich viele Ereignisse formuliert. In diesem Fall spricht man von endlicher Additivität. Sind auch (abzählbar) unendlich viele Ereignisse zugelassen, wie hier bei Axiom A3, dann wird in der Literatur auch manchmal die Bezeichnung σ-Additivität verwendet.

6 In manchen Fällen ist es einfacher, die Wahrscheinlichkeit eines Ereignisses nicht direkt, sondern auf dem Umweg über die Gegenwahrscheinlichkeit zu berechnen. Ein Beispiel dafür ist das Geburtstagsproblem am Ende von Abschnitt 7.3.

7 Entsprechende Formeln kann man natürlich auch für den Fall von mehr als zwei Ereignissen angeben. Allerdings nimmt die Komplexität dieser Formeln rasch zu. Sind zum Beispiel A, B und C beliebige Ereignisse, dann kann man zeigen, dass sich die Wahrscheinlichkeit, dass wenigstens eines dieser Ereignisse eintritt, darstellen lässt als

$$\mathrm{P}(A \cup B \cup C) = \mathrm{P}(A) + \mathrm{P}(B) + \mathrm{P}(C) - \mathrm{P}(A \cap B) - \mathrm{P}(A \cap C) - \mathrm{P}(B \cap C) + \mathrm{P}(A \cap B \cap C)$$

Die Berechnung dieser Wahrscheinlichkeit lässt sich in zwei wichtigen Spezialfällen wesentlich vereinfachen. Sind etwa die Ereignisse A, B und C paarweise disjunkt, dann gilt wegen Axiom A3 natürlich $P(A \cup B \cup C) = P(A) + P(B) + P(C)$. Eine weitere einfache Formel erhält man für den Fall, dass die Ereignisse unabhängig sind. Der Begriff der Unabhängigkeit wird in Kapitel 8 behandelt.

8 Lies: „n Fakultät“.

9 Bei dem Ausdruck $n!$ handelt es sich um eine rasant wachsende Folge, wie man aus der nachstehenden Tabelle ersehen kann. Bei $n = 60$ hat man bereits eine Größenordnung erreicht, die allgemein als adäquat für die Zahl der Atome im Universum angesehen wird.

n	$n!$	n	$n!$
1	1	15	$1{,}307674 \cdot 10^{12}$
2	2	20	$2{,}432902 \cdot 10^{18}$
3	6	30	$2{,}652529 \cdot 10^{32}$
4	24	40	$8{,}159153 \cdot 10^{47}$
5	120	50	$3{,}041409 \cdot 10^{64}$
6	720	60	$8{,}320987 \cdot 10^{81}$
7	5040	70	$1{,}197857 \cdot 10^{100}$
8	40320	80	$7{,}156946 \cdot 10^{118}$
9	362880	90	$1{,}485716 \cdot 10^{138}$
10	3628800	100	$9{,}332622 \cdot 10^{157}$

10 Man beachte hier die Voraussetzung, dass alle n Objekte verschieden voneinander sind. Bei den drei Zahlen 1, 1, 2 ist die Situation natürlich anders. Hier gibt es nämlich nicht $3! = 6$ mögliche Anordnungen, sondern nur drei und zwar 1, 1, 2 bzw. 1, 2, 1 bzw. 2, 1, 1. Dies lässt sich ebenfalls mit Hilfe einer Formel darstellen. Falls die vorliegenden n Objekte nicht alle voneinander verschieden sind, sondern aus k Gruppen mit $n_1, n_2, \ldots, n_k$ Objekten bestehen, sodass $n_1 + n_2 + \cdots + n_k = n$ gilt, dann gibt es insgesamt

$$\frac{n!}{n_1! \cdot n_2! \cdot \ldots \cdot n_k!}$$

Möglichkeiten, die n Objekte anzuordnen. Bei den drei Zahlen 1, 1, 2 gibt es entsprechend $k = 2$ Gruppen mit $n_1 = 2$ und $n_2 = 1$ Objekten und somit

$$\frac{3!}{2! \cdot 1!} = 3$$

verschiedene Anordnungen.

11 Lies: „n über k“.

12 Die Binomialkoeffizienten treten übrigens auch in einem anderen Zusammenhang auf, den man bereits aus der Schulmathematik kennt. Ordnet man die Binomialkoeffizienten

zum Beispiel für $n = 0, 1, 2, 3, 4$ und $0 \leq k \leq n$ auf die folgende Art und Weise an

$$
\begin{array}{ccccccccc}
 & & & & \binom{0}{0} & & & & \\
 & & & \binom{1}{0} & & \binom{1}{1} & & & \\
 & & \binom{2}{0} & & \binom{2}{1} & & \binom{2}{2} & & \\
 & \binom{3}{0} & & \binom{3}{1} & & \binom{3}{2} & & \binom{3}{3} & \\
\binom{4}{0} & & \binom{4}{1} & & \binom{4}{2} & & \binom{4}{3} & & \binom{4}{4}
\end{array}
$$

so erhält man nach der Auswertung der Binomialkoeffizienten das bekannte Pascal'sche (arithmetische) Dreieck:

$$
\begin{array}{ccccccccc}
 & & & & 1 & & & & \\
 & & & 1 & & 1 & & & \\
 & & 1 & & 2 & & 1 & & \\
 & 1 & & 3 & & 3 & & 1 & \\
1 & & 4 & & 6 & & 4 & & 1
\end{array}
$$

Dabei ist jede Zahl im Innern dieses Dreiecks gleich der Summe der beiden schräg darüber liegenden Zahlen. Die Zahlen des Dreiecks sind gerade die Koeffizienten, die man bei der Anwendung der binomischen Formel erhält (hier für $n = 2, 3, 4$):

$$
\begin{aligned}
(a+b)^2 &= a^2 + 2ab + b^2 \\
(a+b)^3 &= a^3 + 3a^2b + 3ab^2 + b^3 \\
(a+b)^4 &= a^4 + 4a^3b + 6a^2b^2 + 4ab^3 + b^4
\end{aligned}
$$

13 Im Hinblick auf die praktische Bedeutung der einzelnen Auswahlvarianten tritt der Fall „ohne Berücksichtigung der Anordnung, mit Zurücklegen" erfahrungsgemäß nur selten auf. Er wird hier lediglich der Vollständigkeit halber angeführt und ansonsten im Text nicht weiter berücksichtigt.
Zur Illustration dieses speziellen Falles soll das folgende Beispiel dienen. Angenommen, aus den Zahlen 2, 5, 7 und 9 sollen vier Zahlen ausgewählt werden (das heißt $n = 4$ und $k = 4$), wobei Wiederholungen zugelassen sind. Wenn man dann das arithmetische Mittel dieser vier Zahlen berechnet, wie viele verschiedene Werte können dabei auftreten? Werden zum Beispiel die Zahlen 2, 5, 5, und 9 ausgewählt, dann lautet der Mittelwert 5,25. Die Reihenfolge spielt in diesem Fall keine Rolle, da der Mittelwert davon nicht abhängt. Hier liegt somit ein Auswahlproblem mit Wiederholung, ohne Berücksichtigung der Anordnung vor. Die Anzahl der Auswahlmöglichkeiten beträgt daher

$$\binom{7}{4} = 35$$

Die Schwierigkeit bei diesem Problem liegt allerdings darin, dass einige Mittelwerte gleich sein können, wodurch die tatsächliche Zahl der Auswahlmöglichkeiten noch etwas geringer ist.

Aufgaben

Die folgenden Aufgaben dienen dazu, das Verständnis des behandelten Stoffes zu erleichtern und zu vertiefen. Um einen entsprechenden Lerneffekt zu erzielen, sollten dabei die Konzepte und Methoden verwendet werden, die in diesem Kapitel präsentiert wurden. Soweit es um eigene Berechnungen geht, sollte man besonders auf die Darstellung des Lösungswegs achten. Für die mit einem * gekennzeichneten Aufgaben ist eine geeignete Software erforderlich bzw. empfehlenswert. Beachten Sie dazu auch die Hinweise in Anhang A. Lösungen zu den Aufgaben mit geraden Nummern finden Sie in Anhang B.

7.1 Gegeben seien zwei Ereignisse A und B. Formulieren Sie mit Hilfe der Mengenschreibweise sowie der Symbole A und B die folgenden (zusammengesetzten) Ereignisse:

a) keines der beiden Ereignisse tritt ein,

b) genau eines der beiden Ereignisse tritt ein,

c) höchstens eines der beiden Ereignisse tritt ein.

Hinweis: Zeichnen Sie zunächst die entsprechenden Venn-Diagramme.

7.2 Eine Münze wird dreimal geworfen. Geben Sie zwei verschiedene Ergebnisräume für dieses Zufallsexperiment an.

7.3 Gegeben seien zwei Ereignisse A und B mit den Wahrscheinlichkeiten: $\mathrm{P}(A) = 0{,}3$, $\mathrm{P}(B) = 0{,}6$ und $\mathrm{P}(A \cap B) = 0{,}2$. Berechnen Sie die Wahrscheinlichkeiten $\mathrm{P}(\overline{B})$, $\mathrm{P}(A \cup B)$, $\mathrm{P}(\overline{A} \cap \overline{B})$ und $\mathrm{P}(\overline{A} \cup \overline{B})$.

7.4 Berechnen Sie die Wahrscheinlichkeit, beim dreimaligen Wurf einer Münze genau zweimal Wappen zu werfen.

7.5 Drei Würfel werden geworfen.

a) Geben Sie einen geeigneten Ergebnisraum an.

b) Wie groß ist die Wahrscheinlichkeit, beim Werfen dieser Würfel die Augensumme 5 zu erhalten?

7.6 Ein Versicherungsvertreter möchte im Rahmen einer Informationstour zehn Kunden besuchen, wobei jeder von ihnen in einem anderen Ort wohnt. Ausgangspunkt der Tour ist sein Wohnsitz, an den er im Anschluss an die Tour wieder zurückkehrt. Wie viele verschiedene Touren gibt es, wenn bei jeder Tour jeder Kunde genau einmal besucht wird?
Hinweis: Im Bereich des Operations Research werden derartige Situationen im Zusammenhang mit der Minimierung der Fahrtkosten oder des Zeitaufwands behandelt (Tourenplanung, Travelling Salesman Problem).

7.7 Abgesehen von einer abhängigen Variablen Y stehen für die Durchführung einer linearen Regression insgesamt fünf erklärende Variablen X_1, X_2, X_3, X_4 und X_5 zur Verfügung.

a) Wie viele Regressionen könnte man durchführen, die genau drei erklärende Variablen enthalten?

b) Wie viele Regressionen könnte man durchführen, wenn bis zu drei erklärende Variablen verwendet werden können?

7.8 Zur Finanzierung der Olympischen Sommerspiele 1972 in München wurde im Jahre 1970 eine neue Lotterie, die GlücksSpirale, präsentiert. Bei der ersten Ausspielung dieser Lotterie wurde die 7-stellige Gewinnzahl wie folgt ermittelt. Aus einer Trommel wurden sieben Kugeln zufällig gezogen (ohne Zurücklegen). Die Trommel enthielt insgesamt je sieben Kugeln mit den Ziffern $0, 1, \ldots, 9$ ($= 70$ Kugeln).
Kann man von einer fairen Lotterie sprechen, wenn alle Lotterielose gleich viel kosten? Begründen Sie Ihre Antwort.

7.9 Beim Toto beschreibt ein einzelner Tipp die Ausgänge von zwölf Fußballspielen, wobei man für jedes Spiel entweder 1, x oder 2 ankreuzen muss. Dabei bedeutet 1 = Sieg der Heimmannschaft, x = Unentschieden und 2 = Sieg der Gastmannschaft. Wie viele mögliche Tipps gibt es?

7.10 Aus einem Kartenspiel mit 52 Karten ($= 4$ Farben $\times$ 13 Werte) werden fünf Karten gezogen.

a) Berechnen Sie die Zahl aller möglichen Kartenblätter, die dabei auftreten können.

b) Berechnen Sie die Wahrscheinlichkeit, dass nur Kreuz-Karten gezogen werden.

Fragen

1. Was versteht man unter dem Ergebnisraum eines Zufallsexperiments?
2. Was bedeutet das Komplement, der Durchschnitt, die Vereinigung von Ereignissen?
3. Was sollte man bei der Anwendung der Laplace-Definition beachten?
4. Wie ist die relative Häufigkeit eines Ereignisses definiert?
5. Wie lauten die Wahrscheinlichkeitsaxiome?
6. Welche weiteren Eigenschaften von Wahrscheinlichkeiten gibt es?
7. Was versteht man unter der Gegenwahrscheinlichkeit eines Ereignisses?

8. Womit beschäftigt sich die Kombinatorik?
9. Was sollte man bei der Auswahl von Objekten beachten?
10. Welche Bedeutung haben die Binomialkoeffizienten?

Exkurs

Was versteht man eigentlich unter einem Modell?

Eine kurze Antwort auf diese Frage könnte etwa lauten: Ein Modell ist eine vereinfachte Darstellung der Realität. Eine solche Charakterisierung impliziert, dass bei einem Modell viele Aspekte der (komplexen) Realität ausgeblendet werden. Durch die Verwendung eines Modells versucht man, von den zahlreichen Details der Realität zu abstrahieren, um sich auf diese Weise leichter auf das „Wesentliche" konzentrieren zu können. Letzteres ist gerade Motivation und Zweck eines Modells.
Ein bekanntes Beispiel für ein Modell, mit dem praktisch jeder schon einmal in Berührung gekommen ist, ist ein Stadtplan. So ist etwa ein Londoner Stadtplan ein Modell von London, mit dessen Hilfe sich jedes Jahr Millionen von Touristen (gelegentlich auch Einheimische) versuchen, sich in den Straßen von London zurechtzufinden. Dieses Zurechtfinden bedeutet aber praktisch nichts anderes als einen ständigen Vergleich der jeweiligen realen Situation mit der Darstellung des Stadtplans. Anders ausgedrückt: hier wird ein Modell permanent an der Realität getestet. Noch einfacher als an Hand eines Stadtplans kann man den Zweck und die Verwendung eines Modells kaum beschreiben.
Ein besonderes Beispiel für ein derartiges Modell ist der Plan der Londoner U-Bahn. Auf Grund der zunehmenden Komplexität der Linienführung wurde Anfang der 1930er Jahre der Designer *H. Beck* (1903–1974) mit der Erstellung eines neuen Linien-Plans beauftragt. Das Problem dabei bestand vor allem darin, dass im Vergleich zu den äußeren Stadtteilen die Stationen im Stadtzentrum sehr nahe beieinander liegen, was eine übersichtliche Darstellung äußerst schwierig macht.
Das Ergebnis war ein relativ einfacher Plan, der allerdings zunächst auf große Skepsis stieß. Als geradezu revolutionär galt insbesondere der weitgehende Verzicht auf topographische Korrektheit. Stattdessen wurde die Linienführung der U-Bahn in den Vordergrund gestellt, wobei *Beck* für seine Darstellung lediglich horizontale, vertikale und 45°-Linien verwendete. Ein bemerkenswertes Vorgehen. Das Ziel war somit nicht eine möglichst gute Approximation an die Realität, sondern vielmehr eine übersichtliche Darstellung der U-Bahn-Linien, damit sich die Fahrgäste leichter zurechtfinden konnten.

Bei der Konstruktion dieses Planes standen also der Zweck und die Einfachheit im Vordergrund. Das von *Beck* entwickelte Design, das als weltweites Vorbild für die Darstellung von Verkehrsnetzen gilt, wurde 2009 von der Britischen Post sogar mit einer eigenen Briefmarke gewürdigt.
Mit Hilfe von Modellen lassen sich verschiedene Aspekte der Realität approximieren und liefern damit eine spezielle Form der Orientierung. In gewisser Hinsicht könnte man ein Modell als eine Art Schablone ansehen, die auf reale Situationen angewandt wird. Dabei sollte man allerdings Modell und Realität nicht gleichsetzen. In diesem Sinne kann ein Modell niemals „wahr“ sein. Von dem englischen Statistiker *G. E. P. Box* (*1919) stammt das Zitat (Box und Draper [1987]):

"*Essentially, all models are wrong, but some are useful.*"

Da jedes Produkt gewisse materialtechnische Grenzen hat, sollte man zum Beispiel nicht davon ausgehen, dass es in der Realität so etwas wie einen idealen Würfel gibt (was immer dies genau heißen mag). Letztlich kommt es darauf an, welche Qualität die Ergebnisse beim Werfen eines Würfels aufweisen sollen. Das Laplace-Modell bietet in diesem Fall eine einfache Möglichkeit, mit einem realen Problem umzugehen.
Bei Anwendungen ist man nicht selten mit Situationen konfrontiert, die zum Teil deutlich von den vorgegebenen Modellen abweichen bzw. bei denen nicht genügend Informationen zur Verfügung stehen. Um ein geeignetes Modell zu finden, kann daher eine längere Modellsuche erforderlich sein. Wenn man sich an seine Kindheit zurückerinnert, so wird man feststellen, dass bereits damals Modelle eine wichtige Rolle spielten, etwa als bunte Plastikformen, die mit Sand gefüllt und „umgedreht“ wurden, um schließlich mehr oder weniger gelungene Ergebnisse zu liefern. Bei der Modellsuche steht man vor dem umgekehrten Problem, nämlich zu einer gegebenen Situation ein geeignetes Modell zu finden. Dies kann man sich an Hand der folgenden Darstellung veranschaulichen, die man als „Sandkastenmodell“ bezeichnen könnte. Verschiedene reale Situationen werden dabei durch die punktierten Figuren innerhalb des Sandkastens, Modelle durch die schwarz-grauen Formen an den Randflächen veranschaulicht. Versucht man, den einzelnen Figuren eine Form, das heißt also ein Modell zuzuordnen, wird man sich gegebenenfalls unter mehreren Modellen entscheiden müssen.

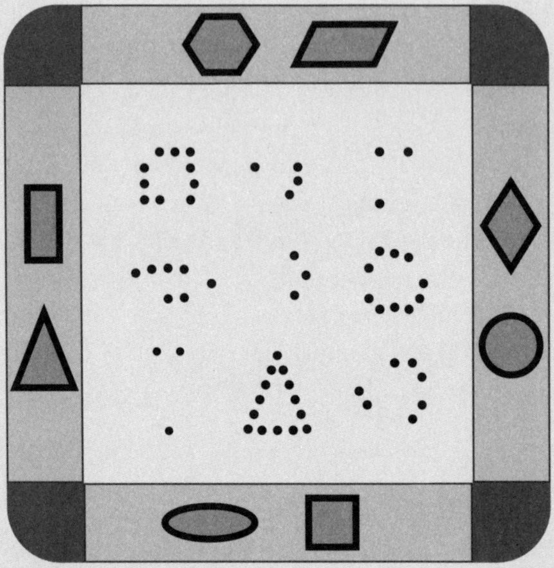

Insbesondere ist hier nicht immer klar, was jeweils das beste Modell ist. Die Zuordnung des Dreiecks und des Quadrats scheint am einfachsten zu sein. Auf Grund seiner Unvollständigkeit scheint es dagegen für die punktierte Figur in der Mitte des Sandkastens sogar mehrere Möglichkeiten zu geben, eine der vorhandenen Formen anzupassen. Es ist nicht leicht, in diesem Fall eine Empfehlung abzugeben. Eine Möglichkeit wäre, von den in Frage kommenden Formen (Modellen) der geometrisch einfachsten den Vorzug zu geben. Es wäre allerdings auch denkbar, dass es zu dieser speziellen Figur so etwas wie eine „Geschichte" gibt, die einen wichtigen Hinweis bei der Suche nach einer geeigneten Modellform liefern kann. Es könnte zum Beispiel sein, dass man die Erfahrung gemacht hat, dass eine derartige Figur (= reale Situation) sich häufig in Richtung einer bestimmten Modellform entwickelt. Es wäre andererseits auch denkbar, dass eine entsprechende Theorie zur Verfügung steht, die in der Lage ist, plausibel zu erklären, dass eine ganz bestimmte Modellform sich besser als andere für eine solche Figur eignet. Welchen Zugang man auch immer wählen mag, die Suche nach einem geeigneten Modell sollte jedenfalls nach Möglichkeit durch praktische Erfahrungen unterstützt werden.

Literatur: Blaug (1992), Diekmann (2009), Kornmeier (2007).

Kapitel 8.

Bedingte Wahrscheinlichkeiten

„*Spam oder nicht Spam, das ist hier die Frage*". An diese Variante des Hamlet-Zitats aus der gleichnamigen Tragödie von *W. Shakespeare* (1564–1616) mag wohl so mancher PC-Benutzer denken, wenn er frühmorgens einen Blick auf die Liste seiner neu eingetroffenen E-Mails wirft. Seit einiger Zeit wird sogar versucht, mittels Spam-Mails Kursbewegungen bei Aktien auszulösen und davon zu profitieren[1]. Bevorzugtes Ziel sind dabei Aktien, deren Preis unter einem Dollar bzw. Euro liegt ("Pennystocks"). Betrachten wir dazu als Beispiel den Kursverlauf der Aktie der Realquadrat Immobilien AG für den Zeitraum Januar bis April 2007 (siehe Abbildung 8.1). Mitte März 2007 wurde eine Spam-Mail in Umlauf gebracht, die eine Kaufempfehlung für diese Aktie enthielt[2]. Daraufhin stieg der Kurs innerhalb weniger Tage um fast 30 %, fiel danach aber sehr rasch wieder auf sein Ausgangsniveau zurück. Erwartungsgemäß kam es in diesem Zeitraum zu einem deutlichen Anstieg des Handelsvolumens.

Als Gegenmittel zu Spam-Mails werden seit langem entsprechende Spam-Filter eingesetzt[3,4]. Neben den traditionellen, auf „schwarzen" bzw. „weißen" Listen beruhenden, Spam-Filtern wurden in den vergangenen Jahren verstärkt Filter entwickelt, die auf der sogenannten Bayes-Regel beruhen. Dabei handelt es sich um eine wichtige Eigenschaft bedingter Wahrscheinlichkeiten, die das Thema dieses Kapitels bilden. Bei der Gelegenheit werden wir auch einiges über die Funktionsweise eines Bayes-Filters kennenlernen. Allerdings geht es dabei vor allem um die theoretische Grundlage derartiger Filter, weniger um ihre praktische Implementierung.

Entscheidend ist dabei die Frage, ob und wieweit das Eintreten eines Ereignisses die Wahrscheinlichkeit für das Eintreten eines anderen Ereignisses beeinflusst. Entsprechend unterscheidet man dabei abhängige und unabhängige Ereignisse. Daraus ergibt sich insbesondere das Problem der Berechnung der Wahrscheinlichkeiten dieser Ereignisse. Bei Anwendungen macht es einen wesentlichen Un-

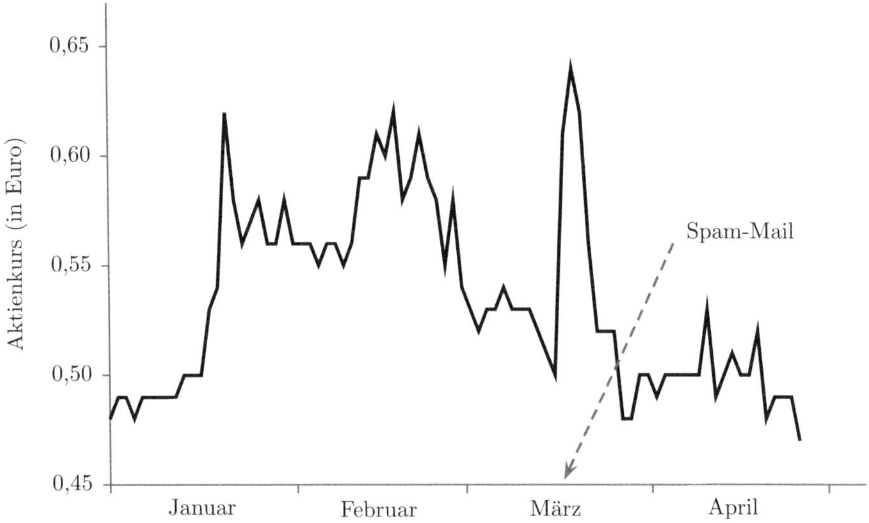

ABBILDUNG 8.1. Aktienkurs der Realquadrat Immobilien AG (Januar–April 2007, täglich)

terschied, ob man die Unabhängigkeit bestimmter Ereignisse voraussetzen kann oder nicht. Dabei kann es durchaus vorkommen, dass im ersteren Fall die Lösung eines Problems relativ einfach ist, während man im zweiten Fall vor einer kaum oder nur schwer lösbaren Aufgabe steht.

Es folgt ein kurzer Überblick über den Inhalt dieses Kapitels. Im ersten Abschnitt wird der Begriff der bedingten Wahrscheinlichkeit eingeführt. Daraus wird dann der Multiplikationssatz hergeleitet, mit dessen Hilfe die Wahrscheinlichkeit für das gemeinsame Eintreten zweier Ereignisse berechnet werden kann. Der zweite Abschnitt behandelt den Satz von der vollständigen Wahrscheinlichkeit sowie die Bayes-Regel. Die Anwendung dieser wichtigen Sätze wird an zwei Beispielen demonstriert. Bei dem einen Beispiel geht es um den bereits erwähnten Bayes-Filter, bei dem anderen Beispiel um einen Doping-Test. Im dritten Abschnitt wird gezeigt, wie bei unabhängigen Ereignissen die Wahrscheinlichkeit für das gemeinsame Eintreten mehrerer Ereignisse relativ leicht berechnet werden kann. Dies wird zunächst an Hand der beiden Spielvarianten aus dem berühmten *Pascal/Fermat*-Briefwechsel illustriert. Danach werden wir ein Beispiel zur Serien- und Parallelschaltung betrachten. Anschließend wird gezeigt, wie man die Erfolgswahrscheinlichkeit bei Projekten berechnet, die gleichzeitig an mehrere Teams vergeben werden.

8.1. Definition der bedingten Wahrscheinlichkeit

Zur Veranschaulichung mancher Probleme greift man in der Wahrscheinlichkeitsrechnung gelegentlich zu einer etwas antik anmutenden Denkkonstruktion. Die Rede ist von sogenannten Urnenmodellen, die in der Literatur immer wieder auftreten. Betrachten wir eine einfache Situation, bei der das Konzept der bedingten Wahrscheinlichkeit eingeführt wird. Angenommen, eine Urne enthält drei Kugeln, eine schwarze und zwei weiße. Es werden zwei Kugeln ohne Zurücklegen gezogen. Wie groß ist die Wahrscheinlichkeit, dass beide Kugeln weiß sind?

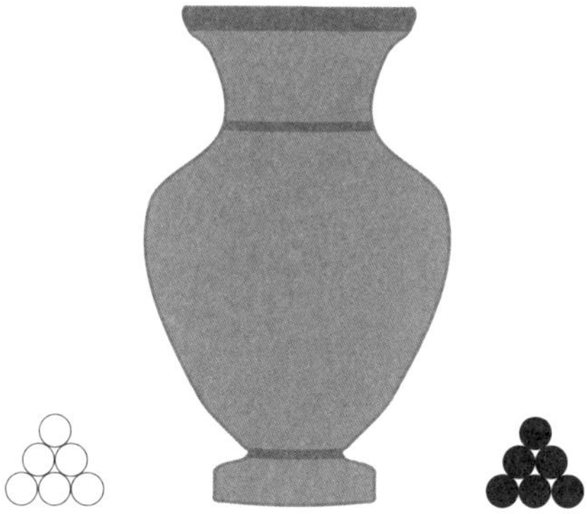

Abbildung 8.2. Urne mit Kugeln

Man könnte dieses Problem kombinatorisch lösen. Es gibt aber noch eine andere Möglichkeit, die für eine Reihe von Anwendungen besonders wichtig ist. Beginnen wir zur Lösung dieses Problems mit dem Fall, bei dem nur eine einzige Kugel gezogen wird. Da die Urne insgesamt drei Kugeln enthält, wobei zwei davon weiß sind, beträgt die Wahrscheinlichkeit, eine der weißen Kugeln zu ziehen, natürlich $2/3$. Nehmen wir jetzt an, die Kugel wird gezogen und sie ist tatsächlich weiß. Wie groß ist die Wahrscheinlichkeit, beim nochmaligen Ziehen wieder eine weiße Kugel zu erhalten? Anders ausgedrückt: Wie groß ist die Wahrscheinlichkeit, beim zweiten Mal eine weiße Kugel zu ziehen, unter der Bedingung, dass bereits beim ersten Mal eine weiße Kugel gezogen wurde?

Wir haben hier eine Situation vor uns, bei der eine Teilinformation über das Ergebnis eines Zufallsexperiments vorliegt, nämlich, dass bereits eine der weißen Kugeln gezogen wurde. Um die entsprechende Wahrscheinlichkeit zu berechnen, könnte man im Prinzip so vorgehen, dass man das Ereignis „bei der ersten Ziehung wird eine weiße Kugel gezogen“ als neuen Ergebnisraum (= sicheres Ereignis) interpretiert. Dieser würde natürlich nur noch zwei Möglichkeiten beschreiben, nämlich beim zweiten Mal eine schwarze oder eine weiße Kugel zu ziehen. Die Wahrscheinlichkeit, unter der angegebenen Bedingung eine weitere weiße Kugel zu ziehen, wäre dann gleich 1/2. In diesem Fall liegt eine sogenannte bedingte Wahrscheinlichkeit vor, nämlich die Wahrscheinlichkeit, beim zweiten Mal eine weiße Kugel zu ziehen, unter der Bedingung, dass bereits beim ersten Mal eine weiße Kugel gezogen wurde.

Dies bedeutet nichts anderes als eine Aktualisierung der ursprünglichen (unbedingten) Wahrscheinlichkeit. Versuchen wir, diese Situation zu formalisieren. Dabei gehen wir von der einfachen Tatsache aus, dass jedes Ereignis A eine Teilmenge des Ergebnisraums S ist und sich daher als $A = A \cap S$ schreiben lässt. Da $\mathrm{P}(S) = 1$ ist, lässt sich die Wahrscheinlichkeit von A auch schreiben als

$$\mathrm{P}(A) = \frac{\mathrm{P}(A \cap S)}{\mathrm{P}(S)}$$

Analog könnte man jetzt die Wahrscheinlichkeit, bei der zweiten Ziehung eine weiße Kugel zu bekommen (Ereignis A), unter der Bedingung, dass man bei der ersten Ziehung bereits eine weiße Kugel gezogen hat (Ereignis $B =$ neuer Ergebnisraum), durch den Quotienten

$$\frac{\mathrm{P}(A \cap B)}{\mathrm{P}(B)}$$

definieren. Dieser Quotient ist gerade der Anteil der Wahrscheinlichkeit von $A \cap B$ an der Wahrscheinlichkeit von B, was durch Abbildung 8.3 veranschaulicht wird[5].

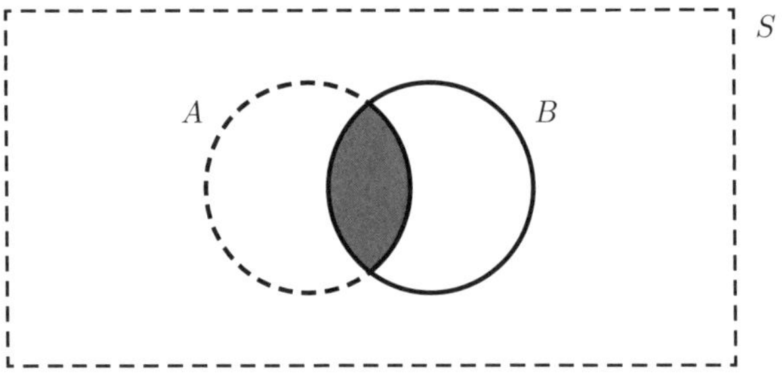

ABBILDUNG 8.3. Darstellung des „neuen“ Ergebnisraums B

Hier wird vorausgesetzt, dass das Ereignis B bereits eingetreten ist (der restliche Bereich wird ausgeblendet = gestrichelte Linien). Die bedingte Wahrscheinlichkeit, bezeichnet mit $\mathrm{P}(A|B)$, ist dann die Wahrscheinlichkeit, dass das Ereignis A eintritt, unter der Voraussetzung, dass das Ereignis B bereits eingetreten ist (grauer Bereich). Der Bezugsrahmen hat sich somit geändert. Zuerst war es das sichere Ereignis S (= Ergebnisraum), jetzt ist es das Ereignis B. Verwendet man bei unserem Beispiel als Ergebnisraum die Menge

$$S = \{(w_1, w_2), (w_2, w_1), (w_1, s), (s, w_1), (w_2, s), (s, w_2)\}$$

wobei w_1 und w_2 die weißen Kugeln bedeuten und s die schwarze Kugel, dann können alle Ergebnisse als gleichmöglich angesehen werden. In diesem Fall ist $A = \{(w_1, w_2), (w_2, w_1), (s, w_1), (s, w_2)\}$, $B = \{(w_1, w_2), (w_2, w_1), (w_1, s), (w_2, s)\}$ und $A \cap B = \{(w_1, w_2), (w_2, w_1)\}$. Als Ergebnis des Quotienten erhält man somit den Wert

$$\frac{\mathrm{P}(A \cap B)}{\mathrm{P}(B)} = \frac{\frac{2}{6}}{\frac{4}{6}} = \frac{1}{2}$$

was mit dem obigen Resultat übereinstimmt. Diesen Ansatz verwenden wir jetzt zur Definition der bedingten Wahrscheinlichkeit.

Bedingte Wahrscheinlichkeit

Sind A und B zwei Ereignisse mit $\mathrm{P}(B) > 0$, dann ist die bedingte Wahrscheinlichkeit von A gegeben B definiert durch

$$\mathrm{P}(A|B) = \frac{\mathrm{P}(A \cap B)}{\mathrm{P}(B)}$$

Im Folgenden werden wir die Annahme $\mathrm{P}(B) > 0$ einfach voraussetzen und nicht mehr eigens erwähnen. Abgesehen von dieser Annahme, ist somit $\mathrm{P}(A|B)$ für beliebige Ereignisse A und B definiert[6]. Die bedingte Wahrscheinlichkeit $\mathrm{P}(A|B)$ nennt man auch die Wahrscheinlichkeit von A unter der Bedingung B bzw. die Wahrscheinlichkeit von A unter der Bedingung, dass B eingetreten ist. Im Allgemeinen ist natürlich die (unbedingte) Wahrscheinlichkeit eines Ereignisses verschieden von der bedingten Wahrscheinlichkeit dieses Ereignisses, das heißt $\mathrm{P}(A|B) \neq \mathrm{P}(A)$.

Wie man leicht erkennen kann, lässt sich aus der Definition der bedingten Wahrscheinlichkeit eine einfache Beziehung herleiten, die auch als Multiplikationssatz[7] bezeichnet wird. Mit Hilfe der bedingten Wahrscheinlichkeit kann man damit die Wahrscheinlichkeit berechnen, dass zwei Ereignisse A und B gemeinsam eintre-

Multiplikationssatz

$$P(A \cap B) = P(A|B) \cdot P(B)$$

ten. Damit können wir jetzt die ursprüngliche Frage beantworten nach der Wahrscheinlichkeit, dass beim Ziehen zweier Kugeln beide Kugeln weiß sind, nämlich

$$P(A \cap B) = P(A|B) \cdot P(B) = \frac{1}{2} \cdot \frac{2}{3} = \frac{1}{3}$$

wobei die Wahrscheinlichkeit, dass die Ereignisse A und B gemeinsam eintreten, dargestellt wird als das Produkt aus der Wahrscheinlichkeit $P(B)$ für die erste Ziehung und der bedingten Wahrscheinlichkeit $P(A|B)$ für die zweite Ziehung.

kurioses & merkwürdiges

Das Ziegenproblem oder "Let's Make a Deal"

Im Jahr 1990 hatte die amerikanische Journalistin Marylin vos Savant, Autorin der Kolumne "Ask Marylin" der amerikanischen Zeitschrift *Parade Magazine*, eine Antwort auf die durch einen Leser gestellte Aufgabe verfasst, die für weltweites Aufsehen sorgte[8]. Dieser Leser hatte eine Frage gestellt, die sich auf eine in den 1960er und 1970er Jahren populäre US-Fernsehshow ("Let's Make a Deal") bezog.
Angenommen, Sie nehmen an einer Spielshow im Fernsehen teil, bei der Sie eine von drei verschlossenen Türen auswählen sollen. Hinter einer der Türen wartet der Preis, ein Auto, hinter den beiden anderen stehen Ziegen. Sie zeigen auf eine Tür, sagen wir Nr. 1. Sie bleibt vorerst geschlossen. Der Moderator weiß, hinter welcher Tür sich das Auto befindet; mit den Worten 'Ich zeige Ihnen mal was', öffnet er eine Tür, zum Beispiel Nr. 3, und eine meckernde Ziege schaut ins Publikum. Er fragt Sie jetzt: „Bleiben Sie bei Nr. 1 oder wechseln Sie?"

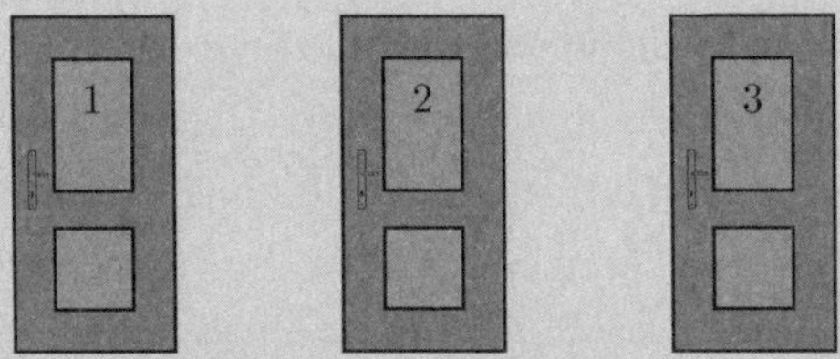

Die Antwort von Marylin vos Savant, die angeblich mit einem IQ von 228 den höchsten bisher gemessenen Intelligenzquotienten der Welt besitzt, lautete: „Wechseln, Nr. 2 hat bessere Chancen."
Diese Antwort, die sich schließlich als richtig erwies, erregte die Gemüter tausender Leser bis hin zu professionellen Mathematikern[9].

Die Definition der bedingten Wahrscheinlichkeit kann man natürlich auch verwenden, um die Wahrscheinlichkeit von B unter der Bedingung A zu berechnen

$$\mathrm{P}(B|A) = \frac{\mathrm{P}(B \cap A)}{\mathrm{P}(A)} = \frac{\mathrm{P}(A \cap B)}{\mathrm{P}(A)}$$

was zu einer alternativen Formulierung des Multiplikationssatzes führt

$$\mathrm{P}(A \cap B) = \mathrm{P}(B|A) \cdot \mathrm{P}(A)$$

Wir werden später sehen, dass die Wahrscheinlichkeit für das gemeinsame Eintreten zweier (oder mehrerer) Ereignisse unter einer speziellen Voraussetzung sogar ohne Verwendung bedingter Wahrscheinlichkeiten berechnet werden kann.

8.2. Satz von der vollständigen Wahrscheinlichkeit und Bayes-Regel

In diesem Abschnitt werden wir uns vor allem mit den Grundlagen des Bayes-Filters beschäftigen. Betrachten wir dazu die folgende Situation. Erfahrungsgemäß seien von den E-Mails eines PC-Benutzers 45 % Spam-Mails. Ein Wort, das sehr häufig in seinen Spam-Mails vorkommt, sei das Wort „Kursziel“. Es ist in 50 % seiner Spam-Mails enthalten, aber nur in 4 % seiner normalen E-Mails. Wir werden jetzt versuchen, die beiden folgenden Fragen zu beantworten:

a) Wie groß ist die Wahrscheinlichkeit, dass eine eintreffende E-Mail das Wort „Kursziel“ enthält?

b) Angenommen, eine eintreffende E-Mail enthält tatsächlich das Wort „Kursziel“. Wie groß ist dann die Wahrscheinlichkeit, dass es sich um eine Spam-Mail handelt?

Entscheidend für die Beantwortung dieser beiden Fragen ist, dass ein bestimmtes Wort, in diesem Fall das Wort „Kursziel“, in den normalen E-Mails und den Spam-Mails mit sehr unterschiedlichen Wahrscheinlichkeiten auftritt. Realistischer wäre es natürlich, wenn man berücksichtigen würde, dass sich Spam-Mails und normale E-Mails auch bei den Häufigkeiten anderer Wörter unterscheiden. Wörter wie etwa „gratis“ oder „klicken“ dürften vermutlich in Spam-Mails häufiger auftreten als in normalen E-Mails und bei der praktischen Anwendung von Bayes-Filtern spielt das eine sehr wichtige Rolle. Der Zweck des Beispiels ist aber die Herleitung und Anwendung der Bayes-Regel und für deren Verständnis ist es zweckmäßiger, ein einfaches Beispiel zu verwenden als eines, das zwar realistischer, aber dafür auch entsprechend komplizierter ist.

Zur Lösung des Beispiels sind zunächst einige theoretische Überlegungen erforderlich. Es wurde bereits erwähnt, dass für jedes Ereignis A gilt

$$A = A \cap S$$

wobei S das sichere Ereignis ist. Betrachtet man jetzt ein beliebiges Ereignis B, dann kann man das sichere Ereignis S immer darstellen als die Vereinigung der beiden Ereignisse B und $\overline{B}$:

$$S = B \cup \overline{B}$$

Die Wahrscheinlichkeit von A kann man dann schreiben als

$$\begin{aligned} \mathrm{P}(A) &= \mathrm{P}(A \cap S) \\ &= \mathrm{P}\left(A \cap \left(B \cup \overline{B}\right)\right) \\ &= \mathrm{P}\left((A \cap B) \cup \left(A \cap \overline{B}\right)\right) \end{aligned}$$

wobei sich die letzte Gleichung aus einer Anwendung des entsprechenden Distributivgesetzes für Mengen ergibt. Da die Ereignisse $A \cap B$ und $A \cap \overline{B}$ offensichtlich disjunkt sind, kann man den letzten Ausdruck schreiben als Summe der jeweiligen Wahrscheinlichkeiten. Somit gilt also:

$$\mathrm{P}(A) = \mathrm{P}(A \cap B) + \mathrm{P}\left(A \cap \overline{B}\right)$$

Wendet man jetzt den Multiplikationssatz auf die Wahrscheinlichkeiten $\mathrm{P}(A \cap B)$ und $\mathrm{P}(A \cap \overline{B})$ an, dann erhält man das folgende Resultat:

$$\mathrm{P}(A) = \mathrm{P}(A|B) \cdot \mathrm{P}(B) + \mathrm{P}\left(A|\overline{B}\right) \cdot \mathrm{P}\left(\overline{B}\right)$$

Damit haben wir einen Spezialfall des Satzes von der vollständigen Wahrscheinlichkeit bewiesen. Für die allgemeine Formulierung dieses Satzes benötigen wir noch den Begriff der Partition. Unter einer Zerlegung oder Partition versteht man eine Darstellung des Ergebnisraums S als Vereinigung paarweise disjunkter Ereignisse $B_1, B_2, \ldots, B_n$, das heißt, es gilt

$$S = B_1 \cup B_2 \cup \ldots \cup B_n$$

wobei die einzelnen Ereignisse die Eigenschaft $B_i \cap B_j = \emptyset$ für $i \neq j$ besitzen. Eine einfache Partition wäre $B_1 = B$ und $B_2 = \overline{B}$, wobei B ein beliebiges Ereignis ist.

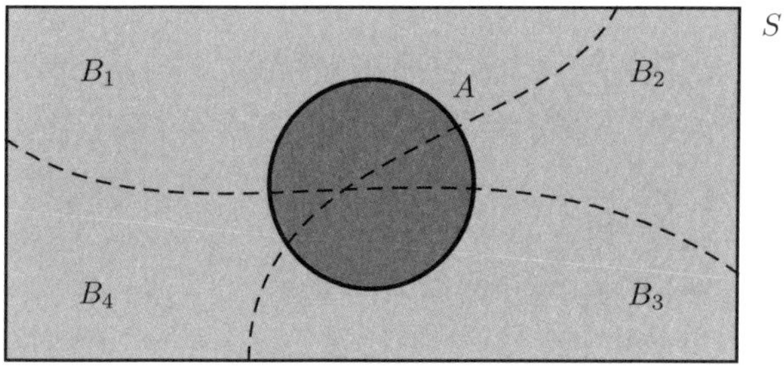

ABBILDUNG 8.4. Partition des Ergebnisraums S

Abbildung 8.4 zeigt eine Partition von S, die aus insgesamt vier Ereignissen B_1, B_2, B_3 und B_4 besteht. Mit dem Begriff der Partition lässt sich jetzt der Satz von der vollständigen Wahrscheinlichkeit formulieren.

Satz von der vollständigen Wahrscheinlichkeit

Falls die Ereignisse $B_1, B_2, \ldots, B_n$ eine Partition des Ergebnisraums S bilden, dann gilt für ein beliebiges Ereignis A

$$\begin{aligned} \mathrm{P}(A) &= \mathrm{P}(A|B_1) \cdot \mathrm{P}(B_1) + \cdots + \mathrm{P}(A|B_n) \cdot \mathrm{P}(B_n) \\ &= \sum_{i=1}^{n} \mathrm{P}(A|B_i) \cdot \mathrm{P}(B_i) \end{aligned}$$

Mit Hilfe dieses Satzes werden wir die erste der beiden ursprünglichen Fragen beantworten. Dazu verwenden wir die oben gemachten Angaben, die sich wie folgt interpretieren lassen:

$$\begin{aligned} \mathrm{P}(\mathit{Kursziel}|\mathit{Spam}) &= 0{,}5 \\ \mathrm{P}(\mathit{Kursziel}|\overline{\mathit{Spam}}) &= 0{,}04 \\ \mathrm{P}(\mathit{Spam}) &= 0{,}45 \end{aligned}$$

Hierbei bedeutet *Kursziel* das Ereignis, dass das Wort „Kursziel" in einer eintreffenden E-Mail enthalten ist, während *Spam* für das Ereignis steht, dass es sich bei einer eintreffenden E-Mail um eine Spam-Mail handelt. Da *Spam* und $\overline{\mathit{Spam}}$ eine Partition des Ergebnisraums bilden, lässt sich die in a) gesuchte Wahrscheinlichkeit nach dem Satz von der vollständigen Wahrscheinlichkeit auf folgende Weise berechnen:

$$\begin{aligned}\mathrm{P}(Kursziel) &= \mathrm{P}(Kursziel|Spam)\cdot\mathrm{P}(Spam)\\&\quad+\mathrm{P}(Kursziel|\overline{Spam})\cdot\mathrm{P}(\overline{Spam})\\&=0{,}5\cdot 0{,}45+0{,}04\cdot 0{,}55=0{,}247\end{aligned}$$

Die Wahrscheinlichkeit, dass eine eintreffende E-Mail das Wort „Kursziel" enthält, beträgt also in diesem Fall etwa 25 %.

Von besonderem Interesse ist natürlich die Antwort auf die Frage b). Gesucht ist hier $\mathrm{P}(Spam|Kursziel)$, das heißt die Wahrscheinlichkeit, dass eine E-Mail, die das Wort „Kursziel" enthält, tatsächlich eine Spam-Mail ist. Nach der Definition der bedingten Wahrscheinlichkeit gilt

$$\begin{aligned}\mathrm{P}(Spam|Kursziel) &= \frac{\mathrm{P}(Spam\text{ und }Kursziel)}{\mathrm{P}(Kursziel)}\\&=\frac{\mathrm{P}(Kursziel|Spam)\cdot\mathrm{P}(Spam)}{\mathrm{P}(Kursziel)}\end{aligned}$$

wobei auf den Ausdruck $\mathrm{P}(Spam\text{ und }Kursziel)$ in der ersten Gleichung der Multiplikationssatz angewandt wurde. Das Ergebnis ist die berühmte Bayes-Regel. Sie bildet die Grundlage für die Implementierung von Bayes-Filtern.

Bayes-Regel

Sind A und B zwei Ereignisse mit $\mathrm{P}(A) > 0$ und $\mathrm{P}(B) > 0$, dann gilt:

$$\mathrm{P}(A|B)=\frac{\mathrm{P}(B|A)\cdot\mathrm{P}(A)}{\mathrm{P}(B)}$$

Die Bayes-Regel[10] bietet somit eine weitere Möglichkeit, die bedingte Wahrscheinlichkeit $\mathrm{P}(A|B)$ zu berechnen, vorausgesetzt, man kennt die beiden Wahrscheinlichkeiten $\mathrm{P}(A)$ und $\mathrm{P}(B)$ sowie die „umgekehrte" bedingte Wahrscheinlichkeit $\mathrm{P}(B|A)$. Die Lösung von b) lautet damit:

$$\mathrm{P}(Spam|Kursziel)=\frac{0{,}5\cdot 0{,}45}{0{,}247}=0{,}911$$

Bei einer Spam-Wahrscheinlichkeit von 91 % stellt sich natürlich die Frage, ab welchem Wert, das heißt, ab welcher Schranke man eine E-Mail als Spam-Mail klassifizieren sollte. Diese Schranke muss der PC-Benutzer letztlich selbst vorgeben.

Für einen praxistauglichen Spam-Filter würden jetzt die eigentlichen Vorarbeiten beginnen. Während einer Lernphase, die, wenn möglich, auf einer Stichprobe von einigen hundert E-Mails beruhen sollte, müssten zunächst Tabellen der in Spam-Mails und Nicht-Spam-Mails auftretenden Worthäufigkeiten angelegt werden. Die relativen Häufigkeiten würde man dann als Näherungswerte für die Wahrscheinlichkeiten verwenden. Schließlich müsste man dann für den Text einer neu eintreffenden E-Mail die Spam-Wahrscheinlichkeit berechnen. Die Berechnung dieser Wahrscheinlichkeit und die entsprechende Implementierung erfordern allerdings noch einige Annahmen, auf die wir hier aber nicht näher eingehen[11].

Beispiel 8.1

In den vergangenen Jahren hat vor allem im Sport die Einnahme verbotener Dopingmittel einen neuen Höhepunkt erreicht, nicht zuletzt auf Grund verschiedener Vorkommnisse bei olympischen Spielen sowie internationalen Radrennen. Doping-Tests sollen dabei helfen, die Einnahme verbotener Medikamente nachzuweisen. Wie allgemein bei medizinischen Tests unterscheidet man hier zwischen positiven und negativen Testergebnissen. Ein positives Testergebnis ist ein Hinweis für die Einnahme eines Dopingmittels. Andernfalls spricht man von einem negativen Testergebnis. Es kann allerdings durchaus vorkommen, dass ein Doping-Test auch bei einem Doping-freien Sportler ein positives (und damit falsches) Ergebnis liefert. Umgekehrt sind bei gedopten Sportlern auch negative (und damit ebenfalls falsche) Testergebnisse möglich[12]. Angenommen, im Rahmen einer Sportveranstaltung wird bei jedem Sportler ein Doping-Test durchgeführt. Die Wahrscheinlichkeit für ein positives Testergebnis bei einem gedopten Sportler sei 98 %. Allerdings liefert der Test mit einer Wahrscheinlichkeit von 1 % auch bei nicht-gedopten Sportlern ein positives Testergebnis. Die Wahrscheinlichkeit, dass ein Sportler Dopingmittel verwendet, sei 3 %. In diesem Zusammenhang sollen jetzt die beiden folgenden Fragen beantwortet werden:

a) Wie groß ist die Wahrscheinlichkeit, dass bei einem zufällig ausgewählten Sportler das Testergebnis positiv ist?

b) Ein Testergebnis sei positiv. Wie groß ist die Wahrscheinlichkeit, dass der Sportler tatsächlich gedopt ist?

Definieren wir zunächst die folgenden Ereignisse:

$$\begin{aligned} D &= \text{ein Sportler ist gedopt} \\ T &= \text{das Testergebnis ist positiv} \end{aligned}$$

Damit lassen sich die obigen Angaben wie folgt interpretieren:

$$\mathrm{P}(D) = 0{,}03 \qquad \mathrm{P}(T|D) = 0{,}98 \qquad \mathrm{P}(T|\overline{D}) = 0{,}01$$

Die unter a) gesuchte Wahrscheinlichkeit wird nach dem Satz von der vollständigen Wahrscheinlichkeit berechnet:

$$\begin{aligned} \mathrm{P}(T) &= \mathrm{P}(T|D) \cdot \mathrm{P}(D) + \mathrm{P}(T|\overline{D}) \cdot \mathrm{P}(\overline{D}) \\ &= 0{,}98 \cdot 0{,}03 + 0{,}01 \cdot 0{,}97 = 0{,}0391 \end{aligned}$$

Die Wahrscheinlichkeit, dass das Testergebnis bei einem zufällig ausgewählten Sportler positiv ist, beträgt also knapp 4 %. Für die unter b) gesuchte Wahrscheinlichkeit $\mathrm{P}(D|T)$ wird die Bayes-Regel verwendet:

$$\mathrm{P}(D|T) = \frac{\mathrm{P}(T|D) \cdot \mathrm{P}(D)}{\mathrm{P}(T)} = \frac{0{,}98 \cdot 0{,}03}{0{,}0391} = 0{,}7519$$

Falls das Testergebnis positiv ist, dann ist die Wahrscheinlichkeit, dass es sich hier tatsächlich um einen Dopingsünder handelt, gleich 75 %. Bei diesem Doping-Test würde man also im Durchschnitt bei einem von vier positiven Fällen falsch liegen. □

8.3. Unabhängige Ereignisse

Es wurde bereits darauf hingewiesen, dass die (unbedingte) Wahrscheinlichkeit eines Ereignisses im Allgemeinen verschieden ist von der bedingten Wahrscheinlichkeit des Ereignisses. Was bedeutet es, wenn beide Wahrscheinlichkeiten übereinstimmen? Nehmen wir an, ein Würfel wird zweimal geworfen. B sei das Ereignis „beim ersten Wurf tritt eine Sechs auf“ und A sei das Ereignis „beim zweiten Wurf tritt eine Sechs auf“. Wie groß ist in diesem Fall $\mathrm{P}(A|B)$?

Der zugehörige Ergebnisraum sei wieder die Menge der 36 möglichen Paare von Augenzahlen. Die Wahrscheinlichkeiten der relevanten Ereignisse sind leicht zu bestimmen, nämlich $\mathrm{P}(A) = 1/6$, $\mathrm{P}(B) = 1/6$ und $\mathrm{P}(A \cap B) = 1/36$. Nach Definition der bedingten Wahrscheinlichkeit gilt dann

$$\mathrm{P}(A|B) = \frac{\mathrm{P}(A \cap B)}{\mathrm{P}(B)} = \frac{1}{6}$$

In diesem Fall stimmen für das Ereignis A die bedingte und die unbedingte Wahrscheinlichkeit überein:

$$\mathrm{P}(A|B) = \mathrm{P}(A) = \frac{1}{6}$$

Die Gültigkeit der Gleichung $P(A|B) = P(A)$ bedeutet aber, dass die Kenntnis vom Eintreten des Ereignisses B keinen Einfluss auf die Wahrscheinlichkeit des Ereignisses A hat! Man kann außerdem zeigen, dass aus der Gleichung $P(A|B) = P(A)$ die Gleichung $P(B|A) = P(B)$ folgt (und umgekehrt). Wenn also B keinen Einfluss auf die Wahrscheinlichkeit von A hat, dann hat entsprechend auch A keinen Einfluss auf die Wahrscheinlichkeit von B. Ersetzt man in einem solchen Fall den Ausdruck $P(A|B)$ in der Definition der bedingten Wahrscheinlichkeit durch $P(A)$, so erhält man eine Gleichung, die zur Definition der Unabhängigkeit zweier Ereignisse verwendet wird.

Unabhängige Ereignisse

Zwei Ereignisse A und B heißen unabhängig, falls gilt:

$$P(A \cap B) = P(A) \cdot P(B)$$

Sind zwei Ereignisse unabhängig, dann besitzt man somit eine einfache Formel für die Berechnung der Wahrscheinlichkeit, dass beide Ereignisse gemeinsam eintreten. Dieses Konzept der Unabhängigkeit lässt sich auf eine beliebige Zahl endlich vieler Ereignisse übertragen.

Unabhängigkeit endlich vieler Ereignisse

Endlich viele Ereignisse heißen unabhängig, falls für jede Auswahl aus diesen Ereignissen gilt:

> Die Wahrscheinlichkeit, dass die ausgewählten Ereignisse gemeinsam eintreten, ist gleich dem Produkt ihrer Wahrscheinlichkeiten.

Sind zum Beispiel die drei Ereignisse A, B und C unabhängig, dann gilt nicht nur

$$P(A \cap B \cap C) = P(A) \cdot P(B) \cdot P(C)$$

sondern auch die folgenden Aussagen:

$$P(A \cap B) = P(A) \cdot P(B)$$
$$P(A \cap C) = P(A) \cdot P(C)$$
$$P(B \cap C) = P(B) \cdot P(C)$$

Bei praktischen Anwendungen ist es natürlich von Vorteil, wenn man davon ausgehen kann, dass gewisse Ereignisse unabhängig sind. Dies kann die Berechnung von Wahrscheinlichkeiten wesentlich erleichtern bzw. überhaupt erst ermöglichen. Man sollte sich dabei vor allem überlegen, ob es Umstände gibt, die gegen die Annahme der Unabhängigkeit sprechen. Bei der wöchentlichen Ziehung der Lottozahlen sind zum Beispiel die einzelnen Ergebnisse voneinander abhängig, da jede gezogene Zahl die Ziehungswahrscheinlichkeit der übrigen Zahlen verändert. Die Ergebnisse der Ziehungen verschiedener Wochenausspielungen wird man dagegen als unabhängig ansehen.

Beispiel 8.2
Mit Hilfe des Konzepts der Unabhängigkeit von Ereignissen werden wir jetzt das im *Pascal/Fermat*-Briefwechsel erwähnte Problem (siehe Kapitel 7) lösen. Bei der Variante A definiert man zunächst für jeden Würfelwurf $i = 1, 2, 3, 4$ das Ereignis

$$A_i = \text{beim } i\text{-ten Wurf wird keine Sechs gewürfelt}$$

Diese Ereignisse sind unabhängig und daher ist die Wahrscheinlichkeit, dass beim 4-maligen Werfen eines Würfels keine Sechs auftritt, gleich

$$\mathrm{P}(A_1 \cap A_2 \cap A_3 \cap A_4) = \left(\frac{5}{6}\right)^4 = 0{,}4823$$

Definiert man bei der Variante B für jeden Wurf $i = 1, \ldots, 24$ von je zwei (!) Würfeln das Ereignis

$$B_i = \text{beim } i\text{-ten Wurf wird keine Doppelsechs gewürfelt}$$

dann ist die Wahrscheinlichkeit, beim 24-maligen Werfen zweier Würfel keine Doppelsechs zu erzielen, gleich

$$\mathrm{P}(B_1 \cap \ldots \cap B_{24}) = \left(\frac{35}{36}\right)^{24} = 0{,}5086$$

Dabei wurde wieder die Unabhängigkeit der definierten Ereignisse verwendet. Das Ergebnis zeigt, dass die Variante B für den Spieler vorteilhafter ist und zwar nicht nur im Vergleich zur Variante A, sondern auch gegenüber der Bank, da die Gewinnwahrscheinlichkeit für den Spieler bei über 50 % liegt. □

Für die folgenden Beispiele benötigen wir noch eine wichtige Eigenschaft unabhängiger Ereignisse, bei denen auch komplementäre Ereignisse verwendet werden.

Falls Ereignisse unabhängig sind und beliebig viele von ihnen durch ihre komplementären Ereignisse ersetzt werden, dann sind die neu gebildeten Ereignisse wiederum unabhängig.

Sind also die Ereignisse A, B und C unabhängig, dann gilt dies zum Beispiel auch für A, B und $\overline{C}$ oder für $\overline{A}$, $\overline{B}$ und $\overline{C}$.

klausurtipp

Disjunkte Ereignisse versus unabhängige Ereignisse

Disjunkte Ereignisse und unabhängige Ereignisse werden häufig verwechselt. Daher soll der Unterschied hier noch einmal deutlich gemacht werden. Betrachten wir für zwei Ereignisse A und B die folgenden Situationen:

- A und B sind disjunkt, das heißt $A \cap B = \emptyset$.

  Die beiden Ereignisse schließen sich also gegenseitig aus. Wenn eines der Ereignisse eintritt, dann kann das andere Ereignis nicht eintreten. Es gilt natürlich $\mathrm{P}(A \cap B) = \mathrm{P}(\emptyset) = 0$. Die Ereignisse $A =$ „eine gerade Zahl wird gewürfelt" und $B =$ „eine ungerade Zahl wird gewürfelt" sind ein einfaches Beispiel für disjunkte Ereignisse.

- A und B sind unabhängig, das heißt $\mathrm{P}(A \cap B) = \mathrm{P}(A) \cdot \mathrm{P}(B)$.

  Im Text wurde bereits erwähnt, dass diese Gleichung äquivalent (gleichwertig) ist mit jeder der beiden folgenden Gleichungen: $\mathrm{P}(A|B) = \mathrm{P}(A)$ bzw. $\mathrm{P}(B|A) = \mathrm{P}(B)$. Das bedeutet also, dass das Eintreten eines der beiden Ereignisse keinen Einfluss auf die Wahrscheinlichkeit hat, dass das andere Ereignis eintritt. So ändert sich zum Beispiel die Wahrscheinlichkeit des Ereignisses A nicht, wenn bekannt ist, dass das Ereignis B bereits eingetreten ist. Beim Werfen zweier Würfel sind zum Beispiel $A =$ „der erste Würfel zeigt eine Sechs" und $B =$ „der zweite Würfel zeigt eine Sechs" unabhängige Ereignisse. Aus dem oben Gesagten folgt insbesondere, dass disjunkte Ereignisse abhängige Ereignisse sind.

Beispiel 8.3

Betrachten wir ein System, zum Beispiel eine Maschine oder ein Netzwerk, das aus mehreren Komponenten besteht. Im Hinblick auf die Zuverlässigkeit des Systems unterscheidet man dabei zwei Basismodelle: die Serienschaltung und die Parallelschaltung. Bei der Serienschaltung sind die einzelnen Komponenten hintereinander geschaltet. Das System funktioniert genau dann, wenn jede einzelne Komponente funktioniert. Abbildung 8.5 zeigt eine Serienschaltung mit drei Komponenten K_1, K_2 und K_3. Angenommen, die drei Komponenten funktionie-

ABBILDUNG 8.5. Serienschaltung

ren unabhängig voneinander und die Ausfallwahrscheinlichkeiten seien durch p_1, p_2 und p_3 gegeben, das heißt also, p_1 ist die Wahrscheinlichkeit, dass die Komponente K_1 ausfällt usw. Wie groß ist die Wahrscheinlichkeit, dass das System funktioniert?

Verwendet man die Bezeichnung K_i für das Ereignis, dass die i-te Komponente funktioniert, dann ist wegen der Unabhängigkeit der Ereignisse K_1, K_2 und K_3 die Wahrscheinlichkeit, dass alle drei Komponenten funktionieren, gerade das Produkt der drei Einzelwahrscheinlichkeiten. Somit gilt für die Wahrscheinlichkeit, dass das ganze System funktioniert

$$\begin{aligned} \mathrm{P}(K_1 \cap K_2 \cap K_3) &= \mathrm{P}(K_1) \cdot \mathrm{P}(K_2) \cdot \mathrm{P}(K_3) \\ &= (1 - p_1) \cdot (1 - p_2) \cdot (1 - p_3) \end{aligned}$$

Betragen die Ausfallwahrscheinlichkeiten zum Beispiel jeweils 5 %, dann ist die Wahrscheinlichkeit, dass das System funktioniert, gleich $(1 - 0{,}05)^3 = 0{,}8574$.

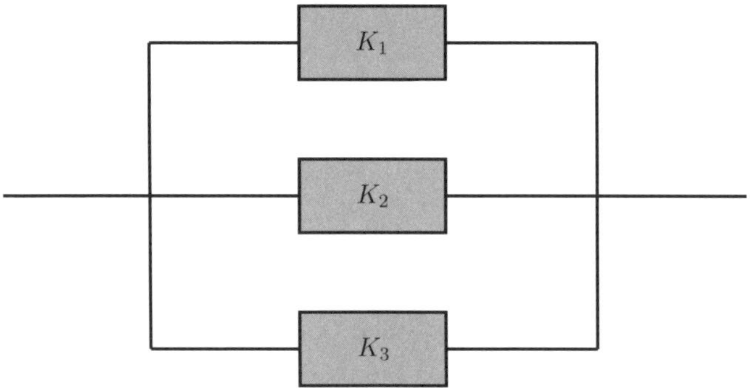

ABBILDUNG 8.6. Parallelschaltung

Beim zweiten Modell, der Parallelschaltung, sind die einzelnen Komponenten parallel bzw. nebeneinander geschaltet. Das System funktioniert genau dann, wenn mindestens eine der Komponenten funktioniert.

Unter der Annahme, dass die drei Komponenten wiederum unabhängig voneinander funktionieren, beträgt in diesem Fall die Wahrscheinlichkeit, dass das ganze System funktioniert

$$\begin{aligned}
\mathrm{P}(K_1 \cup K_2 \cup K_3) &= 1 - \mathrm{P}\left(\overline{K_1 \cup K_2 \cup K_3}\right) \\
&= 1 - \mathrm{P}\left(\overline{K_1} \cap \overline{K_2} \cap \overline{K_3}\right) \\
&= 1 - \mathrm{P}\left(\overline{K_1}\right) \cdot \mathrm{P}\left(\overline{K_2}\right) \cdot \mathrm{P}\left(\overline{K_3}\right) \\
&= 1 - p_1 \cdot p_2 \cdot p_3
\end{aligned}$$

Dabei wurde bei der Herleitung das entsprechende De-Morgan-Gesetz verwendet sowie die Tatsache, dass aus der Unabhängigkeit von Ereignissen die Unabhängigkeit der komplementären Ereignisse folgt. Betragen die Ausfallwahrscheinlichkeiten zum Beispiel jeweils 5 %, dann ist die Wahrscheinlichkeit, dass das System funktioniert gleich $1 - 0{,}05^3 = 0{,}9999$.

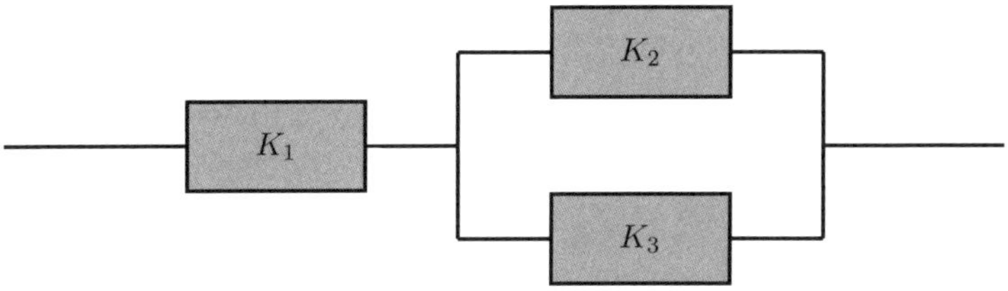

ABBILDUNG 8.7. Kombination aus Serien- und Parallelschaltung

Natürlich können Serienschaltung und Parallelschaltung auch gemeinsam auftreten. So funktioniert etwa das in Abbildung 8.7 dargestellte System genau dann, wenn K_1 funktioniert und außerdem mindestens eine der beiden anderen Komponenten, das heißt K_2 oder K_3. □

BEISPIEL 8.4
Es kann durchaus vorkommen, dass mehrere Projektteams unabhängig voneinander mit der Durchführung eines Projekts betraut werden. Der Grund könnte zum Beispiel sein, dass auf diese Weise verschiedene Lösungsansätze untersucht werden können. Man denke etwa im Zusammenhang mit Absatzprognosen für ein Produkt an die Entwicklung von Prognosemodellen, die auf unterschiedlichen methodologischen Ansätzen beruhen. Hinzu kommt, dass mit der Zahl der beteiligten Projektteams natürlich auch die Chance für die erfolgreiche Durchführung eines Projekts steigt. Nehmen wir einmal an, drei Projektteams A, B und C versuchen unabhängig voneinander, ein bestimmtes Projekt durchzuführen, wobei

die Erfolgswahrscheinlichkeit[13] bei diesem Projekt für jedes Team gleich p sei. Wie groß ist die Wahrscheinlichkeit, dass wenigstens eines der drei Teams dieses Projekt erfolgreich abschließt?

Für die drei Projektteams definieren wir zunächst die Ereignisse

$$\begin{aligned} A &= \text{Projektteam A ist erfolgreich} \\ B &= \text{Projektteam B ist erfolgreich} \\ C &= \text{Projektteam C ist erfolgreich} \end{aligned}$$

Die Wahrscheinlichkeit, dass wenigstens eines der drei Projektteams erfolgreich ist, kann man offensichtlich durch den Ausdruck $\mathrm{P}(A \cup B \cup C)$ beschreiben. Dieser lässt sich wie folgt berechnen:

$$\begin{aligned} \mathrm{P}(A \cup B \cup C) &= 1 - \mathrm{P}\left(\overline{A \cup B \cup C}\right) \\ &= 1 - \mathrm{P}\left(\overline{A} \cap \overline{B} \cap \overline{C}\right) \\ &= 1 - \mathrm{P}\left(\overline{A}\right) \cdot \mathrm{P}\left(\overline{B}\right) \cdot \mathrm{P}\left(\overline{C}\right) \\ &= 1 - (1-p)^3 \end{aligned}$$

Die Berechnung erfolgt über die Gegenwahrscheinlichkeit, wobei die Annahme verwendet wird, dass die Ereignisse A, B und C unabhängig sind.

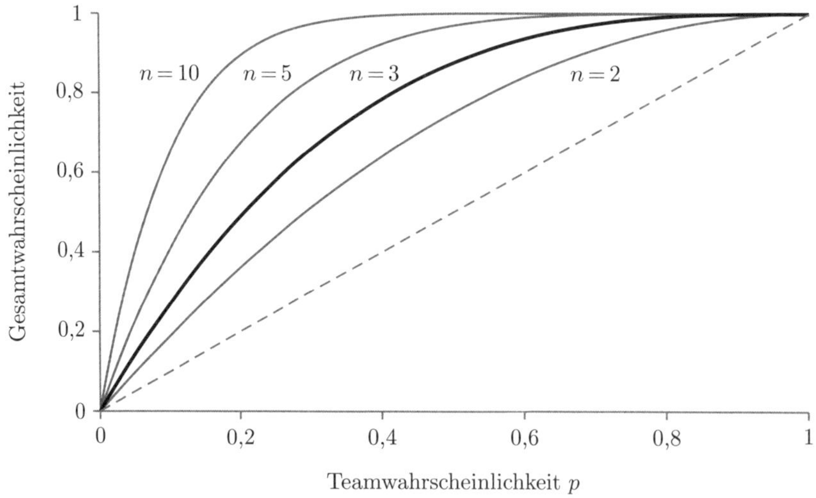

Abbildung 8.8. Gesamtwahrscheinlichkeiten bei mehreren Projektteams

Abbildung 8.8 zeigt den Ausdruck $1 - (1-p)^3$ als Funktion von p. Es handelt sich dabei um eine konkave Funktion, deren Anstieg bei zunehmender Zahl von

TABELLE 8.1. Gesamtwahrscheinlichkeiten für $n = 3$ und spezielle Werte von p

p	Gesamtwahr-scheinlichkeit	p	Gesamtwahr-scheinlichkeit
0,1	0,271	0,6	0,936
0,2	0,488	0,7	0,973
0,3	0,657	0,8	0,992
0,4	0,784	0,9	0,999
0,5	0,875		

Projektteams immer steiler wird. Tabelle 8.1 zeigt die Gesamtwahrscheinlichkeiten für $n = 3$ und verschiedene Werte von p. Man beachte, dass zum Beispiel für $p = 0{,}2$ die Gesamtwahrscheinlichkeit bei fast 50 % und für $p = 0{,}5$ bei fast 90 % liegt. Unterschiede in der Einschätzung der Teamwahrscheinlichkeit p spielen übrigens ab etwa 70 % nur noch eine geringe Rolle. In gewisser Hinsicht zeigt dieses Beispiel auch, wie man den Vorteil durch den Wettbewerb mehrerer Projektteams quantitativ erfassen kann. □

Anmerkungen

1 Siehe dazu auch Hauser (2007).

2 Die Aktie der Realquadrat Immobilien AG wird an der Deutschen Börse gehandelt.

3 Ein ähnliche Problematik tritt auch bei Tests zur Früherkennung von Krankheiten wie zum Beispiel Tbc, Krebs oder AIDS auf.

4 Siehe dazu auch Clement und Papies (2007).

5 Die Abbildung legt eine Interpretation des Quotienten á la „günstige Fläche durch mögliche Fläche“ nahe.

6 Es sollte hier nicht der Eindruck entstehen, als ob eine Größe, die von einer gegebenen Wahrscheinlichkeit abhängt, ohne weiteres als eine „neue“ Wahrscheinlichkeit interpretiert werden kann. Man kann aber in diesem Fall zeigen, dass für ein beliebiges Ereignis A (bei festem Ereignis B), der Quotient $\mathrm{P}(A|B) = \mathrm{P}(A \cap B)/\mathrm{P}(B)$ die Wahrscheinlichkeitsaxiome erfüllt und aus diesem Grund als Wahrscheinlichkeit interpretiert werden kann. Wegen $\mathrm{P}(A|B) \geq 0$ und $\mathrm{P}(B|B) = 1$ sind die ersten beiden Axiome trivialerweise erfüllt. Betrachtet man jetzt eine Folge $A_1, A_2, \ldots$ von paarweise disjunkten Ereignissen, dann gilt

$$\mathrm{P}\left(\bigcup_{i=1}^{\infty} A_i \middle| B\right) = \frac{\mathrm{P}((\bigcup_{i=1}^{\infty} A_i) \cap B)}{\mathrm{P}(B)} = \frac{\mathrm{P}(\bigcup_{i=1}^{\infty} (A_i \cap B))}{\mathrm{P}(B)}$$
$$= \frac{\sum_{i=1}^{\infty} \mathrm{P}(A_i \cap B)}{\mathrm{P}(B)} = \sum_{i=1}^{\infty} \mathrm{P}(A_i|B)$$

wobei die Tatsache verwendet wurde, dass die Ereignisse $A_1 \cap B, A_2 \cap B, \ldots$ paarweise disjunkt sind. Somit ist auch das dritte Wahrscheinlichkeitsaxiom erfüllt.

7 Dieser Satz lässt sich erweitern. So gilt zum Beispiel für die Wahrscheinlichkeit, dass die Ereignisse A, B und C gemeinsam eintreten

$$\mathrm{P}(A \cap B \cap C) = \mathrm{P}(A|B \cap C) \cdot \mathrm{P}(B \cap C)$$

wobei $B \cap C$ als „Bedingung“ verwendet wurde. Wegen $\mathrm{P}(B \cap C) = \mathrm{P}(B|C) \cdot \mathrm{P}(C)$ folgt dann:

$$\mathrm{P}(A \cap B \cap C) = \mathrm{P}(A|B \cap C) \cdot \mathrm{P}(B|C) \cdot \mathrm{P}(C)$$

Berechnungen dieser Art, die auf bedingten Wahrscheinlichkeiten beruhen, sind bei manchen Anwendungen zweckmäßig, können aber vor allem bei einer größeren Anzahl von Ereignissen Schwierigkeiten bereiten. Das eigentliche Problem dabei ist die Kenntnis der bedingten Wahrscheinlichkeiten.

8 Die New York Times schrieb 1991 einen Artikel über diese Kontroverse (“Behind Monty Hall's Doors: Puzzle, Debate and Answer?”):
`http://www.nytimes.com/1991/07/21/us/`
`/behind-monty-hall-s-doors-puzzle-debate-and-answer.html?pagewanted=1`

9 Auf der nachfolgenden Internet-Adresse gibt es ein Java-Applet, mit dessen Hilfe man das „Ziegenproblem“ simulieren kann:
`http://www.stat.sc.edu/~west/javahtml/LetsMakeaDeal.html`

10 Für die Bayes-Regel, die auch als Bayes-Theorem bezeichnet wird, findet man in der Literatur häufig eine erweiterte Version, nämlich:

$$\mathrm{P}(A|B) = \frac{\mathrm{P}(B|A) \cdot \mathrm{P}(A)}{\sum_{i=1}^{n} \mathrm{P}(A|B_i) \cdot \mathrm{P}(B_i)}$$

In diesem Fall wurde im Nenner auf die Wahrscheinlichkeit $\mathrm{P}(B)$ der Satz von der vollständigen Wahrscheinlichkeit angewandt. Dabei bilden die Ereignisse $B_1, B_2, \ldots, B_n$ eine Partition des Ergebnisraums S. Nicht ganz zu Unrecht kann man hier von einer „unübersichtlichen Formel" (Pfanzagl [1988]) sprechen, die deshalb auch nur erwähnt werden soll.

11 Einen informativen Artikel über Bayes-Filter gibt es von Linke (2003).

12 Siehe dazu auch Berry und Chastain (2004).

13 Die Bestimmung derartiger Erfolgswahrscheinlichkeiten wirft natürlich Probleme auf. Wo sollten diese Werte herkommen? Man könnte in einem solchen Fall zum Beispiel Expertenschätzungen heranziehen. Da es sich dabei üblicherweise um subjektive Einschätzungen handelt, werden solche Wahrscheinlichkeiten auch als subjektive Wahrscheinlichkeiten bezeichnet.

Aufgaben

Die folgenden Aufgaben dienen dazu, das Verständnis des behandelten Stoffes zu erleichtern und zu vertiefen. Um einen entsprechenden Lerneffekt zu erzielen, sollten dabei die Konzepte und Methoden verwendet werden, die in diesem Kapitel präsentiert wurden. Soweit es um eigene Berechnungen geht, sollte man besonders auf die Darstellung des Lösungswegs achten. Für die mit einem * gekennzeichneten Aufgaben ist eine geeignete Software erforderlich bzw. empfehlenswert. Beachten Sie dazu auch die Hinweise in Anhang A. Lösungen zu den Aufgaben mit geraden Nummern finden Sie in Anhang B.

8.1 Gegeben seien zwei Ereignisse A_1 und A_2 mit $A_1 \cup A_2 = S$ (= Ergebnisraum) und den Wahrscheinlichkeiten $\mathrm{P}(A_1) = 0{,}4$, $\mathrm{P}(B|A_1) = 0{,}2$ und $\mathrm{P}(B|A_2) = 0{,}05$, wobei B ein weiteres Ereignis ist.

a) Wie groß ist $\mathrm{P}(A_1 \cap A_2)$?

b) Berechnen Sie $\mathrm{P}(A_1 \cap B)$.

c) Sind A_1 und B unabhängig?

8.2 Aus einem Stapel von 32 Spielkarten (= 4 Farben × 8 Werte) werden zwei Karten zufällig gezogen (ohne Zurücklegen). Wie groß ist die Wahrscheinlichkeit, dass jedes Mal eine Pik-Karte gezogen wird?

8.3 In einer Lostrommel befinden sich 20 Lose, darunter fünf Gewinnlose. Wie groß ist die Wahrscheinlichkeit, dass bei zwei gezogenen Losen

a) beide gewinnen?

b) genau eines gewinnt?

Hinweis: Beginnen Sie zunächst mit der Definition der entsprechenden Ereignisse. Verwenden Sie zur Berechnung das Konzept der bedingten Wahrscheinlichkeit.

8.4 Ein Geldinstitut verwendet ein Gerät, mit dem die Echtheit von Geldscheinen geprüft werden kann. Aus Erfahrung weiß man, dass im Durchschnitt jeder tausendste Geldschein eines bestimmten Wertes gefälscht ist. Bei diesem Gerät wird durch Aufblinken eines Lämpchens angezeigt, dass der Geldschein als gefälscht eingestuft wird. Es sei bekannt, dass das Gerät mit einer Wahrscheinlichkeit von 0,99 aufblinkt, wenn der Geldschein falsch ist, und mit einer Wahrscheinlichkeit von 0,05, wenn der Geldschein echt ist.
Wie groß ist die Wahrscheinlichkeit, dass das Gerät bei einem zufällig ausgewählten Geldschein aufblinkt?

8.5 Ein Unternehmen produziert PC-Mäuse, wobei 5 % der Produktion fehlerhaft ist. Bei der Endkontrolle zeigt das Prüfgerät bei fehlerhaften PC-Mäusen mit einer Wahrscheinlichkeit von 90 %, bei einwandfreien PC-Mäusen mit einer Wahrscheinlichkeit von 15 % einen Ausschlag an.

a) Eine PC-Maus wird zufällig aus der Produktion ausgewählt. Wie groß ist die Wahrscheinlichkeit, dass das Prüfgerät einen Ausschlag anzeigt?
b) Bei einer zufällig ausgewählten PC-Maus zeigt das Prüfgerät einen Ausschlag an. Wie groß ist die Wahrscheinlichkeit, dass die PC-Maus fehlerhaft ist?

8.6 Eine Versicherung geht davon aus, dass bei 30 % der Autounfälle die Wetterbedingungen eine gewisse Rolle spielen und dass bei 20 % der Autounfälle Personenschäden auftreten. Bei Unfällen mit Personenschäden dürfte das Wetter in 40 % der Fälle eine der Ursachen gewesen sein.
Angenommen, aus der Unfallstatistik wird ein Unfallbericht zufällig ausgewählt, bei dem das Wetter eine der Ursachen war. Wie groß ist die Wahrscheinlichkeit, dass bei diesem Unfall ein Personenschaden aufgetreten ist?

8.7 Drei Maschinen A, B und C produzieren 60 %, 30 % bzw. 10 % der gesamten Produktion eines Betriebs. Die Ausschussanteile der Maschinen betragen 2 %, 5 % bzw. 6 %. Am Ende des Produktionsprozesses wird eine Qualitätskontrolle durchgeführt.

a) Wie groß ist die Wahrscheinlichkeit, dass ein zufällig ausgewähltes Produkt fehlerfrei ist?
b) Wie groß ist die Wahrscheinlichkeit, dass ein zufällig ausgewähltes Produkt fehlerhaft ist und von Maschine C erzeugt wurde?

8.8 Für die Herstellung eines Produkts benötigt ein Unternehmen bestimmtes Rohmaterial, das bei den Anbietern A und B bestellt wird (das heißt, jede Gesamtbestellung erfolgt in Form von zwei Teilbestellungen). Erfahrungsgemäß sei die

Wahrscheinlichkeit 60 %, dass der Anbieter A das Material innerhalb einer Woche liefert, beim Anbieter B dagegen 75 %.
Berechnen Sie die Wahrscheinlichkeit, dass bei einer Bestellung

a) beide Teillieferungen innerhalb einer Woche eintreffen,

b) wenigstens eine der beiden Teillieferungen innerhalb einer Woche eintrifft,

c) keine der beiden Teillieferungen nach einer Woche eintrifft.

Es kann davon ausgegangen werden, dass beide Lieferungen unabhängig voneinander erfolgen.

8.9 Die folgende Abbildung zeigt ein System, das sowohl eine Parallelschaltung als auch eine Serienschaltung enthält:

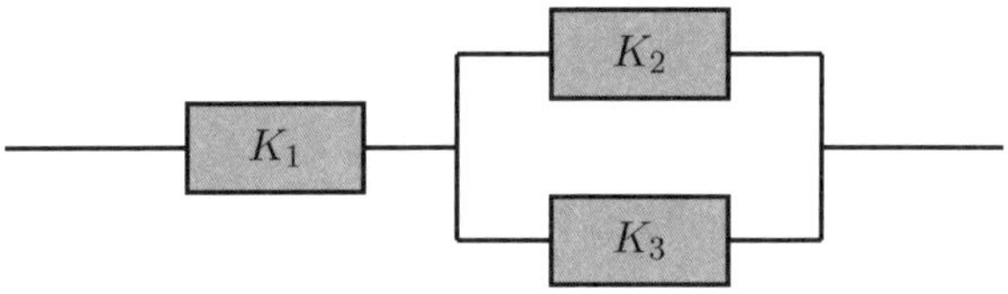

Wie groß ist die Wahrscheinlichkeit, dass dieses System funktioniert, wenn die Ausfallwahrscheinlichkeit bei jeder Komponente 5 % beträgt?

8.10 Jemand nimmt an drei verschiedenen Hausverlosungen teil und kauft jeweils ein Los des Hauses A (insgesamt 9999 Lose), des Hauses B (insgesamt 8888 Lose) und des Hauses C (insgesamt 24444 Lose).
Berechnen Sie die Wahrscheinlichkeit

a) alle drei Häuser zu gewinnen.

b) mindestens eines der Häuser zu gewinnen.

Fragen

1. Was versteht man unter einem „Urnenmodell"?
2. Wie kann man die Definition der bedingten Wahrscheinlichkeit motivieren?
3. Was besagt der Multiplikationssatz?
4. Welche Voraussetzung(en) verwendet der Satz von der vollständigen Wahrscheinlichkeit?
5. Was versteht man unter einer Partition des Ergebnisraums?
6. Wann heißen zwei Ereignisse unabhängig?
7. Wie kann man die Definition der Unabhängigkeit zweier Ereignisse motivieren?
8. Wann nennt man vier Ereignisse A, B, C und D unabhängig?

9. Was ist der Unterschied zwischen den Aussagen „die Ereignisse A und B sind unabhängig“ und „die Ereignisse A und B sind disjunkt“?

10. Wie könnte man bei praktischen Anwendungen vorgehen, um zu beurteilen, ob Ereignisse unabhängig oder abhängig sind?

Exkurs

Markov, Ketten und Matrizen

Der Roman „Eugen Onegin“ des russischen Dichters und Schriftstellers *A. Puschkin* (1799–1837) schildert den Reifeprozess eines jungen Adligen aus St. Petersburg, der leichtsinnig den Tod eines Freundes verursacht und sich zu spät der Liebe zu einer Frau bewusst wird, die er in früheren Jahren abgewiesen hatte. Was diesen Roman, der als das russische Nationalepos gilt, schon rein äußerlich zu einer Besonderheit macht, ist die Tatsache, dass er ausschließlich in Versform geschrieben ist, weshalb er zu einem der am schwierigsten zu übersetzenden Werke der Weltliteratur zählt.
An Hand dieses Textes führte der russische Mathematiker *A. Markov* (1856–1922) eine Untersuchung durch, die als eine der ersten statistischen Analysen literarischer Texte gilt. Als Datenmaterial verwendete er die ersten 20000 Buchstaben des Versromans, wobei es ihm allerdings nicht um die konkrete Buchstabenverteilung ging, sondern ausschließlich um die Abfolge der Vokale und Konsonanten. In diesem Zusammenhang bestimmte er verschiedene bedingte Wahrscheinlichkeiten für das Auftreten von Vokalen bzw. Konsonanten.
Bei dieser Untersuchung ging es um eine Veranschaulichung gewisser Folgen zufälliger Größen, die später als Markovketten bezeichnet wurden. Vereinfacht ausgedrückt handelt es sich dabei um eine Folge von Ereignissen, bei denen die Wahrscheinlichkeit eines Ereignisses durch das unmittelbar davor eintretende Ereignis bestimmt wird. Die Wahrscheinlichkeit, dass man sich zum Beispiel zum Zeitpunkt $t+1$ in einem bestimmten Zustand befindet, hängt dabei von demjenigen Zustand ab, in dem man sich zum Zeitpunkt t befindet, nicht aber von den Zuständen früherer Zeitpunkte.
Betrachtet man etwa das Kapital eines Spielers beim Roulette, dann hängt der Wert des Spielkapitals zum nächsten Zeitpunkt offensichtlich vom aktuellen Spielkapital ab, nicht aber vom Spielkapital, das man zu einem früheren Zeitpunkt besessen hat. Eine solche Eigenschaft wird als Markov-Eigenschaft bezeichnet. Diese lässt sich auch wie folgt formulieren: Die Zukunft hängt von der Vergangenheit nur über die Gegenwart ab. Häufig betrachtet man übrigens sogenannte homogene Markovketten, bei denen die bedingten Wahrscheinlichkeiten nicht vom Zeitpunkt t abhängen.

Verwenden wir zur Illustration ein einfaches Beispiel einer homogenen Markovkette. Nehmen wir an, eine Maschine wird in regelmäßigen Zeitabständen kontrolliert. Falls bei einer Kontrolle festgestellt wird, dass sie einwandfrei funktioniert (= Zustand 1), sei die bedingte Wahrscheinlichkeit gleich 0,8, dass sie auch bei der nächsten Kontrolle funktioniert. Entsprechend ist dann natürlich die bedingte Wahrscheinlichkeit, dass sie bei der nächsten Kontrolle nicht funktioniert und daher neu eingestellt werden muss, gleich 0,2. Falls sie dagegen bei einer Kontrolle nicht funktioniert und daher neu eingestellt werden muss (= Zustand 2), dann sei die bedingte Wahrscheinlichkeit gleich 0,4, dass sie bei der nächsten Kontrolle ebenfalls nicht funktioniert. Entsprechend ist dann natürlich die bedingte Wahrscheinlichkeit, dass sie bei der nächsten Kontrolle funktioniert, gleich 0,6. Diese Situation lässt sich durch die folgende Übergangsmatrix oder Markov-Matrix beschreiben:

$$P = \begin{pmatrix} 0{,}8 & 0{,}2 \\ 0{,}6 & 0{,}4 \end{pmatrix}$$

Die erste Zeile gibt die Übergangswahrscheinlichkeiten in den Zustand 1 ($p_{11} = 0{,}8$) bzw. den Zustand 2 ($p_{12} = 0{,}2$) an, vorausgesetzt, man befindet sich gerade im Zustand 1. Die zweite Zeile gibt die Übergangswahrscheinlichkeiten in den Zustand 1 ($p_{21} = 0{,}6$) bzw. den Zustand 2 ($p_{22} = 0{,}4$) an, vorausgesetzt, man befindet sich gerade im Zustand 2.
Geht man allgemein von n Zuständen 1, 2, …, n aus, dann lässt sich die Übergangsmatrix einer homogenen Markovkette wie folgt darstellen:

$$P = \begin{pmatrix} p_{11} & p_{12} & \cdots & p_{1n} \\ p_{21} & p_{22} & \cdots & p_{2n} \\ \vdots & \vdots & \ddots & \vdots \\ p_{n1} & p_{n2} & \cdots & p_{nn} \end{pmatrix}$$

Solche Matrizen haben die Eigenschaft, dass ihre Eintragungen nichtnegativ sind und die Zeilensummen den Wert Eins besitzen. Durch die Übergangsmatrix lassen sich viele Eigenschaften einer Markovkette bestimmen.

Literatur: Chung und AitSahlia (2003), Hilgers und Velminski (2007), Hillier und Lieberman (2005).

Kapitel 9.

Diskrete Zufallsvariablen

Ob es sich um den Gewinn oder Verlust nach dem Besuch eines Spielkasinos, die Dauer eines Projekts oder die Zahl der täglich eintreffenden E-Mails handelt– alle diese Größen unterliegen erfahrungsgemäß gewissen zufälligen Einflüssen, auch wenn man dem Zufall bei den genannten Beispielen nicht überall die gleiche Bedeutung beimessen wird. Für derartige Größen werden wir von jetzt an einen neuen Begriff verwenden, nämlich den der Zufallsvariablen, die auch als zufällige oder stochastische Variable bezeichnet wird. Ähnlich wie man in der Deskriptiven Statistik zwischen diskreten und stetigen Merkmalen unterscheidet, wird in der Wahrscheinlichkeitsrechnung zwischen diskreten und stetigen Zufallsvariablen unterschieden. In gewisser Hinsicht haben wir es hier mit zwei verschiedenen Welten zu tun, die einige Unterschiede, aber auch einige Gemeinsamkeiten aufweisen. Zum Vergleich stelle man sich die Situation einer Person vor, die Wasser bisher nur vom Trinken, Waschen oder Schwimmen kannte und mit H_2O auf einmal eine neue Dimension des Wassers kennen lernt, nämlich seine Molekülstruktur.

Einfach ausgedrückt versteht man unter einer Zufallsvariablen eine Größe, die dem Ergebnis eines Zufallsexperiments einen bestimmten Wert zuordnet. Wenn man zum Beispiel am Roulette-Tisch eines Spielcasinos sitzt und den Lauf der Kugel beobachtet, ist man Zeuge eines einfachen Zufallsexperiments. Verständlicherweise gilt natürlich das Interesse in erster Linie den gesetzten Jetons und dem daraus resultierendem Gewinn oder Verlust. Hat man etwa einen Jeton auf eine einzelne Zahl gesetzt, dann erhält man im Falle eines Gewinns 35 Jetons ausbezahlt, andernfalls hat man seinen Einsatz verloren. Aus wahrscheinlichkeitstheoretischer Sicht würde man sagen, dass die Zufallsvariable Gewinn – bezeichnen wir sie symbolisch mit X – bei diesem Spiel einen bestimmten Wert angenommen hat, nämlich $X = 35$ oder $X = -1$.

Man könnte sich jetzt überlegen, mit welcher Wahrscheinlichkeit jeder der beiden Werte auftritt, welchen Wert die Variable X im Durchchnitt bei einer größe-

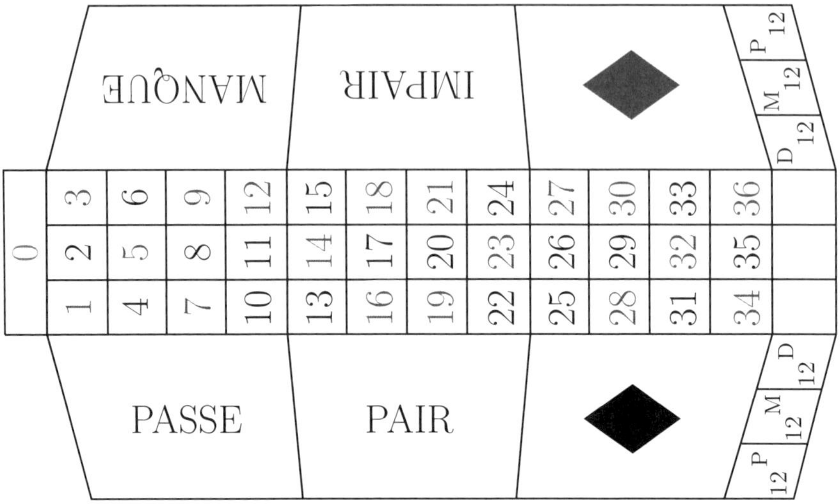

ABBILDUNG 9.1. Spielfeld beim Roulette

ren Zahl von Spielen annehmen wird oder wie man die Streuung dieser Variablen messen kann usw. Was bei diesen Überlegungen auffällt, ist die Tatsache, dass die Zahl im Roulette-Kessel eher zur Nebensache wird und man eigentlich nur an deren Resultat – dem Gewinn oder dem Verlust – interessiert ist. Von jetzt an werden wir beginnen, den konkreten Ergebnisraum des Zufallsexperiments in einem gewissem Sinne „auszublenden“. Die Darstellung von Ereignissen wird in zunehmendem Maße auf der Basis von Zufallsvariablen erfolgen. Wie diese Akzentverschiebung genauer aussehen wird und welche Konsequenzen das hat, werden wir in diesem und den folgenden Kapiteln erfahren.

Es folgt ein kurzer Überblick über den Inhalt dieses Kapitels. Im ersten Abschnitt werden diskrete Zufallsvariablen definiert und zwei zentrale Grundbegriffe behandelt, die Wahrscheinlichkeitsfunktion und die Verteilungsfunktion. Der zweite Abschnitt präsentiert mit dem Erwartungswert und der Varianz (bzw. der Standardabweichung) zwei Maßzahlen zur Beschreibung des Mittelwerts und der Streuung diskreter Zufallsvariablen. Dabei handelt es sich um die stochastischen, das heißt zufallsabhängigen, Versionen des arithmetischen Mittels und der Varianz aus der Deskriptiven Statistik. Zur Berechnung dieser Maßzahlen werden einige Rechenregeln angegeben. Außerdem illustrieren verschiedene Beispiele die Anwendung des Erwartungswerts und der Varianz diskreter Zufallsvariablen. Im dritten Abschnitt wird dann das Konzept der Unabhängigkeit von Ereignissen auf diskrete Zufallsvariablen übertragen.

9.1. Wahrscheinlichkeitsfunktion und Verteilungsfunktion

Wenn im Folgenden von diskreten Zufallsvariablen die Rede ist, werden wir zunächst von einem endlichen Wertebereich ausgehen, was vor allem die Darstellung der Grundlagen vereinfacht. Man beachte allerdings, dass die Annahme eines unendlichen Wertebereichs bei vielen praktischen Anwendungen durchaus sinnvoll ist. Auf entsprechende Beispiele werden wir in Kapitel 10 im Zusammenhang mit der Poisson-Verteilung eingehen. Diskrete Zufallsvariablen werden daher zunächst wie folgt definiert[1,2]:

Diskrete Zufallsvariable

Eine diskrete Zufallsvariable X ordnet jedem Element des Ergebnisraums S genau einen der Werte $x_1, x_2, \ldots, x_k$ zu.

Unter einer diskreten Zufallsvariablen versteht man somit eine Funktion, die jedem Ergebnis $s \in S$ des Zufallsexperiments genau eine reelle Zahl $X(s)$ zuordnet, was man symbolisch als $X\colon S \rightarrow \mathbb{R}$ schreiben kann. Der Ergebnisraum S tritt also hier als Definitionsbereich der Zufallsvariablen auf. Der Vorteil der Verwendung von Zufallsvariablen besteht darin, dass sie die Beschreibung von Ereignissen und damit den Umgang mit ihnen wesentlich erleichtern.

Angenommen, Sie setzen beim Roulettespiel einen Jeton auf eine einzelne Zahl, zum Beispiel auf 19. Falls diese Zahl erscheint, gewinnen Sie laut Spielregel 35 Jetons, andernfalls verlieren Sie einen Jeton. Ist $S = \{0, 1, \ldots, 36\}$ der zugehörige Ergebnisraum und X der Gewinn bei diesem Spiel, dann gilt somit $X(19) = 35$ und $X(s) = -1$ für $s \neq 19$, was man auch so formulieren kann:

$$X = \begin{cases} 35 & \text{falls die Zahl 19 erscheint} \\ -1 & \text{sonst} \end{cases}$$

Man beachte, dass es hier nicht so sehr darauf ankommt, welcher Wert des Ergebnisraums tatsächlich auftritt. Im Prinzip würde es genügen zu erfahren, dass Sie gewonnen haben. Entscheidend ist, ob das Resultat einen Gewinn in Höhe von 35 Jetons oder einen Verlust von einem Jeton ergibt. Dies wird gerade durch die Zufallsvariable X beschrieben. Offensichtlich nimmt X den Wert 35 mit einer Wahrscheinlichkeit von $1/37$ und den Wert -1 mit einer Wahrscheinlichkeit von 36/37 an. Dies würde der Anwendung des Laplace-Modells entsprechen. In der üblichen Schreibweise für diskrete Zufallsvariablen würde man das wie folgt ausdrücken[3]:

$$P(X = 35) = \frac{1}{37}$$

$$P(X = -1) = \frac{36}{37}$$

So besagt etwa die erste Gleichung, dass die Wahrscheinlichkeit, dass die Zufallsvariable X den Wert 35 annimmt, gleich 1/37 ist. Für jeden Wert x, der verschieden von 35 bzw. -1 ist, gilt natürlich $P(X=x)=0$. Die obige Darstellung beschreibt die sogenannte Wahrscheinlichkeitsfunktion der Zufallsvariablen X.

Wahrscheinlichkeitsfunktion

Die Wahrscheinlichkeitsfunktion einer diskreten Zufallsvariablen X ist gegeben durch die Wahrscheinlichkeiten

$$P(X = x_i) \quad \text{für } i = 1, 2, \ldots, k$$

wobei $x_1, x_2, \ldots, x_k$ die möglichen Werte der Zufallsvariablen X sind.

Ausgehend von dieser Definition sollte dann auch die Verwendung von Schreibweisen wie etwa $P(X>0)$ oder $P(2<X<5)$ verständlich sein, die typisch für den Umgang mit Zufallsvariablen sind. Im ersteren Fall geht es um die Wahrscheinlichkeit (des Ereignisses), dass die Zufallsvariable X einen Wert größer als Null annimmt, im zweiten Fall um die Wahrscheinlichkeit (des Ereignisses), dass die Zufallsvariable X einen Wert annimmt, der größer ist als zwei, aber kleiner ist als fünf. Die Wahrscheinlichkeitsfunktion beschreibt damit die Verteilung[4] einer diskreten Zufallsvariablen. Anders ausgedrückt: sie beschreibt, wie den einzelnen Werten der Zufallsvariablen die jeweiligen Wahrscheinlichkeiten zugeordnet sind. Hier haben wir eine ähnliche Situation wie beim Begriff der Verteilung in der Deskriptiven Statistik.

Eine alternative Möglichkeit, die Verteilung einer diskreten Zufallsvariablen zu beschreiben, besteht in der Verwendung der sogenannten Verteilungsfunktion. Dabei wird einer beliebigen (das heißt also jeder) Zahl x die Wahrscheinlichkeit zugeordnet, dass die Zufallsvariable X einen Wert annimmt, der kleiner oder gleich x ist.

Verteilungsfunktion

Ist X eine diskrete Zufallsvariable, dann nennt man die Funktion

$$F(x) = \mathrm{P}(X \leq x)$$

die Verteilungsfunktion von X, wobei x eine beliebige Zahl sein kann. Es gilt damit:

$$F(x) = \sum_{x_i \leq x} \mathrm{P}(X = x_i)$$

Man beachte, dass die Verteilungsfunktion für jede Zahl x definiert ist. Für unser Beispiel kann man die Verteilungsfunktion wie folgt formulieren:

$$F(x) = \begin{cases} 0 & x < -1 \\ \dfrac{36}{37} & -1 \leq x < 35 \\ 1 & x \geq 35 \end{cases}$$

Für $x = -1$ ist daher $F(-1) = 36/37$, für $x = 10$ gilt ebenfalls $F(10) = 36/37$ und für $x = 35$ ist natürlich $F(35) = 1$. Man kann übrigens zeigen, dass man aus der Kenntnis der Verteilungsfunktion wiederum die Wahrscheinlichkeitsfunktion bestimmen kann. Es handelt sich somit um zwei äquivalente Konzepte, mit deren Hilfe man die Verteilung einer diskreten Zufallsvariablen beschreiben kann. Der Einfachheit halber werden wir aber für diskrete Zufallsvariablen den Begriff der Verteilung vor allem im Zusammenhang mit der Wahrscheinlichkeitsfunktion verwenden.

9.2. Erwartungswert und Varianz

Betrachten wir noch einmal die oben beschriebene Situation beim Roulettespiel, die in Abbildung 9.2 in Form eines Baumdiagramms wiedergegeben ist. Dabei bedeuten die Werte bei den Knoten die Auszahlungen und die Werte bei den Kanten die Wahrscheinlichkeiten. Hier handelt es sich um eine Situation, wie sie in ähnlicher Form auch bei anderen Anwendungen auftreten kann. Ein Schadensfall oder der erfolgreiche Abschluss eines Projekts kann zum Beispiel mit einer Wahrscheinlichkeit p eintreten, während das komplementäre Ereignis mit der Wahrscheinlichkeit $1-p$ eintritt, wobei das Ganze noch mit entsprechenden Auszahlungen verbunden ist.

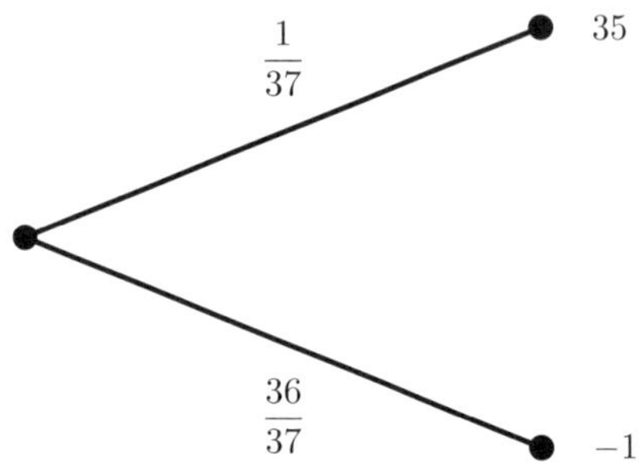

ABBILDUNG 9.2. Baumdiagramm

Eine nahe liegende Frage wäre jetzt wohl, mit welchem Ertrag man in einer solchen Situation rechnen könnte. Genauer gesagt – um beim Roulette-Spiel zu bleiben – mit welchem Ertrag man im Durchschnitt pro Spiel rechnen könnte. Eine radikale Lösung wäre, einfach an einer größeren Zahl von Spielen teilzunehmen und anschließend den durchschnittlichen Gewinn pro Spiel zu berechnen. Damit hätte man eine ungefähre Vorstellung vom Ertrag dieses Spiels. Eine einfachere und außerdem risikolose Vorgangsweise würde darin bestehen, auf sogenannte Permanenzen, das heißt auf publizierte Spielergebnisse, zurückzugreifen und für diese dann einen Durchschnittswert zu berechnen.

Da uns aber Wahrscheinlichkeiten zur Verfügung stehen, gibt es noch eine weitere Möglichkeit, die obige Frage zu beantworten. Wenn man einmal gedanklich das beschriebene Spiel n-mal wiederholen würde, dann könnte man den durchschnittlichen Gewinn pro Spiel nämlich dadurch berechnen, dass man statt der Einzelergebnisse die entsprechenden absoluten Häufigkeiten verwendet. Da als mögliche Werte nur die Zahlen 35 und -1 auftreten können, kann man also den durchschnittlichen Gewinn pro Spiel auch schreiben als

$$\overline{x} = \frac{1}{n}(35 \cdot h_1 + (-1) \cdot h_2)$$

wobei h_1 bzw. h_2 die Zahl derjenigen Spiele bedeutet, bei denen 35 Jetons gewonnen bzw. ein Jeton verloren wurde. Es gilt natürlich $h_1 + h_2 = n$. Formt man die obige Gleichung etwas um, dann erhält man eine Darstellung auf der Grundlage der relativen Häufigkeiten

$$\overline{x} = 35 \cdot \frac{h_1}{n} + (-1) \cdot \frac{h_2}{n}$$

Würde man eine solche Spielserie mehrmals für die gleiche Zahl n von Spielen wiederholen, dann würden die relativen Häufigkeiten und damit das arithmetische

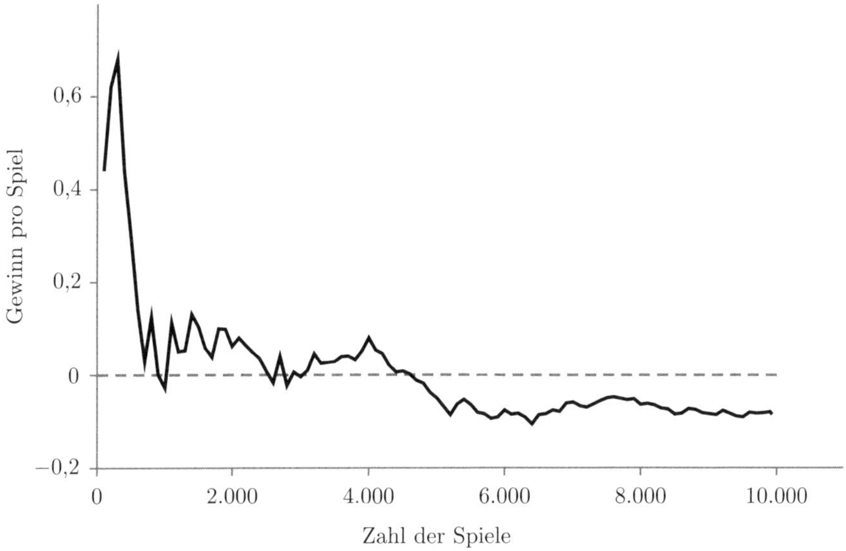

ABBILDUNG 9.3. Durchschnittlicher Gewinn pro Spiel bei (ungefähr) 10000 Spielen

Mittel in der Regel unterschiedliche Werte aufweisen. Für größere n sollten diese allerdings nicht allzu sehr voneinander abweichen. Wenn man die in Kapitel 7 präsentierten Spielergebnisse heranzieht, dann dürfte der durchschnittliche Gewinn pro Spiel offensichtlich leicht negativ sein, wie man an Hand von Abbildung 9.3 erkennen kann. Tatsächlich ist es möglich, diesen Wert allein mit Hilfe der beiden Auszahlungen und der zugehörigen Wahrscheinlichkeiten zu berechnen. Dies führt uns zum Begriff des Erwartungswerts einer diskreten Zufallsvariablen.

Erwartungswert

$$\mathrm{E}(X) = \sum_{i=1}^{k} x_i \cdot \mathrm{P}(X = x_i)$$

Statt der relativen Häufigkeiten verwendet man also die zugehörigen Wahrscheinlichkeiten und gelangt auf diese Weise zum gesuchten Ergebnis:

$$\mathrm{E}(X) = 35 \cdot \frac{1}{37} + (-1) \cdot \frac{36}{37} = -\frac{1}{37} = -0{,}027$$

Zur Berechnung des Erwartungswerts $\mathrm{E}(X)$, der häufig auch mit dem griechischen Buchstaben μ bezeichnet wird[5], werden lediglich die einzelnen Werte der

Zufallsvariablen X sowie die zugehörigen Wahrscheinlichkeiten benötigt. Die Zahl $-0{,}027 = -2{,}7\,\%$ würde man dann als erwarteten Mittelwert interpretieren. Bei einer größeren Zahl von tatsächlich durchgeführten Spielen sollte der durchschnittliche Ertrag (in diesem Fall wäre es natürlich ein Verlust) in der Nähe von $-2{,}7\,\%$ liegen. Dieser erwartete Verlust bedeutet umgekehrt natürlich den Gewinn des Spielcasinos.

Eigenschaften des Erwartungswerts

1. $\mathrm{E}(aX + b) = a\mathrm{E}(X) + b$
2. $\mathrm{E}(X_1 + X_2 + \cdots + X_n) = \mathrm{E}(X_1) + \mathrm{E}(X_2) + \cdots + \mathrm{E}(X_n)$
   wobei $X_1, X_2, \ldots, X_n$ diskrete Zufallsvariablen sind.

Aus der Mathematik wissen wir, dass Kombinationen von Funktionen wiederum Funktionen ergeben. So ist etwa die Summe oder das Produkt von stetigen Funktionen wiederum eine stetige Funktion. Ähnliches gilt auch bei der Kombination von Zufallsvariablen. Ist X eine Zufallsvariable, dann gilt dies auch für $X+4$, X^2 oder $1/X$. Ist Y eine weitere Zufallsvariable, dann sind auch $X+Y$, $X \cdot Y$ und X/Y Zufallsvariablen, wobei im letzteren Fall vorausgesetzt wird, dass Y nicht den Wert 0 annimmt. Während die möglichen Werte derartiger Kombinationen noch relativ einfach bestimmt werden können, kann die Bestimmung der zugehörigen Verteilung schon wesentlich schwieriger sein. Wir werden im Folgenden dazu einige einfache Beispiele betrachten. In manchen Fällen lässt sich mit Hilfe der obigen Rechenregeln der Erwartungswert relativ einfach berechnen.

Varianz und Standardabweichung

$$\mathrm{Var}(X) = \sum_{i=1}^{k} (x_i - \mathrm{E}(X))^2 \cdot \mathrm{P}(X = x_i)$$

Die Standardabweichung von X ist definiert als

$$\sqrt{\mathrm{Var}(X)}$$

Ähnlich wie in der Deskriptiven Statistik werden auch bei Zufallsvariablen Streuungsmaßzahlen verwendet. Die beiden wichtigsten sind die Varianz bzw. die

Standardabweichung, die häufig auch mit σ^2 bzw. σ bezeichnet werden[6]. Auch in diesem Fall stehen einige Rechenregeln zur Verfügung, die die Berechnung der Varianz vereinfachen.

Eigenschaften der Varianz

1. $\text{Var}(X) = \text{E}(X^2) - (\text{E}(X))^2$
2. $\text{Var}(aX + b) = a^2\text{Var}(X)$

Da bei unserem Roulette-Beispiel der Erwartungswert $\text{E}(X)$ des Gewinns X bereits bekannt ist, würde man zur Berechnung[7] der Varianz noch den Erwartungswert $\text{E}(X^2)$ benötigen. Man beachte dabei, dass die möglichen Werte der Zufallsvariablen X^2 gerade die quadrierten Werte der Zufallsvariablen X sind, das heißt in diesem Fall die Zahlen 35^2 und $(-1)^2$. Der zugehörige Erwartungswert lautet daher:

$$\text{E}\left(X^2\right) = 35^2 \cdot \frac{1}{37} + (-1)^2 \cdot \frac{36}{37} = 34{,}081$$

Die Varianz von X besitzt daher den Wert

$$\text{Var}(X) = \text{E}\left(X^2\right) - (\text{E}(X))^2 = 34{,}08$$

wobei sich in diesem speziellen Fall $\text{Var}(X)$ und $\text{E}(X^2)$ praktisch nicht unterscheiden, was auf den geringen Wert von $\text{E}(X)$ zurückzuführen ist. Die Standardabweichung ist gleich

$$\sigma = \sqrt{34{,}08} = 5{,}838$$

was man zum Beispiel zur Beschreibung des Risikos der verwendeten Spielstrategie verwenden könnte.

Beispiel 9.1

Betrachten wir in diesem Zusammenhang wieder das klassische Zufallsexperiment, das Werfen eines Würfels. Als Zufallsvariable X verwenden wir die beobachtete Augenzahl beim Würfeln. In diesem Fall stimmen übrigens die möglichen Werte von X, das heißt die Zahlen von 1 bis 6, mit den Elementen des Ergebnisraums überein. Die Frage lautet jetzt: Wie groß ist der Erwartungswert bzw. die Varianz (Standardabweichung) von X?

Ausgehend vom Laplace-Modell erhält man zunächst für den Erwartungswert von X die Zahl

$$\text{E}(X) = 1 \cdot \frac{1}{6} + 2 \cdot \frac{1}{6} + \cdots + 6 \cdot \frac{1}{6} = 3{,}5$$

Wenn man also einen Würfel häufig wirft, dann sollte der Mittelwert der beobachteten Augenzahlen in der Nähe von 3,5 liegen. Für die Berechnung der Varianz benötigen wir noch den Wert von $\mathrm{E}(X^2)$:

$$\mathrm{E}\left(X^2\right) = 1^2 \cdot \frac{1}{6} + 2^2 \cdot \frac{1}{6} + \cdots + 6^2 \cdot \frac{1}{6} = 15{,}17$$

Damit ergibt sich für die Varianz der Wert

$$\begin{aligned} \mathrm{Var}(X) &= \mathrm{E}\left(X^2\right) - (\mathrm{E}(X))^2 \\ &= 15{,}17 - 3{,}5^2 = 2{,}9 \end{aligned}$$

und somit für die Standardabweichung der Wert $\sigma = 1{,}7$. □

Beispiel 9.2

Die Entscheidungstheorie beschäftigt sich mit Situationen, bei denen unter verschiedenen Rahmenbedingungen (Sicherheit, Unsicherheit, Risiko) entsprechende Entscheidungsregeln angewandt werden. Bei den Entscheidungen unter Risiko sind dabei Wahrscheinlichkeiten für die einzelnen Alternativen gegeben, die zum Beispiel auf Expertenschätzungen beruhen können.

Angenommen, jemand beabsichtigt, zu Beginn eines Jahres einen bestimmten Betrag in einem von drei verschiedenen Investmentfonds A, B und C anzulegen. Die Prognose eines Finanzexperten für das Investmentklima in diesem Jahr lautet wie folgt: gut = 50 %, unverändert = 25 % und schlecht = 25 %. Tabelle 9.1 enthält für diese drei Szenarien die (prognostizierten) Jahresrenditen der Investmentfonds A, B und C. Für welchen der drei Investmentfonds sollte er sich entscheiden?

Tabelle 9.1. Renditen der Investmentfonds (in %)

	Investmentklima		
Investmentfonds	gut	unverändert	schlecht
A	12	7	3
B	15	9	−5
C	20	12	−10

Unter diesen Voraussetzungen könnte man zunächst versuchen, die erwarteten Renditen der einzelnen Investmentfonds zu berechnen. Bezeichnet man diese mit $\mathrm{E}(A)$, $\mathrm{E}(B)$ bzw. $\mathrm{E}(C)$, dann erhält man unter Verwendung der obigen Informationen die Werte $\mathrm{E}(A) = 8{,}5\,\%$, $\mathrm{E}(B) = 8{,}5\,\%$ und $\mathrm{E}(C) = 10{,}5\,\%$. Die größte erwartete Rendite liefert somit das Ergebnis für den Investmentfonds C. Da man bei Investmententscheidungen immer auch das Risiko beachten sollte, wäre es sinnvoll, auch die Varianz bzw. die Standardabweichung als Risikomaß für jede Alternative zu berechnen. Die Ergebnisse dazu lauten: $\sigma(A) = 0{,}038$, $\sigma(B) = 0{,}082$ und $\sigma(C) = 0{,}123$. Dass die Anlage mit der höchsten erwarteten Rendite auch das höchste Risiko besitzt, ist aus finanztheoretischer Sicht plausibel. Interessant sind die Ergebnisse für A und B. Bei jeweils gleicher Rendite ist das Risiko für A geringer. Bei einer Entscheidung zwischen A und B würde man daher A wählen, vorausgesetzt Rendite und Risiko sollen als alleinige Entscheidungsgrundlagen verwendet werden. Die Entscheidung für oder gegen B hängt letztlich von der Risikopräferenz des Anlegers ab. □

Ähnlich wie bei der Definition von z-Werten in der Deskriptiven Statistik kann man eine Standardisierung auch bei diskreten Zufallsvariablen vornehmen. Betrachten wir dazu eine Zufallsvariable X mit dem Erwartungswert μ und der Standardabweichung σ. Durch die folgende Transformation der Zufallsvariablen X erhält man die sogenannte standardisierte Zufallsvariable

$$Z = \frac{X - \mu}{\sigma}$$

Berechnet man den Erwartungswert von Z, dann erhält man

$$\mathrm{E}(Z) = \mathrm{E}\left(\frac{X-\mu}{\sigma}\right) = \frac{1}{\sigma}\mathrm{E}(X-\mu) = \frac{1}{\sigma}\left(\mathrm{E}(X) - \mu\right) = 0$$

wobei entsprechende Rechenregeln für den Erwartungswert verwendet wurden. Mit Hilfe der Rechenregeln für die Varianz erhält man

$$\mathrm{Var}(Z) = \mathrm{Var}\left(\frac{X-\mu}{\sigma}\right) = \frac{1}{\sigma^2}\mathrm{Var}(X-\mu) = \frac{1}{\sigma^2}\mathrm{Var}(X) = 1$$

Für die standardisierte Zufallsvariable Z ist also $\mathrm{E}(Z) = 0$ und $\mathrm{Var}(Z) = 1$. Auf dieses Resultat werden wir später noch zurückkommen.

9.3. Unabhängige Zufallsvariablen

Im vorigen Kapitel wurde der Begriff der Unabhängigkeit von Ereignissen eingeführt. Danach gelten zwei Ereignisse A und B als unabhängig, falls die Wahrscheinlichkeit für das gemeinsame Eintreten beider Ereignisse gleich dem Produkt ihrer Wahrscheinlichkeiten ist. Anschaulich gesprochen bedeutet die Unabhängigkeit zweier Ereignisse, dass durch das Eintreten eines der beiden Ereignisse die Wahrscheinlichkeit für das Eintreten des anderen Ereignisses nicht beeinflusst wird. Dieser Unabhängigkeitsbegriff lässt sich auf diskrete Zufallsvariablen übertragen. An Stelle von A und B verwendet man entsprechend die Ereignisse „$X = x$“ und „$Y = y$“, wobei x und y beliebige Werte der diskreten Zufallsvariablen X und Y darstellen.

Unabhängige Zufallsvariablen

Zwei diskrete Zufallsvariablen X und Y heißen unabhängig, falls gilt

$$\mathrm{P}(X = x \text{ und } Y = y) = \mathrm{P}(X = x) \cdot \mathrm{P}(Y = y)$$

für alle möglichen Werte x und y.

Die Wahrscheinlichkeit $\mathrm{P}(X = x \,\text{und}\, Y = y)$ wird übrigens häufig auch durch $\mathrm{P}(X = x,\ Y = y)$ abgekürzt. In diesem Zusammenhang sei darauf hingewiesen, dass im Falle der Unabhängigkeit zweier diskreter Zufallsvariablen zum Beispiel auch die Gleichung $\mathrm{P}(X \leq x,\ Y \leq y) = \mathrm{P}(X \leq x) \cdot \mathrm{P}(Y \leq y)$ gilt. Die Definition der Unabhängigkeit zweier diskreter Zufallsvariablen lässt sich entsprechend auf den Fall beliebig endlich vieler diskreter Zufallsvariablen erweitern.

Unabhängigkeit endlich vieler Zufallsvariablen

Die diskreten Zufallsvariablen $X_1, X_2, \ldots, X_n$ heißen unabhängig, falls die Ereignisse „$X_1 = x_1$“, „$X_2 = x_2$“, …, „$X_n = x_n$“ unabhängig sind, das heißt also, falls gilt:

> Die Wahrscheinlichkeit, dass die ausgewählten Ereignisse gemeinsam eintreten, ist gleich dem Produkt ihrer Wahrscheinlichkeiten.

Die Unabhängigkeit von Zufallsvariablen wird somit auf die Unabhängigkeit der Ereignisse „$X_i = x_i$“ zurückgeführt. Betrachtet man zum Beispiel drei unabhängige Zufallsvariablen X, Y und Z, dann gilt also nicht nur

$$\mathrm{P}(X = x, Y = y, Z = z) = \mathrm{P}(X = x) \cdot \mathrm{P}(Y = y) \cdot \mathrm{P}(Z = z)$$

sondern auch die folgenden Aussagen:

$$
\begin{aligned}
P(X = x, Y = y) &= P(X = x) \cdot P(Y = y) \\
P(X = x, Z = z) &= P(X = x) \cdot P(Z = z) \\
P(Y = y, Z = z) &= P(Y = y) \cdot P(Z = z)
\end{aligned}
$$

Für unabhängige Zufallsvariablen gibt es einige spezielle Rechenregeln für Erwartungswert und Varianz, die im Folgenden zusammengestellt sind.

Eigenschaften unabhängiger Zufallsvariablen

Für unabhängige diskrete Zufallsvariablen X_1, X_2, …, X_n gilt:

1. $E(X_1 \cdot X_2 \cdot \ldots \cdot X_n) = E(X_1) \cdot E(X_2) \cdot \ldots \cdot E(X_n)$
2. $\operatorname{Var}(X_1 + X_2 + \cdots + X_n) = \operatorname{Var}(X_1) + \operatorname{Var}(X_2) + \cdots + \operatorname{Var}(X_n)$

Die Verwendung von Zufallsvariablen vereinfacht oft die Modellierung realer Situationen. Betrachten wir dazu als Beispiel eine Umfrage, für die eine gewisse Zahl n von Personen zufällig ausgewählt und befragt werden. Nehmen wir an, dass nur eine einzige Frage gestellt wird, für die es zwei mögliche Antworten gibt, nämlich Ja oder Nein. Im Zusammenhang mit einem Tunnelprojekt könnte man sich etwa vorstellen, dass man eine Stichprobe aus der Bevölkerung zieht und die ausgewählten Personen gefragt werden, ob sie für (= Ja) oder gegen (= Nein) die Errichtung des Tunnels sind. Kodiert man die Ja-/Nein-Antworten entsprechend mit $0/1$, dann lassen sich die Antworten der n zufällig ausgewählten Personen als Realisationen von n Zufallsvariablen $X_1, X_2, \ldots, X_n$ interpretieren[8]. Das lässt sich wie folgt formalisieren

$$
X_i = \begin{cases} 1 & \text{falls die } i\text{-te Person mit Nein antwortet} \\ 0 & \text{sonst} \end{cases}
$$

für $i = 1, 2, \ldots, n$. Aus Gründen, die erst im folgenden Kapitel verständlich werden, treffen wir die zusätzliche Annahme, dass die Zufallsvariablen unabhängig sind und alle dieselbe Verteilung besitzen. Die Zahl X der Tunnelgegner lässt sich offensichtlich als die Summe

$$
X = X_1 + X_2 + \cdots + X_n
$$

der einzelnen Zufallsvariablen darstellen. Nahe liegend wäre es, für diese Zufallsvariable zunächst den Erwartungswert zu bestimmen

$$\begin{aligned} \mathrm{E}(X) &= \mathrm{E}(X_1 + X_2 + \cdots + X_n) \\ &= \mathrm{E}(X_1) + \mathrm{E}(X_2) + \cdots + \mathrm{E}(X_n) \end{aligned}$$

Da jede der Zufallsvariablen X_1, X_2, ..., X_n entweder den Wert 1 (mit einer gewissen Wahrscheinlichkeit p) oder den Wert 0 (mit der Wahrscheinlichkeit $1-p$) annimmt, gilt für den Erwartungswert von X_i

$$\mathrm{E}(X_i) = 1 \cdot p + 0 \cdot (1-p) = p$$

und somit für den Erwartungswert von X

$$\mathrm{E}(X) = np$$

Man beachte dabei, dass p die Wahrscheinlichkeit ist, dass eine zufällig ausgewählte Person ein Tunnelgegner ist, was offensichtlich gerade dem (unbekannten) Anteil der Tunnelgegner in der Bevölkerung entspricht. Für die Berechnung der Varianz von X verwenden wir die Voraussetzung, dass die Zufallsvariablen $X_1, X_2, \ldots, X_n$ unabhängig sind. Damit können wir eine Eigenschaft unabhängiger Zufallsvariablen verwenden:

$$\begin{aligned} \mathrm{Var}(X) &= \mathrm{Var}(X_1 + X_2 + \cdots + X_n) \\ &= \mathrm{Var}(X_1) + \mathrm{Var}(X_2) + \cdots + \mathrm{Var}(X_n) \end{aligned}$$

Der Wert dieser Summe lässt sich relativ einfach mit Hilfe der Varianz der einzelnen Summanden X_i berechnen. Es gilt nämlich

$$\begin{aligned} \mathrm{Var}(X_i) &= \mathrm{E}\left(X_i^2\right) - (\mathrm{E}(X_i))^2 \\ &= 1^2 \cdot p + 0^2 \cdot (1-p) - p^2 \\ &= p(1-p) \end{aligned}$$

und damit besitzt die Varianz der Zufallsvariablen X den Wert:

$$\mathrm{Var}\,(X) = np\,(1-p)$$

Somit verfügen wir über einige Informationen im Hinblick auf die Verteilung der Zufallsvariablen X. Die Zufallsvariable $\overline{X} = X/n$, das heißt das arithmetische Mittel kann man dann dazu verwenden, um den unbekannten Anteil p zu schätzen. Darauf werden wir im Rahmen der Induktiven Statistik näher eingehen.

Anmerkungen

1 Zufallsvariablen werden oft mit den Großbuchstaben X, Y, Z oder auch U, V, W bezeichnet (gegebenenfalls mit einer Indizierung), während die Realisationen mit den entsprechenden Kleinbuchstaben bezeichnet werden. Für Ereignisse werden dagegen häufig die Buchstaben A, B, C usw. verwendet.

2 Die einzelnen Werte, die eine diskrete Zufallsvariable annehmen kann, können grundsätzlich beliebig sein. Besondere Bedeutung besitzen allerdings solche Zufallsvariablen, die als Zählvariablen auftreten und deren mögliche Werte nichtnegative ganze Zahlen sind. Das folgende Kapitel behandelt die wichtigsten Beispiele derartiger Zufallsvariablen.

3 An dieser Stelle sei noch einmal daran erinnert, dass Wahrscheinlichkeiten für Ereignisse definiert sind, das heißt für Teilmengen des Ergebnisraums. Die Schreibweise „$X = 35$" ist somit nichts anderes als eine Abkürzung für das Ereignis, dass die Zufallsvariable X den Wert 35 annimmt. Da dieses Ereignis aber genau dann eintritt, wenn die Zahl 19 erscheint, gilt daher

$$\mathrm{P}(X = 35) = \mathrm{P}(\{19\}) = \frac{1}{37}$$

wobei sich der Quotient durch Anwendung der Laplace-Definition ergibt. Entsprechend würde $\mathrm{P}(X = x)$ definitionsgemäß

$$\mathrm{P}(X = x) = \mathrm{P}(\{s \in S\colon X(s) = x\})$$

bedeuten, wobei x ein beliebiger Wert sein kann. Ist etwa X die Augensumme beim Werfen zweier Würfel, dann bedeutet „$X = 3$" das Ereignis $\{s \in S\colon X(s) = 3\} = \{(1,2),(2,1)\}$.

4 Sind endlich viele Zahlen $p_1, p_2, \ldots, p_n$ gegeben, die nichtnegativ sind und deren Summe den Wert Eins besitzt, dann kann man eine diskrete Zufallsvariable X definieren, sodass

$$\mathrm{P}(X = x_i) = p_i \qquad i = 1, 2, \ldots, n$$

die zugehörige Wahrscheinlichkeitsfunktion darstellt.

5 Für μ lies: „Müh".

6 Für σ lies: „Sigma".

7 Diese Regel kann man kurz auch so formulieren: Die Varianz einer Zufallsvariablen ist gleich dem Erwartungswert des Quadrats minus dem Quadrat des Erwartungswerts.

8 Eine diskrete Zufallsvariable, die nur die Werte 0 oder 1 annimmt, wird auch als Indikatorvariable, Dummy-Variable oder Bernoulli-Variable (benannt nach dem Mathematiker *J.I. Bernoulli* [1654–1705]) bezeichnet. Derartige Zufallsvariablen werden in Situationen verwendet, bei denen nur zwei verschiedene Ausprägungen auftreten, wie zum Beispiel bei einer Umfrage mit den möglichen Antworten Ja oder Nein, bei einer Qualitätskontrolle („das Produkt ist defekt" bzw. „das Produkt ist nicht defekt") usw. In diesem Fall werden die beiden eigentlich qualitativen Ausprägungen durch die Werte 0 und 1 kodiert und man erhält dadurch eine diskrete Zufallsvariable. Der Wert, den eine solche Zufallsvariable annimmt, gibt an, ob eine bestimmte Ausprägung vorhanden ist (zum Beispiel $X = 0$) oder nicht (zum Beispiel $X = 1$).

Aufgaben

Die folgenden Aufgaben dienen dazu, das Verständnis des behandelten Stoffes zu erleichtern und zu vertiefen. Um einen entsprechenden Lerneffekt zu erzielen, sollten dabei die Konzepte und Methoden verwendet werden, die in diesem Kapitel präsentiert wurden. Soweit es um eigene Berechnungen geht, sollte man besonders auf die Darstellung des Lösungswegs achten. Für die mit einem * gekennzeichneten Aufgaben ist eine geeignete Software erforderlich bzw. empfehlenswert. Beachten Sie dazu auch die Hinweise in Anhang A. Lösungen zu den Aufgaben mit geraden Nummern finden Sie in Anhang B.

9.1 Berechnen Sie für die Zufallsvariable

$$X = \text{Summe der Augenzahlen beim Werfen zweier Würfel}$$

die folgenden Wahrscheinlichkeiten:

a) $\mathrm{P}(2 < X \leq 4)$

b) $\mathrm{P}(X > 4)$

c) $\mathrm{P}(X \geq 4)$

d) $\mathrm{P}(10{,}5 < X \leq 12)$

9.2 Eine diskrete Zufallsvariable X besitzt folgende Wahrscheinlichkeitsfunktion:

x	0	20	40	60	80	100
$\mathrm{P}(X = x)$	0,10	0,15	0,25	0,20	0,20	0,10

Berechnen Sie dazu die Wahrscheinlichkeiten

a) $\mathrm{P}(X \geq 30)$

b) $\mathrm{P}(X = 40 \text{ oder } X = 80)$

c) $\mathrm{P}(40 \leq X < 90)$

9.3 Die Verteilung einer diskreten Zufallsvariablen X sei gegeben durch die folgende Tabelle:

x	0	50	100
$\mathrm{P}(X = x)$	0,30	0,40	0,30

a) Bestimmen Sie die Verteilungsfunktion der Zufallsvariablen X.

b) Wie groß ist $F(60)$? Interpretieren Sie diesen Wert.

9.4 Eine Zufallsvariable X besitzt die folgende Wahrscheinlichkeitsfunktion:

x	−2	−1	0	1	2
$\mathrm{P}(X = x)$	0,1	0,2	0,2	0,4	0,1

a) Berechnen Sie $E(X)$ und $E(-3X+4)$.

b) Bestimmen Sie die Verteilung von X^2.

9.5 Die monatliche Nachfrage nach einem bestimmten Produkt eines Unternehmens sei durch die folgende Wahrscheinlichkeitsverteilung gegeben:

Stückzahl x	50	100	150	200
$P(X=x)$	0,25	0,5	0,15	0,1

a) Welche Stückzahl wird im Durchschnitt pro Monat nachgefragt?

b) Angenommen, der Verkaufspreis pro Stück liegt bei 500 Euro und die Herstellungskosten bei 400 Euro. Wie kann man den monatlichen Gewinn Y darstellen in Abhängigkeit von der nachgefragten Menge X?

c) Wie hoch ist bei diesem Produkt der durchschnittliche Gewinn pro Monat?

9.6 Gegeben sei eine diskrete Zufallsvariable X mit $E(X)=2$ und $Var(X)=5$. Bestimmen Sie

a) $E(5X)$ und $E(X^2)$

b) $E(-4X+2)$ und $E(-3X^2+2X-1)$

c) $Var(-2X)$ und $Var(-2X+2)$

9.7 Auf die Frage, was man unter dem Erwartungswert einer diskreten Zufallsvariablen versteht, wurden bei Klausuren unter anderem die folgenden Antworten gegeben:

a) „Der Erwartungswert einer diskreten Zufallsvariablen ist der wahrscheinlichste Wert".

b) „Der Erwartungswert einer diskreten Zufallsvariablen ist derjenige Wert, den man erwartet".

Kommentieren Sie diese Antworten, gegebenenfalls an Hand eines Beispiels.

9.8 Die Zahl X der Ausfälle einer Maschine im Laufe einer Woche wird durch folgende Wahrscheinlichkeitsfunktion beschrieben:

Ausfälle x	0	1	2
$P(X=x)$	0,5	0,3	0,2

Berechnen Sie Erwartungswert und Standardabweichung der wöchentlichen Ausfälle.

9.9 Sie stehen vor einer Entscheidungssituation, die durch die beiden folgenden Auszahlungsprofile (Angaben in Euro) beschrieben ist:

Alternative A		Alternative B	
Auszahlung	Wahrscheinlichkeit	Auszahlung	Wahrscheinlichkeit
5000	0,10	1000	0,20
400	0,90	800	0,80

Für welche der beiden Alternativen würden Sie sich entscheiden? Begründen Sie Ihre Antwort.

9.10 (Fortsetzung von Aufgabe 9.8) Die wöchentlichen Reparaturkosten R werden durch die folgende Gleichung beschrieben:

$$R = 100 + 150X^2$$

Berechnen Sie $\mathrm{E}(R)$ und $\mathrm{Var}(R)$.

Fragen

1. Was ist eine diskrete Zufallsvariable?
2. Was versteht man unter der Wahrscheinlichkeitsfunktion einer diskreten Zufallsvariablen?
3. Was versteht man unter der Verteilungsfunktion einer diskreten Zufallsvariablen?
4. Was bedeutet die Verteilung einer diskreten Zufallsvariablen?
5. Was ist der Unterschied zwischen den Begriffen Zufallsvariable und Verteilung?
6. Wie lässt sich der Erwartungswert einer diskreten Zufallsvariablen interpretieren?
7. Wie lässt sich die Varianz bzw. die Standardabweichung einer diskreten Zufallsvariablen interpretieren?
8. Was bedeutet es, praktisch gesehen, wenn zwei diskrete Zufallsvariablen unabhängig sind?
9. Welche Vorteile bietet die Verwendung von Zufallsvariablen?
10. Was bedeutet es, wenn zwei Zufallsvariablen X und Y dieselbe Verteilung haben?

Exkurs

Programme, Evaluierung und kontrafaktische Situationen

Heutzutage liefern Medienberichte immer wieder Informationen über verschiedenste staatliche Förderungsprogramme. Man denke etwa an Arbeitsmarktprogramme, aber auch an andere Programme, wie etwa die Verschrottungsprämie für Altautos, Gegengeschäfte usw. Eine in diesem Zusammenhang immer häufiger gestellte Frage betrifft die nach der Wirksamkeit derartiger Programme bzw. nach einer geeigneten Evaluierung der durchgeführten Maßnahmen. Eine solche Evaluierung kann mitunter mit sehr komplexen Fragestellungen konfrontiert sein, wie die folgenden Beispiele zeigen:

> Wie viele Neuwagen wären verkauft worden, wenn es keine Verschrottungsprämie gegeben hätte?
>
> Hätte es ohne Kindergeld einen anderen Verlauf der Geburtenrate gegeben?
>
> Wären Gegengeschäfte auch ohne Vermittlung eines Rüstungskonzerns zustande gekommen?

Bei der Beantwortung dieser Fragen stellt sich vor allem das Problem, wie man eigentlich den Effekt bzw. die Wirkung („program impact") eines solchen Programms messen kann. Im Folgenden wird dazu eine kurze Einführung in das Gebiet der Programmevaluierung gegeben.
In diesem Bereich hat sich mittlerweile das sogenannte Konzept der potentiellen Ergebnisse ("potential outcomes framework") als eine Art Standardmodell etabliert. Dazu betrachte man zunächst die beiden folgenden Zufallsvariablen

$$Y_{1i} = \text{Ergebnis von } i \text{ bei Teilnahme}$$
$$Y_{0i} = \text{Ergebnis von } i \text{ bei Nicht-Teilnahme}$$

Dabei könnte i zum Beispiel eine Person sein, die auf Arbeitssuche ist und an einem entsprechenden Arbeitsmarktprogramm teilnehmen will. Das Ergebnis könnte etwa sein, dass die betreffende Person nach einem gewissen Zeitraum eine neue Beschäftigung hat (oder auch nicht), es könnte die Zeitspanne bis zur Aufnahme einer neuen Tätigkeit sein usw.

Unter dem Programm-Effekt („program impact“) Δ_i versteht man dann die Differenz

$$\Delta_i = Y_{1i} - Y_{0i}$$

Man beachte, dass bei Teilnahme an dem erwähnten Programm nur der Wert von Y_{1i} beobachtet wird, bei Nicht-Teilnahme dagegen nur der Wert von Y_{0i}. Beide Werte können natürlich nicht gleichzeitig beobachtet werden. In diesem Zusammenhang spricht man auch von einer kontrafaktischen Situation („was wäre gewesen, wenn ...“).
Wichtig ist dabei die Unterscheidung einerseits zwischen den Ergebnissen Y_{1i} bzw. Y_{0i} des Programms und andererseits der Wirkung Δ_i des Programms. Definiert man die folgende Dummy-Variable

$$D_i = \begin{cases} 1 & \text{Teilnahme am Programm} \\ 0 & \text{keine Teilnahme am Programm} \end{cases}$$

dann lassen sich die beobachtbaren und kontrafaktischen Situationen wie folgt darstellen:

	$D_i = 1$ (Teilnahme)	$D_i = 0$ (Nicht-Teilnahme)
Y_{1i}	beobachtbar	nicht beobachtbar (kontrafaktisch)
Y_{0i}	nicht beobachtbar (kontrafaktisch)	beobachtbar

Da der Programmeffekt nicht direkt beobachtbar ist, wird man versuchen, ihn zu schätzen. Die dazu verwendeten Verfahren sind teilweise allerdings recht subtil und ihre Anwendung erfordert einiges an Geschick und Erfahrung. Die Größe, an deren Schätzung man in der Regel interessiert ist, ist der erwartete Programm-Effekt bei den Teilnehmern (ATET = „Average Treatment Effect on the Treated“), der symbolisch durch den bedingten Erwartungswert $E(\Delta_i|D_i=1)$ beschrieben wird:

$$\begin{aligned} E(\Delta_i|D_i = 1) &= E(Y_{1i} - Y_{0i}|D_i = 1) \\ &= E(Y_{1i}|D_i = 1) - E(Y_{0i}|D_i = 1) \\ &= E(Y_{1i}|D_i = 1) - E(Y_{0i}|D_i = 0) \\ &+ (E(Y_{0i}|D_i = 0) - E(Y_{0i}|D_i = 1)) \end{aligned}$$

Bei den bedingten Erwartungswerten $E(Y_{1i}|D_i=1)$ und $E(Y_{0i}|D_i=0)$ liegen offensichtlich beobachtbare Situationen, bei $E(Y_{0i}|D_i=1)$ und $E(Y_{1i}|D_i=0)$ dagegen kontrafaktische Situationen zugrunde. Das Problem ist hier der Ausdruck $E(Y_{0i}|D_i=0)-E(Y_{0i}|D_i=1)$. Im Allgemeinen kann man nicht davon ausgehen, dass dieser gleich Null ist. Häufig liegt ein sogenannter Selektionseffekt („bias") vor. Der Grund liegt darin, dass Teilnehmer eines Programms oft als fähiger oder motivierter gelten im Vergleich zu Nicht-Teilnehmern und dies beeinflusst natürlich das Ergebnis. Wenn man zum Beispiel in ein Arbeitsmarktprogramm vor allem Personen aufnimmt, die von vornherein gute Vermittlungschancen haben, spricht man auch von einem „Creaming-Effekt". Bei erfolgreicher Arbeitsvermittlung wäre dann der tatsächliche Effekt des Programms eigentlich kleiner. Würde man allerdings die Teilnehmer zufällig auswählen, das heißt eine randomisierte Teilnahme durchführen, dann würde dies den Selektionseffekt eliminieren. In diesem Fall könnte man nämlich Y_{0i} und D_i als unabhängig ansehen, weshalb $E(Y_{0i}|D_i=0)=E(Y_{0i}|D_i=1)$ gelten würde. Der Selektionseffekt würde somit verschwinden.
Man vergleiche diese Situation mit einem medizinischen Experiment, bei der eine zufällig ausgewählte Gruppe von Patienten (Behandlungsgruppe) eine neue Therapie erhält, während eine andere, ebenfalls zufällig ausgewählte, Gruppe (Kontrollgruppe) eine traditionelle Therapie erhält. Durch die Randomisierung wird erreicht, dass beide Gruppen praktisch als homogen angesehen werden können und sich höchstens in ihrer Reaktion auf die Behandlungsvariable, nämlich die Therapie, unterscheiden. Ein derartiges Experiment ist ein Spezialfall des Evaluierungsproblems, da häufig (insbesondere in den Wirtschaftswissenschaften) solche experimentellen Situationen nicht möglich sind.
Abschließend sei noch einmal auf die Bedeutung der betreffenden Differenz $\Delta_i=Y_{1i}-Y_{0i}$ hingewiesen, deren Brisanz man erst bei näherem Hinsehen erkennt. Um den Effekt eines Programms zu messen, genügt es also nicht, lediglich das Ergebnis Y_{1i} im Falle der Programmteilnahme zu bestimmen. Es ist wesentlich, auch das Ergebnis Y_{0i} zu berücksichtigen, dass bei einer Nicht-Teilnahme vorliegen würde. Erst dann erhält man durch Bildung der Differenz den gesuchten Programm-Effekt.

Literatur: Fertig und Schmidt (2001), Smith (2000).

Kapitel 10.

Spezielle diskrete Verteilungen

Im letzten Kapitel haben wir uns mit dem Konzept der diskreten Zufallsvariablen beschäftigt. Charakteristisch für derartige Zufallsvariablen ist der Begriff der Wahrscheinlichkeitsfunktion, die jedem möglichen Wert die entsprechende Wahrscheinlichkeit zuordnet. Im vorliegenden Kapitel werden wir auf verschiedene Anwendungen eingehen, die in einem gewissen Sinne typisch für diskrete Zufallsvariablen sind. Es handelt sich dabei um Situationen, bei denen vom Zufall beeinflusste Zählvorgänge auftreten. Dazu gehören so unterschiedliche Beispiele wie etwa die Zahl der Richtigen bei einem Lottotipp, die Zahl der Asse bei einem Pokerblatt, die Zahl der täglichen Verkehrstoten oder die Zahl der in einem Fußballspiel erzielten Tore (siehe dazu auch die Abbildung 10.1). Die bei diesen und ähnlichen Situationen auftretenden Zufallsvariablen zeichnen sich dadurch aus, dass sie als mögliche Werte nur nichtnegative ganze Zahlen annehmen können. Die zugehörigen Verteilungen, die in diesem Kapitel behandelt werden – die hypergeometrische Verteilung, die Binomialverteilung und die Poisson-Verteilung – gelten allgemein als die bekanntesten diskreten Verteilungen.

Aus dem siebenten Kapitel wissen wir, dass man bei den Auswahlmöglichkeiten im Zusammenhang mit kombinatorischen Problemen zwischen dem „Ziehen ohne Zurücklegen“ bzw. dem „Ziehen mit Zurücklegen“ unterscheidet. Dabei ändert sich im ersteren Fall die Zusammensetzung der Grundgesamtheit bei jeder einzelnen Ziehung, im zweiten Fall dagegen nicht. Diesen beiden Modellsituationen entsprechen bei der Anwendung diskreter Zufallsvariablen die hypergeometrische Verteilung bzw. die Binomialverteilung. Wichtig ist hier zu beachten, dass in beiden Fällen jeweils eine feste Obergrenze für die Zahl der möglichen Werte gegeben ist. So weiß man etwa von vornherein, dass es bei Lotto „6 aus 45“ höchstens sechs Richtige geben kann.

Anders ist die Situation bei einer Poisson-verteilten Zufallsvariablen, bei der es eine derartige Obergrenze a priori nicht gibt. Neben einigen bereits erwähnten

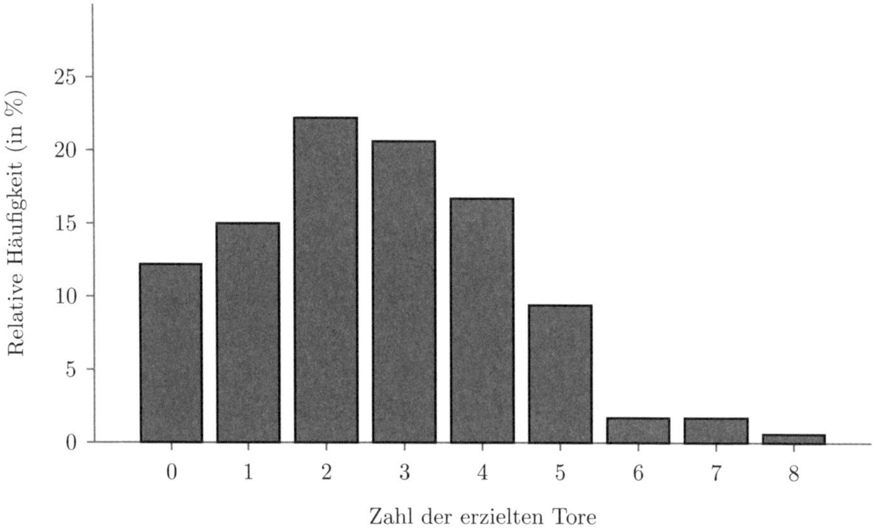

ABBILDUNG 10.1. Verteilung der pro Spiel erzielten Tore der österreichischen Fußball-Bundesliga[1] in der Saison 2005/2006

Beispielen denke man an die Zahl der Schadensmeldungen einer Versicherung oder die Zahl der in einem bestimmten Zeitraum auftretenden Lawinen.

Es folgt ein kurzer Überblick über den Inhalt dieses Kapitels. Am Beispiel von Lotto „6 aus 45" wird im ersten Abschnitt die hypergeometrische Verteilung eingeführt. Typisch für Anwendungen dieser Verteilung ist die Abhängigkeit der aufeinander folgenden Ziehungen bei der Stichprobenentnahme. In diesem Zusammenhang spricht man von dem bereits erwähnten Modell „Ziehen ohne Zurücklegen". Der zweite Abschnitt behandelt die Binomialverteilung als Prototyp für das Modell „Ziehen mit Zurücklegen". In diesem Fall geht man von unabhängigen Ziehungen mit jeweils konstanter Ziehungswahrscheinlichkeit aus. Unter gewissen Bedingungen kann man eine hypergeometrische Verteilung durch eine Binomialverteilung approximieren. Letztere lässt sich, ebenfalls unter gewissen Bedingungen, durch die Poisson-Verteilung approximieren, die im dritten Abschnitt behandelt wird. Als eine Anwendung der Poisson-Verteilung werden wir unter anderem die empirische Verteilung der erzielten Tore während der Spielsaison 2005/2006 der österreichischen Fußball-Bundesliga betrachten. Diese Verteilung wird mit den Werten einer entsprechenden Poisson-Verteilung verglichen, wobei unterschiedliche Spielzeit-Intervalle zugrunde gelegt werden. Eine weitere Anwendung beschreibt eine empirische Untersuchung über die Zahl der täglichen Verkehrstoten in Österreich im Jahr 2007.

10.1. Hypergeometrische Verteilung

Die Wahrscheinlichkeit, mit einem einzigen Tipp bei „6 aus 45“ sechs Richtige zu bekommen, haben wir bereits in einem früheren Kapitel berechnet. Im Folgenden werden wir sehen, wie man mit Hilfe des Konzepts der Zufallsvariablen relativ einfach sämtliche einzelnen Wahrscheinlichkeiten berechnen kann, nämlich die Wahrscheinlichkeit, genau k Richtige zu bekommen, für $k=0$, 1, 2, 3, 4, 5 und 6. Insbesondere erhält man damit die Wahrscheinlichkeit, bei der Abgabe eines einzigen Lottotipps überhaupt etwas zu gewinnen.

Die Ziehung der Lottozahlen kann man als ein Zufallsexperiment ansehen, dessen mögliche Ergebnisse alle Stichproben von jeweils sechs Zahlen sind. Wir gehen davon aus, dass keine Stichprobe bevorzugt ausgewählt wird und wenden daher das Laplace-Modell an. Die Anzahl der richtigen Zahlen in der Stichprobe interpretieren wir als eine Zufallsvariable X, deren mögliche Werte die Zahlen 0, 1, 2, 3, 4, 5 oder 6 sind. Gesucht sind also die Wahrscheinlichkeiten $\mathrm{P}(X=\mathrm{k})$ für $0 \leq k \leq 6$. Die Grundgesamtheit besteht in diesem Fall aus insgesamt $N=45$ Kugeln[2]. Da die Kugeln nummeriert sind, werden wir Kugeln und Zahlen synonym verwenden. Die Anzahl der richtigen Zahlen in der Grundgesamtheit beträgt $M=6$ und daher die Anzahl der falschen Zahlen $N-M=39$. Der Stichprobenumfang (= Anzahl der gezogenen Zahlen = Anzahl der angekreuzten Zahlen) beträgt $n=6$.

Die Ziehung der Lottozahlen verläuft ohne Zurücklegen, das heißt, keine Zahl kann mehr als einmal gezogen werden (bei derselben Ziehung). Außerdem spielt für einen Gewinn die Reihenfolge der gezogenen Zahlen keine Rolle. Daher gibt es insgesamt

$$\binom{45}{6} = \frac{45 \cdot 44 \cdot 43 \cdot 42 \cdot 41 \cdot 40}{6 \cdot 5 \cdot 4 \cdot 3 \cdot 2 \cdot 1} = 8145060$$

mögliche Stichproben. Wie viele günstige Stichproben gibt es? Betrachten wir zum Beispiel den Fall $k=5$ (der Fall $k=6$ wurde bereits in Kapitel 7 behandelt). Das sind genau diejenigen Stichproben, die aus fünf richtigen und einer (!) falschen Zahl bestehen. Die günstigen Fälle erhält man, indem man fünf Zahlen aus den sechs richtigen Zahlen und eine weitere Zahl aus den 39 falschen Zahlen auswählt. Die Anzahl der Möglichkeiten, fünf Zahlen aus den sechs richtigen Zahlen auszuwählen, ist gleich

$$\binom{6}{5} = \binom{6}{1} = 6$$

und die Anzahl der Möglichkeiten, eine Zahl aus den 39 falschen Zahlen auszuwählen, beträgt

$$\binom{39}{1} = 39$$

Dabei erfolgt die Auswahl jeweils ohne Berücksichtigung der Anordnung und ohne Zurücklegen. Die Anzahl der Stichproben mit fünf richtigen Zahlen und einer falschen Zahl beträgt daher insgesamt

$$\binom{6}{5} \cdot \binom{39}{1} = 234$$

und damit lautet die gesuchte Wahrscheinlichkeit

$$\frac{\binom{6}{5} \cdot \binom{39}{1}}{\binom{45}{6}} = \frac{234}{8145060} = 0{,}000028729$$

Die Zufallsvariable X folgt in diesem Fall einer sogenannten hypergeometrischen Verteilung. Derartige Verteilungen sind typisch für Anwendungen, bei denen eine endliche Grundgesamtheit vorliegt, die aus zwei disjunkten Teilen besteht (richtige/falsche Zahlen, einwandfreie/defekte Produkte usw.). Die Zufallsauswahl erfolgt dabei so, dass jedes Stichprobenelement nicht mehr als einmal ausgewählt werden kann. In diesem Zusammenhang spricht man auch vom Modell „Ziehen ohne Zurücklegen“.

Hypergeometrische Verteilung

Eine diskrete Zufallsvariable X mit den Werten $0, 1, 2, \ldots, n$ heißt hypergeometrisch verteilt, falls ihre Wahrscheinlichkeitsfunktion lautet

$$P(X = k) = \frac{\binom{M}{k} \cdot \binom{N-M}{n-k}}{\binom{N}{n}}$$

mit $k = 0, 1, 2, \ldots, n$ und den Parametern N, M und n. Dabei sind N, M und n natürliche Zahlen mit $1 \leq M < N$ und $1 \leq n < N$.

Schreibweise: $X \sim H(N, M, n)$

Ausgehend von den bisherigen Überlegungen lassen sich mit Hilfe der angegebenen Wahrscheinlichkeitsfunktion die übrigen Werte für $k = 0$, 1, 2, 3 und 4

Richtige	Wahrscheinlichkeit
0	0,400564600
1	0,424127300
2	0,151474000
3	0,022440600
4	0,001364631
5	0,000028729
6	0,000000123

berechnen. In der obigen Tabelle sind alle Wahrscheinlichkeiten zusammengefasst. Man beachte, dass die Wahrscheinlichkeit, genau eine richtige Zahl zu erhalten, größer ist als die Wahrscheinlichkeit, keine richtige Zahl zu erhalten. Die Summe der einzelnen Wahrscheinlichkeiten ergibt natürlich den Wert Eins. Die Wahrscheinlichkeit, mindestens drei Richtige zu haben, ist übrigens gleich

$$\mathrm{P}(X \geq 3) = \mathrm{P}(X = 3) + \mathrm{P}(X = 4) + \mathrm{P}(X = 5) + \mathrm{P}(X = 6) = 0{,}02383408$$

Die Wahrscheinlichkeit, mit einem einzigen Tipp überhaupt etwas zu gewinnen, beträgt also etwa 2,4 %.

Beispiel 10.1

Beim Poker wird mit 52 Karten gespielt, wobei das übliche französische Blatt aus 13 Einzelwerten (Zwei, Drei, Vier, Fünf, Sechs, Sieben, Acht, Neun, Zehn, Bube, Dame, König, As) besteht, die in vier verschiedenen Farbwerten auftreten (Kreuz, Pik, Herz, Karo).

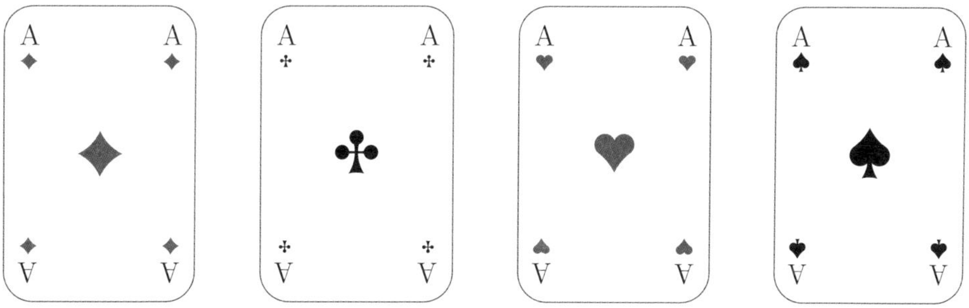

Abbildung 10.2. Spielkarten – Karo As, Kreuz As, Herz As, Pik As

Angenommen, es werden fünf Karten zufällig gezogen (ohne Zurücklegen). Wie groß ist die Wahrscheinlichkeit, dass sich darunter alle vier Asse befinden?

Definieren wir die Zufallsvariable X als die Anzahl der Asse beim Ziehen von $n=5$ Karten. Dann kann X die Werte $k=0$, 1, 2, 3, oder 4 annehmen. Insgesamt gibt es $N=52$ Karten mit $M=4$ Assen. Wir gehen davon aus, dass beim Ziehen der Karten die Reihenfolge keine Rolle spielt. Die Zufallsvariable X ist daher hypergeometrisch verteilt und somit lautet die gesuchte Wahrscheinlichkeit

$$\mathrm{P}(X=4)=\frac{\binom{4}{4}\cdot\binom{48}{1}}{\binom{52}{5}}=\frac{48}{2598960}=0{,}000018$$

Die Wahrscheinlichkeit, beim Poker ein Blatt mit vier Assen zu ziehen, ist damit geringer als zum Beispiel fünf Richtige im Lotto „6 aus 45“ zu haben. □

Eigenschaften der Hypergeometrischen Verteilung

Für eine hypergeometrisch verteilte Zufallsvariable X mit den Parametern N, M und n gilt:

1. $\mathrm{E}(X)=np$
2. $\mathrm{Var}(X)=np(1-p)\dfrac{N-n}{N-1} \qquad \text{mit } p=\dfrac{M}{N}$

Aus der Formel für den Erwartungswert ergibt sich unter anderem, dass man im Lotto „6 aus 45“ mit einem Tipp im Durchschnitt 0,8 Richtige erhält. Bei der Varianz beachte man, dass der Quotient $(N-n)/(N-1)$ nahe bei Eins liegt, wenn der Umfang n der Stichprobe sehr klein gegenüber dem Umfang N der Grundgesamtheit ist (wie üblicherweise bei Umfragen). In diesem Fall gilt $\mathrm{Var}(X)\approx np(1-p)$. Der Wert $p=M/N$ stellt dabei den Anteil der betreffenden Teilgesamtheit an der Grundgesamtheit dar. Den Anteil n/N der Stichprobe an der Grundgesamtheit bezeichnet man häufig auch als Auswahlsatz.

10.2. Binomialverteilung

Nicht selten bestehen Zufallsexperimente aus verschiedenen Teilexperimenten oder Versuchen, die als unabhängig voneinander angesehen werden können. Betrachtet man ein Ereignis, das bei jedem einzelnen Versuch auftreten kann, dann ist man vor allem an der Zahl derjenigen Versuche interessiert, bei denen dieses Ereignis beobachtet wird. Nehmen wir zum Beispiel an, eine Bank verfügt über eine

Datei, die die Namen aller derjenigen Kunden enthält, die noch keinen Bausparvertrag besitzen. Ein Mitarbeiter dieser Bank wählt zufällig vier Kunden aus und vereinbart mit ihnen ein Beratungsgespräch. Die Wahrscheinlichkeit für den Abschluss eines Bausparvertrages sei erfahrungsgemäß gleich 5 %. Wie groß ist die Wahrscheinlichkeit, dass genau k Kunden nach diesem Beratungsgespräch einen Bausparvertrag abschließen, wobei k die Werte 0, 1, 2, 3 bzw. 4 annehmen kann?

Bezeichnen wir mit A das Ereignis „Der Kunde schließt einen Bausparvertrag ab“, dann kann man die Zahl X derjenigen Kunden, bei denen das Ereignis A eintritt, als eine diskrete Zufallsvariable interpretieren mit den möglichen Werten 0, 1, 2, 3 und 4. Die Wahrscheinlichkeit, dass das Ereignis A bei einem einzelnen Kunden eintritt, beträgt $p = 0{,}05$. Gesucht sind jetzt die Wahrscheinlichkeiten $\mathrm{P}(X = k)$, das heißt die Wahrscheinlichkeitsfunktion bzw. die Verteilung von X.

Berechnen wir zunächst die Wahrscheinlichkeit, dass das Ereignis A beim ersten Kunden eintritt, bei den übrigen dagegen nicht. Definiert man für $i = 1, 2, 3$ und 4 das Ereignis A_i = „Beim i-ten Kunden tritt das Ereignis A ein“, dann lautet die entsprechende Wahrscheinlichkeit

$$\begin{aligned}\mathrm{P}\left(A_1 \cap \overline{A}_2 \cap \overline{A}_3 \cap \overline{A}_4\right) &= \mathrm{P}(A_1) \cdot \mathrm{P}\left(\overline{A}_2\right) \cdot \mathrm{P}\left(\overline{A}_3\right) \cdot \mathrm{P}\left(\overline{A}_4\right) \\ &= 0{,}05 \cdot 0{,}95^3 = 0{,}0429\end{aligned}$$

Dabei wird angenommen, dass die Ereignisse A_1, A_2, A_3 und A_4 als unabhängig angesehen werden können, was dann natürlich auch für die Ereignisse A_1, $\overline{A}_2$, $\overline{A}_3$ und $\overline{A}_4$ gilt. Offensichtlich kommt es dabei nicht auf die Reihenfolge an, sodass die Wahrscheinlichkeit, dass das Ereignis A bei einem bestimmten Kunden eintritt, bei den übrigen dagegen nicht, immer jeweils $0{,}05 \cdot 0{,}95^3 = 0{,}0429$ beträgt.

Als Nächstes betrachten wir den Fall, dass das Ereignis A bei den vier Kunden genau einmal eintritt (egal, bei welchem Kunden). Die in diesem Fall gesuchte Wahrscheinlichkeit $\mathrm{P}(X = 1)$ erhält man, indem alle Möglichkeiten betrachtet werden, bei denen das Ereignis A genau einmal eintritt. Diese Anzahl muss dann mit der obigen Wahrscheinlichkeit multipliziert werden. Es gibt insgesamt vier solcher Möglichkeiten, die sich durch die folgenden Ereignisse beschreiben lassen:

$$\begin{gathered}A_1 \cap \overline{A}_2 \cap \overline{A}_3 \cap \overline{A}_4 \\ \overline{A}_1 \cap A_2 \cap \overline{A}_3 \cap \overline{A}_4 \\ \overline{A}_1 \cap \overline{A}_2 \cap A_3 \cap \overline{A}_4 \\ \overline{A}_1 \cap \overline{A}_2 \cap \overline{A}_3 \cap A_4\end{gathered}$$

Diese vier Ereignisse sind paarweise disjunkt, sodass man ihre Wahrscheinlichkeiten addieren kann. Da außerdem diese Wahrscheinlichkeiten alle gleich sind, wird dieser Wert einfach mit vier multipliziert, wobei wir diese Zahl hier als Binomialkoeffizient schreiben:

$$P(X = 1) = 4 \cdot 0{,}05 \cdot 0{,}95^3 = \binom{4}{1} \cdot 0{,}05 \cdot 0{,}95^3 = 0{,}1715$$

Jetzt berechnen wir die Wahrscheinlichkeit, dass das Ereignis A bei genau zwei Kunden auftritt. Dies ist etwa der Fall, wenn das Ereignis $A_1 \cap A_2 \cap \overline{A}_3 \cap \overline{A}_4$ eintritt. Die Zahl aller Möglichkeiten, bei denen A genau zweimal eintritt, ist aber nichts anderes als die Zahl der Möglichkeiten, aus den vier Ereignissen A_1, A_2, A_3 und A_4 genau zwei Ereignisse auszuwählen und die beiden übrigen als Komplemente hinzuzufügen. Dies ist ein kombinatorisches Problem, das wir bereits kennen. Ignoriert man die Reihenfolge, in der die Ereignisse ausgewählt werden können und schließt man aus, dass ein Ereignis mehrmals ausgewählt wird, dann gibt es insgesamt

$$\binom{4}{2} = 6$$

Möglichkeiten, genau zwei Ereignisse aus den gegebenen vier auszuwählen. Die Wahrscheinlichkeit, dass das Ereignis A genau zweimal eintritt, beträgt daher

$$P(X = 2) = \binom{4}{2} \cdot 0{,}05^2 \cdot 0{,}95^2 = 0{,}0135$$

Durch analoge Überlegungen lassen sich jetzt leicht die übrigen Wahrscheinlichkeiten bestimmen, das heißt $P(X=3)$, $P(X=4)$ und $P(X=0)$. In der folgenden Tabelle sind diese Wahrscheinlichkeiten noch einmal zusammengefasst.

k	Wahrscheinlichkeit
0	0,8145
1	0,1715
2	0,0135
3	0,0005
4	0,0000

Eine Zufallsvariable, bei der die Wahrscheinlichkeiten auf die eben beschriebene Weise berechnet werden, nennt man binomialverteilt. Man sagt auch, dass diese Zufallsvariable eine Binomialverteilung besitzt.

Binomialverteilung

Eine diskrete Zufallsvariable X mit den Werten $0, 1, 2, \ldots, n$ heißt binomialverteilt, falls ihre Wahrscheinlichkeitsfunktion lautet:

$$P(X = k) = \binom{n}{k} \cdot p^k \cdot (1-p)^{n-k}$$

mit $k = 0, 1, 2, \ldots, n$ und den Parametern n und p.

Schreibweise: $X \sim B(n, p)$

Die Zufallsvariable X des obigen Beispiels ist somit binomialverteilt mit den Parametern $n = 4$ und $p = 0{,}05$, das heißt $X \sim B(4,\ 0{,}05)$. Man beachte, dass eine bestimmte Anzahl n von Versuchen vorher festgelegt ist, wobei bei jedem Versuch ein Ereignis A mit einer Wahrscheinlichkeit p eintreten kann. Die einzelnen Versuche werden als unabhängig voneinander vorausgesetzt und die Wahrscheinlichkeit p als konstant für alle Versuche angenommen. Man kann dann zeigen (das haben wir an Hand eines Beispiels getan), dass die Zufallsvariable

$$X = \text{Anzahl der Versuche, bei denen das Ereignis } A \text{ eintritt}$$

eine Binomialverteilung besitzt. In diesem Zusammenhang spricht man auch vom Modell „Ziehen mit Zurücklegen“.

Tabelle 10.1 zeigt einen Vergleich der Wahrscheinlichkeiten einer hypergeometrischen Verteilung und einer Binomialverteilung. Für die Binomialverteilung wird $n = 5$ und $p = 0{,}5$ gewählt, für die hypergeometrische Verteilung $n = 5$ und $M = N/2$ mit $N = 10$, 50, 100 und 1000. Man beachte, dass die prozentuelle Zusammensetzung der Grundgesamtheit in allen Fällen die gleiche ist. Allerdings wird bei der hypergeometrischen Verteilung sukzessive der Umfang der Grundgesamtheit erhöht. Offensichtlich nähert sich bei zunehmendem N deren Wahrscheinlichkeitsfunktion immer mehr an diejenige der Binomialverteilung an.

Tatsächlich kann man zeigen, dass die hypergeometrische Verteilung durch die Binomialverteilung approximiert werden kann, falls die Anzahl n der Ziehungen klein ist gegenüber dem Umfang N der Grundgesamtheit. Als Faustregel gilt dabei $n/N \leq 5\,\%$. Einfach ausgedrückt bedeutet dies: Liegt eine Situation á la „Ziehen ohne Zurücklegen“ vor, dann kann man unter der obigen Bedingung mit guter Näherung auch das Modell „Ziehen mit Zurücklegen“ verwenden. Entsprechend wird dann für die Anwendung der Binomialverteilung $p = M/N$ gesetzt.

TABELLE 10.1. Approximation der hypergeometrischen Verteilung durch die Binomialverteilung

	Hypergeometrische Verteilung				Binomialverteilung
	$N = 10$	$N = 50$	$N = 100$	$N = 1000$	
k		$\mathrm{P}(X = k)$			$\mathrm{P}(X = k)$
0	0,00397	0,02508	0,02814	0,03094	0,03125
1	0,09921	0,14926	0,15295	0,15594	0,15625
2	0,39683	0,32566	0,31891	0,31313	0,31250
3	0,39683	0,32566	0,31891	0,31313	0,31250
4	0,09921	0,14926	0,15295	0,15594	0,15625
5	0,00397	0,02508	0,02814	0,03094	0,03125

BEISPIEL 10.2

Das bekannteste Blutgruppensystem ist das ABO-System, das aus den Blutgruppen A, B, AB und O besteht. Die Bestimmung der Blutgruppe ist von zentraler Bedeutung bei einer Bluttransfusion, da in diesem Fall die Blutgruppe des Spenders mit der des Empfängers übereinstimmen muss. In besonderen Notfällen kann allerdings die Blutgruppe O als „Universalspender" verwendet werden. Auf Grund der dargestellten Blutgruppen-Verteilung wird die Wahrscheinlichkeit, dass eine zufällig ausgewählte Person die Blutgruppe O hat, mit $p = 0{,}4$ angenommen[3]. Wie groß ist die Wahrscheinlichkeit, dass in einer Gruppe von fünf zufällig ausgewählten Personen mindestens eine Person die Blutgruppe O hat?

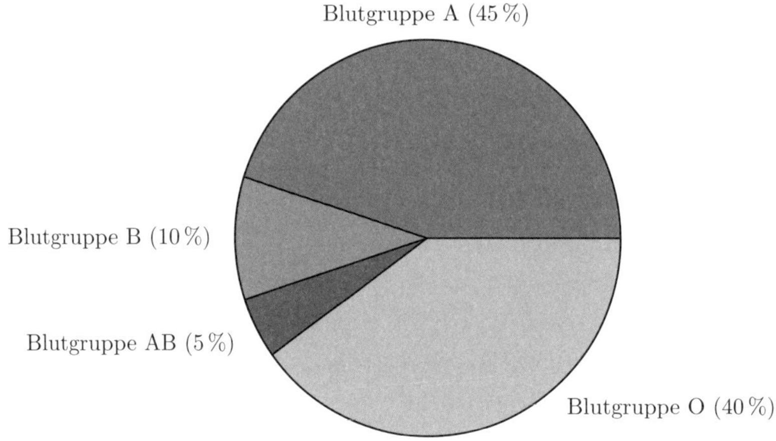

ABBILDUNG 10.3. Blutgruppen-Verteilung (Mitteleuropa)

Wir interpretieren zunächst die Anzahl X der Personen mit der Blutgruppe O als Zufallsvariable, die als mögliche Werte die Zahlen 0, 1, 2, 3, 4 oder 5 annehmen kann. Genau genommen liegt hier das Modell „Ziehen ohne Zurücklegen" vor. Auf Grund der kleinen Stichprobe vom Umfang $n=5$ und der offensichtlich großen Grundgesamtheit werden wir allerdings als Approximation das Modell „Ziehen mit Zurücklegen" verwenden. Wir gehen somit von einer binomialverteilten Zufallsvariablen[4,5] mit den Parametern $n=5$ und $p=0{,}4$ aus, das heißt $X \sim B(5, 0{,}4)$. Die gesuchte Wahrscheinlichkeit lässt sich dann leicht mit Hilfe der Gegenwahrscheinlichkeit berechnen:

$$\mathrm{P}(X \geq 1) = 1 - \mathrm{P}(X = 0) = 1 - \binom{5}{0} \cdot 0{,}4^0 \cdot 0{,}6^5 = 0{,}922$$

Die Wahrscheinlichkeit, dass zumindest eine der fünf Personen den „Universalspender" Blutgruppe O hat, beträgt also ungefähr 92 %. □

Eigenschaften der Binomial-Verteilung

Für eine binomialverteilte Zufallsvariable X mit den Parametern n und p gilt:

1. $\mathrm{E}(X) = np$
2. $\mathrm{Var}(X) = np\,(1-p)$

Der Erwartungswert einer Binomialverteilung besitzt formal die gleiche Darstellung wie bei der hypergeometrischen Verteilung. Allerdings steht der Parameter p in diesem Fall für die Wahrscheinlichkeit eines bestimmten Ereignisses, dass bei jedem der n Versuche auftreten kann. Die Varianz einer Binomialverteilung unterscheidet sich von der einer hypergeometrischen Verteilung durch das Fehlen des sogenannten Endlichkeitsfaktors.

Nach dem englischen Statistiker *F. Galton* (1822–1911) wird eine Vorrichtung benannt, die in Abbildung 10.4 präsentiert wird. Es handelt sich um das sogenannte Galton'sche Nagelbrett. Aus einem mit Kugeln gefüllten Trichter werden nacheinander Kugeln über ein schräggestelltes, mit Nägeln versehenes Brett abgelassen. Die Kugeln werden auf ihrem Weg durch die speziell angeordneten Nagelreihen zufällig abgelenkt und landen schließlich in entsprechenden Auffangbehältern. Bei jedem Nagel besteht für eine Kugel jeweils eine 50 %ige Chance, nach links oder rechts abgelenkt zu werden. Falls immer mehr Kugeln abgelassen

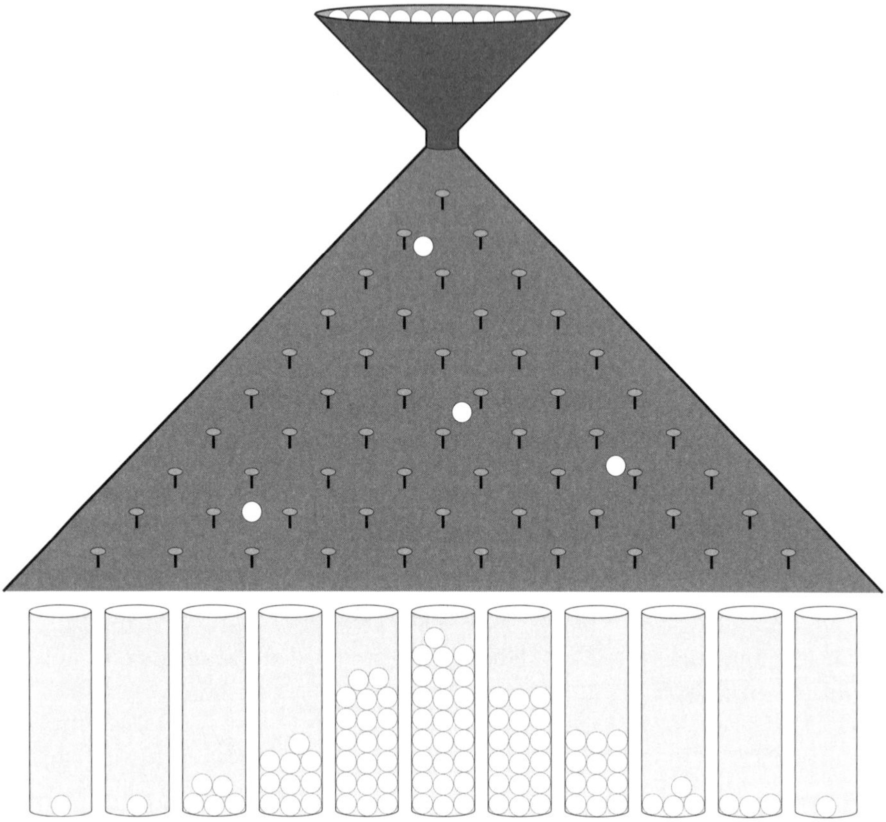

Abbildung 10.4. Darstellung eines Galton'schen Nagelbretts

werden, nähert sich die Verteilung der Kugeln in den Auffangbehältern einer Binomialverteilung an[6]. Die präsentierte Darstellung entspricht approximativ einer Binomialverteilung mit den Parametern $n=10$ und $p=0{,}5$.

10.3. Poisson-Verteilung

Die Poisson-Verteilung[7] ist eine diskrete Verteilung, die häufig dann zur Anwendung kommt, wenn es um die Modellierung der Häufigkeit eines Ereignisses geht, das innerhalb eines gegebenen Zeitintervalls eintreten kann. Im Gegensatz zur hypergeometrischen Verteilung und zur Binomialverteilung ist diese Zahl allerdings nicht nach oben beschränkt[8], da eine Poisson-verteilte Zufallsvariable einen unendlichen Wertebereich[9] besitzt, nämlich die nichtnegativen ganzen Zahlen 0, 1,

2, 3 ... Das soll natürlich nicht bedeuten, dass man eine derartige Verteilung nur dann verwenden kann, wenn bei einer Variablen sehr große Werte auftreten. Im Gegenteil, es gibt im Zusammenhang mit der Poisson-Verteilung zahlreiche Anwendungen, bei denen Werte auftreten, die oft nicht größer als zum Beispiel zehn sind. Wesentlich ist dabei aber, dass der größte Wert, den die Variable annehmen wird, nicht von vornherein feststeht. Beispiele für Anwendungen der Poisson-Verteilung sind etwa die Zahl der Schadensmeldungen einer Versicherung[10], die Zahl der in einem Tunnel eintreffenden Kraftfahrzeuge oder auch die Zahl der in einem Schneegebiet auftretenden Lawinen[11].

Poisson-Verteilung

Eine diskrete Zufallsvariable X mit den Werten $0, 1, 2, \ldots$ heißt Poisson-verteilt, falls ihre Wahrscheinlichkeitsfunktion lautet:

$$\mathrm{P}(X = k) = \frac{\lambda^k}{k!} \cdot e^{-\lambda}$$

für $k = 0, 1, 2, \ldots$ und dem Parameter $\lambda > 0$.

Schreibweise: $X \sim Ps(\lambda)$

Betrachten wir eine Anwendung aus dem Sport, genauer das Spielgeschehen in der Fußball-Bundesliga. Dabei wird die Zahl der in einem Spiel erzielten Tore als Zufallsvariable interpretiert. Mögliche Werte sind offensichtlich die Zahlen $0, 1, 2, \ldots$ Wenn man an eine alte Fußballweisheit denkt – „Der Ball ist rund" (man kann nur erahnen, wie viele Jahre an Erfahrungen hinter einer solchen Erkenntnis stehen) –, dann sollte die Interpretation der Zahl der erzielten Tore als Zufallsvariable nicht so unplausibel sein.

Wir werden jetzt einige empirische Verteilungen mit Poisson-Verteilungen vergleichen. Als Datenbasis verwenden wir die Spielergebnisse der Saison 2005/2006 der österreichischen Fußball-Bundesliga. Damals wurden an den 36 Spieltagen jeweils fünf Spiele ausgetragen, wobei in den 180 Spielen insgesamt 470 Tore erzielt wurden. Dies entspricht einem Durchschnitt von 2,61 Toren pro Spiel. Diese Zahl setzen wir für den Parameter λ ein. Da in der betreffenden Spielsaison nie mehr als acht Tore pro Spiel erzielt wurden[12], berechnen wir die Wahrscheinlichkeiten der Poisson-Verteilung für die Werte $k = 0, 1, \ldots, 8$.

Abbildung 10.5 zeigt die empirische Verteilung der Zahl der erzielten Tore sowie die Poisson-Verteilung mit dem Parameter $\lambda = 2{,}61$. Tendenziell schneidet

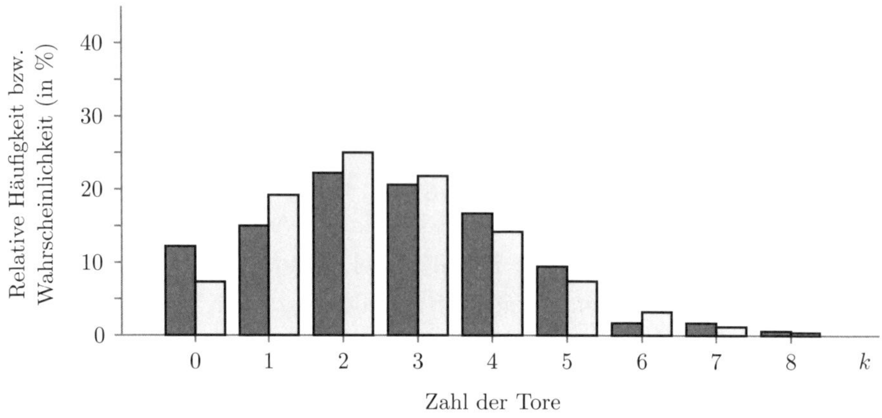

ABBILDUNG 10.5. Empirische Verteilung (dunkelgrau) und theoretische Verteilung (hellgrau) der pro Spiel erzielten Tore (Saison 2005/2006)

die Poisson-Verteilung gar nicht so schlecht ab, obwohl die Unterschiede natürlich deutlich zu erkennen sind. Eine Verbesserung der Resultate erhält man, wenn man statt der einzelnen Spiele die jeweiligen Spielhälften als Beobachtungseinheiten zugrunde legt, deren Zahl sich dadurch auf 360 erhöht. Für den entsprechenden Parameter ergibt sich dann der Wert $\lambda = 1{,}31$ (siehe Abbildung 10.6).

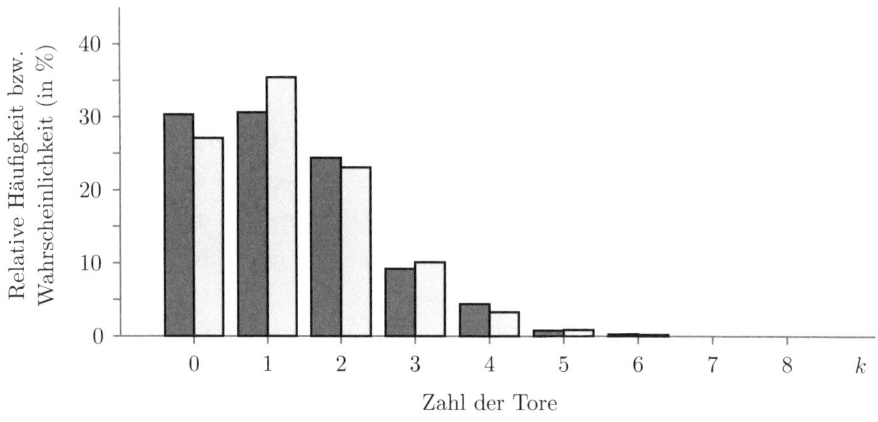

ABBILDUNG 10.6. Empirische Verteilung (dunkelgrau) und theoretische Verteilung (hellgrau) der pro Spielhälfte erzielten Tore (Saison 2005/2006)

Schließlich könnte man die Zeiteinheiten zum Beispiel auf 30 Minuten verkürzen. Somit haben wir also eine Gesamtheit von insgesamt 540 Beobachtungseinheiten (= Spieldrittel). Für den Poisson-Parameter ergibt sich in diesem Fall der Wert $\lambda = 0{,}87$ (siehe Abbildung 10.7). Tabelle 10.2 zeigt noch einmal, diesmal in

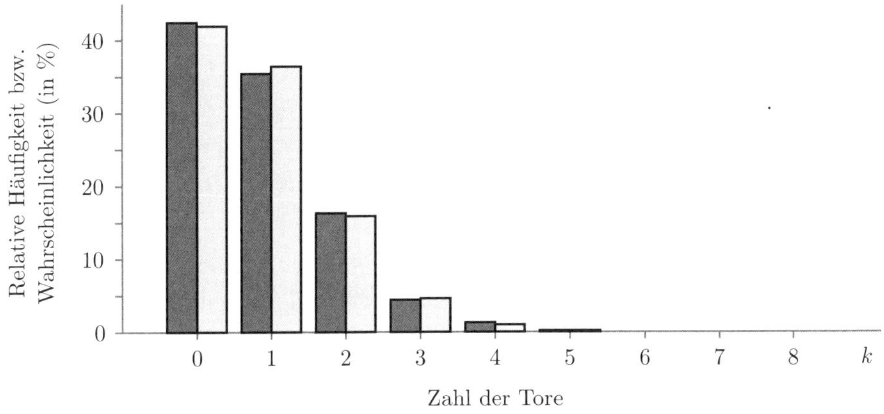

ABBILDUNG 10.7. Empirische Verteilung (dunkelgrau) und theoretische Verteilung (hellgrau) der pro Spieldrittel erzielten Tore (Saison 2005/2006)

detaillierter Form, die doch recht eindrucksvolle Anpassung einer theoretischen Verteilung an empirische Daten.

TABELLE 10.2. Absolute Häufigkeiten, relative Häufigkeiten (in Prozent) und Wahrscheinlichkeiten (in Prozent)

Spieleinheit = 30 Min.	0	1	2	3	4	5	> 5
absolute Häufigkeit	229	191	88	24	7	1	0
relative Häufigkeit	42,4	35,4	16,3	4,4	1,3	0,2	0,0
Wahrscheinlichkeit	41,9	36,4	15,9	4,6	1,0	0,2	0,0

Zum Abschluss dieses Beispiels sei noch auf einen grundsätzlichen Aspekt hingewiesen. Eine empirische Untersuchung sollte man in der Regel nicht als etwas Endgültiges ansehen. Diese Erfahrung gilt auch für das eben beschriebene Beispiel. Man sollte hier etwa beachten, dass die Ergebnisse sich nicht ohne weiteres auf andere Spielsaisons, oder gar auf andere Fußball-Ligen, übertragen lassen. Möglicherweise muss man damit rechnen, dass der jeweils verwendete Parameter λ über einen Zeitraum von mehreren Jahren größere Unterschiede aufweisen kann. Vielleicht besitzt auch die Anpassung der Poisson-Verteilung nicht mehr die Qualität wie in unserem Beispiel. Es wäre außerdem möglich, dass etwaige Unterschiede im Spielgeschehen zwischen der ersten und der zweiten Spielhälfte eine separate Modellierung der beiden Spielhälften geeignet erscheinen lassen. Ebenso könnten Unterschiede bei den Ergebnissen von Heim- und Auswärtsspielen relevant sein. Hier bietet sich eine ganze Fülle von Varianten an, mit denen man durchaus eine eigene Studie durchführen könnte. Wenn man will, so könnte man in unserem Fall von einer kleinen Pilotstudie sprechen, bei der es vor allem darum ging, dem Zufall bei der Arbeit zuzuschauen und zu versuchen, die Ergebnisse mit Hilfe eines einfachen Modells zu beschreiben – nicht mehr und nicht weniger. Wie bei sonstigen Studien auch, könnten Ergebnisse anderer Untersuchungen, neue Daten etc. natürlich zu neuen Einsichten führen. Eine empirische Untersuchung sollte man also eher als den Anfang oder die Fortsetzung einer Geschichte sehen, bei der man kein endgültiges, sondern höchstens ein vorläufiges Ende erwarten kann.

interessantes & wissenswertes

Opfer durch Pferdehufschlag in der preußischen Armee

Eine versicherungsmathematisch interessante Anwendung der Poisson-Verteilung lieferte eine Untersuchung, die *L. Bortkiewicz* (1868–1928) zu Beginn des 20. Jahrhunderts durchführte. Er beschäftigte sich mit der Frage nach der Zahl tödlicher Unfälle durch Pferdehufschlag in der preußischen Armee. Die folgende Tabelle zeigt eine Übersicht über die Unfallopfer von zehn Kavallerieregimentern über einen Zeitraum von 20 Jahren (dies entspricht 200 „Regimentsjahren"):

Zahl der Todesopfer	0	1	2	3	4	>4
Zahl der Regimentsjahre	109	65	22	3	1	0

Die durchschnittliche Zahl der Todesopfer pro Regimentsjahr (das heißt pro Jahr und Regiment) beträgt $122/200 = 0{,}61$. Es stellte sich heraus, dass die empirische Verteilung sich sehr gut durch eine Poisson-Verteilung approximieren lässt. Man vergleiche dazu die entsprechenden relativen Häufigkeiten und die Werte der Wahrscheinlichkeitsfunktion einer Poisson-verteilten Zufallsvariablen X mit dem Parameter $\lambda = 0{,}61$ ($=$ Erwartungswert) für $k = 0$, 1, 2, 3, 4 und $k > 4$:

k	Relative Häufigkeit	$P(X = k)$
0	0,545	0,543
1	0,325	0,331
2	0,111	0,101
3	0,015	0,021
4	0,005	0,003
>4	0,000	0,001

Beispiel 10.3

Hier ist eine Anwendung aus dem Bereich der Unfallstatistik. Tabelle 10.3 zeigt die Verteilung der täglichen Verkehrstoten[13] in Österreich im Jahr 2007 (Ortsgebiet), angegeben in absoluten und relativen Häufigkeiten. Insgesamt gab es in diesem Jahr 173 Verkehrstote. Der Tabelle kann man entnehmen, dass es an zwei von drei Tagen überhaupt keinen Verkehrstoten gab, während im Durchschnitt etwa an jedem vierten Tag genau ein Verkehrstoter verzeichnet wurde. Insbesondere gab es keinen Unfall mit mehr als fünf Verkehrstoten. Im Durchschnitt gab

TABELLE 10.3. Absolute Häufigkeiten, relative Häufigkeiten (in Prozent) und Wahrscheinlichkeiten (in Prozent)

	0	1	2	3	4	5	> 5
absolute Häufigkeit	235	95	30	3	1	1	0
relative Häufigkeit	64,4	26,0	8,2	0,8	0,3	0,3	0,0
Wahrscheinlichkeit	62,3	29,5	7,0	1,1	0,1	0,0	0,0

es 0,474 Verkehrstote pro Tag. Setzt man diesen Wert für den Parameter λ der Poisson-Verteilung ein, so erhält man die entsprechenden Wahrscheinlichkeiten der Poisson-Verteilung. Man beachte die Unterschiede zwischen der empirischen

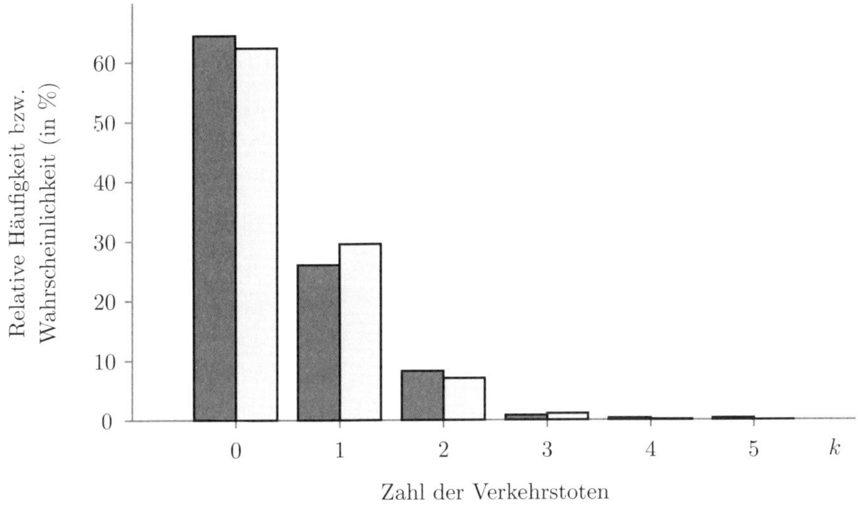

ABBILDUNG 10.8. Empirische Verteilung (dunkelgrau) und theoretische Verteilung (hellgrau) der täglichen Verkehrstoten in Österreich (2007, Ortsgebiet)

Verteilung und der theoretischen Verteilung. Abbildung 10.8 zeigt die empirische und die theoretische Verteilung in grafischer Form. Was bei dem Beispiel über die Fußballergebnisse gesagt wurde, gilt in analoger Weise auch hier. Das Unfallgeschehen ist in Wirklichkeit natürlich wesentlich komplexer als wir es hier dargestellt haben. Man könnte überlegen, Unfälle an Werktagen und an Feiertagen bzw. Wochenenden zu unterscheiden. Das Wetter sowie die Tageszeit sind weitere bekannte Einflussgrößen, nicht zu vergessen den Unfallort, den Fahrzeugtyp oder die „Alkohol-Frage“. □

Eigenschaften der Poisson-Verteilung

Für eine Poisson-verteilte Zufallsvariable X mit dem Parameter $\lambda > 0$ gilt:

1. $\mathrm{E}(X) = \lambda$
2. $\mathrm{Var}(X) = \lambda$

Der Parameter λ besitzt somit eine zweifache Interpretation. Er lässt sich sowohl als Erwartungswert[14] als auch als Varianz der Poisson-Verteilung interpretieren. Die Standardabweichung ist natürlich gleich $\sqrt{\lambda}$. Die Poisson-Verteilung lässt sich als Grenzfall der Binomialverteilung herleiten. Ist die Zahl n der Versuche groß und die Wahrscheinlichkeit p klein, so kann man die Binomialverteilung recht gut durch die Poisson-Verteilung approximieren. Dabei wird $\lambda = np$ gesetzt. Als Faustregel gilt $n > 50$ und $p < 5\,\%$.

Bei den bisherigen Anwendungen haben wir eine pragmatische Vorgangsweise gewählt. Wir haben versucht, verschiedene Poisson-Verteilungen an empirische Verteilungen anzupassen. Das kann in manchen Fällen recht gut gelingen, in anderen Fällen wird man alternative Verteilungen heranziehen müssen. Man sollte die beschriebenen Anwendungen einfach als einen ersten Versuch betrachten, vom Zufall beeinflusste reale Phänomene mit Hilfe einer theoretischen Verteilung zu beschreiben, um damit etwaige Strukturen im Zufall aufzufinden.

Beispiel 10.4

Aus Erfahrung sei bekannt, dass die Bücher eines Verlages durchschnittlich bei einer von 250 Seiten mindestens drei Tippfehler enthalten. Wie groß ist die Wahrscheinlichkeit, dass ein Buch von 500 Seiten mehr als eine Seite mit mindestens drei Tippfehlern enthält?

Die Zahl X der Buchseiten mit mindestens drei Tippfehlern wird in diesem Fall als binomialverteilte Zufallsvariable interpretiert mit den Parametern $n = 500$ und $p = 0{,}004$. Die gesuchte Wahrscheinlichkeit lautet

$$\begin{aligned} \mathrm{P}(X \geq 2) &= 1 - (\mathrm{P}(X = 0) + \mathrm{P}(X = 1)) \\ &= 1 - 0{,}996^{500} - 500 \cdot 0{,}004 \cdot 0{,}996^{499} = 0{,}5945 \end{aligned}$$

und beträgt somit knapp 60 %. Verwendet man statt der Binomialverteilung die Poisson-Verteilung mit $\lambda = 500 \cdot 0{,}004 = 2$, dann erhält man praktisch das gleiche Resultat, nämlich

$$
\begin{aligned}
\mathrm{P}(X \geq 2) &= 1 - (\mathrm{P}(X = 0) + \mathrm{P}(X = 1)) \\
&= 1 - \left(e^{-2} + 2e^{-2}\right) = 0{,}5940
\end{aligned}
$$

□

Anmerkungen

1 Die Daten stammen von der Homepage der Österreichischen Fußball-Bundesliga: `http://www.bundesliga.at/archiv/`

2 Die Möglichkeit der Zusatzzahl wird hier ignoriert.

3 Dieses Beispiel wurde in etwas modifizierter Form dem Buch von Hilgers et al. (2007) entnommen.

4 Eine genetisch bedingte Abhängigkeit der Blutgruppenzugehörigkeit könnte noch eine gewisse, allerdings vernachlässigbare Rolle spielen.

5 Man könnte dieses Beispiel auch unter einem allgemeineren Gesichtspunkt betrachten, indem man für jede der Blutgruppen eine eigene Zufallsvariable definiert, das heißt X_{A}, X_{B}, X_{AB} und X_{O}. Dabei würde X_{A} die Zahl der Personen mit der Blutgruppe A bezeichnen, X_{B} die Zahl der Personen mit der Blutgruppe B, X_{AB} die Zahl der Personen mit der Blutgruppe AB und X_{O} die Zahl der Personen mit der Blutgruppe O. Fasst man diese vier Zufallsvariablen zu einem Vektor $(X_{\mathrm{A}}, X_{\mathrm{B}}, X_{\mathrm{AB}}, X_{\mathrm{O}})$ zusammen, dann besitzt dieser Vektor eine sogenannte Multinomialverteilung. Mit Hilfe der zugehörigen Wahrscheinlichkeitsfunktion (auf die wir hier nicht eingehen), könnte man dann die Wahrscheinlichkeiten

$$\mathrm{P}(X_{\mathrm{A}} = k_1, X_{\mathrm{B}} = k_2, X_{\mathrm{AB}} = k_3, X_{\mathrm{O}} = k_4)$$

für gegebene Werte von k_1, k_2, k_2 und k_4 bestimmen. Die Multinomialverteilung stellt eine Verallgemeinerung der Binomialverteilung dar. Bei jedem von insgesamt n Versuchen tritt dabei genau eine von k $(k \geq 2)$ möglichen Ausprägungen auf. Bei einer Binomialverteilung wäre entsprechend $k = 2$ (Ja oder Nein, Erfolg oder Misserfolg, 1 oder 0 etc.).

6 Unter der nachfolgenden Internet-Adresse finden Sie ein Java-Applet, das die Anwendung des Galton'schen Nagelbretts simuliert.
`http://www.fernuni-hagen.de/newstatistics/applets/`
`/Galtonbrett/Galtonbrett.htm`

7 Diese Verteilung ist nach dem französischen Mathematiker *S.D. Poisson* (1781–1840) benannt.

8 Eine Beschränkung bei der Poisson-Verteilung ist allerdings dadurch gegeben, dass sich der Parameter λ immer auf eine bestimmte Beobachtungseinheit bezieht. Häufig wird es sich dabei um ein (konstantes) Zeitintervall handeln, welches je nach Anwendung größer oder kleiner sein kann. Das könnte ein Monat oder ein Jahr sein, aber unter Umständen auch nur eine Stunde oder eine Minute. Ein nicht immer einfach zu lösendes Problem besteht in diesem Fall darin, das für die konkrete Anwendung am besten geeignete Zeitintervall zu finden. Schließlich müssen auch Daten mit dieser Zeitfrequenz zur Verfügung stehen.

9 Für die Summe der einzelnen Wahrscheinlichkeiten gilt natürlich

$$\sum_{k=0}^{\infty} \mathrm{P}(X = k) = 1$$

10 Siehe dazu etwa Hossack et al. (1999).

11 Siehe dazu etwa Smith und McClung (1997).

12 Gelegentlich kommt es bei Fußballspielen auch zu höheren zweistelligen Ergebnissen. So endete im Juni 2008 in der Kölner Kreisklasse D das Spiel Rheinkassel-Langel II gegen DJK Löwe II mit 54:1. Allerdings wurde dieses Spiel später annulliert.

13 Diese Tabelle basiert auf Daten über Getötete bei Straßenverkehrsunfällen nach Tagen und Ortsgebiet/Freiland, die freundlicherweise von der Statistik Austria zur Verfügung gestellt wurden.

14 Da bei einer Poisson-verteilten Zufallsvariablen als mögliche Werte unendlich viele Zahlen in Frage kommen, muss man zum Beispiel bei der Berechnung des Erwartungswerts eine unendliche Reihe bilden

$$\mathrm{E}(X) = \sum_{k=0}^{\infty} k \cdot \mathrm{P}(X = k)$$

und diese Reihe sollte natürlich konvergieren (was sie auch tut). Ähnliches gilt für die Varianz.

Aufgaben

Die folgenden Aufgaben dienen dazu, das Verständnis des behandelten Stoffes zu erleichtern und zu vertiefen. Um einen entsprechenden Lerneffekt zu erzielen, sollten dabei die Konzepte und Methoden verwendet werden, die in diesem Kapitel präsentiert wurden. Soweit es um eigene Berechnungen geht, sollte man besonders auf die Darstellung des Lösungswegs achten. Für die mit einem * gekennzeichneten Aufgaben ist eine geeignete Software erforderlich bzw. empfehlenswert. Beachten Sie dazu auch die Hinweise in Anhang A. Lösungen zu den Aufgaben mit geraden Nummern finden Sie in Anhang B.

10.1 Eine Hochschule erhält eine Lieferung von 50 Laptops. Erfahrungsgemäß weisen 10 % einer solchen Lieferung gewisse Mängel auf. Angenommen, für eine erste Qualitätskontrolle werden fünf Laptops zufällig ausgewählt. Wie groß ist die Wahrscheinlichkeit,

a) dass höchstens einer dieser Laptops mangelhaft ist?

b) dass alle fünf Laptops mangelhaft sind?

10.2 Es sei X eine diskrete Zufallsvariable, deren Werte nichtnegative ganze Zahlen sind. Bestimmen Sie $\mathrm{P}(X=2)$, $\mathrm{E}(X)$ und $\mathrm{Var}(X)$ unter der Voraussetzung, dass die Zufallsvariable X

a) hypergeometrisch verteilt ist mit den Parametern $N=50$, $M=20$ und $n=5$.

b) binomialverteilt ist mit den Parametern $n=5$ und $p=0{,}4$.

c) Poisson-verteilt ist mit dem Parameter $\lambda=2$.

10.3 Ein Verein besteht aus acht Männern und acht Frauen. Es soll ein Komitee aus vier Personen gebildet werden. Die Bestellung der Mitglieder des Komitees erfolgt durch Losentscheid. Wie groß ist die Wahrscheinlichkeit, dass unter den vier zufällig ausgewählten Mitgliedern

a) zwei Frauen und zwei Männer sind?

a) drei Frauen und ein Mann sind?

10.4 Angenommen, in einer Bevölkerung soll eine Befragung von 2000 zufällig ausgewählten (erwachsenen) Personen durchgeführt werden. Wie groß ist die Wahrscheinlichkeit, dass eine bestimmte Person aus der Bevölkerung für diese Befragung ausgewählt wird, wenn man annimmt, dass die Zahl der erwachsenen Personen sieben Mio. beträgt?

10.5 Ein Unternehmen erhält eine große Lieferung von Maschinenteilen. Laut Hersteller beträgt der Anteil defekter Teile (wegen Transportschäden usw.) vier Prozent. Das Unternehmen führt eine Annahmekontrolle durch. Es werden zufällig 25 Maschinenteile ausgewählt und überprüft. Falls weniger als zwei defekt sind, wird die Lieferung angenommen.
Wie groß ist bei dieser Vorgangsweise die Wahrscheinlichkeit, dass die Lieferung angenommen wird?

10.6 Bei einer Prüfung werden „Multiple-Choice"-Fragen verwendet. Es werden insgesamt 20 Fragen gestellt, wobei es zu jeder Frage fünf mögliche Antworten gibt, von denen genau eine richtig ist. Die Prüfung gilt als bestanden, wenn mindestens zwölf Fragen richtig beantwortet werden. Angenommen, ein Student lässt bei jeder der Fragen den Zufall entscheiden.

a) Wie groß ist die erwartete Zahl richtiger Antworten?

b) Wie groß ist die Wahrscheinlichkeit, die Prüfung zu bestehen?

10.7 Bei Straßenverkehrsunfällen außerhalb des Ortsgebiets (Freiland) kamen in Österreich im Jahr 2007 insgesamt 518 Personen ums Leben. Pro Tag wurden dabei bis zu elf Verkehrstote verzeichnet. Die folgende Tabelle zeigt die Verteilung der täglichen Verkehrstoten.

k	Tage mit k Verkehrstoten	k	Tage mit k Verkehrstoten
0	107	6	2
1	125	7	3
2	66	8	1
3	36	9	0
4	19	10	0
5	5	11	1

Versuchen Sie, an diese Daten eine Poisson-Verteilung anzupassen.

10.8 Ein Forschungsinstitut verfügt über 250 PCs. Gelegentlich kommt es vor, dass ein PC wegen technischer Probleme ausfällt, wobei die wöchentliche Ausfallwahrscheinlichkeit pro PC etwa 0,5 % beträgt. Berechnen Sie die Wahrscheinlichkeit, dass höchstens zwei PCs innerhalb einer Woche ausfallen. Verwenden Sie für die Berechnung zwei verschiedene Verteilungen.

*10.9 Erzeugen Sie mit Hilfe einer geeigneten Software 100 Poisson-verteilte Zufallszahlen mit $\lambda = 1$. Erstellen Sie eine Tabelle der Poisson-Wahrscheinlichkeiten und der relativen Häufigkeiten der Zufallszahlen für $0 \leq k \leq 5$ und vergleichen Sie die Ergebnisse.

10.10 Einige Wochen vor der Eröffnung eines neuen Hotels sind bereits alle 300 Zimmer ausgebucht. Der Hotelmanager geht allerdings davon aus, dass im Durchschnitt eine von 20 Reservierungen storniert wird.

a) Wie viele Stornierungen sind zu erwarten?
b) Wie groß ist die Wahrscheinlichkeit, dass bis zur Eröffnung mehr als vier Zimmer storniert werden?

Fragen

1. Welche Informationen über die Grundgesamtheit benötigt man für die Anwendung der hypergeometrischen Verteilung?
2. Welche Gemeinsamkeiten weisen eine Stichprobe im Rahmen einer Qualitätskontrolle bzw. eine Stichprobe im Rahmen einer Meinungsumfrage auf?
3. Worin unterscheiden sich die beiden Modelle „Ziehen ohne Zurücklegen“ und „Ziehen mit Zurücklegen“?
4. Wann kann man die hypergeometrische Verteilung durch die Binomialverteilung approximieren?
5. Was sind normalerweise die Voraussetzungen für die Anwendung der Binomialverteilung?
6. Was ist das Galton'sche Nagelbrett und wie kann man den Zusammenhang dieser Vorrichtung mit der Binomialverteilung erklären?
7. Wann kann man die Binomialverteilung durch die Poisson-Verteilung approximieren?
8. Was sind typische Anwendungen der Poisson-Verteilung?
9. Welche Bedeutung besitzt der Parameter λ einer Poisson-Verteilung?
10. Was haben die hypergeometrische Verteilung, die Binomialverteilung und die Poisson-Verteilung gemeinsam und worin unterscheiden sie sich?

Exkurs

Das Zeitungsverkäufer-Problem

Angenommen, ein Zeitungsverkäufer verkauft erfahrungsgemäß von einer bestimmten Zeitung höchstens zwei Exemplare pro Tag. Die Nachfrage nach dieser Zeitung sei durch die folgende Wahrscheinlichkeitsverteilung gegeben:

Nachfrage	0	1	2
Wahrscheinlichkeit	0,2	0,7	0,1

Am Vorabend eines jeden Werktags muss er die Zeitungsexemplare bestellen, die am nächsten Morgen geliefert werden sollen. Für jedes gelieferte Exemplar entstehen ihm dabei insgesamt Kosten in Höhe von einem Euro. Der Verkaufspreis der Zeitung betrage zwei Euro.

Bei der eben beschriebenen Situation haben wir es mit einem klassischen Bestellmengenproblem zu tun, das in der Literatur auch unter dem Namen Zeitungsverkäufer-Problem (newsboy problem, newsvendor problem) bekannt ist. Dabei spielt es im Prinzip keine Rolle, ob es sich um Zeitungen, Frischwaren, Blutprodukte oder Weihnachtsbäume handelt. Wesentlich ist, dass es sich um ein „verderbliches" Produkt handelt, dass nur innerhalb einer bestimmten Zeitperiode (hier: ein Tag) einen verwertbaren Nutzen besitzt und bei dem die Nachfrage stochastisch ist. Das Ziel ist es, die optimale Bestellmenge zu finden, mit anderen Worten, die Bestellmenge soll so bestimmt werden, dass die erwarteten Kosten minimal sind bzw. der erwartete Gewinn maximal ist. Für die Nachfrage sei außerdem eine Verteilung gegeben, das heißt in unserem Beispiel die Wahrscheinlichkeiten für die Zahl der täglich nachgefragten Exemplare.

Um die optimale Bestellmenge zu finden, genügt es, zwei Fälle zu betrachten. Angenommen, es wird ein Zeitungsexemplar für den nächsten Tag bestellt, was Kosten in Höhe von einem Euro verursacht. Wird dieses Exemplar nicht verkauft bzw. verkauft, bedeutet das einen Verkaufserlös in Höhe von 0 bzw. 2 Euro und zwar mit den Wahrscheinlichkeiten 0,2 bzw. 0,8. Somit beträgt der erwartete Gewinn X_1 bei der Bestellung von nur einem Zeitungsexemplar

$$\mathrm{E}(X_1) = (0 \cdot 0{,}2 + 2 \cdot 0{,}8) - 1 = 0{,}6$$

Angenommen, es werden zwei Zeitungsexemplare für den nächsten Tag bestellt. Dann betragen die Kosten dafür jedenfalls 2 Euro. Je nachdem, ob kein, ein oder zwei Exemplar(e) verkauft werden, beträgt der Verkaufserlös 0, 2 oder 4 Euro und zwar mit den Wahrscheinlichkeiten 0,2, 0,7 und 0,1. Der erwartete Gewinn beträgt in diesem Fall

$$E(X_2) = (0 \cdot 0{,}2 + 2 \cdot 0{,}7 + 4 \cdot 0{,}1) - 2 = -0{,}2$$

Offensichtlich ist es daher optimal, ein einziges Zeitungsexemplar zu bestellen und in diesem Fall beträgt der erwartete Gewinn 0,6 Euro. Die folgende Tabelle fasst dieses Ergebnis in übersichtlicher Form zusammen.

Bestellmenge	0	1	2
erwarteter Verkauferlös	0	1,6	1,8
erwarteter Gewinn	0	0,6	−0,2

Man könnte dieses Beispiel etwas modifizieren, indem man annimmt, dass die nachgefragte Menge einer Poisson-Verteilung folgt, wobei man für den Parameter λ die bisher (im Durchschnitt) nachgefragte Stückzahl verwenden könnte. Man beachte, dass es sich in einem solchen Fall bei der Nachfrage um eine diskrete, nicht nach oben beschränkte Zufallsvariable handelt. Auch hier könnte man die optimale Bestellmenge ermitteln, auch wenn die dazu erforderlichen Berechnungen etwas umfangreicher sind. Natürlich könnte man dabei auch die Kostenstruktur etwas realistischer gestalten. Man könnte etwa unterscheiden zwischen den Kosten für eine konkrete Bestellung und den Kosten, die entstehen, wenn ein bestelltes Exemplar nicht verkauft, sondern zurückgegeben wird.
Abschließend sei noch auf eine interessante, allerdings recht komplexe Erweiterung des Zeitungsverkäufer-Problems hingewiesen, bei der es um die optimale Bestellmenge bei Produkten geht, die typischerweise innerhalb mehrerer Zeitperioden zum Verkauf angeboten werden. Man denke hier zum Beispiel an Lebensmittel mit einer Haltbarkeit von zwei oder mehr Tagen. Dabei müsste man nicht nur den sich verändernden Lagerbestand berücksichtigen, sondern auch die Tatsache, dass für jede Periode eine neue Bestellung aufgegeben werden kann.

Literatur: Hillier und Lieberman (2005), Thonemann (2010).

Kapitel 11.

Stetige Zufallsvariablen

Neben den diskreten stellen die stetigen Zufallsvariablen die zweite große Gruppe von Zufallsvariablen dar. Die Unterscheidung erfolgt ähnlich wie bei den diskreten und stetigen Merkmalen in der Deskriptiven Statistik. Während sich die Werte einer diskreten Zufallsvariablen abzählen lassen, ist dies bei den stetigen Zufallsvariablen nicht mehr möglich. Der typische Wertebereich einer stetigen Zufallsvariablen ist stattdessen ein endliches Intervall, die Menge der nichtnegativen reellen Zahlen oder sogar die Menge aller reellen Zahlen. Beispiele für stetige Zufallsvariablen sind etwa die Dauer eines Projekts, das Gewicht eines Produkts oder auch die Zeitspanne zwischen dem Eintreten zweier Ereignisse.

Die Verteilung einer stetigen Zufallsvariablen wird mit Hilfe einer sogenannten Dichtefunktion beschrieben. Dieses Konzept stellt den entscheidenden Unterschied zwischen diskreten und stetigen Zufallsvariablen dar. Betrachten wir als Illustration die folgende Situation. Mit Hilfe einer geeigneten Vorrichtung („Wurfmaschine“) werden Dartpfeile zufällig auf eine Dartscheibe geworfen. Die Wahrscheinlichkeit, dass die Scheibe getroffen wird, sei bei jedem Wurf gleich Eins. Die Vorrichtung sei so konstruiert, dass kein Flächenstück der Dartscheibe besonders bevorzugt wird. Die Wahrscheinlichkeit, dass ein Dartpfeil zum Beispiel die obere Hälfte der Scheibe trifft, ist dann offensichtlich gleich 1/2. Entsprechend wird die Wahrscheinlichkeit, ein bestimmtes Flächenstück zu treffen, gerade gleich der Größe dieser Fläche sein. Dann sollte aber die Wahrscheinlichkeit, genau den Punkt im Zentrum der Scheibe zu treffen, gleich Null sein, da ein Punkt bekanntlich keine positive Fläche hat. Dies würde dann natürlich auch für jeden anderen Punkt der Dartscheibe gelten.

Dieses Szenario veranschaulicht bildhaft zwei wesentliche Eigenschaften stetiger Zufallsvariablen. Erstens, die möglichen Werte (Realisationen) einer stetigen Zufallsvariablen haben stets die Wahrscheinlichkeit Null. Zweitens, Wahrscheinlichkeiten werden bei stetigen Zufallsvariablen mit Hilfe von Flächen berechnet.

ABBILDUNG 11.1. Dartscheibe

Es ist daher nicht überraschend, sondern nur konsequent, dass die Grundbegriffe stetiger Zufallsvariablen mit Hilfe von Integralen definiert werden. Allerdings wird die Integralrechnung in diesem Kapitel eher zurückhaltend und nur beispielhaft verwendet. In den nachfolgenden Kapiteln, in denen vor allem stetige Zufallsvariablen auftreten, wird man dann bei der Berechnung von Wahrscheinlichkeiten auf eine geeignete Software zurückgreifen müssen.

Es folgt ein kurzer Überblick über den Inhalt dieses Kapitels. Im ersten Abschnitt werden zunächst am Beispiel der Exponentialverteilung die Begriffe Dichtefunktion und Verteilungsfunktion einer stetigen Zufallsvariablen erklärt. Im Vergleich zu diskreten Zufallsvariablen gelten stetige Zufallsvariablen in konzeptioneller Hinsicht als komplexer. Soweit aber die Verteilungsfunktion bekannt ist, lässt sich die Berechnung von Wahrscheinlichkeiten oft wesentlich einfacher durchführen. Als zweites Beispiel wird die Dreiecksverteilung behandelt, die gelegentlich zur Modellierung der Dauer von Projekten verwendet wird. Im zweiten Abschnitt werden der Erwartungswert und die Varianz einer stetigen Zufallsvariablen definiert. Die zugehörigen Rechenregeln entsprechen denen für diskrete Zufallsvariablen. Schließlich wird im letzten Abschnitt noch die Unabhängigkeit stetiger Zufallsvariablen behandelt.

11.1. Dichtefunktion und Verteilungsfunktion

11.1.1. Die Exponentialverteilung

Bei stetigen Zufallsvariablen spielt das Konzept der Dichtefunktion eine zentrale Rolle. Dabei handelt es sich nicht um eine Wahrscheinlichkeit oder Wahrscheinlichkeitsfunktion, wie man sie von diskreten Zufallsvariablen kennt. Konkrete Wahrscheinlichkeiten erhält man erst durch die Berechnung entsprechender Flächenstücke, genauer durch die Integration der Dichtefunktion. Betrachten wir dazu als ein relativ einfaches Beispiel die Dichtefunktion einer exponentialverteilten Zufallsvariablen, die unter anderem im Zusammenhang mit der Lebensdauer gewisser Produkte oder auch bei der Modellierung von Zugverspätungen verwendet wird. Diese Dichtefunktion[1] ist allgemein gegeben durch

$$f(x) = \begin{cases} \lambda \cdot e^{-\lambda x} & x \geq 0 \\ 0 & x < 0 \end{cases}$$

wobei λ ein positiver Parameter ist. Abbildung 11.2 zeigt für verschiedene Werte von λ die zugehörigen Dichtefunktionen.

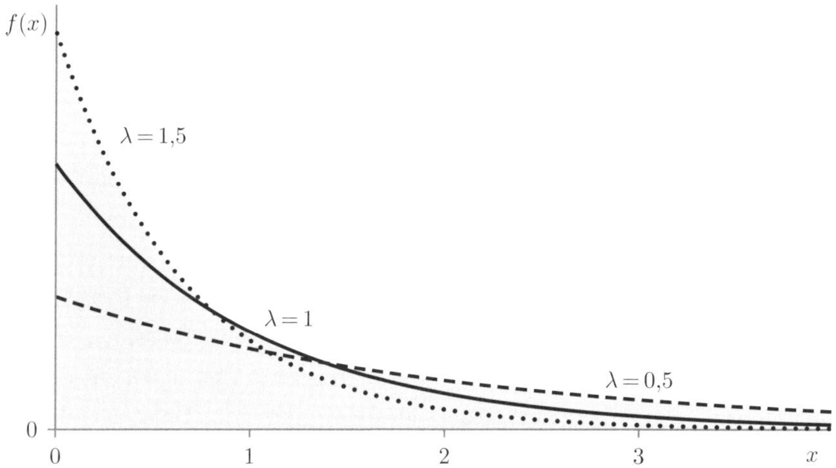

Abbildung 11.2. Dichtefunktionen verschiedener Exponentialverteilungen

Offensichtlich fällt bei größeren Werten für λ die entsprechende Dichtefunktion zu Beginn sehr stark ab und geht relativ schnell gegen Null. Das bedeutet aber nichts anderes, als dass „am rechten Ende“ die Fläche (= Wahrscheinlichkeit) unterhalb der Dichtefunktion sehr klein ist. Ein Produkt, dessen Lebensdauer durch eine derartige Dichtefunktion beschrieben werden kann, besitzt deshalb eine eher geringe Lebensdauer. Umgekehrt ist die Situation bei kleineren Werten für λ. In diesem Fall verläuft die Dichtefunktion wesentlich flacher und besitzt „am rechten Ende“ eine größere Wahrscheinlichkeit, was entsprechend auch eine größere Lebensdauer bedeutet. Die Lebensdauer eines Produkts stellt ein typisches Beispiel für eine stetige Zufallsvariable dar.

Stetige Zufallsvariable und Dichtefunktion

Eine Zufallsvariable X heißt stetig, falls es eine Funktion $f(x) \geq 0$ gibt, sodass für jedes Intervall $[a, b]$ gilt:

$$\mathrm{P}(a \leq X \leq b) = \int_a^b f(x)\,\mathrm{d}x$$

Die Funktion $f(x)$ nennt man die Dichtefunktion von X.

Aus dieser Definition folgt insbesondere, dass die Wahrscheinlichkeit, dass eine stetige Zufallsvariable einen bestimmten Wert a annimmt, gleich Null ist:

$$\mathrm{P}(X = a) = \mathrm{P}(a \leq X \leq a) = \int_a^a f(x)\,\mathrm{d}x = 0$$

Dies bedeutet aber, dass die Wahrscheinlichkeit, dass eine stetige Zufallsvariable einen Wert in einem abgeschlossenen Intervall $[a, b]$ annimmt, unverändert bleibt, wenn man das Intervall $[a, b]$ durch das offene Intervall (a, b) oder durch das halboffene Intervall $[a, b)$ bzw. $(a, b]$ ersetzt. Die Wahrscheinlichkeiten $\mathrm{P}(a \leq X \leq b)$, $\mathrm{P}(a < X < b)$, $\mathrm{P}(a < X \leq b)$ und $\mathrm{P}(a \leq X < b)$ stimmen somit überein.

Nehmen wir der Einfachheit halber einmal an, dass $\lambda = 1$ ist und berechnen die Wahrscheinlichkeit, dass die Lebensdauer eines Produkts länger als $x = 1$ Jahr beträgt. Diese Wahrscheinlichkeit lässt sich mit Hilfe der Dichtefunktion berechnen, wobei ein bestimmtes Integral ausgewertet werden muss:

$$\begin{aligned}\mathrm{P}(X > 1) &= 1 - \mathrm{P}(X \leq 1) = 1 - \int_0^1 e^{-x}\,\mathrm{d}x \\ &= 1 - \left[-e^{-x}\right]_0^1 = e^{-1} = 0{,}368\end{aligned}$$

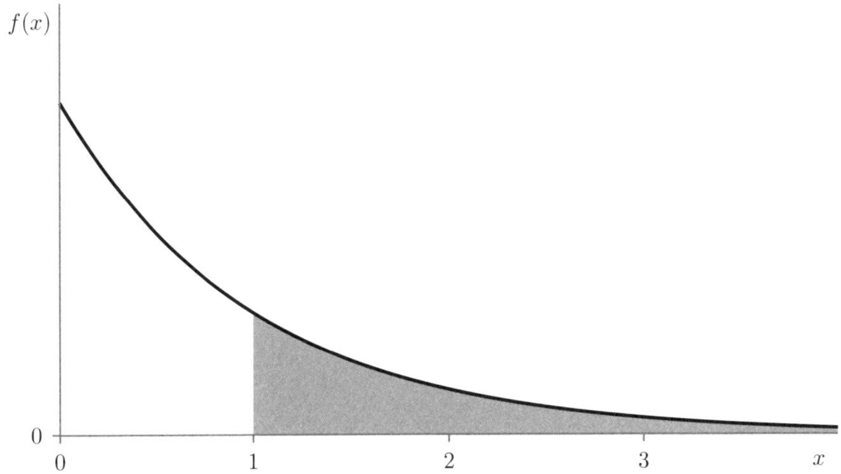

ABBILDUNG 11.3. Darstellung der Wahrscheinlichkeit $P(X > 1)$ bei einer exponentialverteilten Zufallsvariablen X mit $\lambda = 1$

Die Wahrscheinlichkeit wird in Abbildung 11.3 durch die graue Fläche rechts vom Wert $x = 1$ dargestellt.

Es gibt noch eine andere Möglichkeit, derartige Wahrscheinlichkeiten zu berechnen, nämlich mit Hilfe der entsprechenden Verteilungsfunktion. Die Verteilungsfunktion einer stetigen Zufallsvariablen besitzt die gleiche Bedeutung wie die Verteilungsfunktion einer diskreten Zufallsvariablen, allerdings wird sie mit Hilfe der Dichtefunktion definiert.

Verteilungsfunktion

Die Verteilungsfunktion einer stetigen Zufallsvariablen X ist definiert durch:

$$F(x) = P(X \leq x) = \int_{-\infty}^{x} f(t)\,\mathrm{d}t$$

Dabei ist $f(t)$ die Dichtefunktion von X.

Ist die Verteilungsfunktion einer stetigen Zufallsvariablen gegeben bzw. kann diese mit Hilfe einer Software berechnet werden, dann hat man damit ein Instrument, mit dessen Hilfe sich Wahrscheinlichkeiten relativ leicht berechnen lassen. Im Falle der Exponentialverteilung kann man allgemein den Wert der Verteilungsfunktion für $x > 0$ wie folgt berechnen:

$$\begin{aligned} F(x) = \mathrm{P}(X \leq x) &= \int_0^x \lambda e^{-\lambda t} \,\mathrm{d}t \\ &= \left[-e^{-\lambda t}\right]_0^x = 1 - e^{-\lambda x} \end{aligned}$$

Die Verteilungsfunktion der Exponentialverteilung lautet damit

$$F(x) = \begin{cases} 1 - e^{-\lambda x} & x > 0 \\ 0 & x \leq 0 \end{cases}$$

Eigenschaften der Verteilungsfunktion

1. $\lim\limits_{x \to +\infty} F(x) = 1, \ \lim\limits_{x \to -\infty} F(x) = 0$
2. Die Verteilungsfunktion $F(x)$ ist monoton wachsend.
3. Ist $f(x)$ stetig in x, dann gilt $F'(x) = f(x)$.
4. Ist $a \leq b$, dann folgt $\mathrm{P}(a \leq X \leq b) = F(b) - F(a)$.

Besonders wichtig ist die vierte Eigenschaft, da bei stetigen Zufallsvariablen vor allem Wahrscheinlichkeiten von Intervallen von Interesse sind, wie zum Beispiel in Abbildung 11.4 die Wahrscheinlichkeit $\mathrm{P}(a \leq X \leq b)$. Anschaulich gesprochen bedeutet $F(x) = \mathrm{P}(X \leq x)$ ja gerade die Fläche links vom Punkt x (unterhalb der Dichtefunktion) und daher kann man die Wahrscheinlichkeit $\mathrm{P}(a \leq X \leq b)$ dadurch berechnen, indem man die Differenz zwischen $F(b)$ und $F(a)$ bildet, also die Differenz zwischen den Werten der Verteilungsfunktion an der Stelle $x = b$ bzw. $x = a$. Als Ergebnis erhält man eine einfache Regel, die natürlich auch für offene bzw. halboffene Intervalle gilt, nämlich

$$\mathrm{P}(a \leq X \leq b) = F(b) - F(a)$$

Will man die Wahrscheinlichkeit berechnen, dass X größer ist als b, dann gilt offensichtlich $\mathrm{P}(X > b) = 1 - F(b)$. Wegen $\mathrm{P}(X \leq b) = F(b)$ hat man somit die wichtigsten Wahrscheinlichkeiten für das Arbeiten mit stetigen Zufallsvariablen mit Hilfe der Verteilungsfunktion erfasst.

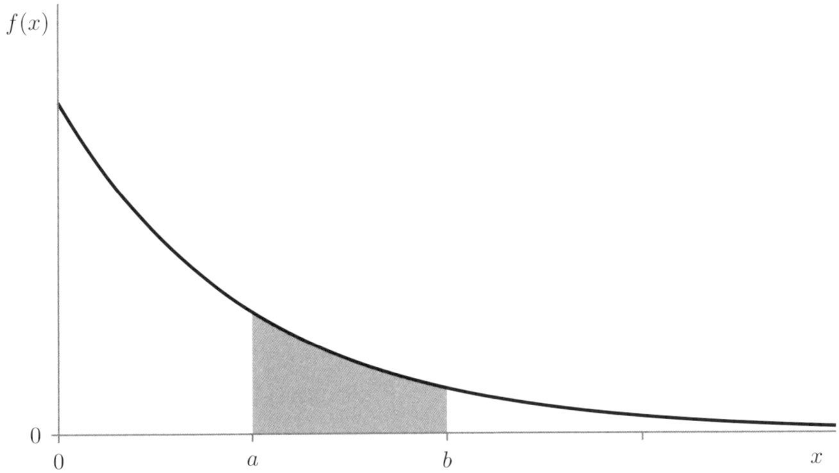

ABBILDUNG 11.4. Darstellung der Wahrscheinlichkeit $P(a \leq X \leq b)$ (graue Fläche) am Beispiel der Dichtefunktion einer exponentialverteilten Zufallsvariablen X

11.1.2. Die Dreiecksverteilung

Erfahrungsgemäß lässt sich die Dauer eines Projekts nicht immer exakt vorausplanen, sondern unterliegt in der Regel gewissen Schwankungen. Typischerweise zählt man die Projektdauer zu den stetigen Zufallsvariablen. Die Frage nach der für eine konkrete Anwendung relevanten Verteilung lässt sich allerdings oft nicht eindeutig beantworten. Manchmal liefern Modelle eine gewisse Vorgabe, manchmal folgt man eher dem Grundsatz „trial and error". Für die Projektdauer dürfte wohl eher Letzteres der Fall sein. Projekterfahrung und Expertenwissen können in diesem Fall wichtige Hinweise für die Auswahl der Verteilung liefern. Im Folgenden werden wir eine Verteilung betrachten, die nicht zuletzt aufgrund ihrer einfachen Handhabung im Bereich der Zeitplanung von Projekten immer wieder anzutreffen ist[2]. Die Rede ist hier von der sogenannten Dreiecksverteilung, deren Name bereits auf das Aussehen dieser Verteilung hinweist.

Die Verteilung bzw. die Dichtefunktion ist gegeben durch die beiden Eckpunkte a und b sowie den „Fußpunkt" c, wie in Abbildung 11.5 dargestellt. Bei Anwendungen im Zusammenhang mit der Dauer eines Projekts wird a als optimistischer Wert, b als pessimistischer Wert und c als vermutlicher Wert bezeichnet. Man beachte, dass in diesem Fall angenommen wird, dass die Dichtefunktion zwischen den Werten a und c linear ansteigt und zwischen den Werten c und b linear

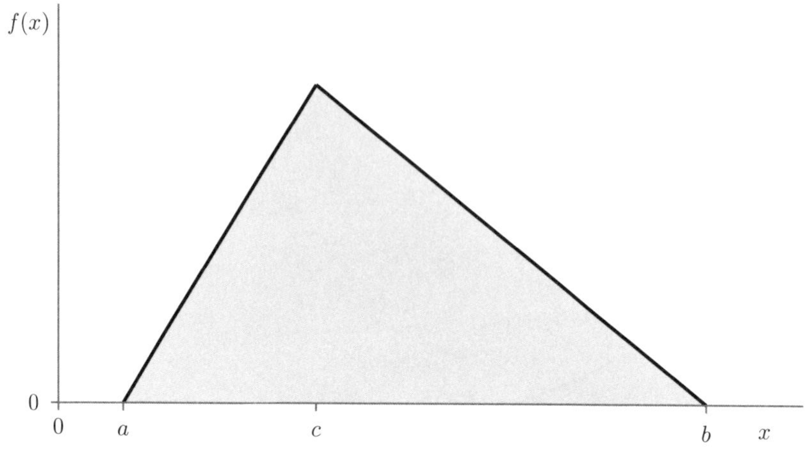

Abbildung 11.5. Dichtefunktion einer Dreiecksverteilung mit den Parametern a, b, und c

abnimmt. Der vermutliche Wert c ist dabei derjenige Wert, bei dem die Dichtefunktion ihr Maximum annimmt. Die Wahrscheinlichkeit, dass die Projektdauer einen Wert annimmt, der zwischen a und b liegt, wird natürlich mit Eins angenommen.

Mit Hilfe dieser Eigenschaft, die nichts anderes besagt, als dass die Fläche des Dreiecks gleich Eins ist, kann man übrigens zeigen, dass die Höhe des Dreiecks über dem Fußpunkt c eindeutig bestimmt ist[3]. Für die Definition der Dreiecksverteilung sind somit lediglich drei Werte erforderlich und damit ist die Verteilung eindeutig festgelegt. Obwohl es sich um eine relativ einfache Verteilung handelt, besitzt sie dennoch eine gewisse Flexibilität. Sie muss nämlich nicht symmetrisch um einen bestimmten Punkt sein, sondern kann durchaus links- oder rechtsschief sein, wobei Letzterer (siehe Abbildung 11.5) den für Anwendungen relevanteren Fall darstellt.

Nehmen wir einmal an, für die Dauer eines Projekts lautet der optimistische Wert $a=9$, der pessimistische Wert $b=15$ und der vermutliche Wert $c=11$ (Angabe jeweils in Tagen). Wir berechnen jetzt mit Hilfe der Dreiecksverteilung die Wahrscheinlichkeit, dass das Projekt mindestens 10, aber höchstens 13 Tage dauert. Die Wahrscheinlichkeit, die uns interessiert, wird also durch die graue Fläche in Abbildung 11.6 beschrieben.

Die bei unserem Beispiel gesuchte Wahrscheinlichkeit erhält man dadurch, dass man die Fläche berechnet, die die Dichtefunktion über dem Intervall $[10, 13]$ besitzt. In diesem Fall ersparen wir uns allerdings die Integration der Dichtefunkti-

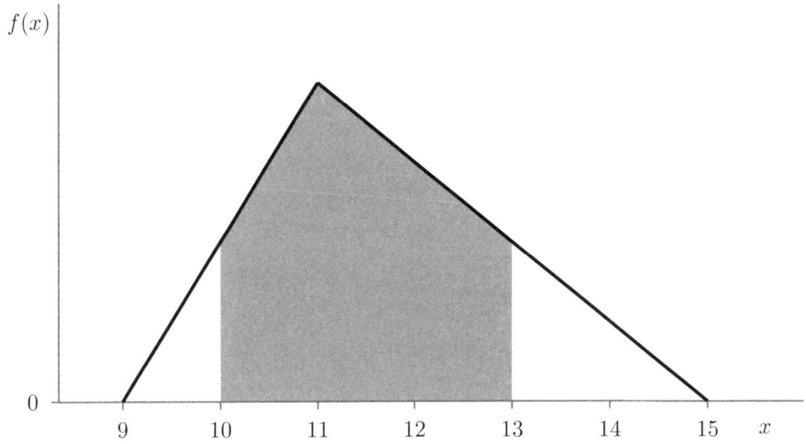

ABBILDUNG 11.6. Dichtefunktion einer Dreiecksverteilung mit $a = 9$, $b = 15$ und $c = 11$

on und verwenden stattdessen die Verteilungsfunktion. Wie im letzten Abschnitt gezeigt wurde, bietet sich damit die Möglichkeit, Wahrscheinlichkeiten auf eine recht einfache Art und Weise zu berechnen. Es folgt die allgemeine Definition einer Dreiecksverteilung, die wir hier aus praktischen Gründen mit Hilfe ihrer Verteilungsfunktion definieren[4].

Dreiecksverteilung

Eine stetige Zufallsvariable X heißt dreiecksverteilt, falls ihre Verteilungsfunktion lautet:

$$F(x) = \begin{cases} \dfrac{(x-a)^2}{(b-a)(c-a)} & a \leq x < c \\ 1 - \dfrac{(b-x)^2}{(b-a)(b-c)} & c \leq x \leq b \end{cases}$$

Parameter: a, b und c

Die entsprechende Wahrscheinlichkeit kann man mit Hilfe der Werte für a, b und c leicht berechnen:

$$\mathrm{P}(10 \leq X \leq 13) = F(13) - F(10) = \frac{5}{6} - \frac{1}{12} = 0{,}75$$

Die Wahrscheinlichkeit, dass die Projektdauer zwischen 10 und 13 Tagen liegt, beträgt also 75 %. Man beachte allerdings, dass dieses Ergebnis nicht nur von der Voraussetzung der Dreiecksverteilung, sondern vor allem auch von den Eingangsparametern a, b und c abhängt. Die Qualität dieser Annahmen bestimmt letztlich die Qualität des Ergebnisses.

11.2. Erwartungswert und Varianz

Ähnlich wie im Falle einer diskreten Zufallsvariablen, so kann man auch einer stetigen Zufallsvariablen einen Erwartungswert und eine Varianz zuordnen[5]. Bei stetigen Zufallsvariablen geschieht dies allerdings mit Hilfe der Dichtefunktion (statt der Wahrscheinlichkeitsfunktion). Hier ist die allgemeine Definition des Erwartungswerts einer stetigen Zufallsvariablen.

Erwartungswert

Der Erwartungswert einer stetigen Zufallsvariablen X ist definiert durch:

$$\mathrm{E}(X) = \int_{-\infty}^{\infty} x f(x)\,\mathrm{d}x$$

Dabei ist $f(x)$ die Dichtefunktion von X.

Die Interpretation ist völlig analog der Situation bei den diskreten Zufallsvariablen, das heißt, der Erwartungswert entspricht einem erwarteten Mittelwert, wobei die Werte der Variablen in diesem Fall mit der Dichtefunktion gewichtet werden. Verständlicherweise wird dieser Ausdruck dann integriert (und nicht aufsummiert wie im Falle einer diskreten Zufallsvariablen). Auch für stetige Zufallsvariablen stehen dann einige Regeln für das Rechnen mit Erwartungswerten zur Verfügung, die ansonsten genau den Regeln für diskrete Zufallsvariablen entsprechen.

Rechenregeln für den Erwartungswert

1. $\mathrm{E}(aX + b) = a\mathrm{E}(X) + b$
2. $\mathrm{E}(X_1 + X_2 + \cdots + X_n) = \mathrm{E}(X_1) + \mathrm{E}(X_2) + \cdots + \mathrm{E}(X_n)$
   wobei $X_1, X_2, \ldots, X_n$ stetige Zufallsvariablen sind.

Beispiel 10.3
Berechnen wir den Erwartungswert einer exponentialverteilten Zufallsvariablen. Dazu betrachten wir zunächst das unbestimmte Integral

$$\begin{aligned}\int \lambda x e^{-\lambda x}\,\mathrm{d}x &= -xe^{-\lambda x} - \int -e^{-\lambda x}\,\mathrm{d}x\\ &= -xe^{-\lambda x} - \frac{1}{\lambda}e^{-\lambda x}\end{aligned}$$

wobei bei der ersten Gleichung eine partielle Integration verwendet wurde[6]. Für $x \to \infty$ geht bei der zweiten Gleichung der rechte Ausdruck offensichtlich gegen Null und für $x = 0$ besitzt er den Wert $-1/\lambda$. Die Differenz ergibt damit den Wert des uneigentlichen Integrals bzw. des gesuchten Erwartungswerts:

$$\mathrm{E}(X) = \int_{-\infty}^{\infty} x f(x)\,\mathrm{d}x = \int_{0}^{\infty} \lambda x e^{-\lambda x}\,\mathrm{d}x = \frac{1}{\lambda}$$ □

Varianz und Standardabweichung

Die Varianz einer stetigen Zufallsvariablen X ist definiert durch:

$$\mathrm{Var}(X) = \mathrm{E}\left((X - \mathrm{E}(X))^2\right)$$

Die Standardabweichung von X ist definiert durch:

$$\sqrt{\mathrm{Var}(X)}$$

Varianz und Standardabweichung lassen sich jetzt automatisch mit Hilfe des Erwartungswerts definieren, wobei hier der Einfachheit halber auf die Integraldarstellung verzichtet wird. Für die Varianz stetiger Zufallsvariablen gelten wieder die gleichen Rechenregeln wie bei den diskreten Zufallsvariablen. Wesentlich ist dabei nur, dass man sich immer bewusst ist, dass der Erwartungswert auf einer Integraldefinition beruht.

Rechenregeln für die Varianz

Ist X eine stetige Zufallsvariable, dann gilt:

1. $\mathrm{Var}(X) = \mathrm{E}\left(X^2\right) - (\mathrm{E}(X))^2$
2. $\mathrm{Var}(aX + b) = a^2\mathrm{Var}(X)$

11.3. Unabhängige Zufallsvariablen

Bei den diskreten Zufallsvariablen wurden zwei Zufallsvariablen X und Y als unabhängig bezeichnet, falls die Wahrscheinlichkeit, dass X den Wert x und Y den Wert y annimmt, gleich dem Produkt der beiden einzelnen Wahrscheinlichkeiten ist (für alle möglichen Werte x und y). Bei stetigen Zufallsvariablen wird die Unabhängigkeit endlich vieler Zufallsvariablen häufig wie folgt formuliert:

Unabhängigkeit endlich vieler stetiger Zufallsvariablen

Die stetigen Zufallsvariablen X_1, X_2, …, X_n heißen unabhängig, falls gilt

$$\mathrm{P}(X_1 \leq x_1, X_2 \leq x_2, \ldots, X_n \leq x_n) = \mathrm{P}(X_1 \leq x_1) \cdot \mathrm{P}(X_2 \leq x_2) \ldots \cdot \mathrm{P}(X_n \leq x_n)$$

für alle Zahlen x_1, …, x_n.

Im Falle von zwei stetigen Zufallsvariablen X und Y würde das also bedeuten

$$\mathrm{P}(X \leq x, Y \leq y) = \mathrm{P}(X \leq x) \cdot \mathrm{P}(Y \leq y)$$

für alle Zahlen x und y, wobei die beiden Faktoren auf der rechten Seite nichts anderes sind als die Verteilungsfunktionen der Zufallsvariablen X und Y. Den Ausdruck auf der linken Seite bezeichnet man auch als die gemeinsame Verteilungsfunktion der Zufallsvariablen X und Y. Die folgenden Eigenschaften unabhängiger stetiger Zufallsvariablen kennen wir bereits für den Fall unabhängiger diskreter Zufallsvariablen.

Eigenschaften unabhängiger Zufallsvariablen

Für unabhängige stetige Zufallsvariablen X_1, X_2, …, X_n gilt:

1. $\mathrm{E}(X_1 \cdot X_2 \cdot \ldots \cdot X_n) = \mathrm{E}(X_1) \cdot \mathrm{E}(X_2) \cdot \ldots \cdot \mathrm{E}(X_n)$
2. $\mathrm{Var}(X_1 + X_2 + \cdots + X_n) = \mathrm{Var}(X_1) + \mathrm{Var}(X_2) + \cdots + \mathrm{Var}(X_n)$

Auf Grund der Bedeutung dieser beiden Arten von Zufallsvariablen soll abschließend noch einmal auf die wesentlichen Unterschiede zwischen diskreten und stetigen Zufallsvariablen eingegangen werden. Die beiden wichtigsten Unterscheidungsmerkmale sind wohl der Wertebereich sowie die Beschreibung der Verteilung der jeweiligen Zufallsvariablen.

Tabelle 11.1. Unterschiede zwischen diskreten und stetigen Zufallsvariablen

	diskrete Zufallsvariable	stetige Zufallsvariable
Wertebereich	abzählbar	Intervall
Verteilung	Wahrscheinlichkeitsfunktion $\mathrm{P}(X = x)$	Dichtefunktion $f(x)$

Die möglichen Werte einer diskreten Zufallsvariablen lassen sich in einer Folge aufschreiben, das heißt ihre Werte sind abzählbar. Durch die zugehörige Wahrscheinlichkeitsfunktion wird jedem dieser Werte eine positive Wahrscheinlichkeit zugeordnet. Für eine stetige Zufallsvariable dagegen handelt es sich bei der Menge der möglichen Werte um ein endliches oder unendliches Intervall. Die Zahl der möglichen Werte ist damit überabzählbar. Eine Zuordnung in Form einer Wahrscheinlichkeitsfunktion ist hier nicht mehr möglich. Die Beschreibung der Verteilung erfolgt durch eine Dichtefunktion, mittels derer dann Wahrscheinlichkeiten berechnet werden können.

Anmerkungen

1 Wenn die Dichtefunktion von einem Parameter abhängt, dann wird diese Abhängigkeit gelegentlich in der Funktionsbezeichnung besonders hervorgehoben. Im Falle der Exponentialverteilung könnte man daher die Dichtefunktion statt mit $f(x)$ auch mit $f(x|\lambda)$ bezeichnen. Entsprechendes gilt bei der Verwendung mehrerer Parameter.

2 Die Dauer eines Projekts kann auch mit Hilfe anderer Verteilungen modelliert werden. Eine Verteilung, die dabei häufig verwendet wird, ist die sogenannte Beta-Verteilung. Die Dichtefunktion einer Beta-verteilten Zufallsvariablen X lautet

$$f(x) = \frac{\Gamma(a+b)}{\Gamma(a)\cdot\Gamma(b)}\cdot x^{a-1}\cdot(1-x)^{b-1} \qquad \text{für } 0 < x < 1$$

Dabei sind a und b Parameter ($a > 0$ und $b > 0$) und Γ (lies: „Gamma") die sogenannte Gammafunktion, die definiert ist durch

$$\Gamma(a) = \int_0^\infty e^{-t}t^{a-1}\,dt \qquad \text{für } a > 0$$

Die Gammafunktion erfüllt die rekursive Beziehung $\Gamma(a+1) = a\Gamma(a)$. Außerdem gilt $\Gamma(0{,}5) = \sqrt{\pi}$ und $\Gamma(1) = 1$. Aus dem obigen ergibt sich $\Gamma(n+1) = n!$ für jede natürliche Zahl n. Die Abbildung zeigt die Dichtefunktionen von drei verschiedenen Beta-

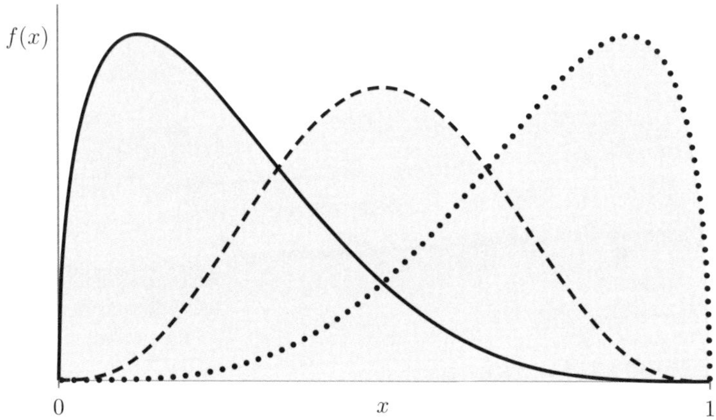

Verteilungen mit folgenden Parameterwerten: $a = 1{,}5$ und $b = 4{,}5$ (linke Verteilung), $a = 4$ und $b = 4$ (mittlere Verteilung), $a = 4{,}5$ und $b = 1{,}5$ (rechte Verteilung). Zu den Beta-Verteilungen gehören also sowohl symmetrische als auch schiefe Verteilungen.

3 Dazu kann man ein Resultat aus der Geometrie heranziehen, das besagt, dass die Fläche F eines Dreiecks gleich der Hälfte des Produkts aus einer Seitenlänge s und der auf ihr senkrecht stehenden Höhe h ist:

$$F = \frac{s\cdot h}{2}$$

Die Bedeutung der beiden Größen h und s kann man aus der folgenden Abbildung ersehen.

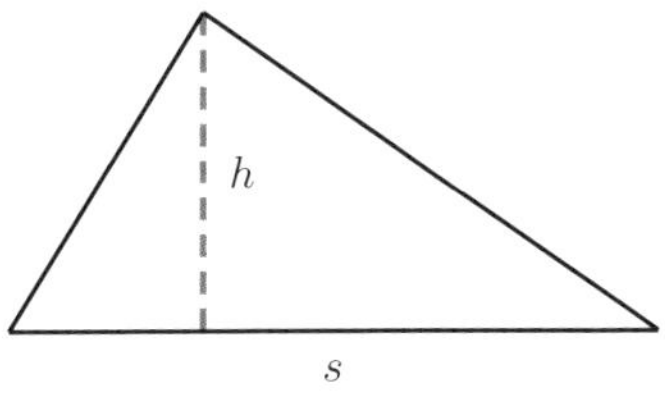

Berücksichtigt man jetzt die Tatsache, dass bei der Dreiecksverteilung die Fläche des Dreiecks natürlich gleich Eins ist und verwendet man als Seitenlänge s die Strecke zwischen a und b, dann gilt offensichtlich:

$$1 = \frac{(b-a) \cdot h}{2}$$

Damit ergibt sich für die Höhe h, das heißt für den Wert der Dichtefunktion an der Stelle c, der Wert $h = 2/(b-a)$.

4 Der Vollständigkeit halber ist hier die Dichtefunktion der Dreiecksverteilung gegeben:

$$f(x) = \begin{cases} \dfrac{2(x-a)}{(b-a)(c-a)} & a \leq x < c \\[2ex] \dfrac{2(b-x)}{(b-a)(b-c)} & c \leq x \leq b \end{cases}$$

Das Zeichnen des entsprechenden Dreiecks ist natürlich einfacher mit den Angaben über die Werte von a, b und c sowie dem Wert für die Höhe h.

5 Aus mathematischen Gründen müsste man hier eigentlich zusätzlich voraussetzen, dass das Integral

$$\int\limits_{-\infty}^{\infty} |x| f(x)\, \mathrm{d}x$$

existiert und endlich ist. Ansonsten kann man nämlich den Erwartungswert (und damit die Varianz) nicht eindeutig definieren. Solche Spezialfälle werden wir hier aber stillschweigend ausschließen. Wir nehmen somit der Einfachheit halber an, dass beim Arbeiten mit Erwartungswerten nur solche stetigen Zufallsvariablen verwendet werden, die die obige Bedingung erfüllen. Dies gilt damit auch für die Varianz, die ja ein spezieller Erwartungswert ist.

6 Diese Methode beruht auf der Gleichung

$$\int u(x)v'(x)\, dx = u(x)v(x) - \int u'(x)v(x)\, dx$$

wobei $u(x)$ und $v(x)$ differenzierbare Funktionen sind und $u'(x)$ und $v'(x)$ deren Ableitungen.

Aufgaben

Die folgenden Aufgaben dienen dazu, das Verständnis des behandelten Stoffes zu erleichtern und zu vertiefen. Um einen entsprechenden Lerneffekt zu erzielen, sollten dabei die Konzepte und Methoden verwendet werden, die in diesem Kapitel präsentiert wurden. Soweit es um eigene Berechnungen geht, sollte man besonders auf die Darstellung des Lösungswegs achten. Für die mit einem * gekennzeichneten Aufgaben ist eine geeignete Software erforderlich bzw. empfehlenswert. Beachten Sie dazu auch die Hinweise in Anhang A. Lösungen zu den Aufgaben mit geraden Nummern finden Sie in Anhang B.

11.1 Bei der Planung eines Projekts wird für die erste Einschätzung der Projektdauer eine Dreiecksverteilung verwendet. Dabei werden für die kürzeste Projektdauer zehn Monate, für die längste 20 Monate angenommen. Die vermutliche Projektdauer wird auf 14 Monate geschätzt.

a) Wie groß ist die Wahrscheinlichkeit, dass das Projekt länger als 18 Monate dauert?

b) Wie groß ist die Wahrscheinlichkeit, dass das Projekt weniger als 18 Monate, aber länger als zwölf Monate dauert?

c) Wie groß ist die Wahrscheinlichkeit, dass das Projekt weniger als 12 Monate dauert?

11.2 Die Zeit (in Minuten) zwischen den Ankünften zweier Kunden an einem Bankschalter sei exponentialverteilt, wobei die durchschnittliche Zeit vier Minuten beträgt. Bestimmen Sie die Wahrscheinlichkeit, dass zwischen den Ankünften zweier Kunden

a) mehr als fünf Minuten vergehen,

b) höchstens zwei Minuten vergehen.

11.3 (Fortsetzung von Aufgabe 11.1)
Die erwartete Projektdauer beträgt ca. 14,7 Monate. Der Leiter des Projekts fragt Sie, ob er somit davon ausgehen kann, dass die tatsächliche Dauer des Projekts zwischen 14 und 15 Monaten liegen wird. Was würden Sie ihm antworten?

11.4 Ein Projekt besteht aus zwei unabhängigen Teilprojekten T_1 und T_2, die nacheinander abgewickelt werden sollen. Für die Modellierung der Projektdauer (in Tagen) werden Dreiecksverteilungen verwendet mit den Parametern $a_1 = 8$, $b_1 = 12$, $c_1 = 10$ (für T_1) und $a_2 = 17$, $b_2 = 24$, $c_2 = 19$ (für T_2). Berechnen Sie den Erwartungswert und die Standardabweichung der Gesamtdauer des Projekts.

11.5 Jemand möchte einen Betrag in Höhe von 200000 Euro für ein Jahr anlegen. Dabei soll die Hälfte des Betrags risikolos zu einem Zinssatz von 5 % angelegt werden. Die andere Hälfte soll in einen Aktienfonds investiert werden bei einer erwarteten Rendite von 10 % p. a. und einer Standardabweichung von 20 % p. a.

a) Stellen Sie das zugehörige Portfolio mit Hilfe von Zufallsvariablen dar.

b) Wie groß sind der Erwartungswert und die Standardabweichung der Portfoliorendite?

11.6 Die Lebensdauer X (in Jahren) eines elektronischen Bauteils folge einer Exponentialverteilung mit $\lambda = 0{,}2$. Berechnen Sie mit Hilfe der Verteilungsfunktion die folgenden Wahrscheinlichkeiten

a) $\mathrm{P}(X < 3)$

b) $\mathrm{P}(1 \leq X \leq 2{,}5)$

c) $\mathrm{P}(X \geq 5)$

11.7 Die Dichtefunktion einer stetigen Zufallsvariablen X sei gegeben durch

$$f(x) = \begin{cases} x & \text{für } 0 \leq x < 1 \\ 2 - x & \text{für } 1 \leq x < 2 \\ 0 & \text{sonst} \end{cases}$$

a) Zeigen Sie durch Integration, dass diese Funktion tatsächlich eine Dichtefunktion ist.

b) Berechnen Sie die Wahrscheinlichkeit, das X einen Wert zwischen 0,5 und 1,5 annimmt.

11.8 Die Dichtefunktion einer stetigen Zufallsvariablen X sei gegeben durch

$$f(x) = \begin{cases} 2\,(x - 1) & \text{für } 1 \leq x \leq 2 \\ 0 & \text{sonst} \end{cases}$$

a) Berechnen Sie $\mathrm{P}(1{,}5 \leq X < 2)$.

b) Berechnen Sie $\mathrm{E}(X)$.

11.9 Die Verteilung einer stetigen Zufallsvariablen X sei durch die folgende Dichtefunktion gegeben

$$f(x) = \begin{cases} 6x(1 - x) & \text{für } 0 \leq x \leq 1 \\ 0 & \text{sonst} \end{cases}$$

Berechnen Sie $\mathrm{E}(X)$ und $\mathrm{Var}(X)$.

11.10 Eine stetige Zufallsvariable X besitzt eine sogenannte Gleichverteilung (Rechteckverteilung) über dem Intervall $[0, 4]$, das heißt die Dichtefunktion ist konstant über diesem Intervall.

a) Wie lautet in diesem Fall die Dichtefunktion?

b) Wie groß ist der Erwartungswert?

Fragen

1. Was ist eine Dichtefunktion?
2. Weshalb ist für eine stetige Zufallsvariable die Wahrscheinlichkeit, dass eine bestimmte Zahl auftritt, immer gleich Null?
3. Was ist der Unterschied zwischen der Dichtefunktion und der Verteilungsfunktion einer stetigen Zufallsvariablen?
4. Welche Eigenschaften hat die Verteilungsfunktion einer stetigen Zufallsvariablen?
5. Wie kann man bei einer stetigen Zufallsvariablen Wahrscheinlichkeiten mit Hilfe der Verteilungsfunktion berechnen?
6. Was sind typische Anwendungen der Exponentialverteilung?
7. Welche Bedeutung besitzt der Parameter λ einer Exponentialverteilung?
8. Welche Annahmen liegen der Dreiecksverteilung zugrunde?
9. Wann nennt man zwei stetige Zufallsvariablen X und Y unabhängig?
10. Was sind die wesentlichen Unterschiede zwischen einer diskreten und einer stetigen Zufallsvariablen?

Exkurs

Wie erzeugt man eigentlich Zufallszahlen?

Bei der Analyse komplexer Modelle werden häufig Simulationsstudien durchgeführt, um das Verhalten von Modellgrößen bei unterschiedlichen Parameterkombinationen zu untersuchen. Handelt es sich dabei um stochastische, das heißt zufallsabhängige, Modelle, so benötigt man Zufallszahlen, die über spezielle Verteilungseigenschaften verfügen. Zur Erzeugung dieser Zufallszahlen verwendet man in der Regel einen der zahlreichen Zufallszahlengeneratoren, wie sie heutzutage in vielen Software-Paketen bereits implementiert sind. Dabei handelt es sich nicht um „echte" Zufallszahlen, sondern um künstlich erzeugte Pseudo-Zufallszahlen. Bei entsprechender Qualität des Zufallszahlengenerators lassen sich allerdings Pseudo-Zufallszahlen erzeugen, die zumindest annähernd die gewünschten Verteilungseigenschaften besitzen.
Wenn man viel mit Zufallszahlen zu tun hat, ist es ganz nützlich, über einige Grundkenntnisse in der Erzeugung von Pseudo-Zufallszahlen zu verfügen. Im Folgenden wird eine kurze Einführung in die Funktionsweise eines Zufallszahlengenerators gegeben. Eines der einfachsten Beispiele eines Zufallszahlengenerators beruht auf der Rekursionsformel

$$x_n = a x_{n-1} \bmod m$$

für $n \geq 1$, wobei a und m natürliche Zahlen sind und die einzelnen Werte x_n mit Hilfe der Modulo-Funktion gebildet werden. Diese Funktion ordnet allgemein je zwei natürlichen Zahlen p und q denjenigen Rest zu, der bei der ganzzahligen Division von p/q entsteht. So ist zum Beispiel $5 \bmod 2 = 1$ und $6 \bmod 3 = 0$. Wir setzen jetzt einmal $x_0 = 1$, $a = 5$ und $m = 11$. Dann lauten die ersten Werte der Folge (x_n):

n	x_n
0	1
1	5
2	3
3	4
4	9
5	1

In diesem Fall sind weitere Berechnungen nicht erforderlich, da die Folge sich von jetzt ab ständig wiederholt. Weil $x_5 = 1$ ist und diese Zahl bereits vorher auftauchte ($x_0 = 1$), wird die Sequenz 5, 3, 4, 9, 1 von jetzt ab immer wiederholt. Da man üblicherweise an einer größeren Zahl von Zufallszahlen interessiert ist, zum Beispiel tausend, fünftausend, hunderttausend oder sogar mehr, ist solch ein Effekt natürlich nicht erwünscht. Das bedeutet, dass jedenfalls der Wert von m möglichst groß sein sollte. Woran man aber eigentlich interessiert ist, sind die Zahlen der Form

$$u_n = \frac{x_n}{m}$$

Hierbei handelt es sich um Pseudo-Zufallszahlen, deren Werte zwischen 0 und 1 liegen. Man kann zeigen, dass bei großem m und geeigneten Werten für a und x_0 die Zahlen u_n näherungsweise den Realisationen von (auf dem Intervall [0,1]) gleichverteilten Zufallsvariablen U_n entsprechen. Bei Pseudo-Zufallszahlen handelt es sich somit um deterministische Größen, mit deren Hilfe versucht wird, Realisationen von Zufallsvariablen zu „imitieren“. Eine besondere Bedeutung kommt dabei den gleichverteilten Zufallszahlen zu. Damit lassen sich nämlich durch eine geeignete Transformation Zufallszahlen einer vorgegebenen Verteilung erzeugen.
Ein Beispiel soll dies veranschaulichen. Angenommen, man möchte exponentialverteilte Zufallszahlen erzeugen. Die Verteilungsfunktion einer exponentialverteilten Zufallsvariablen besitzt für $x > 0$ die Form

$$F(x) = 1 - e^{-\lambda x}$$

wobei $F(x)$ natürlich nur Werte im Intervall [0,1] annehmen kann. Setzt man $u = F(x)$, dann folgt nach einigen Umformungen und Verwendung des Logarithmus

$$x = -\frac{1}{\lambda} \ln(1-u)$$

Offensichtlich ist die Verteilungsfunktion $F(x)$ invertierbar, das heißt, für ihre Umkehrfunktion gilt $F^{-1}(u) = x$ und daher ist

$$F^{-1}(u) = -\frac{1}{\lambda} \ln(1-u)$$

Ersetzt man jetzt u durch eine auf dem Intervall [0,1] gleichverteilte Zufallsvariable U, dann kann man zeigen, dass die Zufallsvariable

$$X = F^{-1}(U) = -\frac{1}{\lambda}\ln(1-U)$$

eine Exponentialverteilung besitzt. Mit Hilfe einer auf dem Intervall [0,1] gleichverteilten Zufallsvariablen U kann man also unmittelbar eine exponentialverteilte Zufallsvariable X definieren. Die Realisationen von U liefern daher Realisationen von X. Anders ausgedrückt: exponentialverteilte Zufallszahlen erhält man, indem man gleichverteilte Zufallszahlen erzeugt und sie gemäß der rechten Seite der obigen Gleichung transformiert.

Wie bereits erwähnt, sind Zufallszahlengeneratoren bereits in vielen Softwarepaketen für verschiedene Verteilungen implementiert und müssen daher nicht selbst programmiert werden. Bei manchen Verteilungen kann es übrigens durchaus verschiedene Verfahren zur Erzeugung von Zufallszahlen geben. Die Qualität von Zufallszahlengeneratoren kann man zum Beispiel mit Hilfe statistischer Tests überprüfen. Idealerweise sollte auch die Autokorrelation der erzeugten Zufallszahlen gleich Null oder zumindest sehr gering sein.

Literatur: Hillier und Lieberman (2005), Ronning (2005), Ross (1997).

Kapitel 12.

Die Normalverteilung

Die Normalverteilung[1] gilt als die wichtigste Verteilung in der Wahrscheinlichkeitsrechnung und Statistik. Sie kommt bei den unterschiedlichsten Anwendungen zum Einsatz, ob es nun um die Körpergröße von Personen, das Füllgewicht von Konserven oder die Renditen eines Aktienindex geht. Die besondere Bedeutung der Normalverteilung hat auch damit zu tun, dass sie die Grundlage für andere Verteilungen bildet, wie die Chi-Quadrat-Verteilung, die t-Verteilung und die F-Verteilung, die eine wichtige Rolle in der Induktiven Statistik spielen. Darüber hinaus wird sie bei der Modellierung von Fehlervariablen sowie als Grenzverteilung von nicht-normalverteilten Zufallsvariablen verwendet. Die Palette der Anwendungen erstreckt sich mittlerweile bis zum Finanzsektor. Die Normalverteilung ist ein fester Bestandteil der vermutlich berühmtesten ökonomischen Formel der Welt – der Formel von Black, Scholes und Merton zur Bewertung von Aktienoptionen – die im Jahre 1973 veröffentlicht wurde und sich neben ihrer praktischen Bedeutung auch als nobelpreiswürdig erwiesen hat.

Seit dem 19. Jahrhundert wurden vermehrt statistische Untersuchungen durchgeführt, mit dem Ziel, die Verteilungen verschiedener Bevölkerungsmerkmale zu bestimmen. Dazu gehörten zum Beispiel Untersuchungen im Bereich der sogenannten Moralstatistik, die sich mit der Häufigkeit von Selbstmorden oder Verbrechen beschäftigten. Vor allem aber interessierte man sich für die Verteilung anthropometrischer Merkmale wie die Körpergröße, das Körpergewicht oder die Armlänge von Personen, wobei derartige Untersuchungen vorzugsweise im militärischen Bereich anzutreffen waren. Eine dieser Untersuchungen wurde im Jahre 1913 von dem österreichischen Statistiker *W. Winkler* (1884–1984) durchgeführt. Gegenstand dieser Untersuchung war die Messung der Körpergröße von 906 Mistelbacher Rekruten[2,3]. Abbildung 12.1 zeigt die relativen Häufigkeiten der Körpergrößen und dazu die Dichtefunktion einer Normalverteilung, mit deren Hilfe die empirische Verteilung angenähert wird. Man beachte dabei auch die Werte

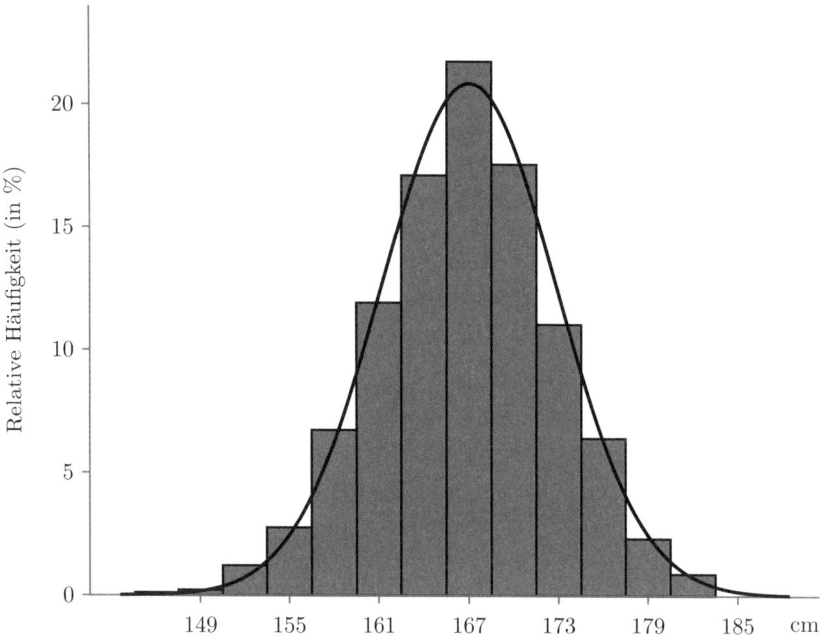

ABBILDUNG 12.1. Histogramm der Körpergröße der Mistelbacher Rekruten mit Dichtefunktion der Normalverteilung

der Körpergröße auf der horizontalen Achse. Allgemein gilt die Körpergröße eines Menschen als wichtiger Indikator[4] für die Lebensbedingungen in seinen ersten beiden Jahrzehnten. Während die durchschnittliche Körpergröße dieser Rekruten ca. 167 cm betrug, liegt sie bei heutigen Rekruten um fast 10 cm darüber.

Es folgt ein kurzer Überblick über den Inhalt dieses Kapitels. Im ersten Abschnitt wird zunächst die Dichtefunktion der Normalverteilung definiert. Dabei wird insbesondere der wichtige Spezialfall der Standardnormalverteilung behandelt. Dann werden einige Eigenschaften der Normalverteilung vorgestellt und außerdem gezeigt, wie man die Wahrscheinlichkeiten einer beliebigen normalverteilten Zufallsvariablen mit Hilfe der Standardnormalverteilung berechnen kann. Der zweite Abschnitt behandelt den zentralen Grenzwertsatz, mit dessen Hilfe man das Auftreten der Normalverteilung bei vielen Anwendungen begründen oder zumindest plausibel machen kann. Hier wird außerdem demonstriert, wie man von einer Binomialverteilung zu einer (Standard-)Normalverteilung gelangt, wenn die Zahl n der Versuche hinreichend groß ist. Die Normalverteilung lässt sich somit als Grenzfall einer diskreten Verteilung darstellen. Der dritte Abschnitt geht dann noch kurz auf die traditionelle Darstellung tabellierter Wahrscheinlichkeiten ein.

12.1. Definition und Eigenschaften

Obwohl es unendlich viele verschiedene Normalverteilungen gibt, denkt vermutlich jeder, der mit ihnen etwas vertraut ist, zunächst an eine ganz bestimmte Variante, nämlich die sogenannte Standardnormalverteilung. Auf Grund ihrer charakteristischen Form wird sie auch als Glockenkurve bezeichnet. Es handelt

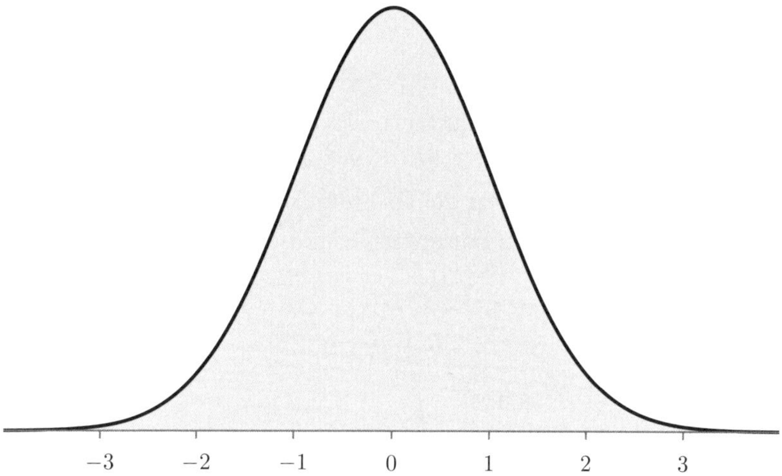

Abbildung 12.2. Dichtefunktion der Standardnormalverteilung

sich dabei um eine stetige Funktion, die von $-\infty$ bis $+\infty$ verläuft und überall positiv ist. Links vom Nullpunkt ist sie monoton wachsend, rechts davon monoton fallend. Außerdem ist sie symmetrisch um den Nullpunkt und nimmt dort auch ihr Maximum an. Ihre mathematische Darstellung lautet[5]:

$$\phi(z) = \frac{1}{\sqrt{2\pi}} \cdot e^{-\frac{z^2}{2}}$$

Da es sich um eine Wahrscheinlichkeitsverteilung handelt, besitzt die Fläche zwischen Kurve und horizontaler Achse natürlich den Wert Eins. Allerdings ist der größte Teil der Fläche auf das Intervall von $z = -3$ bis $z = 3$ konzentriert. Die Standardnormalverteilung ist ein Spezialfall einer (allgemeinen) Normalverteilung. Die Dichtefunktionen normalverteilter Zufallsvariablen unterscheiden sich dabei durch ihre Lage und/oder Form von der Dichtefunktion der Standardnormalverteilung.

Normalverteilung

Eine stetige Zufallsvariable X heißt normalverteilt mit den Parametern μ und σ ($\sigma > 0$), falls ihre Dichtefunktion lautet:

$$f(x) = \frac{1}{\sigma\sqrt{2\pi}} \cdot e^{-\frac{1}{2}\left(\frac{x-\mu}{\sigma}\right)^2}$$

Schreibweise: $X \sim N(\mu, \sigma^2)$

Die Dichtefunktion einer standardnormalverteilten Zufallsvariablen X erhält man, indem man $\mu = 0$ und $\sigma = 1$ setzt. Ihre spezielle Schreibweise lautet daher: $X \sim N(0,1)$. Abbildung 12.3 zeigt die Dichtefunktionen einiger Normalverteilungen für verschiedene Werte der Parameter μ und σ. Dabei kann man feststellen,

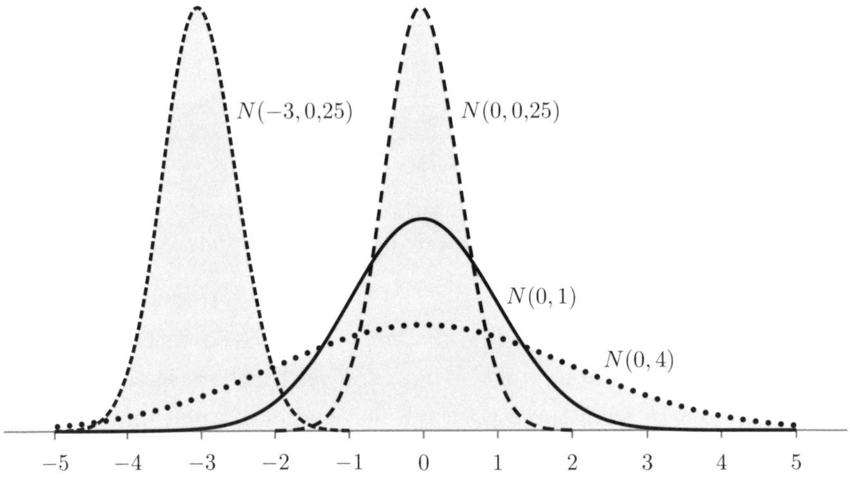

ABBILDUNG 12.3. Dichtefunktionen verschiedener Normalverteilungen

dass die Verteilung einer normalverteilten Zufallsvariablen umso flacher wird, das heißt stärker streut, je größer der Wert für σ ist. Das ist nicht überraschend. Man kann nämlich zeigen, dass dieser Parameter gerade die Standardabweichung der entsprechenden Zufallsvariablen ist. Eine Änderung des Parameters μ dagegen bewirkt eine Verschiebung der Kurve entlang der horizontalen Achse, wobei μ der zugehörige Erwartungswert ist. Man beachte, dass die Fläche über einem beliebigen Intervall (unterhalb der Dichtefunktion) immer positiv ist. Allerdings wird diese Fläche immer kleiner, je „weiter draußen" das Intervall liegt.

Eigenschaften der Normalverteilung

Ist X eine normalverteilte Zufallsvariable mit den Parametern μ und σ, das heißt $X \sim N(\mu, \sigma^2)$, dann gilt:

1. $\mathrm{E}(X) = \mu$ und $\mathrm{Var}(X) = \sigma^2$.
2. Die lineare Transformation $Y = aX + b$, mit $a \neq 0$, ist wiederum eine normalverteilte Zufallsvariable.
3. Die Summe von endlich vielen, unabhängigen, normalverteilten Zufallsvariablen ist wiederum normalverteilt.

Wir werden uns jetzt mit der Frage beschäftigen, wie man entsprechende Wahrscheinlichkeiten für eine normalverteilte Zufallsvariable berechnen kann. Aus dem vorigen Kapitel wissen wir, dass dies relativ einfach ist, wenn die Verteilungsfunktion der Zufallsvariablen gegeben ist. Zu diesem Zweck werden wir zunächst zeigen, dass sich die Verteilungsfunktion $F(x)$ einer beliebigen normalverteilten Zufallsvariablen X mit Hilfe der Verteilungsfunktion[6] $\Phi(z)$ der Standardnormalverteilung berechnen lässt.

Nehmen wir an, X sei eine normalverteilte Zufallsvariable mit $\mathrm{E}(X) = \mu$ und $\mathrm{Var}(X) = \sigma^2$. Die Verteilungsfunktion $F(x)$ der Zufallsvariablen X lässt sich dann wie folgt umformen:

$$\begin{aligned} F(x) &= \mathrm{P}(X \leq x) \\ &= \mathrm{P}\left(\frac{X-\mu}{\sigma} \leq \frac{x-\mu}{\sigma}\right) \end{aligned}$$

wobei die Zufallsvariable

$$Z = \frac{X-\mu}{\sigma} = \frac{1}{\sigma}X - \frac{\mu}{\sigma}$$

eine lineare Transformation von X darstellt und somit wiederum eine normalverteilte Zufallsvariable ist. Man kann sich leicht überlegen, dass $\mathrm{E}(Z) = 0$ und $\mathrm{Var}(Z) = 1$ ist. Damit handelt es sich bei Z um eine standardnormalverteilte Zufallsvariable, das heißt $Z \sim N(0,1)$. Setzt man $z = (x-\mu)/\sigma$, dann erhält man somit das folgende Ergebnis:

$$F(x) = \mathrm{P}(Z \leq z) = \Phi(z)$$

Die hier durchgeführte Transformation der Zufallsvariablen X wird auch als Standardisierung bezeichnet. Zur Berechnung der Verteilungsfunktion einer beliebigen normalverteilten Zufallsvariablen genügt es also, den Wert $\Phi(z)$ der Verteilungsfunktion der Standardnormalverteilung zu berechnen. Auf Grund der komplizierter werdenden Verteilungen werden wir von jetzt an auf bereits implementierte Verteilungsfunktionen zurückgreifen. Hierfür ist die Verwendung einer geeigneten (Statistik-)Software erforderlich bzw. empfehlenswert (beachten Sie dazu auch die Hinweise in Anhang A).

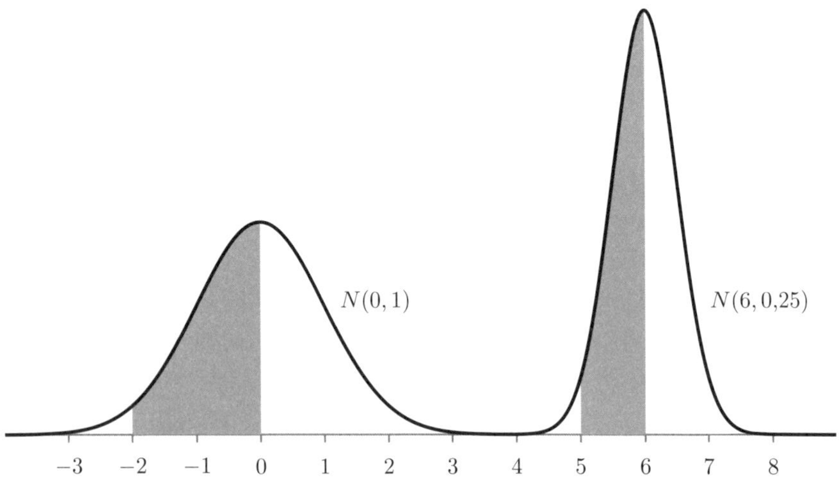

ABBILDUNG 12.4. Dichtefunktion mit grau schraffierter Wahrscheinlichkeit vor (rechts) und nach der Standardisierung (links)

Führen wir die eben dargestellte Berechnung an einem Beispiel durch. Gegeben sei eine normalverteilte Zufallsvariable X mit Erwartungswert $\mu = 6$ und Standardabweichung $\sigma = 0{,}5$. Nehmen wir an, wir möchten die Wahrscheinlichkeit berechnen, dass X einen Wert zwischen 5 und 6 annimmt. Gesucht ist also $\mathrm{P}(5 \leq X \leq 6)$. Durch entsprechende Standardisierung erhält man das folgende Ergebnis:

$$\begin{aligned} \mathrm{P}(5 \leq X \leq 6) &= F(6) - F(5) \\ &= \Phi\left(\frac{6-6}{0{,}5}\right) - \Phi\left(\frac{5-6}{0{,}5}\right) \\ &= \Phi(0) - \Phi(-2) \\ &= 0{,}5 - 0{,}023 = 0{,}477 \end{aligned}$$

wobei bei der ersten Gleichung die entsprechende Rechenregel für Verteilungsfunktionen stetiger Zufallsvariablen angewandt wurde. Abbildung 12.4 zeigt die beiden Verteilungen von X (rechts) und Z (links). Die grau schraffierten Flächen veranschaulichen die Wahrscheinlichkeiten $\mathrm{P}(5 \leq X \leq 6)$ und $\mathrm{P}(-2 \leq Z \leq 0)$. Beide Flächen sind gleich groß. Ihr Wert, das heißt die betreffende Wahrscheinlichkeit, beträgt etwa 0,48 oder 48 %.

BEISPIEL 12.1

Jeder Waggon des Wiener Riesenrads ist für maximal zwölf Personen zugelassen. Wie groß ist die Wahrscheinlichkeit, dass bei einer Fahrt von zwölf Männern die Traglast des Waggons über eine Tonne (= 1000 kg) beträgt? Dabei kann angenommen werden, dass das Körpergewicht der männlichen Bevölkerung normalverteilt ist mit einem Mittelwert von 80 kg und einer Standardabweichung von 8 kg.

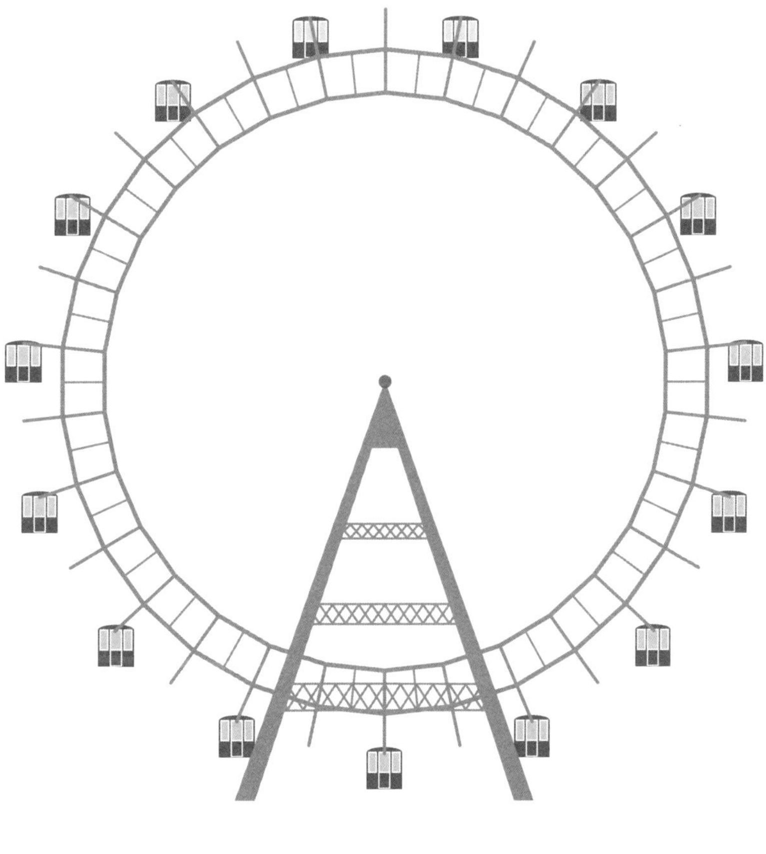

ABBILDUNG 12.5. Riesenrad

Wir fassen die Gewichte $X_1, \dots, X_{12}$ der zwölf Männer als Zufallsvariablen auf. Dann ist natürlich ihr Gesamtgewicht

$$X = X_1 + \cdots + X_{12}$$

ebenfalls eine Zufallsvariable. Wegen $\mathrm{E}(X_i) = \mu = 80$ und $\mathrm{Var}(X_i) = \sigma^2 = 64$ für $i = 1, \dots, 12$ folgt auf Grund der Eigenschaften unabhängiger und normalverteilter Zufallsvariablen

$$\begin{aligned} \mathrm{E}(X) &= \mathrm{E}(X_1) + \cdots + \mathrm{E}(X_{12}) = 960 \\ \mathrm{Var}(X) &= \mathrm{Var}(X_1) + \cdots + \mathrm{Var}(X_{12}) = 768 \end{aligned}$$

Somit gilt für die Verteilung des Gesamtgewichts $X \sim N(960, 768)$. Damit lässt sich die gesuchte Wahrscheinlichkeit wie folgt berechnen:

$$\begin{aligned} \mathrm{P}(X > 1000) &= \mathrm{P}\left(\frac{X - 960}{\sqrt{768}} > \frac{1000 - 960}{\sqrt{768}}\right) \\ &= \mathrm{P}(Z > 1{,}44) \\ &= 1 - \Phi(1{,}44) \\ &= 1 - 0{,}925 = 0{,}075 \end{aligned}$$

Die gesuchte Wahrscheinlichkeit beträgt daher 7,5 %. □

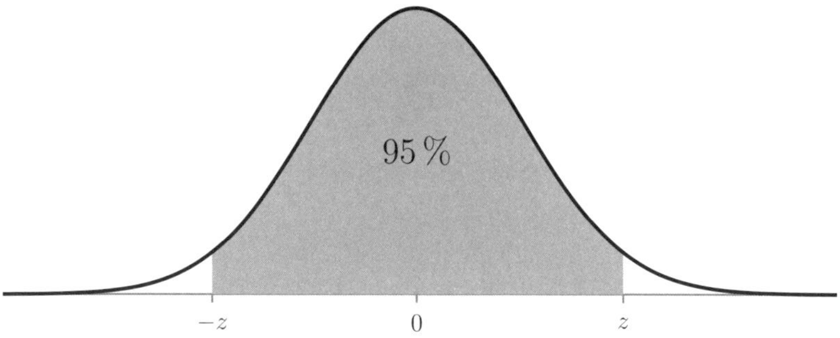

Abbildung 12.6. Dichtefunktion der Standardnormalverteilung mit grau schraffierter Wahrscheinlichkeit über dem Intervall $[-z, z]$

In den folgenden Kapiteln wird es nicht nur darum gehen, entsprechende Werte von Verteilungsfunktionen zu berechnen. Häufig ist man auch an der „umgekehrten" Fragestellung interessiert (siehe Abbildung 12.6). Angenommen, Z sei eine standardnormalverteilte Zufallsvariable. Gegeben sei eine bestimmte Wahrscheinlichkeit, zum Beispiel 0,95. Gesucht ist ein symmetrisches Intervall um den Nullpunkt von der Form $[-z, z]$, das die folgende Gleichung erfüllt

$$\mathrm{P}(-z \leq Z \leq z) = 0{,}95$$

Die Wahrscheinlichkeit, dass die Zufallsvariable Z einen Wert zwischen $-z$ und z annimmt, soll also 0,95 sein. Wir suchen jetzt den entsprechenden Wert für z (damit haben wir natürlich auch den Wert für $-z$). Zunächst gilt:

$$\begin{aligned}\mathrm{P}(-z \leq Z \leq z) &= \Phi(z) - \Phi(-z)\\ &= \Phi(z) - (1 - \Phi(z))\\ &= 2\Phi(z) - 1\end{aligned}$$

wobei wir eine Eigenschaft der Standardnormalverteilung verwendet haben, die man sich an Hand der Abbildung klarmachen kann, nämlich $\Phi(-z) = 1 - \Phi(z)$. Für z muss also die Gleichung $2\Phi(z) - 1 = 0{,}95$ erfüllt sein und daher ist

$$\Phi(z) = 0{,}975$$

Hier ist somit der Funktionswert für $\Phi(z)$ vorgegeben. Gesucht ist jetzt derjenige Wert z, der diese Gleichung erfüllt. Man könnte natürlich die Frage stellen, ob es einen solchen Wert überhaupt gibt. Die Antwort lautet: Ja, einen solchen Wert z gibt es und dieser ist eindeutig bestimmt. Der Grund dafür liegt darin, dass die Verteilungsfunktion der Standardnormalverteilung bijektiv ist und somit eine Umkehrfunktion besitzt. Bei einem vorgegebenen Wert von $\Phi(z)$ kann man daher eindeutig auf das Argument z „zurückschließen“. Mit Hilfe einer geeigneten Software sollte man in diesem Fall für den Wert 0,975 das Ergebnis $z = 1{,}96$ erhalten (siehe dazu auch den Anhang A). Für eine standardnormalverteilte Zufallsvariable Z gilt daher:

$$\mathrm{P}(-1{,}96 \leq Z \leq 1{,}96) = 0{,}95$$

Dieses Resultat (und ähnliche) werden wir in den folgenden Kapiteln benötigen. Betrachtet man übrigens für eine beliebige normalverteilte Zufallsvariable $X \sim N(\mu, \sigma^2)$ die speziellen Intervalle $[\mu - \sigma,\ \mu + \sigma]$, $[\mu - 2\sigma,\ \mu + 2\sigma]$ und $[\mu - 3\sigma, \mu + 3\sigma]$, dann erhält man die folgenden Wahrscheinlichkeiten:

$$\mathrm{P}(\mu - \sigma \leq X \leq \mu + \sigma) = 0{,}683$$

$$\mathrm{P}(\mu - 2\sigma \leq X \leq \mu + 2\sigma) = 0{,}954$$

$$\mathrm{P}(\mu - 3\sigma \leq X \leq \mu + 3\sigma) = 0{,}997$$

Auf das Intervall $[\mu - \sigma, \mu + \sigma]$ entfallen also etwa 68 %, auf das Intervall $[\mu - 2\sigma, \mu + 2\sigma]$ etwa 95 % und auf das Intervall $[\mu - 3\sigma, \mu + 3\sigma]$ über 99 % der Verteilung.

12.2. Der zentrale Grenzwertsatz

Wie kann man sich eigentlich das häufige Auftreten der Normalverteilung plausibel machen? Wir werden in diesem Abschnitt zeigen, dass man die Normalverteilung aus einer diskreten Verteilung, der Binomialverteilung, herleiten kann. Für diese Herleitung werden wir den sogenannten zentralen Grenzwertsatz verwenden, der als das bedeutendste und schönste Resultat der Wahrscheinlichkeitsrechnung gilt. Dazu gehen wir aus von einer binomialverteilten Zufallsvariablen X mit den Parametern n und p, das heißt, es gilt $X \sim B(n, p)$. Aus dem Kapitel über diskrete Zufallsvariablen wissen wir, dass damit $\mathrm{E}(X) = np$ und $\mathrm{Var}(X) = np(1-p)$ ist. Analog zur Normalverteilung wird jetzt die Zufallsvariable X standardisiert, das heißt, der Erwartungswert wird von X abgezogen und die Differenz durch die Standardabweichung dividiert:

$$Z = \frac{X - np}{\sqrt{np\,(1-p)}}$$

Wie bei der Standardisierung der Normalverteilung gilt auch hier $\mathrm{E}(Z) = 0$ und $\mathrm{Var}(Z) = 1$. Nehmen wir jetzt einmal an, es sei $n = 10$ und $p = 0{,}5$. Somit ist

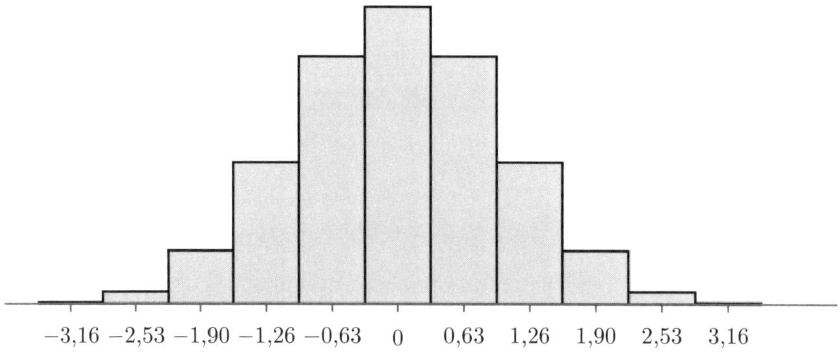

ABBILDUNG 12.7. Verteilung der Zufallsvariablen Z für $n = 10$ und $p = 0{,}5$.

$np = 5$ und $np(1-p) = 2{,}5$. Da die Zufallsvariable X die Werte $0, 1, \ldots, 10$ annehmen kann, nimmt die standardisierte Zufallsvariable Z entsprechend elf verschiedene Werte an, die in Abbildung 12.7 unterhalb des Histogramms angegeben sind. Man beachte, dass die zugehörigen Wahrscheinlichkeiten genau diejeni-

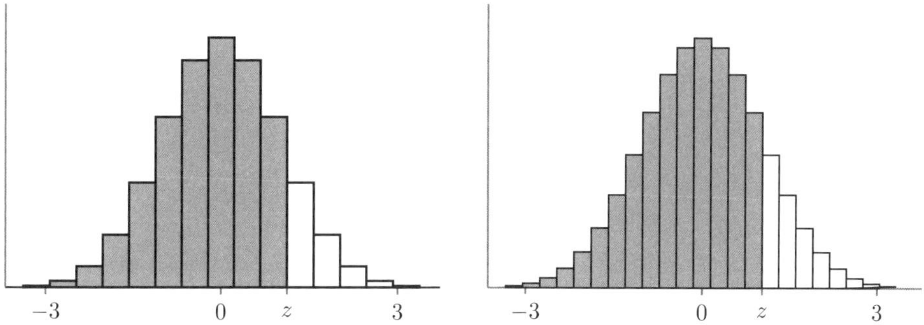

ABBILDUNG 12.8. Verteilung der Zufallsvariablen Z für $n = 20$ (linke Grafik) und $n = 50$ (rechte Grafik)

gen der gegebenen Binomialverteilung sind, das heißt $P(Z = -3{,}16) = P(X = 0)$, $P(Z = -2{,}53) = P(X = 1)$, usw.

An Hand der Abbildungen 12.8 und 12.9 kann man beobachten, was mit der Verteilung von Z passiert, wenn man den Parameter n erhöht (der Parameter $p = 0{,}5$ bleibt dabei unverändert). Die Abbildungen zeigen die Verteilung von Z für $n = 20$, 50, 100 und 500. Durch die grau schraffierte Fläche wird jeweils die Wahrscheinlichkeit $P(Z \leq z)$ veranschaulicht, das heißt also der Wert der Verteilungsfunktion von Z an der Stelle z. Offensichtlich nähert sich die Verteilung von Z der Standardnormalverteilung an. Tatsächlich kann man zeigen, dass die standardisierte Binomialverteilung für $n \to \infty$ gegen die $N(0{,}1)$-Verteilung konvergiert. Bei größeren Werten für n kann man daher mit gutem Gewissen die Wahrscheinlichkeit $P(Z \leq z)$ durch den Wert $\Phi(z)$ approximieren (annähern). Dieses Resultat lässt sich formal durch den zentralen Grenzwertsatz rechtfertigen.

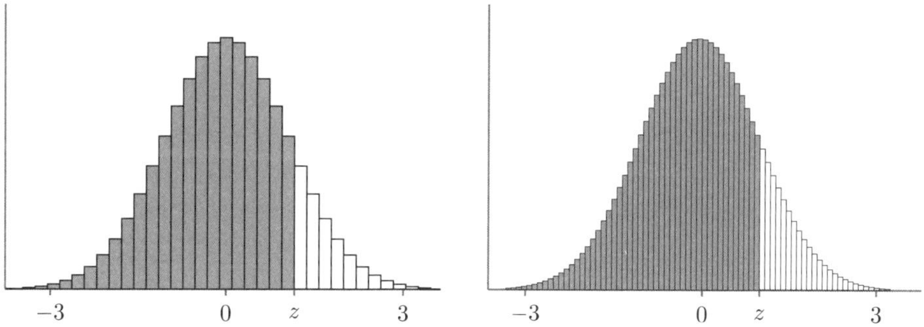

ABBILDUNG 12.9. Verteilung der Zufallsvariablen Z für $n = 100$ (linke Grafik) und $n = 500$ (rechte Grafik)

Zentraler Grenzwertsatz

Gegeben sei eine Folge $X_1, X_2, X_3, \ldots$ von Zufallsvariablen mit den folgenden Eigenschaften:

a) $\mathrm{E}(X_i) = \mu$ und $\mathrm{Var}(X_i) = \sigma^2$, für $i = 1, 2, 3, \ldots$

b) die Zufallsvariablen sind unabhängig,

c) die Zufallsvariablen haben dieselbe Verteilung.

Dann gilt für jede Zahl z

$$\lim_{n\to\infty} \mathrm{P}\left(\frac{\overline{X} - \mu}{\sigma}\sqrt{n} \leq z\right) = \Phi(z)$$

Der Zentrale Grenzwertsatz besagt[7] also, dass bei genügend großem Wert für n (und bei Vorliegen gewisser Annahmen) gilt

$$\mathrm{P}\left(\frac{\overline{X} - \mu}{\sigma}\sqrt{n} \leq z\right) \approx \Phi(z)$$

wobei $\Phi(z)$ die Verteilungsfunktion der Standardnormalverteilung ist. Dies kann man auch durch die Schreibweise

$$\frac{\overline{X} - \mu}{\sigma}\sqrt{n} \overset{a}{\sim} N(0, 1) \tag{12.1}$$

ausdrücken, die besagt, dass die Zufallsvariable auf der linken Seite von (12.1) bei großem n annähernd standardnormalverteilt ist. Im Hinblick auf das Beispiel der Binomialverteilung lässt sich aus dem zentralen Grenzwertsatz folgern[8]

$$Z = \frac{X - np}{\sqrt{np(1-p)}} \overset{a}{\sim} N(0, 1)$$

wobei der Parameter p beliebig $(0 < p < 1)$ sein kann, insbesondere muss sein Wert nicht bekannt sein. Das werden wir in der Induktiven Statistik noch verwenden.

Will man die Wahrscheinlichkeit $\mathrm{P}(X \leq x)$ für eine binomialverteilte Zufallsvariable X berechnen, dann kann man also bei genügend großem n die Zufallsvariable X standardisieren und erhält eine Zufallsvariable, die annähernd $N(0, 1)$-verteilt ist. Es gilt somit

$$\mathrm{P}(X \leq x) \approx \Phi\left(\frac{x - np}{\sqrt{np(1-p)}}\right)$$

Als Faustregel gilt, dass diese Approximation ab $n \geq 100$ recht gut erfüllt ist.

12.3. Verteilungen und Tabellen

Zum Abschluss dieses Kapitels soll noch die Gelegenheit benutzt werden, um auf die berühmten (manche würden vielleicht sagen: berüchtigten) Verteilungstabellen einzugehen. Gemeint sind damit Tabellen, die sich auf spezielle Verteilungen beziehen (insbesondere die Normalverteilung, die t-Verteilung, die Chi-Quadrat-Verteilung und die F-Verteilung) und die man immer noch in vielen einführenden Lehrbüchern zur Statistik finden kann. Diese Tabellen dienen dazu, die Werte entsprechender Verteilungsfunktionen nachzuschlagen. In Zeiten, in denen Computer noch wenig verbreitet waren, waren solche Tabellen sehr nützlich. Allerdings sollte man beachten, dass es sich hier um ein Hilfsmittel handelt, das dem technologischen Stand der 1950er Jahre entspricht. Diese Tabellen sind vergleichbar mit den Rechenschiebern oder Logarithmentafeln früherer Jahrzehnte.

Generationen von Studenten sind mit diesen Tabellen aufgewachsen und haben mehr oder weniger erfolgreich die gesuchten Werte nachgeschlagen. Nach den Einführungskursen spielen diese Tabellen nur noch eine geringe Rolle. Da greift man eher zu einer entsprechenden (Statistik-)Software, um die Werte diverser Verteilungsfunktionen zu berechnen, wobei man sich vor allem auch etwaige Interpolationen erspart.

Gehen wir einmal beispielhaft auf eine dieser Tabellen ein. Tabelle 12.1 liefert für ausgewählte Werte von z zwischen 0 und 3 die Werte der Verteilungsfunktion $\Phi(z) = \mathrm{P}(Z \leq z)$ der Standardnormalverteilung. So erhält man zum Beispiel für den Wert $z = 1$ den Funktionswert $\Phi(1) = 0{,}841$ oder für $z = 2{,}58$ den Wert $\Phi(2{,}58) = 0{,}995$. Man kann diese Tabelle auch in umgekehrter Richtung benutzen. Angenommen, man sucht denjenigen Wert z, für den gilt $\Phi(z) = 0{,}9$. Ein Blick auf die Tabelle sollte dann den Wert $z = 1{,}28$ liefern. Wie erhält man die Verteilungsfunktion $\Phi(z)$ für negative Werte von z? Hierzu verwendet man die Beziehung $\Phi(z) = 1 - \Phi(-z)$. Ist z negativ, dann ist $-z$ positiv und der entsprechende Wert für $\Phi(-z)$ kann in der Tabelle nachgesehen werden. Der Vollständigkeit halber sei noch erwähnt, dass dies nicht die einzige Tabelle zur Standardnormalverteilung ist, was die Sache, je nach Standpunkt, interessanter oder auch schwieriger macht. Darauf werden wir hier aber nicht weiter eingehen.

TABELLE 12.1. Spezielle Werte der Verteilungsfunktion $\Phi(z)$ für $0 \leq z < 3$

z	0,00	0,01	0,02	0,03	0,04	0,05	0,06	0,07	0,08	0,09
0,0	0,500	0,504	0,508	0,512	0,516	0,520	0,524	0,528	0,532	0,536
0,1	0,540	0,544	0,548	0,552	0,556	0,560	0,564	0,567	0,571	0,575
0,2	0,579	0,583	0,587	0,591	0,595	0,599	0,603	0,606	0,610	0,614
0,3	0,618	0,622	0,626	0,629	0,633	0,637	0,641	0,644	0,648	0,652
0,4	0,655	0,659	0,663	0,666	0,670	0,674	0,677	0,681	0,684	0,688
0,5	0,691	0,695	0,698	0,702	0,705	0,709	0,712	0,716	0,719	0,722
0,6	0,726	0,729	0,732	0,736	0,739	0,742	0,745	0,749	0,752	0,755
0,7	0,758	0,761	0,764	0,767	0,770	0,773	0,776	0,779	0,782	0,785
0,8	0,788	0,791	0,794	0,797	0,800	0,802	0,805	0,808	0,811	0,813
0,9	0,816	0,819	0,821	0,824	0,826	0,829	0,831	0,834	0,836	0,839
1,0	0,841	0,844	0,846	0,848	0,851	0,853	0,855	0,858	0,860	0,862
1,1	0,864	0,867	0,869	0,871	0,873	0,875	0,877	0,879	0,881	0,883
1,2	0,885	0,887	0,889	0,891	0,893	0,894	0,896	0,898	0,900	0,901
1,3	0,903	0,905	0,907	0,908	0,910	0,911	0,913	0,915	0,916	0,918
1,4	0,919	0,921	0,922	0,924	0,925	0,926	0,928	0,929	0,931	0,932
1,5	0,933	0,934	0,936	0,937	0,938	0,939	0,941	0,942	0,943	0,944
1,6	0,945	0,946	0,947	0,948	0,949	0,951	0,952	0,953	0,954	0,954
1,7	0,955	0,956	0,957	0,958	0,959	0,960	0,961	0,962	0,962	0,963
1,8	0,964	0,965	0,966	0,966	0,967	0,968	0,969	0,969	0,970	0,971
1,9	0,971	0,972	0,973	0,973	0,974	0,974	0,975	0,976	0,976	0,977
2,0	0,977	0,978	0,978	0,979	0,979	0,980	0,980	0,981	0,981	0,982
2,1	0,982	0,983	0,983	0,983	0,984	0,984	0,985	0,985	0,985	0,986
2,2	0,986	0,986	0,987	0,987	0,988	0,988	0,988	0,988	0,989	0,989
2,3	0,989	0,990	0,990	0,990	0,990	0,991	0,991	0,991	0,991	0,992
2,4	0,992	0,992	0,992	0,992	0,993	0,993	0,993	0,993	0,993	0,994
2,5	0,994	0,994	0,994	0,994	0,994	0,995	0,995	0,995	0,995	0,995
2,6	0,995	0,995	0,996	0,996	0,996	0,996	0,996	0,996	0,996	0,996
2,7	0,997	0,997	0,997	0,997	0,997	0,997	0,997	0,997	0,997	0,997
2,8	0,997	0,998	0,998	0,998	0,998	0,998	0,998	0,998	0,998	0,998
2,9	0,998	0,998	0,998	0,998	0,998	0,998	0,998	0,999	0,999	0,999

Anmerkungen

1 Die Normalverteilung wird manchmal auch Gauß'sche Normalverteilung oder Gaußverteilung genannt. Früher gab es in Deutschland eine 10 DM-Banknote mit dem Porträt des Mathematikers *C. F. Gauß* (1777–1855). Der folgende Link zeigt ein Foto der Banknote. Neben dem Porträt befindet sich eine Abbildung der Dichtefunktion der Normalverteilung zusammen mit der mathematisch-symbolischen Darstellung.
`http://www.w-volk.de/museum/note01.htm`

2 Mistelbach ist ein Bezirk in Niederösterreich.

3 Die folgende Tabelle enthält die Originaldaten der 906 Mistelbacher Rekruten (Körpergröße in cm). *Quelle:* Winkler (1947)

Körpergröße	Häufigkeit	Körpergröße	Häufigkeit	Körpergröße	Häufigkeit
147	1	159	22	171	48
148	0	160	30	172	36
149	0	161	35	173	31
150	2	162	43	174	33
151	4	163	48	175	21
152	3	164	47	176	24
153	4	165	60	177	13
154	7	166	63	178	9
155	6	167	74	179	9
156	12	168	60	180	3
157	14	169	64	181	3
158	25	170	47	182	4
				183	1

Für die Histogramm-Darstellung wurden die Körpergrößen in Klassen zu je 3 cm zusammengefasst, beginnend bei 148 cm. Für den Wert 147 cm wurde eine eigene Klasse gebildet.

4 Betrachtet man zum Beispiel die Entwicklung der Körpergröße von Ostdeutschen und Westdeutschen, so stieg diese nach dem Zweiten Weltkrieg zwar in beiden Teilen Deutschlands an, allerdings wuchsen die Westdeutschen rascher als die Ostdeutschen. Seit der Wiedervereinigung haben sich die Körpergrößen wieder weitgehend angenähert. Bemerkenswert ist auch die Tatsache, dass die US-Amerikaner, die im Hinblick auf die Körpergröße die Menschen anderer Staaten früher deutlich überragten, mittlerweile von vielen nord- und westeuropäischen Ländern „überholt" wurden. Die Gründe dafür dürften unter anderem an der höheren sozialen Sicherheit in Europa sowie den Unterschieden bei den Gesundheitssystemen und der Ernährung liegen. Siehe dazu auch Komlos und Lauderdale (2007).

5 Die Dichtefunktion der Standardnormalverteilung wird häufig mit dem griechischen Buchstaben ϕ (lies: „klein-Vieh") bezeichnet.

6 Die Verteilungsfunktion der Standardnormalverteilung wird häufig mit dem griechischen Buchstaben Φ (lies: „groß-Vieh") bezeichnet.

7 Setzt man beim Zentralen Grenzwertsatz

$$Z_n = \frac{\overline{X} - \mu}{\sigma}\sqrt{n}$$

dann lautet die Grenzwertaussage des Satzes $\lim_{n\to\infty} \mathrm{P}(Z_n \leq z) = \Phi(z)$ bzw.

$$\lim_{n\to\infty} F_n(z) = \Phi(z)$$

wobei $F_n(z)$ der Wert der Verteilungsfunktion von Z_n an der Stelle z bedeutet. Dieser Sachverhalt wird in der Literatur auch abgekürzt als $Z_n \to \Phi$ oder häufig auch als

$$Z_n \to N(0,1)$$

mit der Sprechweise „Z_n konvergiert in Verteilung gegen $N(0,1)$“.

8 Man beachte, dass die Folge der Zufallsvariablen $X_1, X_2, X_3, \ldots$, die die genannten Eigenschaften erfüllen, aus der Darstellung der binomialverteilten Zufallsvariablen $X = X_1 + X_2 + \cdots + X_n$ stammen. Betrachtet man dann die standardisierte Zufallsvariable Z und dividiert Zähler und Nenner des Bruches durch n, dann erhält man

$$Z = \frac{X - np}{\sqrt{np(1-p)}} = \frac{\overline{X} - p}{\sqrt{p(1-p)}}\sqrt{n}$$

Setzt man schließlich $\mu = \mathrm{E}(X_i) = p$ und $\sigma = \sqrt{\mathrm{Var}(X_i)} = \sqrt{p(1-p)}$, dann erhält man gerade den entsprechenden Ausdruck in der Darstellung des Zentralen Grenzwertsatzes.

Aufgaben

Die folgenden Aufgaben dienen dazu, das Verständnis des behandelten Stoffes zu erleichtern und zu vertiefen. Um einen entsprechenden Lerneffekt zu erzielen, sollten dabei die Konzepte und Methoden verwendet werden, die in diesem Kapitel präsentiert wurden. Soweit es um eigene Berechnungen geht, sollte man besonders auf die Darstellung des Lösungswegs achten. Für die mit einem * gekennzeichneten Aufgaben ist eine geeignete Software erforderlich bzw. empfehlenswert. Beachten Sie dazu auch die Hinweise in Anhang A. Lösungen zu den Aufgaben mit geraden Nummern finden Sie in Anhang B.

*12.1 Gegeben sei eine standardnormalverteilte Zufallsvariable Z. Bestimmen Sie denjenigen Wert z, für den gilt:

a) $\mathrm{P}(Z \leq z) = 0{,}99$

b) $\mathrm{P}(-z \leq Z \leq z) = 0{,}90$

*12.2 Bestimmen Sie für die Verteilungsfunktion $\Phi(z)$ einer standardnormalverteilten Zufallsvariablen die Wahrscheinlichkeiten

a) $\Phi(1)$

b) $\Phi(2)$

*12.3 Es sei $X \sim N(3, 16)$. Berechnen Sie die folgenden Wahrscheinlichkeiten:

a) $P(3 < X \leq 11)$

b) $P(-5 < X < -1)$

12.4 X und Y seien zwei unabhängige $N(0, 1)$-verteilte Zufallsvariablen. Bestimmen Sie die Verteilungen der beiden Zufallsvariablen

a) $Z_1 = 4X + 3Y + 2$

b) $Z_2 = \frac{1}{2}(X + Y)$

*12.5 Eine Abfüllanlage füllt Ravioli in Konservendosen, wobei das Füllgewicht der Ravioli-Dosen normalverteilt ist mit dem Mittelwert 800 g und der Standardabweichung 5 g. Berechnen Sie die Wahrscheinlichkeit, dass das Füllgewicht einer zufällig ausgewählten Ravioli-Dose

a) weniger als 780 g beträgt,

b) zwischen 790 g und 810 g beträgt.

*12.6 Der Aufzug eines Gebäudes besitzt eine maximale Traglast von 280 kg. Wird dieses Gewicht überschritten, dann blinkt eine Warnlampe auf und der Aufzug kann nicht benutzt werden. Drei Männer, die sich zufällig in dem Gebäude aufhalten, betreten gemeinsam den Aufzug. Wie groß ist die Wahrscheinlichkeit, dass die maximale Traglast des Aufzugs überschritten wird, wenn man davon ausgeht, dass das Körpergewicht der männlichen Bevölkerung normalverteilt ist mit einem Mittelwert von 80 kg und einer Standardabweichung von 8 kg?

*12.7 Ein Projekt besteht aus zwei unabhängigen Teilprojekten T_1 und T_2, die hintereinander abgewickelt werden sollen. Für die Modellierung der Projektdauer (in Tagen) werden Normalverteilungen verwendet mit den Parametern $\mu_1 = 10$ und $\sigma_1^2 = 4$ (für T_1) bzw. $\mu_2 = 20$ und $\sigma_2^2 = 20$ (für T_2). Wie groß ist die Wahrscheinlichkeit, dass das Gesamtprojekt innerhalb von 35 Tagen abgeschlossen ist? *Hinweis:* Bestimmen Sie zunächst die Verteilung der Gesamtdauer.

*12.8 (Fortsetzung von Aufgabe 12.5) Berechnen Sie die Wahrscheinlichkeit, dass das durchschnittliche Füllgewicht von fünf zufällig ausgewählten Ravioli-Dosen

a) weniger als 780 g beträgt,

b) zwischen 790 g und 810 g beträgt.

Hinweis: Bestimmen Sie zunächst die Verteilung des durchschnittlichen Füllgewichts.

*12.9 Wiederholen Sie die Berechnungen von Abschnitt 12.2, bei denen eine binomialverteilte Zufallsvariable X standardisiert wurde ($n = 10, 20, 50, 100, 500$). Verwenden Sie diesmal den Wert $p = 0{,}25$.

*12.10 Eine Zufallsvariable X sei binomialverteilt mit den Parametern $n=100$ und $p=0{,}1$. Berechnen Sie die Wahrscheinlichkeit $\mathrm{P}(7 < X \leq 13)$

a) mit Hilfe der Binomialverteilung,

b) mit Hilfe des zentralen Grenzwertsatzes.

Fragen

1. Wie könnte man jemandem den Verlauf der Dichtefunktion einer Normalverteilung beschreiben?

2. Was bedeutet die Schreibweise $X \sim N\left(\mu, \sigma^2\right)$?

3. Welchen Einfluss hat eine Änderung des Parameters μ auf die Verteilung einer normalverteilten Zufallsvariablen?

4. Welchen Einfluss hat eine Änderung des Parameters σ auf die Verteilung einer normalverteilten Zufallsvariablen?

5. Was versteht man unter der Standardisierung einer Zufallsvariablen?

6. Was ist die Standardnormalverteilung?

7. Wie groß ist jeweils der Anteil der Fläche (= Wahrscheinlichkeit) einer Normalverteilung im Bereich zwischen $\mu - \sigma$ und $\mu + \sigma$ bzw. zwischen $\mu - 2\sigma$ und $\mu + 2\sigma$ bzw. zwischen $\mu - 3\sigma$ und $\mu + 3\sigma$?

8. Was besagt der zentrale Grenzwertsatz und worin besteht seine praktische Bedeutung?

9. Wie und unter welcher Bedingung kann man ausgehend von einer Binomialverteilung zu einer Standardnormalverteilung gelangen?

10. Worin besteht die Bedeutung der Normalverteilung?

Exkurs

Nicht alles auf ein Pferd setzen!

In der Lesart der modernen Portfoliotheorie besagt dieses Sprichwort, dass bei einem Investment in mehrere Finanzanlagen vor allem auf die Risikostreuung bzw. die Diversifikation geachtet werden sollte. Näheres soll dazu die folgende kurze Einführung in die Portfoliotheorie zeigen. Diese Theorie wurde in den 1950er Jahren von Markowitz (1952, 1959) entwickelt und im Jahr 1990 mit dem Nobelpreis ausgezeichnet.

Betrachten wir den einfachen Fall zweier Finanzanlagen mit den Renditen R_1 und R_2, die als Zufallsvariablen angenommen werden. Diese Zufallsvariablen besitzen die Erwartungswerte $\mathrm{E}(R_1)$ und $\mathrm{E}(R_2)$ sowie die Varianzen $\mathrm{Var}(R_1)$ und $\mathrm{Var}(R_2)$. Üblicherweise sind diese Größen unbekannt und werden in der Regel mit Hilfe historischer Renditen geschätzt. Darauf werden wir aber hier nicht eingehen. Häufig wird noch die Annahme getroffen, dass die Renditen normalverteilt sind. Statt die beiden Finanzanlagen separat zu betrachten, wie es viele Anleger wohl erwarten würden, geht man in der Portfoliotheorie zu einem Portfolio über, das heißt zu einer Kombination der beiden Finanzanlagen, sodass die Rendite des Portfolios gleich der gewichteten Summe der beiden Renditen

$$R = w_1 R_1 + w_2 R_2$$

ist, wobei die Gewichte w_1 und w_2 nichtnegativ sind und deren Summe gleich Eins ist. Entsprechend den Rechenregeln für den Erwartungswert gilt für die erwartete Rendite eines solchen Portfolios

$$\mathrm{E}(R) = w_1 \mathrm{E}(R_1) + w_2 \mathrm{E}(R_2)$$

Besonders interessant ist der Ausdruck für die Varianz des Portfolios. Setzt man nämlich die obige Rendite R in den Ausdruck $\mathrm{Var}(R) = \mathrm{E}(R^2) - (\mathrm{E}(R))^2$ ein, dann erhält man nach einigen Umformungen den Ausdruck

$$\mathrm{Var}(R) = w_1^2 \mathrm{Var}(R_1) + w_2^2 \mathrm{Var}(R_2) + 2 w_1 w_2 \mathrm{Cov}(R_1, R_2)$$

wobei der Term $\mathrm{Cov}(R_1, R_2) = \mathrm{E}(R_1 R_2) - (\mathrm{E}(R_1)\mathrm{E}(R_2))$ die Kovarianz der Zufallsvariablen R_1 und R_2 bedeutet, die eine analoge Interpretation wie in der deskriptiven Statistik besitzt. Die Varianz des Portfolios hängt

somit von den beiden Varianzen, deren Gewichten und zusätzlich noch von der Kovarianz der beiden Finanzanlagen ab.
Innerhalb aller möglichen Portfolios, die man durch Variation der Gewichte erhalten kann, gibt es eine besondere Gruppe, nämlich die sogenannten effizienten Portfolios. Dabei bezeichnet man ein Portfolio (definiert durch die Gewichte w_1 und w_2) als effizient, falls es unter allen Portfolios mit gleicher erwarteter Rendite die geringste Varianz besitzt. Oder anders ausgedrückt, ein Portfolio ist effizient, falls es unter allen Portfolios mit gleicher Varianz die höchste erwartete Rendite besitzt.
Der Fall zweier Finanzanlagen lässt sich ohne weiteres auf endlich viele Finanzanlagen übertragen. Die erwartete Rendite eines solchen Portfolios ist dann gleich der Summe der gewichteten Renditen der einzelnen Finanzanlagen. Die Varianz eines Portfolios ist entsprechend gleich der Summe aller einzelnen Varianzen plus der Summe aller möglichen Kovarianzen.
Auf einen wichtigen Aspekt sei hier noch einmal hingewiesen. Traditionellerweise wird man im Falle mehrerer Finanzanlagen vor allem deren Rendite beachten. Wird dabei auch das Risiko berücksichtigt, ist das immerhin ein Fortschritt, allerdings für viele Anleger nicht selbstverständlich. Die Portfoliotheorie rückt aber noch eine weitere Größe in den Fokus des Interesses, nämlich die Kovarianzen der beteiligen Anlagen. Es ist durchaus möglich, dass eine einzelne Anlage, für sich gesehen, als „inferior“ eingestuft wird, aber innerhalb eines Portfolios eine wichtige Bedeutung hat, falls sie nämlich auf Grund einer geringen Kovarianz mit anderen Anlagen zur Reduktion der Portfoliovarianz beiträgt.
Die Anwendung der Portfoliotheorie ist nicht auf finanzwirtschaftliche Anlagen beschränkt, obwohl es sich natürlich um deren wichtigstes Anwendungsgebiet handelt. Grundsätzlich wären Anwendungen der Portfoliotheorie dort denkbar, wo es um das Management risikobehafteter Größen geht. Figge (2004) weist darauf hin, dass man auch Gene, Arten oder Ökosysteme ähnlich wie Finanzanlagen als „Assets“ betrachten könnte und sieht ein interessantes Potential für die Anwendung der Portfoliotheorie im Hinblick auf die Biodiversität, was man mit biologischer Vielfalt oder Artenvielfalt übersetzen könnte. Die Bedeutung dieses Themas wird durch die Tatsache unterstrichen, dass das Jahr 2010 von der UNO zum „Internationalen Jahr der Biodiversität“ ausgerufen wurde.

Literatur: Elton et al. (2007), Figge (2004), Markowitz (1952, 1959).

Teil III.

Induktive Statistik

Kapitel 13.

Schätzen von Parametern

Bei den Verteilungen, die wir im Rahmen der Wahrscheinlichkeitsrechnung kennengelernt haben, wurden die zugehörigen Parameter üblicherweise als bekannt vorausgesetzt oder konnten auf Grund verschiedener Angaben berechnet werden. Eine solche Voraussetzung ist bei vielen Anwendungen allerdings nicht gegeben. In diesen Fällen wird man daher versuchen (müssen), den oder die unbekannten Parameter mit Hilfe einer Stichprobe zu schätzen. Das Schätzen von Parametern ist eines der zentralen Themen der Induktiven Statistik[1] und damit werden wir uns insbesondere in diesem Kapitel beschäftigen. Ausgehend von einer Stichprobe versucht man, zum Beispiel auf den unbekannten Anteil einer Teilmenge der Grundgesamtheit zu schließen. Verständlicherweise ist eine derartige Schlussfolgerung immer mit einer gewissen Unsicherheit behaftet.

In den Medien kann man gelegentlich Meldungen lesen, die etwa mit der folgenden Schlagzeile beginnen: „*...-Tunnelprojekt auf Schiene*“. Man erfährt dann zum Beispiel, dass es sich in diesem Fall um ein seit vielen Jahren geplantes Eisenbahntunnelprojekt handelt und dass auf Grund einer neuen Projektplanung voraussichtlich im Jahr ... mit dem Bau des Tunnels begonnen werden kann. In der Meldung ist vielleicht weiters zu lesen, dass die Fertigstellung der Tunnelstrecke für das Jahr ... erwartet wird. Somit dürfte zumindest ein Großteil der Leser dieser Meldung zu Lebzeiten in der Lage sein, das Resultat des Projekts in Augenschein zu nehmen.

Man kann sich gut vorstellen, dass es bei einem Großprojekt dieser Art durchaus von Interesse wäre, mit Hilfe einer stichprobenartigen Umfrage den Anteil der Bevölkerung zu schätzen, der für bzw. gegen den Bau dieses Tunnels ist. Wir werden wohl niemals den exakten Anteil der Tunnelgegner in der Bevölkerung erfahren. Es sei denn, man würde eine entsprechende Gesamterhebung durchführen, die allerdings mit einem nicht unerheblichen Aufwand an Zeit und Kosten verbunden wäre. Davon abgesehen kann man sich natürlich auch fragen, ob es

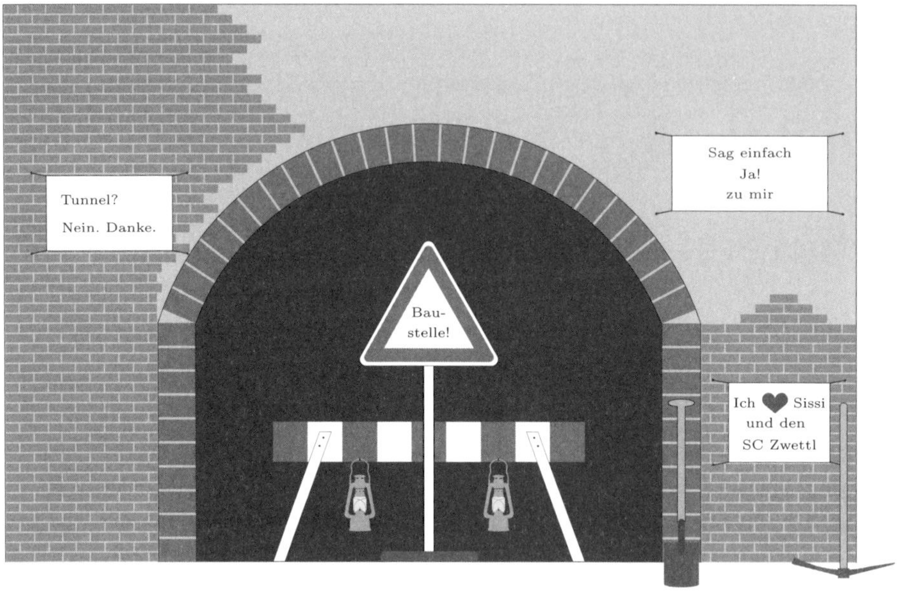

Abbildung 13.1. Tunnel-Baustelle

notwendig ist, diesen Anteil auf den Prozentpunkt genau zu kennen oder aber, ob es nicht auch genügen würde, zumindest einen Schätzwert für diesen Anteil zu bestimmen. Womit wir uns im Folgenden vor allem beschäftigen werden ist eine Frage, die man im Zusammenhang mit Stichproben wohl als die wichtigste und interessanteste bezeichnen könnte, nämlich: Wie ist es möglich, die Meinung oder die Einstellung der Gesamtbevölkerung auf der Basis einer Stichprobe von vielleicht 2000, 1000 oder auch nur 500 Personen zu erfahren? Die Beantwortung dieser Frage bildet praktisch die Grundlage jeder Stichprobenerhebung[2].

Es folgt ein kurzer Überblick über den Inhalt dieses Kapitels. Im ersten Abschnitt wird der Begriff des Schätzers eingeführt und am Beispiel der Anteilsschätzung verschiedene Eigenschaften von Schätzern diskutiert. Mit Hilfe des zentralen Grenzwertsatzes werden wir dann im zweiten Abschnitt eine Intervallschätzung durchführen, deren Ergebnis ein sogenanntes Konfidenzintervall für den unbekannten Anteil darstellt. Der dritte Abschnitt beschäftigt sich mit der Frage nach der Bestimmung des für ein solches Konfidenzintervall erforderlichen Stichprobenumfangs. Im vierten Abschnitt wird einmal versucht, am Beispiel deutscher und amerikanischer Wahlen die offiziellen Endergebnisse mit den auf Grund von Umfragen erstellten Wahlprognosen zu vergleichen.

13.1. Ein Schätzer für den unbekannten Anteil

Nehmen wir einmal an, man möchte den unbekannten Anteil p der Tunnel-Gegner schätzen und zu diesem Zweck eine Meinungsumfrage durchführen. An Hand eines sehr vereinfachten Szenarios soll dabei versucht werden, verschiedene Konzepte aus dem Bereich der Induktiven Statistik zu behandeln.

Zunächst gehen wir davon aus, dass aus einer definierten Grundgesamtheit, zum Beispiel aller Wahlberechtigten der betreffenden Region, eine gewisse Anzahl n von Personen zufällig ausgewählt werden (siehe Abbildung 13.2). Dabei nehmen wir an, dass jede dieser Personen auf die Frage „Sind Sie gegen die Errichtung des ...-Tunnels?" entweder mit Ja oder mit Nein antwortet[3,4], was sich durch die Zahlen 1 und 0 kodieren lässt. Antwortverweigerungen etc. werden hier der Einfachheit halber ausgeschlossen[5]. Da wir von einer zufälligen Auswahl von n Personen ausgehen, lassen sich die einzelnen Antworten als die Realisationen von n diskreten Zufallsvariablen $X_1, X_2, \ldots, X_n$ interpretieren. Jede einzelne von ihnen nimmt dabei entweder den Wert 1 (= Tunnelgegner) oder den Wert 0 (= Tunnelbefürworter) an.

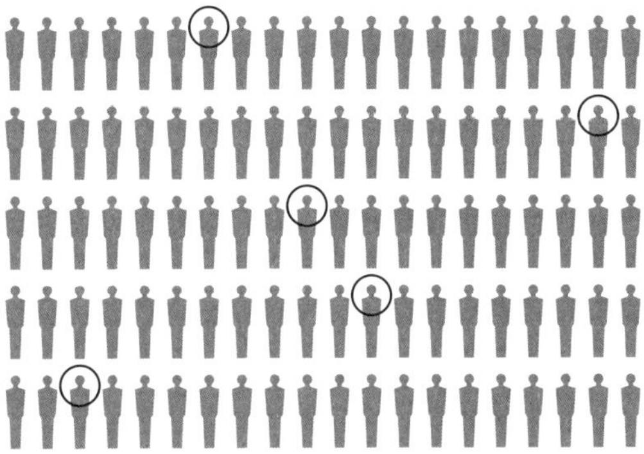

ABBILDUNG 13.2. Auswahl einer Stichprobe

Abbildung 13.3 zeigt beispielhaft die Verteilung der Tunnelgegner (schwarz) und der Tunnelbefürworter (weiß) in der Grundgesamtheit. Diese Verteilung, genauer die Wahrscheinlichkeit für den Anteil p der Tunnelgegner, ist allerdings unbekannt. Sie soll mit Hilfe der Stichprobe geschätzt werden. Die Werte der einzelnen Stichprobenvariablen (Zufallsvariablen) ergeben sich aus den Antworten der ausgewählten Personen (siehe auch Abbildung 13.4).

Die Anzahl X der Tunnel-Gegner in der Stichprobe kann man dann darstellen

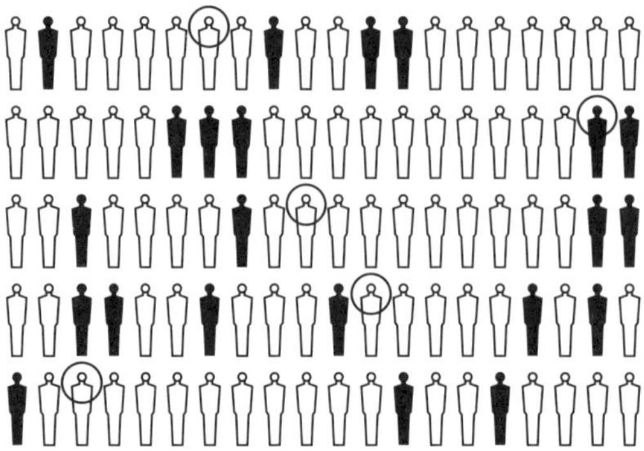

ABBILDUNG 13.3. Verteilung der Tunnelgegner und Tunnelbefürworter

als die Summe der einzelnen Stichprobenvariablen:

$$X = X_1 + X_2 + \cdots + X_n$$

Genau genommen liegt dieser Stichprobenziehung das Modell „Ziehen ohne Zurücklegen" zugrunde. Schließlich soll eine ausgewählte Person nicht mehrmals befragt werden. Damit handelt es sich bei X eigentlich um eine hypergeometrisch verteilte Zufallsvariable. Da aber die Grundgesamtheit sehr groß ist, kann man bei den für Umfragen üblichen Stichprobenumfängen mit guter Näherung das Modell „Ziehen mit Zurücklegen" verwenden. Daher können wir davon ausgehen, dass die Zufallsvariable X annähernd binomialverteilt ist.

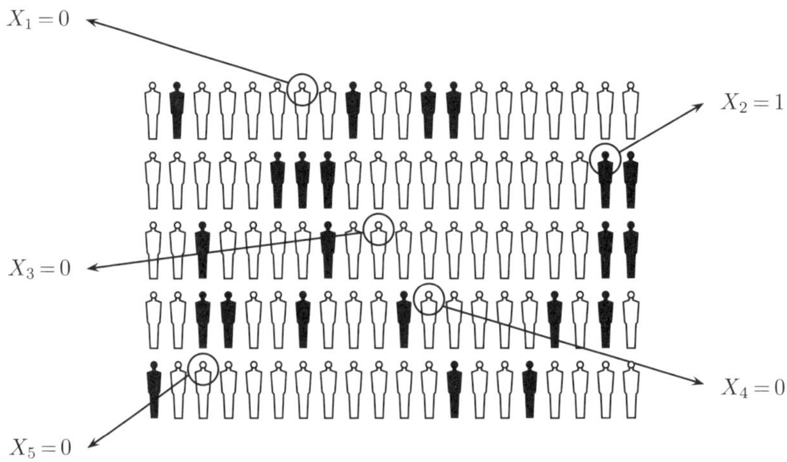

ABBILDUNG 13.4. Werte der Stichprobenvariablen

Schätzer und Schätzwert

Unter dem Schätzer eines unbekannten Parameters versteht man eine Zufallsvariable, die von den Werten der Stichprobe abhängt und mit dessen Hilfe der unbekannte Parameter geschätzt werden soll.

Die Realisation des Schätzers nennt man Schätzwert.

Es ist wohl nicht überraschend, dass wir im vorliegenden Beispiel als Schätzer für den unbekannten Parameter p die Zufallsvariable

$$\widehat{p} = \frac{X}{n} = \frac{X_1 + X_2 + \cdots + X_n}{n}$$

verwenden[6], das heißt den Anteil der Tunnelgegner in der Stichprobe. Man beachte, dass in diesem Fall (die Stichprobenwerte können nur jeweils die Werte 1 oder 0 annehmen) der Stichprobenanteil mit dem arithmetischen Mittel der einzelnen Stichprobenwerte übereinstimmt.

Um auch mit konkreten Zahlen rechnen zu können, nehmen wir einmal an, dass der Stichprobenumfang $n = 2000$ beträgt und dass sich in der Stichprobe 400 Personen als Tunnelgegner deklariert haben. Dies würde einem Stichprobenanteil von 20 % entsprechen und somit wäre der Schätzwert für den unbekannten Anteil p der Grundgesamtheit gleich $\widehat{p} = 0{,}20$. Hätte man zum Beispiel nur $n = 100$ Personen befragt, dann hätte man bei 20 Tunnelgegnern allerdings den gleichen Schätzwert erhalten. Bei einer Stichprobe von $n = 2000$ Personen würde man allerdings eine wesentlich höhere Genauigkeit erwarten, die offensichtlich durch die Angabe des Schätzwertes allein nicht zum Ausdruck kommt.

Wir werden uns daher etwas näher mit den Eigenschaften des Schätzers $\widehat{p}$ beschäftigen. Da es sich um eine Zufallsvariable handelt, können wir versuchen, den Erwartungswert und die Varianz des Schätzers zu bestimmen. Für den Erwartungswert und die Varianz einer binomialverteilten Zufallsvariablen X gilt bekanntlich $\mathrm{E}(X) = np$ und $\mathrm{Var}(X) = np(1-p)$. Für den Schätzer $\widehat{p}$ gilt daher:

$$\mathrm{E}(\widehat{p}) = \mathrm{E}\left(\frac{X}{n}\right) = \frac{1}{n}\mathrm{E}(X) = \frac{1}{n}np = p$$

Der Erwartungswert des Schätzers $\widehat{p}$ stimmt somit mit dem unbekannten Parameter p, der ja geschätzt werden soll, überein. Obwohl also p nicht bekannt ist, ist garantiert, dass die Schätzwerte im Mittel mit dem unbekannten Parameter übereinstimmen. Einen Schätzer mit dieser Eigenschaft nennt man erwartungstreu.

Eine durchaus sinnvolle Eigenschaft. Allerdings beachte man, dass sie in diesem Fall für jeden Stichprobenumfang gilt. Den Vorteil eines größeren Stichprobenumfangs erkennt man erst, wenn man auch die Varianz des Schätzers betrachtet:

$$\begin{aligned}\operatorname{Var}(\widehat{p}) &= \operatorname{Var}\left(\frac{X}{n}\right) = \frac{1}{n^2}\operatorname{Var}(X) \\ &= \frac{1}{n^2}np(1-p) = \frac{p(1-p)}{n}\end{aligned}$$

Die Varianz des Schätzers beträgt somit nur den n-ten Teil der Varianz einer einzelnen Stichprobenvariablen. Praktisch gesprochen bedeutet dies, dass die Streuung des Schätzers $\widehat{p}$ um den unbekannten Parameter p umso kleiner ist, je größer der Stichprobenumfang ist. Für $n \to \infty$ würde die Varianz von $\widehat{p}$ gegen Null gehen.

Der Schätzer $\widehat{p}$ weist somit einige wichtige Eigenschaften[7] auf. Eine weitere liefert die bereits früher verwendete Methode der kleinsten Quadrate, die zu den bekanntesten Schätzmethoden gehört. Betrachtet man die Summe der quadrierten Abweichungen der Stichprobenwerte $x_1, x_2, \ldots, x_n$ von einem beliebigen Wert a, das heißt

$$S(a) = \sum_{i=1}^{n} (x_i - a)^2$$

dann ist dieser Ausdruck bekanntlich für $a = \overline{x}$ minimal, wobei $\overline{x}$ das arithmetische Mittel der Beobachtungen $x_1, x_2, \ldots, x_n$ ist. Wie bereits erwähnt, gilt in unserem Fall aber gerade $\overline{x} = \widehat{p}$. Auf Grund dieser (und noch weiterer) Eigenschaften kann man $\widehat{p}$ in einem gewissen Sinne als den besten Schätzer von p ansehen.

Wie im Falle der Normalverteilung wird jetzt die Zufallsvariable X standardisiert, wobei $\mathrm{E}(X) = np$ und $\operatorname{Var}(X) = np(1-p)$ ist:

$$\frac{X - np}{\sqrt{np(1-p)}} = \frac{\widehat{p} - p}{\sqrt{p(1-p)}}\sqrt{n} \tag{13.1}$$

Dabei erhält man die rechte Seite von (13.1), indem man auf der linken Seite Zähler und Nenner jeweils durch n dividiert. Der Wert des Bruchs ändert sich dadurch natürlich nicht. Aus dem zentralen Grenzwertsatz folgt dann, dass dieser Ausdruck bei genügend großem Stichprobenumfang annähernd $N(0,1)$-verteilt ist. Man kann übrigens zeigen, dass dies auch für die etwas modifizierte Zufallsvariable

$$Z = \frac{\widehat{p} - p}{\sqrt{\widehat{p}(1-\widehat{p})}}\sqrt{n}$$

gilt, wobei im Nenner des Bruchs der Parameter p durch den Schätzer $\widehat{p}$ ersetzt wurde. Diese Zufallsvariable Z werden wir im Folgenden für eine Intervallschätzung des unbekannten Parameters p verwenden.

13.2. Ein Konfidenzintervall für den unbekannten Anteil

Zur Bestimmung dieses Intervalls, das häufig als Konfidenzintervall bezeichnet wird, gibt man zunächst eine gewisse Wahrscheinlichkeit $1-\alpha$ vor, das sogenannte Konfidenzniveau. Typische Werte für $1-\alpha$ sind dabei 95 % oder 99 %. Aus dem vorigen Abschnitt wissen wir, dass die Zufallsvariable

$$Z = \frac{\widehat{p} - p}{\sqrt{\widehat{p}(1-\widehat{p})}}\sqrt{n}$$

für hinreichend großes n annähernd standardnormalverteilt ist. Falls man also ein Konfidenzniveau von $1-\alpha$ vorgibt, dann gilt bei entsprechend großem Stichprobenumfang

$$\mathrm{P}\left(-z_{\frac{\alpha}{2}} \leq \frac{\widehat{p} - p}{\sqrt{\widehat{p}(1-\widehat{p})}} \cdot \sqrt{n} \leq z_{\frac{\alpha}{2}}\right) \approx 1 - \alpha \qquad (13.2)$$

wobei $z_{\frac{\alpha}{2}}$ das obere $\alpha/2$-Quantil der Standardnormalverteilung ist.

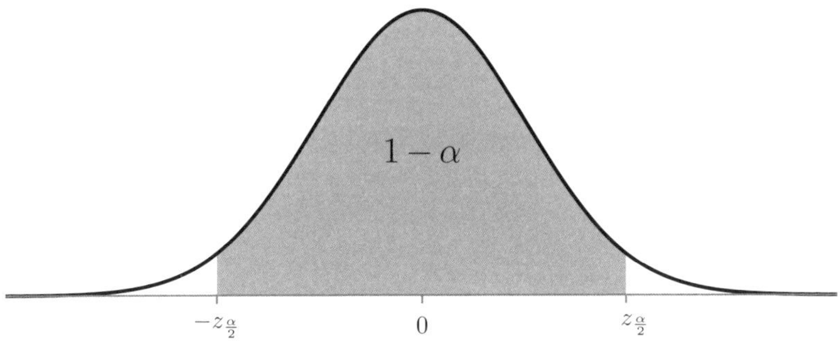

ABBILDUNG 13.5. Standardnormalverteilung mit Konfidenzniveau $1-\alpha$

Betrachtet man bei (13.2) die doppelte Ungleichung innerhalb der Klammer, dann stellt man fest, dass außer dem unbekannten Parameter p alle Größen entweder gegeben sind (nämlich n und $z_{\frac{\alpha}{2}}$) oder aber beobachtet werden können (nämlich die Realisation der Zufallsvariablen $\widehat{p}$). Isoliert man jetzt den Parameter p innerhalb der Klammer, indem alle anderen Terme auf die rechte bzw. linke

Seite der doppelten Ungleichung gebracht werden, so erhält man eine Darstellung in Form einer Überdeckungswahrscheinlichkeit

$$P\left(\widehat{p} - \frac{z_{\frac{\alpha}{2}} \cdot \sqrt{\widehat{p}(1-\widehat{p})}}{\sqrt{n}} \leq p \leq \widehat{p} + \frac{z_{\frac{\alpha}{2}} \cdot \sqrt{\widehat{p}(1-\widehat{p})}}{\sqrt{n}}\right) \approx 1 - \alpha$$

für den unbekannten Parameter p, die wir abgekürzt als

$$P(Y_1 \leq p \leq Y_2) \approx 1 - \alpha$$

schreiben. Bezeichnet man schließlich noch die Realisationen der beiden Zufallsvariablen Y_1 und Y_2 mit y_1 und y_2, dann liefert das Intervall $[y_1, y_2]$ das gesuchte Konfidenzintervall für den unbekannten Parameter p zum Konfidenzniveau $1-\alpha$.

Wenn man das Konfidenzniveau zum Beispiel mit $1-\alpha = 0{,}95$ festsetzt, dann wäre $z_{\frac{\alpha}{2}} = 1{,}96$. Bei einem Stichprobenumfang von $n = 2000$ und einem Schätzwert von $\widehat{p} = 0{,}2$ ergibt daher die Auswertung von y_1 und y_2 die folgenden Werte

$$\begin{aligned} \widehat{p} \pm \frac{z_{\frac{\alpha}{2}} \cdot \sqrt{\widehat{p}(1-\widehat{p})}}{\sqrt{n}} &= 0{,}20 \pm \frac{1{,}96 \cdot \sqrt{0{,}20 \cdot (1-0{,}20)}}{\sqrt{2000}} \\ &= 0{,}20 \pm 0{,}018 \end{aligned}$$

Damit wäre $y_1 = 0{,}182$ und $y_2 = 0{,}218$. Das 95 % Konfidenzintervall für den unbekannten Anteil p der Tunnelgegner lautet also

$$\text{Konf} = [0{,}182,\ 0{,}218]$$

oder aber, etwas eleganter, in der alternativen Schreibweise

$$\text{Konf} = 20\,\% \pm 1{,}8\,\%$$

wobei der Wert 1,8 % die Schwankungsbreite des Konfidenzintervalls bedeutet.

Wie interpretiert man nun dieses Intervall? Eine nahe liegende Interpretation wäre etwa: „das Konfidenzintervall überdeckt (enthält) den unbekannten Parameter p mit einer Wahrscheinlichkeit von 95 %“. Eine derartige Interpretation ist allerdings falsch! In unserem Fall würde dies nämlich der Aussage $P(0{,}182 \leq p \leq 0{,}218) = 0{,}95$ entsprechen. Da aber der unbekannte Parameter p eine feste Zahl und keine Zufallsvariable ist, bezieht sich somit die Formulierung auf eine Situation, bei der kein Zufallsexperiment (mehr) vorliegt.

Es lässt sich nicht ausschließen, dass der unbekannte Parameter p auch außerhalb des Konfidenzintervalls liegt. Allerdings liefert die oben beschriebene Methode im Durchschnitt bei 95 von 100 Stichproben ein Intervall, das den unbekannten

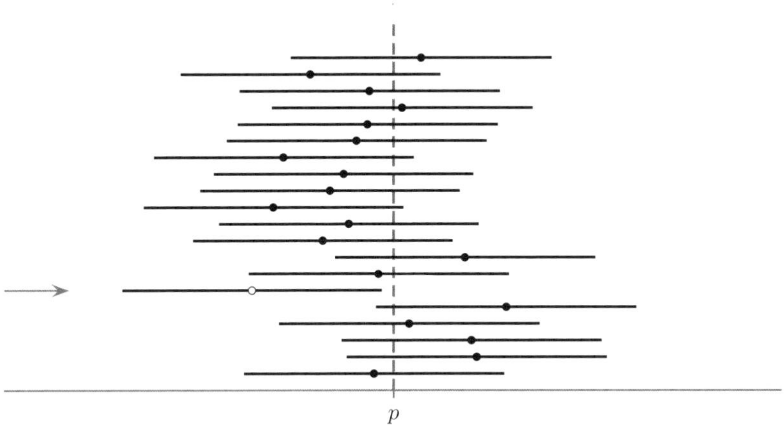

ABBILDUNG 13.6. Verschiedene Konfidenzintervalle für den Parameter p

Anteil p enthält. Betrachten wir zur Veranschaulichung die Abbildung 13.6. Sie zeigt zwanzig Konfidenzintervalle, die mit Hilfe eines Zufallsgenerators erzeugt wurden. Der Punkt in der Mitte jedes Intervalls ist der entsprechende Stichprobenmittelwert, das heißt der Schätzwert $\widehat{p}$. Mit einer einzigen Ausnahme (grauer Pfeil) überdecken alle Intervalle den Parameter p. Eine pragmatische Interpretation wäre daher zu sagen, dass das vorliegende Konfidenzintervall vermutlich bzw. im Allgemeinen den unbekannten Parameter enthalten wird. Soviel zur Interpretation von Konfidenzintervallen[8,9].

Bevor wir uns mit der Bestimmung des Stichprobenumfangs beschäftigen, werden wir im Folgenden noch auf ein spezielles Problem eingehen, das bei praktischen Anwendungen gelegentlich auftritt. Es geht dabei um sogenannte einseitige Konfidenzintervalle. Betrachten wir dazu die folgende Situation. Der Abschluss von Kreditverträgen setzt häufig das Vorhandensein bestimmter Versicherungen voraus. Man denke etwa im Zusammenhang mit Wohnbaukrediten an eine Haushaltsversicherung, eine Feuerversicherung oder eine Hochwasserversicherung. Nach Gewährung eines Kredites kann es allerdings vorkommen, dass einzelne Kreditnehmer die betreffende Versicherung stornieren. Dies würde natürlich das Risiko des Kreditgebers, zum Beispiel einer Bank, erhöhen.

Die Bank könnte natürlich in bestimmten Zeitabständen sämtliche Kreditnehmer befragen, ob sie noch immer eine entsprechende Versicherung besitzen. Wenn es sich allerdings, wie im Falle einer Großbank, um vielleicht 100000 Kreditkunden handelt, würde eine Gesamtbefragung einen unverhältnismäßig großen Aufwand bedeuten. Stattdessen könnte man an eine stichprobenartige Befragung denken. Da erfahrungsgemäß nur ein geringer Prozentsatz der Kreditkunden eine solche

Versicherung storniert, wäre es für die Bank von Interesse, zumindest eine obere Schranke für diesen Prozentsatz zu kennen. Die Herleitung dieser Schranke verläuft ähnlich wie oben, allerdings mit dem Unterschied, dass wir in diesem Fall nur von einer einfachen Ungleichung ausgehen. Für einen genügend großen Stichprobenumfang gilt dann

$$\mathrm{P}\left(-z_\alpha \leq \frac{\widehat{p}-p}{\sqrt{\widehat{p}(1-\widehat{p})}} \cdot \sqrt{n}\right) \approx 1-\alpha$$

wobei z_α das obere α-Quantil der Standardnormalverteilung ist. Die Ungleichung in der Klammer kann man jetzt so umformen, dass gilt

$$\mathrm{P}\left(p \leq \widehat{p}+\frac{z_\alpha \cdot \sqrt{\widehat{p}(1-\widehat{p})}}{\sqrt{n}}\right) \approx 1-\alpha$$

was sich abgekürzt in der Form $\mathrm{P}(p \leq Y) \approx 1-\alpha$ schreiben lässt. Bezeichnet man mit y die Realisation der Zufallsvariablen Y, dann liefert das Intervall $[0, y]$ das gesuchte Konfidenzintervall für den unbekannten Parameter p zum Konfidenzniveau $1-\alpha$.

Würde man das Konfidenzniveau wieder mit $1-\alpha=0{,}95$ festsetzen, dann wäre $z_\alpha=1{,}645$. Angenommen, der Stichprobenumfang sei diesmal $n=1000$ und der entsprechende Schätzwert $\widehat{p}=0{,}02$, dann ergibt die Auswertung der Realisation y den Wert

$$\widehat{p}+\frac{z_\alpha \cdot \sqrt{\widehat{p}(1-\widehat{p})}}{\sqrt{n}}=0{,}02+\frac{1{,}645 \cdot \sqrt{0{,}02 \cdot(1-0{,}02)}}{\sqrt{1000}}=0{,}027$$

Bei einem Konfidenzniveau von 95 % würde daher das einseitige Konfidenzintervall für den unbekannten Anteil p lauten

$$\mathrm{Konf}=[0,\ 0{,}027]$$

Anders ausgedrückt: der Anteil der Kreditkunden, die die betreffende Versicherung storniert haben, wird vermutlich unter 2,7 % liegen.

13.3. Bestimmung des Stichprobenumfangs

Wir befassen uns jetzt mit der Bestimmung des erforderlichen Stichprobenumfangs, den wir bisher als gegeben vorausgesetzt hatten. Dieser Aspekt hängt eng zusammen mit der Bestimmung der Breite des Konfidenzintervalls. Offensichtlich gilt: je kleiner das Konfidenzintervall ist, desto präziser ist die Schätzung für den unbekannten Parameter. Die Frage ist nur, wie kommt man zu kleineren Konfidenzintervallen? Hier bieten sich grundsätzlich zwei Möglichkeiten an. Man könnte etwa das Konfidenzniveau herabsetzen. Dadurch würde das $\alpha/2$-Quantil kleiner werden und somit auch das Konfidenzintervall. Bei dieser Vorgehensweise wäre allerdings die Intervallschätzung mit einer größeren Unsicherheit behaftet. Um dies zu vermeiden, wählt man üblicherweise einen anderen Weg. Man gibt zunächst die gewünschte Breite (genauer: die Schwankungsbreite) des Konfidenzintervalls vor und bestimmt erst dann den erforderlichen Stichprobenumfang! Betrachten wir dazu noch einmal das Konfidenzintervall für den unbekannten Parameter p in allgemeiner Form

$$\left[\widehat{p} - \frac{z_{\frac{\alpha}{2}} \cdot \sqrt{\widehat{p}(1-\widehat{p})}}{\sqrt{n}}, \widehat{p} + \frac{z_{\frac{\alpha}{2}} \cdot \sqrt{\widehat{p}(1-\widehat{p})}}{\sqrt{n}}\right]$$

Formal versteht man unter der Schwankungsbreite des Konfidenzintervalls den Ausdruck

$$B = \frac{z_{\frac{\alpha}{2}} \cdot \sqrt{\widehat{p}(1-\widehat{p})}}{\sqrt{n}} \tag{13.3}$$

mit dem sich die Breite des Konfidenzintervalls „steuern“ lässt. Um die Schwankungsbreite und damit das Konfidenzintervall zu verkleinern, erscheint es nahe liegend, den Stichprobenumfang n zu erhöhen. Allgemein könnte man also so vorgehen, dass man die gewünschte Schwankungsbreite B vorgibt und dann denjenigen Stichprobenumfang n wählt, der die Gleichung (13.3) erfüllt. Löst man diese Gleichung nach n auf, dann erhält man

$$\left(\frac{z_{\frac{\alpha}{2}} \cdot \sqrt{\widehat{p}(1-\widehat{p})}}{B}\right)^2 = n \tag{13.4}$$

Jetzt stehen wir allerdings vor einem Problem. Wir können nämlich den Stichprobenumfang erst dann bestimmen, wenn wir den Wert des quadratischen Ausdrucks kennen. Dieser hängt aber vom Schätzwert $\widehat{p}$ ab und daher von der Stichprobe, deren Umfang n ja erst bestimmt werden soll! Wir müssen also eine Möglichkeit finden, den Stichprobenumfang n abzuschätzen, ohne den quadratischen Ausdruck in (13.4) zu berechnen.

Die folgende Überlegung zeigt, dass der Stichprobenumfang so gewählt werden kann, dass er unabhängig von $\widehat{p}$ ist. Für jeden beliebigen Wert von $\widehat{p}$ gilt nämlich die Ungleichung

$$\widehat{p}(1-\widehat{p}) \leq \frac{1}{4} \tag{13.5}$$

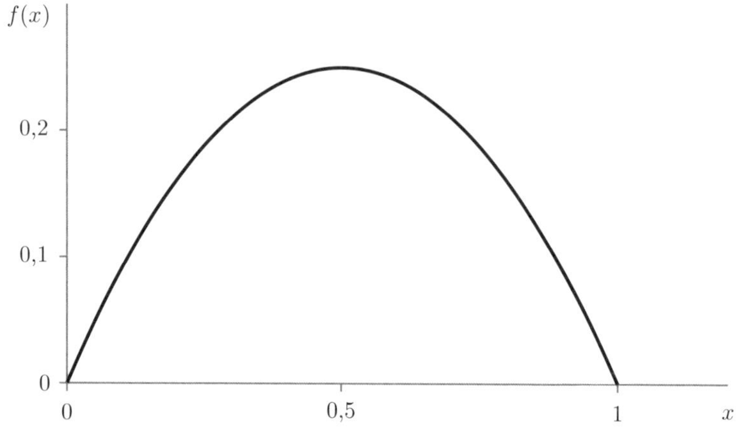

ABBILDUNG 13.7. Graph der Funktion $f(x) = x(1-x)$

wobei die linke Seite für $\widehat{p} = 0{,}5$ den Wert $1/4$ annimmt. Man betrachte dazu in Abbildung 13.7 den Verlauf der Funktion $f(x) = x\,(1-x)$ für $0 \leq x \leq 1$. Aus der Ungleichung (13.5) folgt dann nach einigen algebraischen Umformungen die folgende Abschätzung

$$\left(\frac{z_{\frac{\alpha}{2}} \cdot \sqrt{\widehat{p}(1-\widehat{p})}}{B}\right)^2 \leq \left(\frac{z_{\frac{\alpha}{2}}}{2B}\right)^2 \tag{13.6}$$

Der Ausdruck auf der rechten Seite von (13.6) stellt in diesem Fall eine obere Schranke dar, die nicht vom Ergebnis der Stichprobe abhängt. Wird also der Stichprobenumfang n mit dem Wert dieser Schranke festgesetzt, dann ist man offensichtlich auf der sicheren Seite, das heißt, die Schwankungsbreite des Konfidenzintervalls ist stets kleiner (oder höchstens gleich) der vorgegebenen Schwankungsbreite B. Man beachte allerdings, dass nicht garantiert ist, dass die tatsächliche Schwankungsbreite des Konfidenzintervalls exakt mit dem vorgegebenen Wert B übereinstimmt. Gegebenenfalls muss man den Stichprobenumfang etwas erhöhen, um auf der sicheren Seite zu sein.

Kommen wir jetzt wieder zurück auf unsere Tunnel-Umfrage und nehmen einmal an, die Schwankungsbreite des Konfidenzintervalls soll (höchstens) 3 % betragen, bei einem Konfidenzniveau von 95 %. Wie viele Personen müssten in diesem Fall mindestens befragt werden? Die Antwort lautet: Bei einer Schwankungsbreite von 3 % müssten mindestens

$$n = \left(\frac{z_{\frac{\alpha}{2}}}{2B}\right)^2 = \left(\frac{1{,}96}{0{,}06}\right)^2 \approx 1070$$

Personen befragt werden. Eine präzisere Schätzung erhält man somit durch einen entsprechend höheren Stichprobenumfang. Bemerkenswert ist vor allem die Tatsache, dass der erforderliche Stichprobenumfang nicht von der Zahl der Wahlberechtigten in unserer fiktiven ...-Region abhängt. Dieser Wert geht in die obigen Berechnungen überhaupt nicht ein. Was also die Genauigkeit der Schätzung betrifft (nicht das Thema!), könnte man die Umfrage auf der Basis des berechneten Stichprobenumfangs ebenso gut in einem beliebigen europäischen Staat, den USA (mit etwa 300 Mio. Einwohnern) oder in China (mit etwa 1300 Mio. Einwohnern) durchführen.

Ein noch größerer Stichprobenumfang würde zwar ein genaueres Ergebnis liefern, allerdings müsste man dann mit einem entsprechenden Mehraufwand an Zeit und Kosten rechnen. Dieser Mehraufwand wird in der Regel die Verwendung deutlich größerer Stichproben nicht rechtfertigen. Würde man etwa die Schwankungsbreite B des Konfidenzintervalls halbieren, dann würde aus der Gleichung

$$4n = \left(\frac{z_{\frac{\alpha}{2}}}{B}\right)^2$$

folgen, dass man den Stichprobenumfang vervierfachen müsste! Die folgende Tabelle gibt eine Übersicht über den erforderlichen Stichprobenumfang für verschiedene Konfidenzniveaus und Schwankungsbreiten, wobei die Werte auf die nächste Zehnerstelle gerundet sind:

TABELLE 13.1. Werte für den Stichprobenumfang bei verschiedenen Konfidenzniveaus und Schwankungsbreiten

	Schwankungsbreite			
Konfidenzniveau	2 %	3 %	4 %	5 %
90 %	1700	760	430	280
95 %	2410	1070	610	390
99 %	4170	1850	1050	670

Wünscht man etwa ein Konfidenzintervall von der Form Konf $= \widehat{p} \pm 2\,\%$, dann müsste man bei einem Konfidenzniveau von 95 % weniger als 2500 Personen befragen. Für Anwendungen wesentlich ist dabei die Voraussetzung, dass die Grundgesamtheit möglichst groß ist im Vergleich zur Stichprobe. Beträgt der Umfang der Grundgesamtheit zum Beispiel $N = 100000$, dann bedeutet ein Stichprobenumfang in der Größenordnung von maximal $n = 2000$ einen Auswahlsatz von höchstens 2 %.

Abschließend soll noch auf eine wichtige Variante hingewiesen werden. Der erforderliche Stichprobenumfang[10] wurde bisher auf der Grundlage der Annahme $\widehat{p} = 0{,}5$ bestimmt. Damit ist man immer auf der sicheren Seite, das heißt, die Abschätzung ist immer erfüllt, egal welchen Wert $\widehat{p}$ in der Stichprobe tatsächlich annimmt. Es wäre aber durchaus denkbar, dass auf Grund gewisser Vorinformationen angenommen werden kann, dass der Stichprobenanteil $\widehat{p}$ eine gewisse obere Schranke nicht überschreiten wird. Man denke etwa an das Beispiel einer Kleinpartei bei einer Wahlumfrage, bei der man davon ausgeht, dass ihr Stimmenanteil auf jeden Fall unter 20 % liegen wird. Dann könnte man nämlich die Abschätzung $\sqrt{\widehat{p}(1-\widehat{p})} \leq \sqrt{0{,}2 \cdot 0{,}8} = 0{,}4$ verwenden. Diese würde implizieren, dass

$$\left(\frac{z_{\frac{\alpha}{2}} \cdot \sqrt{\widehat{p}(1-\widehat{p})}}{B}\right)^2 \leq \left(0{,}4 \cdot \frac{z_{\frac{\alpha}{2}}}{B}\right)^2$$

gilt, was eine kleinere Schranke auf der rechten Seite und damit einen kleineren Stichprobenumfang bedeuten würde. Bei einer Schwankungsbreite von 3 % und einem Konfidenzniveau von 95 % würde der erforderliche Stichprobenumfang dann nur noch $n = 683$ betragen.

13.4. Parteien, Wahlen und Prognosen

Am Beispiel der deutschen Bundestagswahlen sowie der US-Präsidentenwahlen sollen in diesem Abschnitt einmal die offiziellen Endergebnisse mit den Ergebnissen von Wahlumfragen[11] verglichen werden. Ein solcher Vergleich stellt eine einfache Möglichkeit dar, die Qualität von Umfrageergebnissen zu überprüfen[12]. Man beachte allerdings, dass derartige Umfragen nicht immer auf Zufallsstichproben beruhen, sondern zum Teil auf dem traditionellen Quotenverfahren. Bei den Bundestagswahlen[13] wurden die Ergebnisse der Wahlen seit 1957 sowie die vor jeder Wahl jeweils letzte Umfrage[14] des Instituts für Demoskopie Allensbach verwendet. Bei den US-Präsidentenwahlen wurden die Ergebnisse seit 1936 berücksichtigt sowie die jeweils letzte Gallup-Umfrage[15] vor jeder Wahl.

Beginnen wir mit den Wahlen zum deutschen Bundestag. Abbildung 13.8 zeigt die offiziellen Wahlergebnisse (schwarz) und die Umfrageergebnisse (grau) für die CDU/CSU für den Zeitraum 1957–2005. Deutlich ist hier der „Ausrutscher“ bei den Wahlen 2005 zu erkennen, bei dem die letzte Wahlumfrage einen Wert von 41,5 % lieferte, während das tatsächliche Wahlergebnis bei 35,2 % lag, was eine Abweichung von über sechs Prozentpunkten bedeutete. Ansonsten lagen die Abweichungen bei jeder Wahl unter zwei Prozentpunkten.

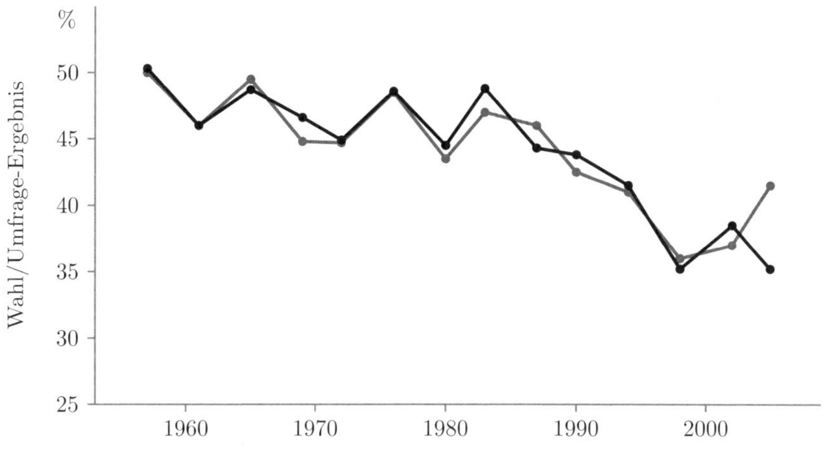

Abbildung 13.8. Wahl- und Umfrageergebnisse für die CDU/CSU

Abbildung 13.9 zeigt die entsprechenden Ergebnisse für die SPD, wobei es bei keiner Bundestagswahl eine Abweichung von mehr als zwei Prozentpunkten gab. Für einen einfachen Vergleich der beiden Abbildungen bieten sich die jeweili-

Abbildung 13.9. Wahl- und Umfrageergebnisse für die SPD

gen Korrelationskoeffizienten (Wahlergebnisse, Umfrageergebnisse) an. Für die CDU/CSU lautet dieser Wert $r = 0{,}906$ und für die SPD $r = 0{,}957$. Der Unterschied ist vor allem auf das Ergebnis von 2005 zurückzuführen.

Tabelle 13.2 enthält die Ergebnisse der Wahlen und Umfragen für sämtliche deutsche Bundestagswahlen seit 1957. In der Zeile neben jedem Jahr sind die

Tabelle 13.2. Ergebnisse und Prognosen (Institut für Demoskopie Allensbach) der Wahlen zum Deutschen Bundestag, 1957–2005 (in Prozent)

Jahr	CDU/CSU	SPD	FDP	Grüne	PDS	Sonstige	Max.
1957	50,3	32,0	7,5	–	–	10,2	
	(50,0)	(32,0)	(7,0)	–	–	(11,0)	0,8
1961	46,0	36,5	12,1	–	–	5,4	
	(46,0)	(38,0)	(11,0)	–	–	(5,0)	1,5
1965	48,7	40,1	7,9	–	–	3,3	
	(49,5)	(38,5)	(8,0)	–	–	(4,0)	1,6
1969	46,6	44,0	4,8	–	–	4,6	
	(44,8)	(45,9)	(5,3)	–	–	(4,0)	1,9
1972	44,9	45,8	8,4	–	–	0,9	
	(44,7)	(46,4)	(6,5)	–	–	(2,4)	1,9
1976	48,6	42,6	7,9	–	–	0,9	
	(48,5)	(40,8)	(9,6)	–	–	(1,1)	1,8
1980	44,5	42,9	10,6	–	–	2,0	
	(43,5)	(43,5)	(10,0)	–	–	(3,0)	1,0
1983	48,8	38,2	7,0	5,6	–	0,4	
	(47,0)	(40,0)	(6,2)	(6,5)	–	(0,3)	1,8
1987	44,3	37,0	9,1	8,3	–	1,3	
	(46,0)	(36,0)	(8,5)	(9,0)	–	(0,5)	1,7
1990	43,8	33,5	11,0	5,1	2,4	4,2	
	(42,5)	(34,5)	(10,0)	(8,5)	(2,5)	(2,0)	3,4
1994	41,5	36,4	6,9	7,3	4,4	3,5	
	(41,0)	(35,5)	(7,5)	(8,0)	(4,0)	(4,0)	0,9
1998	35,2	40,9	6,2	6,7	5,1	5,9	
	(36,0)	(40,5)	(6,5)	(6,0)	(5,0)	(6,0)	0,8
2002	38,5	38,5	7,4	8,6	4,0	3,0	
	(37,0)	(37,5)	(9,5)	(7,5)	(4,5)	(4,0)	2,1
2005	35,2	34,2	9,8	8,1	8,7	4,0	
	(41,5)	(32,5)	(8,0)	(7,0)	(8,5)	(2,5)	6,3

amtlichen Endergebnisse angegeben, darunter (in Klammern) die Ergebnisse der letzten Umfrage vor der Wahl. Die letzte Spalte (Max.) liefert die maximale absolute Abweichung (in Prozentpunkten). Abgesehen von den Jahren 1990 und 2005 betrug dieser Wert kaum mehr als zwei Prozentpunkte. Wenn bei der Wahlumfrage eine der beiden Parteien in Führung lag, dann siegte diese in der Regel auch bei der Wahl. Ausnahmen waren die Wahlen der Jahre 1969 und 2002.

Die Abbildungen 13.10 und 13.11 zeigen die Ergebnisse der US-Wahlen (schwarz) und der letzten Gallup-Umfrage[16] (grau) vor jeder Wahl für den Zeitraum 1936–2008. 1936 wurde übrigens die erste Gallup-Wahlumfrage[17] durchgeführt. Größere Diskrepanzen zwischen den Wahl- und Umfrageergebnissen gab es vor allem in der Frühphase der Wahlumfragen, das heißt in den 1930er und 1940er Jahren. Für

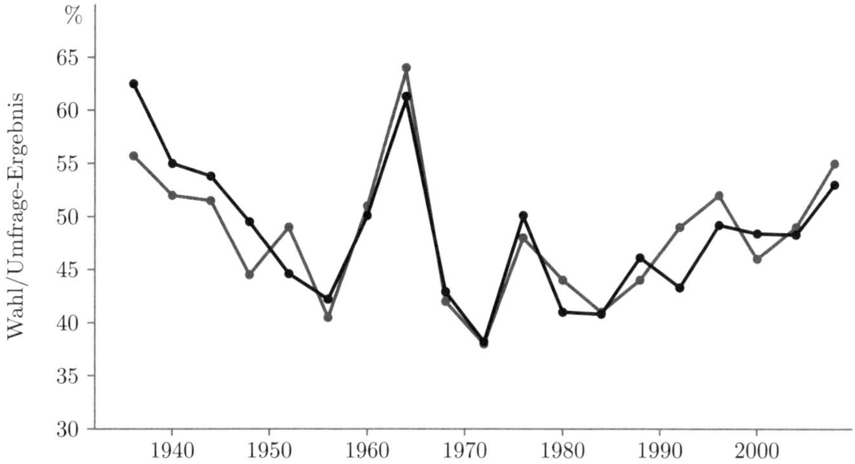

ABBILDUNG 13.10. Wahl- und Umfrageergebnisse für die Demokratische Partei

die demokratische Partei beträgt übrigens der Korrelationskoeffizient $r = 0{,}880$, für die republikanische Partei $r = 0{,}922$.

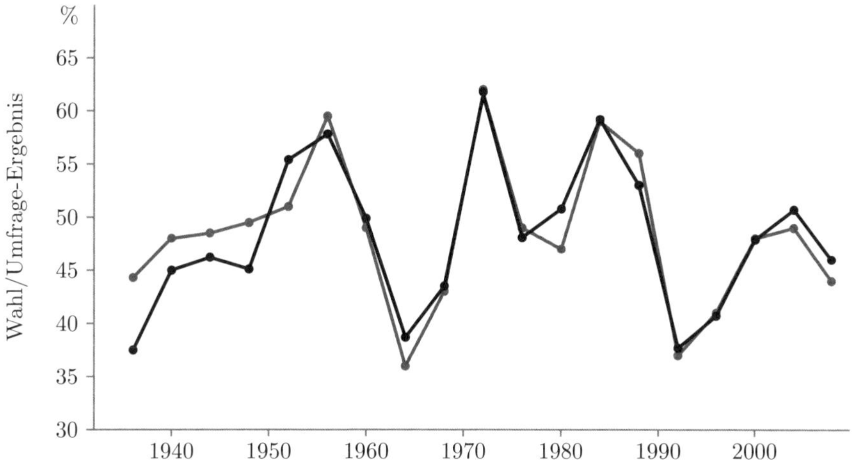

ABBILDUNG 13.11. Wahl- und Umfrageergebnisse für die Republikanische Partei

Tabelle 13.3 enthält die einzelnen Wahl- und Umfrageergebnisse, wobei in der letzten Spalte die absolute Differenz bei den jeweiligen Kandidaten angegeben ist. Auch hier kam es in der jüngeren Vergangenheit zu einem markanten Ausreißer, nämlich bei den Wahlen von 1992, bei dem das Umfrageergebnis fast sechs Prozentpunkte über dem Wahlergebnis lag. In der Regel erhielt derjenige Kandidat

TABELLE 13.3. Ergebnisse und Prognosen (Gallup) der US-Präsidentenwahlen, 1936–2008 (in Prozent)

Jahr	Kandidaten	Ergebnis	Prognose	Abweichung
1936	Roosevelt (D)	62,5	55,7	6,8
	Landon (R)	37,5	44,3	6,8
1940	Roosevelt (D)	55,0	52,0	3,0
	Willkie (R)	45,0	48,0	3,0
1944	Roosevelt (D)	53,8	51,5	2,3
	Dewey (R)	46,2	48,5	2,3
1948	Truman (D)	49,5	44,5	5,0
	Dewey (R)	45,1	49,5	4,4
1952	Eisenhower (R)	55,4	51,0	4,4
	Stevenson (D)	44,6	49,0	4,4
1956	Eisenhower (R)	57,8	59,5	1,7
	Stevenson (D)	42,2	40,5	1,7
1960	Kennedy (D)	50,1	50,5	0,4
	Nixon (R)	49,9	49,5	0,4
1964	Johnson (D)	61,3	64,0	2,7
	Goldwater (R)	38,7	36,0	2,7
1968	Nixon (R)	43,5	43,0	0,5
	Humphrey (D)	42,9	42,0	0,9
1972	Nixon (R)	61,8	62,0	0,2
	McGovern (D)	38,2	38,0	0,2
1976	Carter (D)	50,1	48,0	2,1
	Ford (R)	48,1	49,0	0,9
1980	Reagan (R)	50,8	47,0	3,8
	Carter (D)	41,0	44,0	3,0
1984	Reagan (R)	59,2	59,0	0,2
	Mondale (D)	40,8	41,0	0,2
1988	Bush (R)	53,0	56,0	3,0
	Dukakis (D)	46,1	44,0	2,1
1992	Clinton (D)	43,3	49,0	5,7
	Bush (R)	37,7	37,0	0,7
1996	Clinton (D)	49,2	52,0	2,8
	Dole (R)	40,7	41,0	0,3
2000	Bush (R)	47,9	48,0	0,1
	Gore (D)	48,4	46,0	2,4
2004	Bush (R)	50,7	49,0	1,7
	Kerry (D)	48,3	49,0	0,7
2008	Obama (D)	53,0	55,0	2,0
	McCain (R)	46,0	44,0	2,0

die meisten Stimmen bei der Wahl, der auch bei der Umfrage in Führung lag. Ausnahmen waren hier nur die Wahlen in den Jahren 1948, 1976 und 2000. Man beachte allerdings, dass in den USA auf Grund des Wahlmännersystems nicht automatisch derjenige Kandidat der Wahlsieger ist, der die meisten Stimmen erhält.

Selbst wenn man gegenüber Umfrageergebnissen eher skeptisch eingestellt ist, wird man den vorliegenden Ergebnissen eine nicht geringe Qualität zugestehen. In diesem Zusammenhang soll noch auf einen Aspekt eingegangen werden, auf den bereits vorher hingewiesen wurde. Die Wahlprognosen für die Bundestagswahlen bzw. die Präsidentenwahlen beruhen nämlich auf unterschiedlichen Stichprobenverfahren. So erfolgt etwa bei dem vom Gallup-Institut verwendeten Verfahren die Ziehung der Stichprobe auf Grund einer Zufallsauswahl. Das war nicht immer so. In der Anfangsphase der Wahlumfragen in den 1930er und 1940er Jahren wurde das sogenannte Quotenverfahren verwendet. Die Fehlprognose bei der Wahl von 1948 führte allerdings zu einem Überdenken der damaligen Umfragepraxis und schließlich, ab Anfang der 1950er Jahre, zur Verwendung der zufallsgesteuerten Stichprobenauswahl im Rahmen der Wahlumfragen des Gallup-Instituts.

Im Gegensatz dazu vertraut das Institut für Demoskopie Allensbach, ebenso wie auch zahlreiche Markt- und Meinungsforschunginstitute, weiterhin auf das traditionelle Quotenverfahren[18]. Bei diesem Verfahren werden zunächst verschiedene für die Umfrage relevante Merkmale festgelegt, wie zum Beispiel demografische, sozioökonomische oder regionale Merkmale. Entscheidend ist dann, dass die Stichprobenauswahl so erfolgt, dass die Verteilungen der vorgegebenen Merkmale bzw. Merkmalskombinationen in der Stichprobe mit denen der Grundgesamtheit übereinstimmen. Die entsprechenden Anteile werden auch als Quoten bezeichnet. Hier könnte man also eigentlich von einer geschichteten Stichprobe sprechen. Der Unterschied besteht allerdings darin, dass die konkrete Auswahl der Personen gemäß der vorgegebenen Quoten im alleinigen Ermessen der Interviewer liegt. Eine eigentliche Zufallsauswahl findet somit hier nicht statt. Dass die bei der Quotenauswahl erhaltene Stichprobe als repräsentative Stichprobe bezeichnet wird, dürfte nicht unwesentlich dazu beigetragen haben, dass die Auseinandersetzung zwischen Befürwortern und Gegnern der Quotenauswahl nach wie vor anhält. Entsprechend würde eine Stichprobe, die nicht auf der Quotenauswahl beruht, wie zum Beispiel eine reine Zufallsstichrobe, von vornherein als nicht-repräsentative Stichprobe quasi abqualifiziert werden. In der klassischen Schätztheorie tritt der Begriff der repräsentativen Stichprobe[19] übrigens gar nicht auf.

Wie immer man auch zur Auseinandersetzung zwischen Quotenverfahren und Zufallsverfahren stehen mag, wesentlich sollte dabei sein, deren eigentlichen Zweck nicht aus den Augen zu verlieren. Wenn Umfragen als Wahlprognosen verwendet werden, dann sollte insbesondere die Prognosequalität konkurrierender Verfahren im Fokus vergleichender Untersuchungen stehen.

interessantes & wissenswertes

Wozu braucht man noch Wahlhochrechnungen?

Kurz nach Schließung der Wahllokale wird im Fernsehen das Ergebnis der ersten Wahlhochrechnung präsentiert. Im Gegensatz zu einer Wählerumfrage, bei der Wahlberechtigte zu einer Wahl befragt werden, basiert eine Wahlhochrechnung auf einem bestimmten Anteil der tatsächlich abgegebenen Wahlstimmen. Mit Hilfe dieser abgegebenen Stimmen erfolgt eine Schätzung des Endergebnisses.
Abgesehen davon, dass Wahlhochrechnungen den Zuschauern einen längeren Fernsehabend mit dem Warten auf das Endergebnis ersparen, erfüllen sie eine durchaus wichtige Funktion. Sie zeigen – und das häufig recht erfolgreich – dass es möglich ist, mit Hilfe einer kleinen Stichprobe das Endergebnis mit großer Genauigkeit vorherzusagen. Unbedingt notwendig für eine Wahl ist eine Hochrechnung nicht, aber es ist eine eindrucksvolle Demonstration der Zuverlässigkeit mathematisch-statistischer Methoden bei der Schlussfolgerung von Stichprobenergebnissen auf die entsprechende Grundgesamtheit, in diesem Fall die Zahl aller abgegebenen Stimmen. Und das ist nicht wenig.

Anmerkungen

1 Andere in der Literatur übliche Bezeichnungen sind Schließende Statistik oder Inferenzstatistik.

2 Ein spezieller Zweig der Statistik, die Stichprobentheorie, beschäftigt sich mit der Entwicklung von Stichprobenverfahren und deren Eigenschaften. Näheres dazu findet sich zum Beispiel in Quatember (2001).

3 Die Formulierung von Fragestellungen für eine Umfrage bzw. der Entwurf eines Fragebogens ist eine Wissenschaft für sich. Aus zahlreichen Untersuchungen weiß man etwa, dass logisch gleichwertige, aber unterschiedlich formulierte Fragen bei den Befragten zu deutlich anderen Antwortmustern führen können. Ebenso wird man bei etwas persönlicheren Fragen wie etwa „Sind Sie Alkoholiker?“, „Wie viele Drogenabhängige gibt es in Ihrem Bekanntenkreis?“ oder „Sind Sie in psychiatrischer Behandlung?“ mit einer größeren Zahl an Falsch-Antworten oder Antwortverweigerungen rechnen müssen. Als Hinweis und Warnung vor einem allzu leichtfertigen Umgang im Zusammenhang mit Umfragen beachte man das folgende Zitat: „*In keiner Phase einer statistisch-repräsentativen Erhebung drängen sich Laien so eifrig zur Mitwirkung vor wie beim ‘Schmieden’ des Fragebogens.* [...] *Je besser ein Fragebogenentwurf ist, desto weniger überzeugend wirkt er auf den Leser*“ (Noelle-Neumann und Petersen [2005]). Insbesondere über den zweiten Teil dieses Zitats könnte man einmal nachdenken. Weiteres zum Thema Umfrageforschung findet man zum Beispiel bei Diekmann (2009, 2006), Noelle-Neumann und Petersen (2005) oder Schumann (2006).

4 Ja/Nein-Antworten werden hier auch aus didaktischen Gründen verwendet, um das Umfragemodell möglichst einfach zu halten. Es sei allerdings darauf hingewiesen, dass sie in diesem Zusammenhang nicht unproblematisch sind. Der tatsächliche Standpunkt der Bevölkerung dürfte sich durch die Verwendung zusätzlicher Antwortmöglichkeiten adäquater abbilden lassen als durch ein vermeintlich klares Schwarz/Weiß-Schema. So könnte man sich hier durchaus ein fünfstufiges Schema mit den folgenden Antworten vorstellen: „Ich bin strikt dafür“, „Ich bin eher dafür“, „Ich habe keine Meinung dazu“, „Ich bin eher dagegen“ und „Ich bin strikt dagegen“.

5 Praktische Probleme bei der Stichprobenerhebung, wie etwa die Auswahl einer Zufallsstichprobe, die Durchführung der Befragung, die Behandlung von Antwortverweigerungen etc. werden hier nicht behandelt. Das sind zwar wichtige und auch durchaus interessante Fragenkomplexe, aber sie sind üblicherweise nicht Gegenstand einer Statistik-Einführung.

6 Lies: „p-Dach“.

7 Unter der nachfolgenden Internetadresse findet sich eine Animation, die die Bedeutung von Erwartungswert und Varianz von Schätzern erklärt. Klicken Sie dazu auf den Textlink „Die Beurteilung von Schätzern“ in der Rubrik Flash-Animationen.
`http://web.neuestatistik.de/demo/Demo_DE/start.html`

8 Das Konzept des Konfidenzintervalls ist erfahrungsgemäß nicht ganz leicht zu verstehen. Es ist allerdings auch nicht ganz leicht zu erklären. So schreiben etwa Freedman et al. (2007) bei der Behandlung dieses Themas in ihrem Buch: “*Many colleagues will feel that we shut our eyes and walked across an intellectual minefield in this section*” (A-23).

9 Der nachfolgende Link präsentiert ein Applet, mit dessen Hilfe man sich das Konzept des Konfidenzintervalls veranschaulichen kann. Links von der Grafik wird das Konfidenzniveau eingestellt. Auf der rechten Seite erhält man bei jedem Klicken auf 'Sample' ein neues Konfidenzintervall für den unbekannten Erwartungswert μ einer normalverteilten Grundgesamtheit. Der rote Punkt auf dem Intervall kennzeichnet den Stichprobenmittelwert. Ein rotes Intervall zeigt an, dass in diesem Fall der unbekannte Parameter μ nicht überdeckt wird.
`http://bcs.whfreeman.com/ips4e/cat_010/applets/confidenceinterval.html`

10 Man beachte, dass wir in diesem Kapitel ein Modell für eine Umfrage zugrunde gelegt haben, die lediglich eine einzige Frage mit zwei Antwortmöglichkeiten vorsieht. Dies entspricht dem einfachsten Fall. Geht es zum Beispiel darum zu erfahren, welche Partei jemand wählen wird, wird man zu einem anderen Modell greifen müssen. Statt einer Binomialverteilung würde man dann eine sogenannte Multinomialverteilung verwenden.

11 Die Ergebnisse von Wahlumfragen werden häufig auch als Wahlprognosen bezeichnet. Tatsächlich handelt es sich hier um eine jeweils aktuelle Stichprobe, mit deren Hilfe Anteile einer entsprechenden Grundgesamtheit geschätzt werden. Hier liegt somit keine Schätzung auf der Grundlage von Werten früherer Zeitpunkte vor, wie man sie typischerweise etwa von Wirtschaftsprognosen her kennt.

12 „*Prognosen als Qualitätskriterium werden gegenwärtig viel zu wenig genutzt. [...] Erst wer richtig misst und die Zusammenhänge versteht, kann auch gute Prognosen machen. Wahlprognosen sind – seriös veröffentlicht und dokumentiert und nicht als Einzeltreffer betrachtet, sondern in längerer Folge von Wahlen beobachtet – ein ideales Qualitätskriterium*" (Noelle-Neumann und Petersen [2005], S. 616).

13 Man beachte dabei die gelegentlichen Abweichungen der Wahltermine vom traditionellen 4-Jahresrythmus.

14 Noelle-Neumann und Petersen (2005), S. 25/26. Ergebnisse für 2005: Statistisches Bundesamt (Deutschland), Prognose: FAZ, 16. 9. 2005 (Allensbach).

15 Man beachte, dass bei den Wahlergebnissen (Prozentsätze) als Basis im Allgemeinen nicht die Gesamtheit der abgegebenen Stimmen verwendet wird, sondern zum Teil nur die Summe der Stimmen der beiden Hauptkandidaten. Die jeweilige Basis wird nicht explizit angegeben. Daher sind diese Daten mit gewisser Vorsicht zu interpretieren.´
`http://www.gallup.com/poll/9442/`
`/election-polls-accuracy-record-presidential-elections.aspx`

16 Unter der nachfolgenden Internet-Adresse findet man einen Bericht mit dem Titel "How are polls conducted?" von Newport/Saad/Moore (aus *Where America Stands*, 1997, John Wiley & Sons).
`http://media.gallup.com/PDF/FAQ/HowArePolls.pdf`

17 Um der Öffentlichkeit zu erklären, warum es ausreichend ist, eine Stichprobe statt der gesamten Bevölkerung zu untersuchen, verwendete Gallup häufig die folgende Analogie: "*Assume you've got a pool outside and all the water has been removed and instead what's been dumped into there are jillions and jillions of marbles, a certain number of red marbles, a certain number of white marbles and they've all been mixed up. And your task is to find out what's the proportion of red and what's the proportion of white marbles in this great big pool. How are you going to do it? You're not going to count every single one of those marbles. What you're probably going to do is go in and get a bucket, which will be*

a sample, and count out the distribution. Now, if they're all completely mixed you've got a good sample. The problem, of course, is if most of the red marbles are on one side and most of the white marbles are on the other, then you've got a problem of trying to make sure that you pull out a proportionate number."
aus: D. Moore, Gallup Organization, in einem Interview mit New River Media.
`http://www.pbs.org/fmc/interviews/moore.htm`

18 Eine ausführlichere Darstellung des Quotenverfahrens findet sich zum Beispiel in Quatember (2001).

19 Zur Kritik am Begriff der repräsentativen Stichprobe siehe zum Beispiel Lippe und Kladroba (2002).

Aufgaben

Die folgenden Aufgaben dienen dazu, das Verständnis des behandelten Stoffes zu erleichtern und zu vertiefen. Um einen entsprechenden Lerneffekt zu erzielen, sollten dabei die Konzepte und Methoden verwendet werden, die in diesem Kapitel präsentiert wurden. Soweit es um eigene Berechnungen geht, sollte man besonders auf die Darstellung des Lösungswegs achten. Für die mit einem * gekennzeichneten Aufgaben ist eine geeignete Software erforderlich bzw. empfehlenswert. Beachten Sie dazu auch die Hinweise in Anhang A. Lösungen zu den Aufgaben mit geraden Nummern finden Sie in Anhang B.

*13.1 Ein Unternehmen produziert Batterien für Hörgeräte. Mit Hilfe einer größeren Versuchsreihe soll für einen bestimmten Batterietyp der Anteil der Batterien festgestellt werden, die eine Lebensdauer von mindestens vier Tagen haben (bei ununterbrochenem Betrieb). Eine Zufallsstichprobe von 500 Batterien enthält 420 Batterien mit einer solchen Lebensdauer. Bestimmen Sie ein 99 %-Konfidenzintervall für den Produktionsanteil derjenigen Batterien mit einer Lebensdauer von mindestens vier Tagen.

*13.2 Eine Großbank lässt eine Befragung ihrer Kunden durchführen. Dies geschieht mit Hilfe einer Stichprobe vom Umfang $n = 1000$. Davon erklären 600 Kunden, dass sie an einer speziellen Beratung über die Pensionsvorsorge interessiert sind. Bestimmen Sie ein 95 %-Konfidenzintervall für den unbekannten Anteil derjenigen Kunden, die an einer solchen Beratung interessiert sind.

*13.3 Erzeugen Sie zehn Stichproben von je 100 Zufallszahlen, wobei jede Zufallszahl nur die Werte 0 oder 1 annehmen kann. Die Wahrscheinlichkeit für den Wert 1 sei $p = 0{,}25$. Berechnen Sie den Mittelwert jeder einzelnen Stichprobe. Um welchen Wert sollten diese Mittelwerte streuen?

*13.4 (Variante von Aufgabe 13.1)
Wie groß müsste der Stichprobenumfang mindestens sein, um zu garantieren, dass die Schwankungsbreite des Konfidenzintervalls höchstens 2 % beträgt?

*13.5 Um Aufschluss über ihren aktuellen Wähleranteil zu gewinnen, möchte eine Partei eine Umfrage durchführen lassen. Die Schwankungsbreite für die Schätzung soll dabei 2,5 % betragen, bei einem Konfidenzniveau von 95 %.

a) Bestimmen Sie den erforderlichen Stichprobenumfang.

b) Bestimmen Sie die tatsächliche Schwankungsbreite des Konfidenzintervalls unter der Annahme, dass in der Umfrage 350 Befragte erklären, dieser Partei ihre Stimme geben zu wollen.

13.6 Welche der folgenden Aussagen ist richtig?

a) Wenn man das Konfidenzniveau erhöht, dann wird das Konfidenzintervall kleiner.

b) Wenn man den Stichprobenumfang erhöht, dann wird das Konfidenzintervall kleiner.

c) Um ein kleineres Konfidenzintervall zu erhalten, muss man auf jeden Fall den Stichprobenumfang erhöhen.

*13.7 (Fortsetzung von Aufgabe 13.3)
Verwenden Sie die 1000 Zufallszahlen als Stichprobe.

a) Bestimmen Sie ein 95 %-Konfidenzintervall für den (vermeintlich unbekannten) Parameter p.

b) Wird der Wert 0,25 von dem in a) bestimmten Konfidenzintervall überdeckt?

*13.8 (Fortsetzung von Aufgabe 13.5)
Angenommen, man geht davon aus, dass der derzeitige Stimmenanteil der Partei bei 14–18% liegt, jedenfalls unter 20%. Wie groß würde man den Stichprobenumfang bei dieser Information wählen?

13.9 Unter der nachfolgenden Internet-Adresse finden Sie eine kurze Darstellung des Themas „Repräsentativität in der Marktforschung“. Berichten Sie kurz über deren Inhalt und weisen Sie gegebenenfalls auf Unterschiede gegenüber dem vorliegenden Kapitel hin.
`http://www.sdi-research.at/aktuell/wissen/repraesentativitaet.html`

13.10 Welche der folgenden Aussagen wäre eine sinnvolle Interpretation beí einem 95 %-Konfidenzintervall für den unbekannten Parameter einer Verteilung?

a) Der unbekannte Parameter wird vom Konfidenzintervall überdeckt.

b) Der unbekannte Parameter wird vermutlich vom Konfidenzintervall überdeckt.

c) Der unbekannte Parameter wird mit einer Wahrscheinlichkeit von 95 % vom Konfidenzintervall überdeckt.

Fragen

1. Was ist der Unterschied zwischen einem Schätzer und einem Schätzwert?
2. Was versteht man unter einem erwartungstreuen Schätzer?
3. Welche Vorteile bietet eine Intervallschätzung gegenüber einer Punktschätzung?
4. Welche Bedeutung hat das Konfidenzniveau bei einer Intervallschätzung?
5. Welche Beziehung besteht zwischen dem Konfidenzniveau und der Schwankungsbreite eines Konfidenzintervalls?
6. Wie erhält man kleinere Konfidenzintervalle?
7. Wie interpretiert man ein Konfidenzintervall?
8. Wie groß ist üblicherweise der Stichprobenumfang bei Umfragen?
9. Was ist der Unterschied zwischen einer Zufallsauswahl und einer Quoten-Auswahl bei der Ziehung einer Stichprobe?
10. Was versteht man in der Markt- und Meinungsforschung unter einer repräsentativen Stichprobe?

EXKURS

Gallup und die US-Präsidentenwahl von 1936

Anlässlich der US-Präsidentenwahl des Jahres 1936 hatte die amerikanische Wochenzeitschrift *Literary Digest* zehn Mio. provisorische Stimmzettel an Wahlberechtigte aller Bundesstaaten verschickt. Etwa 2,4 Mio. Stimmzettel wurden ausgefüllt an die Redaktion des *Literary Digest* zurückgeschickt. Damit dürfte es sich um eine der größten Umfragen der Geschichte handeln. Die eine Woche vor der Wahl veröffentlichte Umfrage sagte dabei einen deutlichen Sieg des republikanischen Kandidaten, *A. Landon* (1887–1987), voraus.

Ein Jahr zuvor hatte der amerikanische Meinungsforscher *G. Gallup* (1901–1984) das American Institute of Public Opinion (AIPO) gegründet, das anlässlich der Präsidentenwahl ebenfalls eine Umfrage durchführte. Diese Umfrage basierte auf einer Quoten-Stichprobe von 50000 Personen und prognostizierte einen Sieg des demokratischen Kandidaten *F. D. Roosevelt* (1882–1945), der seit 1933 amtierender US-Präsident war. Was die Prognose von Wahlergebnissen betraf, besaß der *Literary Digest* bereits eine langjährige Erfahrung. Die Zeitschrift hatte bei ähnlichen Unfragen vor den US-Präsidentschaftswahlen der Jahre 1916, 1920, 1924, 1928 und 1932 jedes Mal den Wahlgewinner richtig vorhergesagt. Im Jahr 1932 lag die Prognose des *Literary Digest* weniger als einen Prozentpunkt vom Endergebnis entfernt. Der Wettbewerb der Prognosen war somit ein Kampf von David gegen Goliath.

Im Sommer des Jahres 1936 kam *Gallup* auf eine Idee, die man wohl nicht anders als perfide bezeichnen kann, die aber der Auseinandersetzung zwischen *Gallup* und dem *Literary Digest* erst den richtigen „Kick" gab. Da er sich sehr intensiv mit den Details der geplanten Umfrage des *Literary Digest* beschäftigt hatte, ließ er während des Sommers eine entsprechende Umfrage unter 3000 Personen durchführen, die die gleichen sozioökonomischen Eigenschaften aufwies wie die Umfrage des *Literary Digest*. Drei Monate vor der Wahl prognostizierte er dann das Ergebnis der Umfrage des *Literary Digest*, die zu diesem Zeitpunkt noch gar nicht begonnen hatte! Die Prognose von *Gallup* für die Prognose des *Literary Digest* betrug 44 % (für Roosevelt). Die spätere Wahlprognose des *Literary Digest* betrug übrigens 43 %.

Das Ergebnis der Wahl war nicht nur ein überwältigender Sieg des 'New-Deal'-Präsidenten Roosevelt, der über 62 % der abgegebenen Stimmen erhielt (sowie 523 von 531 Wahlmännerstimmen), sondern bedeutete auch den Durchbruch der auf repräsentativen Umfragen gegründeten modernen Meinungsforschung. Die letzte Prognose von *Gallup* vor der Wahl sagte nämlich einen Sieg von Roosevelt voraus mit 56 % der Stimmen, während der *Literary Digest* einen Sieg von *Landon* voraussagte mit 57 % der Stimmen. Tatsächlich erhielt *Landon* nur etwa 38 % der Stimmen. Verständlicherweise wurde seit dieser Wahl immer wieder über die Ursachen für das Debakel des *Literary Digest* diskutiert. Im Wesentlichen lassen sich dafür zwei Gründe angeben:

1. Der *Literary Digest* verwendete bei der Aussendung der provisorischen Wahlzettel spezielle Adressenlisten. Dazu gehörten nicht nur seine eigene Abonnentenliste, sondern auch Telefonbücher sowie Listen über Vereinsmitgliedschaften. Diese Adressatenkreise legen nahe, dass die Wahlzettel insbesondere an wohlhabendere Haushalte, das heißt vor allem an Angehörige der amerikanischen Mittel- und Oberschicht verschickt wurden, die tendenziell stärker der republikanischen Partei zuneigten. In diesem Fall würde man von einem Stichproben-Bias sprechen.

2. Bei der Rücksendung der provisorischen Wahlzettel konnte zusätzlich ein sogenannter Antwort-Bias festgestellt werden. Spätere Umfragen unter den Personen, die einen Wahlzettel des *Literary Digest* erhalten hatten, kamen nämlich zu dem Ergebnis, dass unter den Landon-Anhängern offensichtlich eine größere Bereitschaft bestand, den Wahlzettel zurückzuschicken und damit an der Umfrage teilzunehmen. Aus Erfahrung weiß man außerdem, dass Personen mit niedrigem bzw. hohem Einkommen tendenziell weniger auf schriftliche Umfragen antworten als etwa Angehörige der Mittelschicht.

Was wurde eigentlich aus dem Literary Digest? Die Zeitschrift ging im Jahr nach der Wahl in Konkurs.

Literatur: Bryson (1976), Freedman et al. (2007), Ohmer (2006), Squire (1988).

Kapitel 14.

Testen von Hypothesen

Im vorigen Kapitel haben wir uns damit beschäftigt, einen unbekannten Parameter zu schätzen, in diesem Fall den unbekannten Anteil einer Grundgesamtheit. Insbesondere wurde dabei gezeigt, wie man ein Konfidenzintervall bestimmen kann, das diesen Parameter „im Allgemeinen" enthalten wird. Im Folgenden werden wir der Frage nachgehen, wie Aussagen über unbekannte Parameter überprüft werden können. Verglichen mit der Konstruktion von Konfidenzintervallen kann man hier in gewisser Hinsicht von einer dualen Fragestellung sprechen.

Betrachtet man zum Beispiel die Situation bei einem Glücksspiel, wie etwa Roulette, so sollten im Idealfall alle 37 Zahlen mit gleicher Wahrscheinlichkeit auftreten. Insbesondere sollten rote und schwarze Zahlen mit gleicher Wahrscheinlichkeit auftreten. Mit Sicherheit wissen wir das natürlich nicht. Man könnte jetzt versuchen, diese Aussage mit Hilfe eines statistischen Tests zu überprüfen. In diesem Zusammenhang wird eine solche Aussage auch als Hypothese bezeichnet, genauer als Nullhypothese. Diese Nullhypothese wird man dann mit einer Stichprobe von Spielergebnissen konfrontieren. Durch Anwendung eines statistischen Tests gelangt man dann entweder zu dem Ergebnis, dass die Nullhypothese abgelehnt wird, oder aber sie wird weiterhin beibehalten. Eine klassische Analogie dazu findet sich im Bereich der Rechtsprechung in der Beziehung zwischen Richter und Angeklagtem. Der Richter soll die Entscheidung über Schuld oder Unschuld des Angeklagten treffen. Für den Angeklagten gilt zunächst die Unschuldsvermutung, gegebenenfalls aber nur solange, bis seine Schuld bewiesen ist.

Testsituationen können sehr unterschiedlicher Natur sein. Im vorliegenden Kapitel werden wir uns unter anderem mit der Frage beschäftigen, ob die Verteilung der Zahl der täglichen Verkehrstoten in Österreich einer Poisson-Verteilung folgt. Abbildung 14.1 zeigt die entsprechenden relativen Häufigkeiten für das Jahr 2007. Man beachte, dass es sich in diesem Fall (anders als in Kapitel 10) um die tödlichen Verkehrsunfälle des gesamten Bundesgebiets handelt.

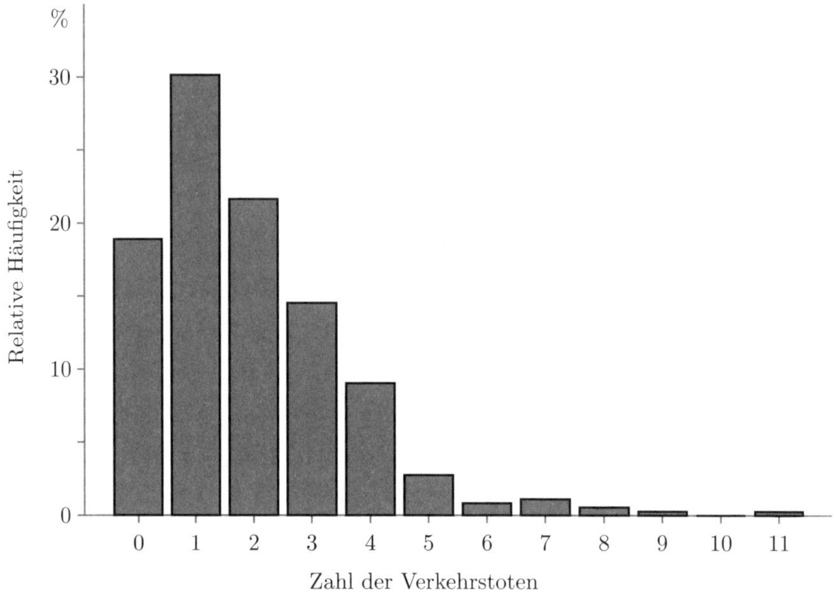

ABBILDUNG 14.1. Empirische Verteilung der Zahl der täglichen Verkehrstoten in Österreich (2007)

Interessant wäre ein Vergleich zwischen der gegebenen empirischen Verteilung sowie einer entsprechenden Poisson-Verteilung. Dabei soll mit Hilfe eines statistischen Tests überprüft werden, ob die Poisson-Verteilung deutlich von der empirischen Verteilung abweicht oder ob etwaige Unterschiede noch als zufällig angesehen werden können.

Es folgt ein kurzer Überblick über den Inhalt dieses Kapitels. Der erste Abschnitt beschäftigt sich mit der Frage, wie man mit Hilfe einer Stichprobe eine Hypothese über den unbekannten Anteil p einer Grundgesamtheit testen kann. Dazu wird ein statistischer Test am Beispiel von Spielergebnissen beim Roulette durchgeführt und das Konzept des P-Werts erklärt. Im zweiten Abschnitt werden die möglichen Fehlerarten bei der Durchführung eines statistischen Tests diskutiert und im dritten Abschnitt wird der Unterschied zwischen einseitigen und zweiseitigen Tests erklärt. Im vierten Abschnitt wird eine weitere Verteilung, die Chi-Quadrat-Verteilung, präsentiert, die häufig bei statistischen Tests verwendet wird. Im letzten Abschnitt wird dann am Beispiel eines klassischen Mendel-Experiments die Anwendung des Chi-Quadrat-Anpassungstests gezeigt. Weitere Beispiele, bei denen geprüft wird, ob die gegebenen Daten einer Poisson-Verteilung folgen, bilden den Abschluss dieses Kapitels.

14.1. Test einer Hypothese über den unbekannten Anteil

Gelegentlich hat man den Eindruck, als ob ein gewisses Ereignis ungewöhnlich häufig auftreten würde. Zumindest scheint es häufiger aufzutreten, als man dies normalerweise erwarten würde. Das könnte natürlich Zufall sein, es könnte aber auch einen bestimmten Grund dafür geben. Nehmen wir einmal an, ein passionierter Roulette-Spieler vermutet, dass in einem Spielcasino die Farbe Rot etwas häufiger auftritt als Schwarz. Nach dem Laplace-Modell sollten aber bei jedem Spiel Rot und Schwarz mit der gleichen Wahrscheinlichkeit $p = 18/37$ auftreten. Dies wäre eine Situation für die Anwendung eines statistischen Tests.

Gehen wir der Einfachheit halber davon aus, dass uns für einen Spieltisch die Ergebnisse eines einzelnen Tages vorliegen. Dabei wurden bei insgesamt 360 Spielen 188-mal Rot und 159-mal Schwarz beobachtet, 13-mal erschien Zero. Die Frage lautet jetzt, ob ein solches Spielresultat einen Hinweis darauf liefert, dass an diesem Spieltisch tatsächlich Rot häufiger auftritt als man das bei einem idealen Roulettespiel erwarten würde. Dann wäre somit die Wahrscheinlichkeit für das Auftreten von Rot größer als es das Laplace-Modell behauptet.

Mit Hilfe der Spielergebnisse werden wir jetzt versuchen, die Aussage $p = 18/37$ zu überprüfen, wobei p die Wahrscheinlichkeit für das Auftreten von Rot bedeutet. Anders formuliert, wir werden die Nullhypothese

$$H_0\colon p = \frac{18}{37}$$

mit einem geeigneten statistischen Test überprüfen. Das Ergebnis des Tests kann sein, dass die Nullhypothese beibehalten wird, oder aber, dass man sich für die in diesem Fall relevante Alternativhypothese

$$H_1\colon p > \frac{18}{37}$$

entscheidet. Den Test kann man dabei als Versuch interpretieren, die gegebene Nullhypothese zu widerlegen. In unserem Beispiel wäre es nahe liegend, zur Überprüfung der Nullhypothese einen Test zu verwenden, der sich an der folgenden Vorgangsweise orientiert:

> Man lehne die Nullhypothese H_0 ab, falls die Differenz $\widehat{p} - p$ zwischen der relativen Häufigkeit von Rot und der Wahrscheinlichkeit $p = 18/37$ zu groß ist.

Damit stellt sich natürlich zunächst die Frage: Was bedeutet „zu groß“? Wir werden versuchen, diese Frage im Folgenden zu beantworten und somit zu einer praktikablen Testregel zu gelangen. Für die Durchführung des Tests verwendet man eine sogenannte Teststatistik. Dabei handelt es sich um eine spezielle Zufallsvariable, die in einem gewissen Sinne die Größe der Differenz $\widehat{p}-p$ messen soll und die unter der Nullhypothese H_0 eine bestimmte Verteilung besitzt. Entscheidend für die Durchführung des Tests ist in unserem Fall der Abstand zwischen dem realisierten Wert der Teststatistik und dem rechten Ende der Verteilung, wobei dieser Abstand als Wahrscheinlichkeit gemessen wird. Diese Wahrscheinlichkeit, die man als P-Wert bezeichnet, wird dann mit einer vorgegebenen Schranke α, dem Signifikanzniveau des Tests, verglichen. Je nachdem, ob der P-Wert kleiner oder größer ist als α, wird die Nullhypothese abgelehnt oder beibehalten.

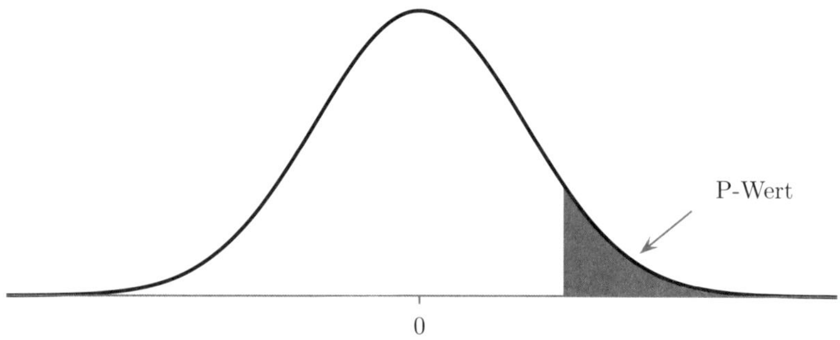

ABBILDUNG 14.2. Verteilung der Teststatistik und P-Wert

Betrachten wir diese Vorgangsweise im Einzelnen. Vor der Durchführung eines statistischen Tests wird zunächst ein Signifikanzniveau α vorgegeben. Dabei handelt es sich um eine kleine Wahrscheinlichkeit, die häufig 5 %, manchmal auch 1 % oder 10 %, beträgt. Zur Durchführung des Tests verwenden wir als Teststatistik die Zufallsvariable

$$Z = \frac{\widehat{p} - p}{\sqrt{p(1-p)}}\sqrt{n}$$

die wir bereits in Kapitel 12 kennengelernt haben. Dabei bedeutet $\widehat{p}$ die relative Häufigkeit von Rot, n ist die Zahl der untersuchten Spiele und der Parameter p besitzt unter der Nullhypothese H_0 den Wert 18/37 (= 0,486). Der P-Wert wird dann definiert als

$$\text{P-Wert} = \text{P}(Z \geq z_* | H_0)$$

wobei z_* der realisierte Wert der Teststatistik Z ist.

Der P-Wert ist somit die Wahrscheinlichkeit, dass die Teststatistik Z einen Wert annimmt, der größer oder gleich der beobachteten Realisation z_* ist, wobei vorausgesetzt wird, dass die Nullhypothese H_0 gilt. Diese Voraussetzung ist deshalb wichtig, weil man damit die Realisation z_* berechnen kann und weil die Zufallsvariable Z bei hinreichend großem Stichprobenumfang annähernd $N(0,1)$-verteilt ist. Letzteres ist eine Folgerung aus dem zentralen Grenzwertsatz. Damit lässt sich jetzt die folgende Testregel formulieren:

> Man lehne die Nullhypothese H_0 ab, falls die Bedingung
>
> $$\text{P-Wert} \leq \alpha$$
>
> erfüllt ist. Ansonsten wird die Nullhypothese H_0 beibehalten.

Versuchen wir, uns diese Situation zu veranschaulichen. Die grauen Flächen in Abbildung 14.3 stellen zwei verschiedene P-Werte dar, während die gestrichelten Flächen das Signifikanzniveau α markieren. Bei der linken Grafik ist der P-Wert größer als α, sodass man in diesem Fall die Nullhypothese beibehalten würde. Dagegen ist bei der rechten Grafik der P-Wert kleiner als α. In diesem Fall würde man daher die Nullhypothese ablehnen.

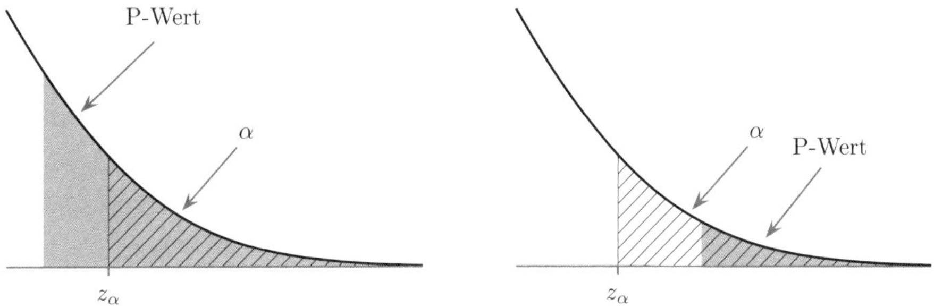

ABBILDUNG 14.3. Verschiedene P-Werte bei gegebenem Signifikanzniveau α

Man beachte, dass die Nullhypothese genau dann abgelehnt wird, wenn der P-Wert einen sehr kleinen Wert annimmt, genauer: einen Wert kleiner als α. Ein kleiner P-Wert bedeutet aber in unserem Fall, dass der Wert der Teststatistik „weit draußen" auf der rechten Seite der Verteilung liegt. Genau dort würden wir große Werte der Teststatistik erwarten. Dies impliziert aber eine entsprechend große (positive) Differenz $\widehat{p} - p$, wobei $p = 18/37$ ist.

Die obige Frage, ob die Differenz zwischen der relativen Häufigkeit von Rot und der Wahrscheinlichkeit $p = 18/37$ zu groß ist, lässt sich somit dadurch beantworten, dass man überprüft, ob der Abstand (das heißt der P-Wert) zwischen z_* und dem Ende der Verteilung zu klein ist. Diese Entscheidung erfolgt durch den Vergleich des P-Werts mit dem vorgegebenen Signifikanzniveau α.

Um den Test durchzuführen, müssen wir also den P-Wert berechnen. In unserem Beispiel nimmt die Teststatistik Z unter der Nullhypothese H_0 den Wert

$$z_* = \frac{\widehat{p}_* - p}{\sqrt{p(1-p)}}\sqrt{n} = \frac{0{,}522 - 0{,}486}{\sqrt{0{,}486 \cdot 0{,}514}}\sqrt{360} = 1{,}37$$

an, wobei wir $n = 360$, $\widehat{p}_* = 188/360 = 0{,}522$ und $p = 18/37 = 0{,}486$ verwendet haben. Für den P-Wert gilt dann

$$\begin{aligned} \text{P-Wert} &= \mathrm{P}(Z \geq 1{,}37 | H_0) \\ &\approx 1 - \Phi(1{,}37) \\ &= 1 - 0{,}915 = 0{,}085 \end{aligned}$$

Gibt man ein Signifikanzniveau von $\alpha = 0{,}05$ vor, dann kann die Nullhypothese H_0 wegen P-Wert $> 0{,}05$ nicht abgelehnt werden.

Test über den unbekannten Anteil p bei großem Stichprobenumfang (rechtsseitig)

Bei einem vorgegebenen Signifikanzniveau α für den Test von

$$H_0\colon p = p_0 \quad \text{gegen} \quad H_1\colon p > p_0$$

lautet die entsprechende Testregel:

Lehne die Nullhypothese H_0 ab, falls gilt:

$$\text{P-Wert} \leq \alpha$$

Dabei wird der P-Wert $= \mathrm{P}(Z \geq z_* | H_0)$ mit Hilfe von z_* definiert, das heißt der Realisation der Teststatistik

$$Z = \frac{\widehat{p} - p}{\sqrt{p(1-p)}}\sqrt{n}$$

Das Ergebnis des Tests kann man auch so formulieren: Der Unterschied zwischen der beobachteten relativen Häufigkeit von Rot bei 360 Spielen und der Wahrscheinlichkeit für das Auftreten von Rot unter H_0 ist nicht signifikant. Dieser empirisch beobachtete Unterschied wird somit (noch) als zufällig angesehen.

Die Menge der Werte der Teststatistik, die zur Ablehnung der Nullhypothese führen, bezeichnet man übrigens auch als kritischen Bereich oder Ablehnungsbereich[1] des Tests. Die Komplementärmenge nennt man auch Annahmebereich. An Hand unseres Beispiels haben wir eine wichtige Erkenntnis gewonnen, nämlich, dass empirische Ergebnisse, die auf den ersten Blick auffällig erscheinen mögen, durchaus noch zufälliger Natur sein können. Mit voreiligen Schlussfolgerungen sollte man daher etwas zurückhaltender sein.

14.2. Fehler 1. Art und Fehler 2. Art

Obwohl wir bei unserem Beispiel die Nullhypothese H_0 nicht abgelehnt haben, wissen wir tatsächlich weder von der Null- noch von der Alternativhypothese, ob sie wahr oder falsch ist. Die Stichprobe liefert uns zwar keinen Hinweis darauf, dass H_0 nicht zutrifft, allerdings ist dies kein Beweis. Betrachten wir dazu Tabelle 14.1, die eine Übersicht über die jeweiligen Testentscheidungen und deren mögliche Konsequenzen gibt.

TABELLE 14.1. Mögliche Entscheidungen bei einem statistischen Test

	H_0 ist wahr	H_0 ist falsch
H_0 wird abgelehnt	falsche Entscheidung (Fehler 1. Art)	richtige Entscheidung
H_0 wird nicht abgelehnt	richtige Entscheidung	falsche Entscheidung (Fehler 2. Art)

Ist also H_0 falsch, dann haben wir bei einer Ablehnung von H_0 eine richtige Entscheidung getroffen. Unsere Entscheidung ist ebenfalls richtig, falls H_0 wahr ist und nicht abgelehnt wird. In den beiden anderen Fällen begehen wir aber einen Fehler, den man als Fehler 1. Art (oder α-Fehler) bzw. als Fehler 2. Art (oder β-Fehler) bezeichnet. Üblicherweise wird ein statistischer Test so konstruiert, dass die Wahrscheinlichkeit für einen Fehler 1. Art möglichst klein ist. Das Risiko, eine wahre Nullhypothese abzulehnen, soll also möglichst gering gehalten werden.

Die Nullhypothese wird in dieser Situation gegenüber der Alternativhypothese bevorzugt behandelt. Hier kommt also eine gewisse konservative Haltung bei der Konstruktion eines statistischen Tests zum Ausdruck.

interessantes & wissenswertes

Alarmanlagen und Währungskrisen

Auch im normalen Alltag sind Fehler 1. oder 2. Art keine Seltenheit. Man denke etwa an Auto-Alarmanlagen. Einen Fehlalarm könnte man in diesem Fall als Fehler 1. Art bezeichnen (Alarm wird ausgelöst, obwohl keine Gefahr für das Auto besteht). Dessen Wahrscheinlichkeit sollte natürlich möglichst klein sein, da man ansonsten mit Beschwerden wegen Lärmbelästigung bzw. Ruhestörung zu rechnen hat.
Alarmanlagen ganz anderer Art sind die sogenannten Frühwarnsysteme, die auf Grund zahlreicher Währungs- und Finanzkrisen (Mexiko, Asien, Russland) im Verlauf der 1990er Jahre entwickelt wurden, wie zum Beispiel die Deutsche Bank Alarm Clock (DBAC). Ein solches Frühwarnsystem wird gewöhnlich auf der Basis von Variablen konstruiert, deren Verhalten in Phasen vor einer Finanzkrise systematisch von bis dahin üblichen Phasen abweicht. Als Krisenvariablen bieten sich vor allem Wechselkurse, Zinssätze, Währungsreserven, Geldmengen oder auch Daten zur Industrieproduktion an. Ein gutes Frühwarnsystem sollte eine bevorstehende Krise mit großer Wahrscheinlichkeit anzeigen, allerdings nicht zu häufig Fehlalarme auslösen. Falls zum Beispiel die Nullhypothese

$$H_0\text{: Keine Währungskrise in den folgenden zwölf Monaten}$$

zutrifft, dann würde ein Warnsignal eines Frühwarnsystems einem Fehler 1. Art entsprechen. Sollte dagegen eine Krise ohne vorzeitige Warnung eintreten, dann würde ein Fehler 2. Art vorliegen. Damit sind wir wieder mit Fehlern 1. und 2. Art konfrontiert, die in diesem Fall allerdings weltweite Auswirkungen haben können.

Abbildung 14.4 soll diesen Sachverhalt veranschaulichen. Die linke Verteilung sei die Verteilung des Schätzers $\widehat{p}$ unter der Nullhypothese $H_0\colon p = p_0$. Die dunkelgraue Fläche bezieht sich auf den kritischen Bereich (= Ablehnungsbereich) des Tests, genauer gesagt auf die Wahrscheinlichkeit für den Fehler 1. Art ($=\alpha$). Die rechte Verteilung ist die Verteilung des Schätzers $\widehat{p}$ unter einem bestimmten Parameter der Alternativhypothese, zum Beispiel $p = p_1$. Sollte diese Aussage zutreffen, dann wäre die Nullhypothese $H_0\colon p = p_0$ natürlich falsch und die Ablehnung der Nullhypothese würde in diesem Fall die richtige Entscheidung bedeuten. Die Nichtablehnung der Nullhypothese wäre dann eine falsche Entscheidung, das heißt ein Fehler 2. Art, dessen Wahrscheinlichkeit ($=\beta$) durch den hellgrauen Bereich gekennzeichnet ist.

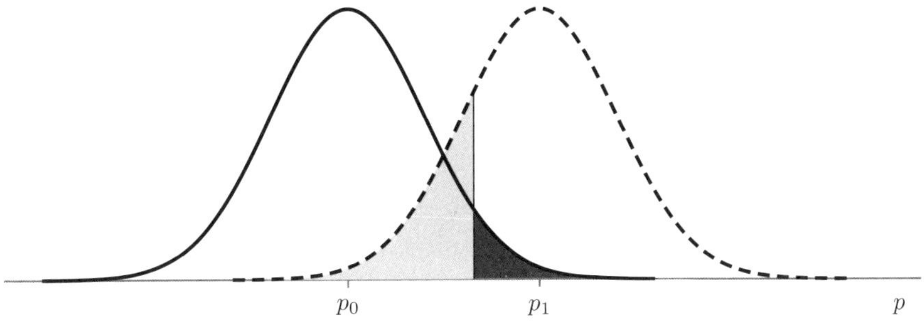

Abbildung 14.4. Wahrscheinlichkeit für den Fehler 1. Art bzw. 2. Art ($\alpha < \beta$)

Die Abbildungen 14.5 und 14.6 zeigen die Beziehung zwischen der Wahrscheinlichkeit für den Fehler 1. Art und der Wahrscheinlichkeit für den Fehler 2. Art.

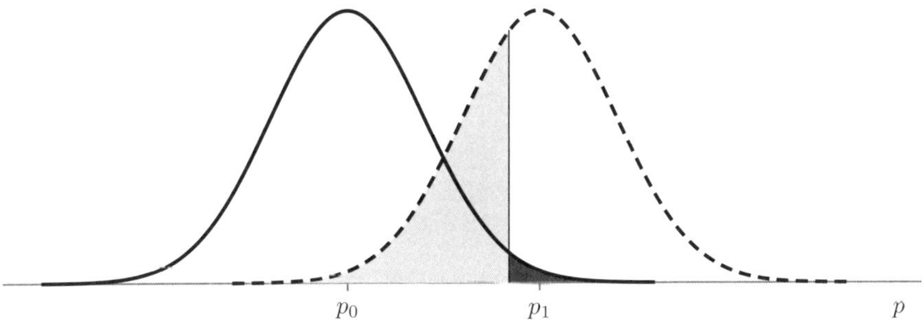

Abbildung 14.5. Wahrscheinlichkeit für den Fehler 1. Art bzw. 2. Art ($\alpha << \beta$)

Verringert man das Signifikanzniveau, dann vergrößert sich die Wahrscheinlichkeit für den Fehler 2. Art. Entsprechend verringert sich die Wahrscheinlichkeit für den Fehler 2. Art, falls man das Signifikanzniveau erhöht.

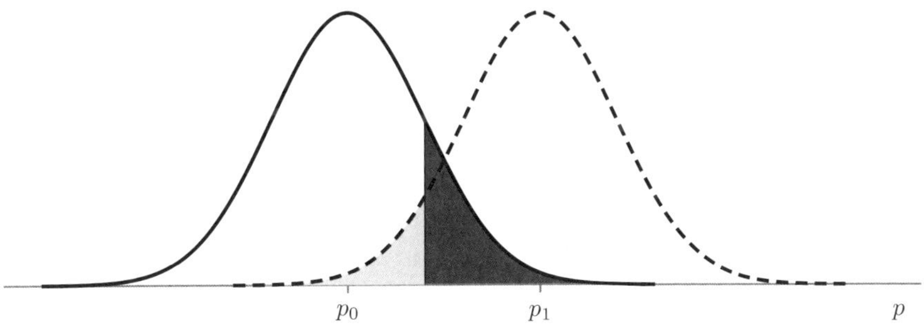

Abbildung 14.6. Wahrscheinlichkeit für den Fehler 1. Art bzw. 2. Art ($\alpha > \beta$)

Würde man im Extremfall das Signifikanzniveau auf $\alpha = 0$ setzen, dann würde, bei der gegebenen Testkonstruktion, die Nullhypothese niemals abgelehnt werden. Die Wahrscheinlichkeit für einen Fehler 2. Art wäre aber dann gleich Eins, was wohl nicht wünschenswert sein kann. Dies macht es plausibel, dass man als Signifikanzniveau üblicherweise eine kleine Wahrscheinlichkeit vorgibt.

Betrachten wir zum Vergleich die Situation bei einem Spam-Filter. Man wird hier versuchen zu vermeiden, dass Nicht-Spam-Mails herausgefiltert werden. In diesem Fall ist man wohl eher bereit, zusätzliche Spam-Mails zu akzeptieren.

14.3. Einseitige und zweiseitige Tests

Auf Grund der speziellen Form der Alternativhypothese würde man bei unserem Beispiel von einem rechtsseitigen Test sprechen. Analog liegt bei der folgenden Testsituation

$$H_0\colon p = p_0 \quad \text{gegen} \quad H_1\colon p < p_0$$

ein linksseitiger Test vor. Entsprechend definiert man dann in diesem Fall einen linksseitigen P-Wert

$$\text{P-Wert} = \mathrm{P}(Z \leq z_* | H_0)$$

Für die Durchführung des Tests bleibt die Testregel unverändert[2], das heißt, die Nullhypothese H_0 wird abgelehnt, falls die Bedingung P-Wert $\leq \alpha$ erfüllt ist. Andernfalls wird die Nullhypothese H_0 beibehalten.

Angenommen, wir würden bei unserem Beispiel die Testsituation

$$H_0\colon p = \frac{18}{37} \qquad \text{gegen} \qquad H_1\colon p < \frac{18}{37}$$

betrachten, dann würde der P-Wert lauten

$$\text{P-Wert} = \mathrm{P}(Z \leq 1{,}37 | H_0) \approx 0{,}915$$

Bei einem vorgegebenen Signifikanzniveau von $\alpha = 0{,}05$ würde man in diesem Fall die Nullhypothese natürlich ebenfalls nicht ablehnen.

Schließlich könnte man statt der jeweiligen einseitigen Tests auch einen zweiseitigen Test formulieren. Derartige Tests sind bei praktischen Anwendungen ohnehin häufiger verbreitet. In diesem Fall hätte man die Testsituation

$$H_0\colon p = p_0 \quad \text{gegen} \quad H_1\colon p \neq p_0$$

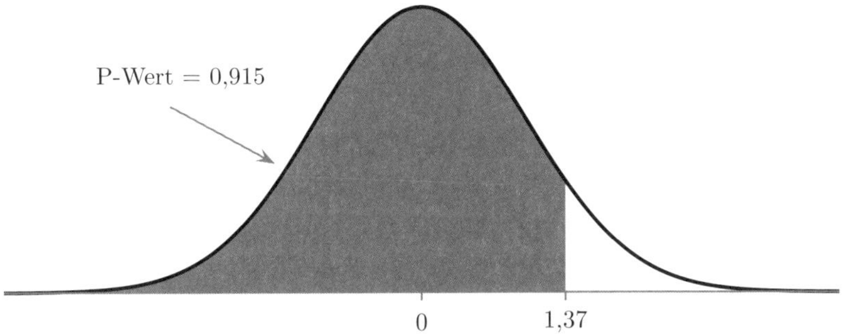

ABBILDUNG 14.7. Darstellung des linksseitigen P-Werts

wobei man dann entsprechend einen zweiseitigen P-Wert definieren würde:

$$\text{P-Wert} = \begin{cases} 2 \cdot \mathrm{P}(Z \geq z_* | H_0) & \text{falls } z_* \geq 0 \\ 2 \cdot \mathrm{P}(Z < z_* | H_0) & \text{falls } z_* < 0 \end{cases}$$

Auch hier wird die Nullhypothese H_0 genau dann abgelehnt[3,4], falls gilt P-Wert $\leq \alpha$.

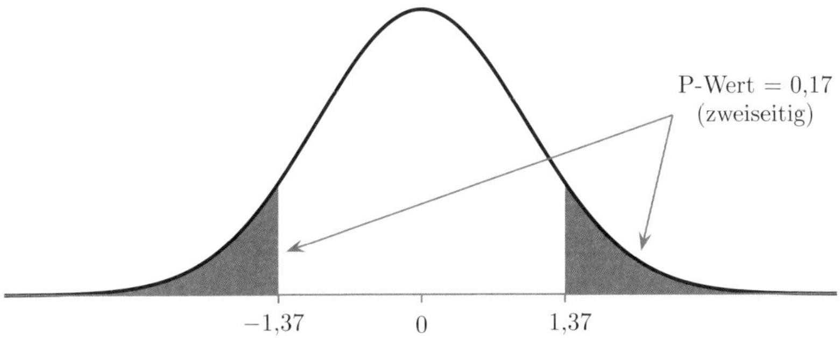

ABBILDUNG 14.8. Darstellung des zweiseitigen P-Werts

Angenommen, wir würden bei unserem Beispiel die Nullhypothese

$$H_0\colon p = \frac{18}{37}$$

gegen die Alternativhypothese

$$H_1\colon p \neq \frac{18}{37}$$

testen. Dann wäre der P-Wert gleich

$$\text{P-Wert} = 2 \cdot \mathrm{P}(Z \geq 1{,}37 | H_0) \approx 2 \cdot 0{,}085 = 0{,}17$$

Auch in diesem Fall könnte man die Nullhypothese nicht ablehnen. Beachten Sie noch einmal, dass hier immer ein hinreichend großer Stichprobenumfang vorausgesetzt wird.

klausurtipp

Hypothesen, Schätzwerte und unbekannte Parameter

Null- und Alternativhypothese eines statistischen Tests beziehen sich häufig auf unbekannte Parameter einer Verteilung. Ein einfaches Beispiel wäre etwa

$$H_0\colon p = 0{,}5 \quad \text{gegen} \quad H_1\colon p \neq 0{,}5$$

Ein Fehler, der immer wieder gemacht wird, ist, den Schätzwert für den unbekannten Parameter einzusetzen. H_0 und H_1 werden dann zum Beispiel so formuliert:

$$H_0\colon \widehat{p} = 0{,}5 \quad \text{gegen} \quad H_1\colon \widehat{p} \neq 0{,}5$$

Das ist natürlich nicht sinnvoll. Ob $\widehat{p} = 0{,}5$ ist oder nicht, kann man ja an Hand der Stichprobe feststellen! Entscheidend ist, dass Null- und Alternativhypothese Aussagen sind, die sich auf den unbekannten Parameter beziehen (in diesem Fall auf den Anteil p). Was bekannt ist bzw. was man beobachtet, ist nicht Gegenstand einer Hypothesenprüfung.

14.4. Ein Anpassungstest

DNA, Gentechnik, genetischer Fingerabdruck – solche und ähnliche Termini werden heutzutage in den Medien mit großer Selbstverständlichkeit verwendet. Damit hat die wissenschaftliche Genetik einen erstaunlichen Weg seit ihren Anfängen vor 150 Jahren zurückgelegt. Damals begann *G. Mendel* (1822-1884) mit seinen berühmten Kreuzungsexperimenten bei Erbsen, die schließlich zu den nach ihm benannten Mendel'schen Vererbungsregeln führten. Dabei versuchte er zum Beispiel, Erbsensamen zu kreuzen, die sich in zwei Merkmalen, nämlich in Form und Farbe, unterschieden. Bei einem dieser Experimente wurden runde und gelbe Erbsensamen mit kantigen und grünen Erbsensamen gekreuzt. Auf Grund der Vererbungsregeln sollten in der zweiten Generation die Merkmalskombinationen rund und gelb, rund und grün, kantig und gelb sowie kantig und grün im Verhältnis

$$9 : 3 : 3 : 1$$

auftreten. Tabelle 14.2 zeigt die Ergebnisse für die einzelnen Kombinationsmöglichkeiten bei insgesamt 556 Erbsensamen.

TABELLE 14.2. Ergebnisse des Erbsenexperiments

		Form	
		rund	kantig
Farbe	gelb	315	101
	grün	108	32

Dieses Ergebnis entspricht einem empirischen Verhältnis (gerundet) der einzelnen Merkmalskombinationen von

$$9{,}84 : 3{,}38 : 3{,}16 : 1$$

Damit sind wir mit einer Situation konfrontiert, die typisch ist für viele statistische Anwendungen und die wir in ähnlicher Form bereits in diesem Kapitel kennengelernt haben. Ganz allgemein geht es dabei um die Frage, ob das Ergebnis einer empirischen Untersuchung mit der Vorhersage einer Theorie bzw. eines Modells kompatibel ist oder nicht. Im Folgenden werden wir dazu einen weiteren statistischen Test kennenlernen, den man im Zusammenhang mit dem Mendel-Experiment anwenden kann. Es handelt sich dabei um den sogenannten Chi-Quadrat-Test.

14.4.1. Die Chi-Quadrat-Verteilung

Bekanntlich können Transformationen selbst einfachster mathematischer Funktionen zu neuen Funktionen führen, die völlig andere Eigenschaften aufweisen. Ähnliches gilt für die Transformation von Zufallsvariablen. Ein zentrales Problem dabei ist die Bestimmung der Verteilung transformierter Variablen. Wir wissen etwa, dass die Standardisierung einer $N(\mu, \sigma^2)$-verteilten Zufallsvariablen X, die ja eine lineare Transformation darstellt, zu einer neuen Zufallsvariablen führt, die standardnormalverteilt ist. Betrachtet man dagegen die Verteilung der Zufallsvariablen X^2, dann sieht es bereits anders aus. Hier liegt nämlich keine Normalverteilung mehr vor, da X^2 keine negativen Werte annehmen kann. Die Verteilung von X^2 besitzt in diesem Fall einen eigenen Namen. Man nennt sie Chi-Quadrat-Verteilung. Die folgende Definition[5,6,7] verallgemeinert diesen Fall auf der Basis $N(0,1)$-verteilter Zufallsvariablen.

Chi-Quadrat-Verteilung

Sind X_1, X_2, ..., X_k unabhängige Zufallsvariablen mit $X_i \sim N(0,1)$ für $i = 1, \ldots, k$, dann nennt man die Verteilung der Summe X der quadrierten Zufallsvariablen

$$X = X_1^2 + X_2^2 + \cdots + X_k^2$$

eine Chi-Quadrat-Verteilung mit k Freiheitsgraden.

Schreibweise: $X \sim \chi^2(k)$

Abbildung 14.9 zeigt die Dichtefunktionen[8] einiger Chi-Quadrat-Verteilungen für $k = 1$, 2, 3, 6 und 10 Freiheitsgrade. Die Verteilungen mit einem bzw. zwei Freiheitsgraden fallen dabei vergleichsweise etwas aus dem Rahmen. Ihre Dichtefunktionen sind streng monoton fallend. Für $k > 2$ besitzen alle anderen Dichtefunktionen bei $x = k - 2$ ein Maximum.

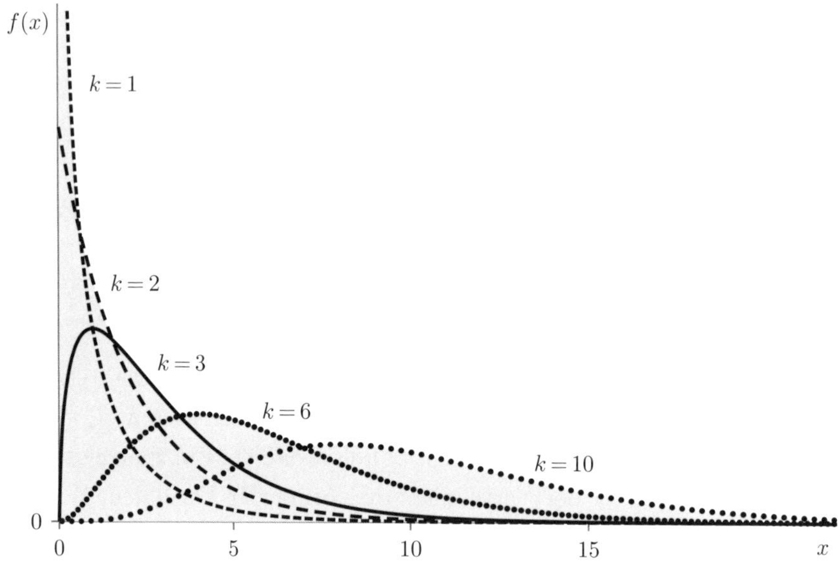

ABBILDUNG 14.9. Dichtefunktionen verschiedener Chi-Quadrat-Verteilungen

An Hand der Form der Dichtefunktionen kann man bereits eine wichtige Eigenschaft der Chi-Quadrat-Verteilung vermuten, nämlich die Annäherung an die Normalverteilung bei zunehmender Zahl von Freiheitsgraden. Da es sich bei Chi-Quadrat-verteilten Zufallsvariablen um stetige Zufallsvariablen handelt, erfolgt

Eigenschaften der Chi-Quadrat-Verteilung

Ist X eine Chi-Quadrat-verteilte Zufallsvariable mit k Freiheitsgraden, dann gilt:

1. $\mathrm{E}(X) = k$
2. $\mathrm{Var}(X) = 2k$
3. Für große Werte von k ist X annähernd normalverteilt.

die Berechnung entsprechender Wahrscheinlichkeiten recht einfach mit Hilfe der Verteilungsfunktion (siehe dazu auch Anhang A).

14.4.2. Der Chi-Quadrat-Test

Das eben beschriebene Kreuzungsexperiment werden wir jetzt als Zufallsexperiment interpretieren. Die 556 Erbsensamen der zweiten Generation können dann aufgefasst werden als die Ergebnisse von 556 zufälligen Versuchen, wobei bei jedem Versuch genau eine der vier genannten Kombinationen auftritt. Da das erwartete Häufigkeitsverhältnis 9 : 3 : 3 : 1 lautet, ergeben sich für die Wahrscheinlichkeiten der entsprechenden Kombinationen die Werte $p_1 = 9/16$, $p_2 = 3/16$, $p_3 = 3/16$ und $p_4 = 1/16$. Dies bedeutet, dass man zum Beispiel die Anzahl der Erbsen mit der Kombination „rund und gelb" als binomialverteilte Zufallsvariable mit $n = 556$ und der Wahrscheinlichkeit $p_1 = 9/16$ ansehen kann, die daher einen Erwartungswert (= erwartete Häufigkeit) von 312,75 besitzt. Diese Berechnungen kann man auch für die anderen Kombinationen durchführen. Die Ergebnisse sind in Tabelle 14.3 zusammen mit den beobachteten Häufigkeiten dargestellt. Die Unterschiede zwischen den beobachteten und den erwarteten Häufigkeiten scheinen nicht sehr groß zu sein. Ob sie signifikant sind, soll mit Hilfe eines statistischen Tests überprüft werden.

Formal betrachtet hat man es hier mit vier (Kombinations-)Ereignissen A_1, A_2, A_3, A_4 zu tun, wobei bei jedem Versuch genau eines dieser Ereignisse eintritt[9]. Verwendet man die obigen Wahrscheinlichkeiten, dann kann man die zu testende Nullhypothese folgendermaßen formulieren:

$$H_0\colon\ \mathrm{P}(A_1) = p_1, \mathrm{P}(A_2) = p_2, \mathrm{P}(A_3) = p_3, \mathrm{P}(A_4) = p_4$$

TABELLE 14.3. Beobachtete und erwartete Häufigkeiten der Kombinationen

Kombination	Beobachtete Häufigkeit	Erwartete Häufigkeit
rund und gelb	315	312,75
rund und grün	108	104,25
kantig und gelb	101	104,25
kantig und grün	32	34,75

Die entsprechende Alternativhypothese dazu lautet:

H_1: mindestens eine dieser Gleichungen ist nicht erfüllt

Man wird die Nullhypothese H_0 wohl dann ablehnen, wenn die Unterschiede (= Differenzen) zwischen den beobachteten und den erwarteten Häufigkeiten zu groß sind. Zur Überprüfung der Nullhypothese verwendet man den sogenannten Chi-Quadrat-Anpassungstest, der auf der folgenden Teststatistik beruht

$$\chi^2 = \sum_{i=1}^{k} \frac{(X_i - np_i)^2}{np_i}$$

Dabei bedeutet X_i die Zahl der Versuche, bei denen das Ereignis A_i eintritt, p_i ist die zugehörige Wahrscheinlichkeit (unter H_0), n ist die Gesamtzahl der Versuche und k ist die Zahl der möglichen Ereignisse. Da np_i die erwartete Häufigkeit des Auftretens des Ereignisses A_i bedeutet, steht im Zähler des Bruchs

$$\frac{(X_i - np_i)^2}{np_i}$$

die quadrierte Abweichung der beobachteten Häufigkeit von der erwarteten Häufigkeit. Der Nenner np_i stellt eine Art Normierung dar. Man kann zeigen, dass für große n die Teststatistik χ^2 unter der Nullhypothese H_0 annähernd Chi-Quadrat-verteilt ist mit $k-1$ Freiheitsgraden. Diese Approximation ist hinreichend gut erfüllt, falls für jedes der Ereignisse A_i die Bedingung $np_i \geq 5$ gilt (was bei unserem Beispiel der Fall ist). Den zugehörigen P-Wert definiert man wie folgt:

$$\text{P-Wert} = \mathrm{P}\left(\chi^2 \geq \chi^2_* | H_0\right)$$

wobei χ^2_* die Realisation der Teststatistik χ^2 ist. Den Chi-Quadrat-Anpassungstest führen wir jetzt bei einem Signifikanzniveau von 5 % durch.

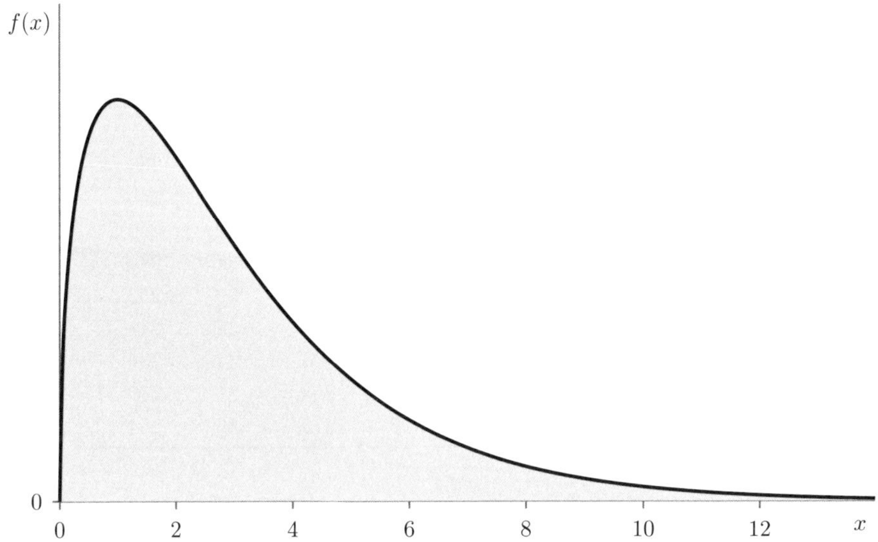

ABBILDUNG 14.10. Dichtefunktion der Chi-Quadrat-Verteilung mit drei Freiheitsgraden

In unserem Beispiel nimmt die Teststatistik den Wert

$$\chi^2_* = \frac{(315 - 312{,}75)^2}{312{,}75} + \frac{(108 - 104{,}25)^2}{104{,}25} + \frac{(101 - 104{,}25)^2}{104{,}25} + \frac{(32 - 34{,}75)^2}{34{,}75} = 0{,}47$$

an. Damit lautet der zugehörige P-Wert bei drei Freiheitsgraden:

$$\text{P-Wert} = \mathrm{P}\left(\chi^2 \geq 0{,}47 | H_0\right) = 0{,}925$$

Wegen $0{,}925 > 0{,}05$ wird die Nullhypothese H_0 natürlich nicht abgelehnt, was wohl wenig überraschend ist. Angesichts dieses Resultats kann man durchaus von einer eindrucksvollen Bestätigung der Mendel'schen Vererbungsregeln sprechen.

BEISPIEL 14.1

Im Spielcasino Wien gab es im März 2006 am Roulette-Tisch F1 insgesamt 9341 Spiele[10]. Tabelle 14.4 zeigt die Häufigkeitsverteilung der Ergebnisse. Es soll jetzt überprüft werden, ob alle Zahlen mit gleicher Wahrscheinlichkeit auftreten, wobei das Signifikanzniveau mit 5 % angenommen wird. Die Nullhypothese lautet in diesem Fall

$$H_0\colon\ p_i = \frac{1}{37} \quad \text{für } i = 0, \ldots, 36$$

Entsprechend lautet die Alternativhypothese H_1, dass die 37 Zahlen nicht alle mit gleicher Wahrscheinlichkeit auftreten. Bei $n = 9341$ beträgt unter der Null-

Tabelle 14.4. Häufigkeitsverteilung beim Roulettespiel

Zahl	Häufigkeit	Zahl	Häufigkeit	Zahl	Häufigkeit	Zahl	Häufigkeit
0	288						
1	249	10	234	19	231	28	236
2	257	11	262	20	286	29	243
3	261	12	257	21	259	30	249
4	250	13	257	22	248	31	233
5	234	14	270	23	219	32	252
6	279	15	241	24	259	33	241
7	248	16	240	25	303	34	231
8	235	17	250	26	263	35	270
9	247	18	232	27	273	36	254

hypothese H_0 für jede Zahl i die erwartete Häufigkeit $\mathrm{E}(X_i) = 252{,}46$. Die Berechnung der Teststatistik liefert den Wert $\chi^2_* = 46{,}66$. Damit ergibt sich bei 36 Freiheitsgraden für den P-Wert

$$\text{P-Wert} = \mathrm{P}(\chi^2 \geq 46{,}66 | H_0) = 0{,}11$$

Da der P-Wert größer ist als $\alpha = 0{,}05$, kann die Nullhypothese nicht abgelehnt werden. □

Beispiel 14.2

Im Folgenden geht es um die Frage, ob die Zahl der täglichen Verkehrstoten in Österreich einer Poisson-Verteilung folgt. Abbildung 14.11 zeigt einen Vergleich zwischen den beobachteten relativen Häufigkeiten für das Jahr 2007 (dunkelgrau) und den Wahrscheinlichkeiten einer Poisson-Verteilung (hellgrau). Einen ähnlichen Vergleich haben wir bereits in Kapitel 10 gesehen. Im vorliegenden Fall werden allerdings sämtliche tödlichen Verkehrsunfälle des Bundesgebiets erfasst (Ortsgebiet und Freiland). Für den Parameter λ als dem Erwartungswert der Poisson-Verteilung wird die durchschnittliche Zahl der Verkehrstoten pro Tag verwendet. Diese hat für das Jahr 2007 den Wert $691/365 = 1{,}893$. Damit wurden die entsprechenden Poisson-Wahrscheinlichkeiten berechnet. Es soll jetzt überprüft werden, ob die theoretische Verteilung signifikant von der empirischen Verteilung abweicht oder ob die vorliegenden Unterschiede noch als zufällig angesehen werden können.

Die relevante Nullhypothese H_0 ist in diesem Fall, dass die beobachteten Daten aus der betreffenden Poisson-Verteilung stammen. Tabelle 14.5 enthält die zuge-

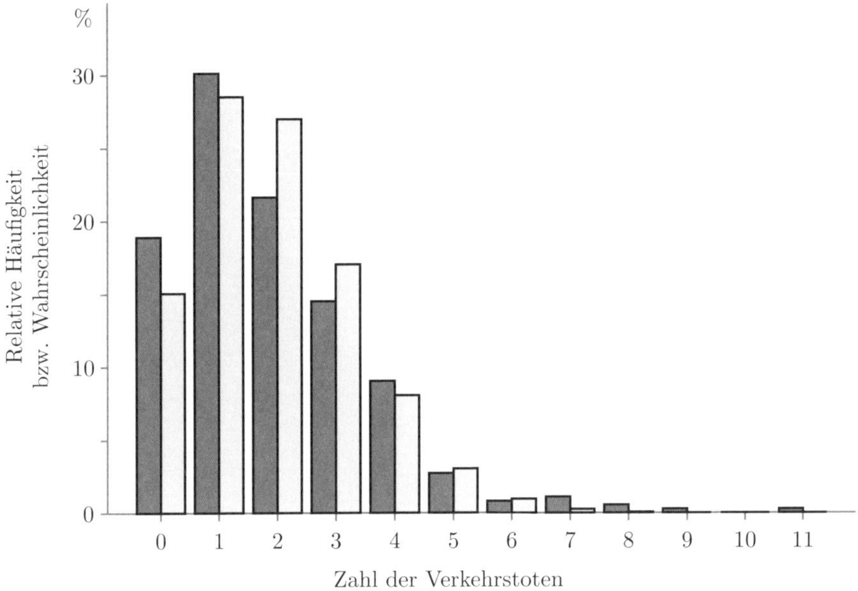

ABBILDUNG 14.11. Vergleich der empirischen Verteilung der Zahl der täglichen Verkehrstoten in Österreich (2007) mit den Wahrscheinlichkeiten einer Poisson-Verteilung

hörigen beobachteten und erwarteten Häufigkeiten, wobei insgesamt sechs Kategorien definiert wurden. Die ersten fünf Kategorien betreffen die Werte $k=0$, 1, 2, 3, 4 von Verkehrstoten.

TABELLE 14.5. Beobachtete und erwartete Häufigkeiten der Verkehrstoten

Zahl der Verkehrstoten	Beobachtete Häufigkeit	Erwartete Häufigkeit
0	69	54,98
1	110	104,07
2	79	98,50
3	53	62,15
4	33	29,41
≥ 5	21	15,88

In der sechsten Kategorie wurden die Werte $k \geq 5$ zusammengefasst, um die Anwendung des Chi-Quadrat-Tests zu ermöglichen. Dieser setzt ja unter anderem voraus, dass bei jeder der verwendeten Kategorien die erwartete Häufigkeit nicht kleiner als fünf ist. Die Teststatistik liefert in diesem Fall den Wert $\chi_*^2 = 11{,}21$.

Damit lautet bei fünf Freiheitsgraden der P-Wert

$$\text{P-Wert} = P(\chi^2 \geq 11{,}21 | H_0) = 0{,}047$$

Bei einem Signifikanzniveau von 5 % muss die Nullhypothese daher abgelehnt werden. □

Anmerkungen

1 Im Hinblick auf die Durchführung eines statistischen Tests sei an dieser Stelle noch auf eine traditionelle Testvariante hingewiesen. Statt den P-Wert zu verwenden, könnte man nämlich auch die Schranke z_α bestimmen, für die gilt

$$\mathrm{P}(Z \geq z_\alpha | H_0) = \alpha$$

wobei z_α das obere α-Quantil der Standardnormalverteilung ist. Dann müsste man entsprechend die Bedingung $z_* \geq z_\alpha$ überprüfen, wobei z_* die Realisation der Teststatistik Z ist. Für $\alpha = 0{,}05$ lautet der Wert $z_\alpha = 1{,}645$. Dieser Wert wird auch als kritischer Wert oder kritische Schranke bezeichnet. Wegen

$$z_* = 1{,}37 < 1{,}645$$

wird die Nullhypothese (erwartungsgemäß) auch bei dieser Testvariante nicht abgelehnt. Egal, ob man nun einen Test auf traditionelle Weise oder aber mit Hilfe eines P-Werts durchführt, in jedem Fall gelangt man zur selben Testentscheidung. Der Vorteil des P-Werts liegt darin, dass statt des Wertes der Teststatistik eine Wahrscheinlichkeit angegeben wird, was ihn in gewisser Hinsicht informativer macht. Ein P-Wert von 0,004 würde ein hochsignifikantes Testergebnis bedeuten. Bei einem P-Wert von 0,89 wäre man dagegen vom Ablehnungsbereich des Tests weit entfernt.

2 In diesem Fall würde man bei der traditionellen Testvariante H_0 ablehnen, falls die Bedingung

$$\frac{\widehat{p} - p_0}{\sqrt{p_0(1-p_0)}} \cdot \sqrt{n} \leq -z_\alpha$$

erfüllt ist, wobei $-z_\alpha$ das untere α-Quantil der $N(0,1)$-Verteilung bedeutet.

3 In diesem Fall würde man bei der traditionellen Testvariante H_0 ablehnen, falls gilt

$$\frac{\widehat{p} - p_0}{\sqrt{p_0(1-p_0)}} \cdot \sqrt{n} \leq -z_{\frac{\alpha}{2}} \quad \text{oder} \quad \frac{\widehat{p} - p_0}{\sqrt{p_0(1-p_0)}} \cdot \sqrt{n} \geq z_{\frac{\alpha}{2}}$$

wobei $z_{\frac{\alpha}{2}}$ das obere und $-z_{\frac{\alpha}{2}}$ das untere $\alpha/2$-Quantil der $N(0,1)$-Verteilung bedeutet.

4 Der folgende Link beschreibt an Hand einer Animation („Der Gauß Test“, siehe unter Flash-Animationen) die Durchführung der traditionellen Variante eines statistischen Tests. Dabei wird ein Beispiel aus der Qualitätskontrolle betrachtet. Man beachte, dass es sich in diesem Fall um einen Test der Nullhypothese H_0: $\mu = \mu_0$ gegen die Alternativhypothese H_1: $\mu \neq \mu_0$ handelt.
`http://web.neuestatistik.de/demo/Demo_DE/start.html`

5 Der Ausdruck Freiheitsgrad wird auch in der Physik und der Chemie verwendet. Seine grundsätzliche Bedeutung lässt sich durch ein einfaches Beispiel erklären. Die Funktion

$$y = x_1 + x_2 + x_3$$

hängt von den drei Variablen x_1, x_2 und x_3 ab. Gibt man den Wert der Funktion vor, zum Beispiel

$$100 = x_1 + x_2 + x_3$$

dann hat man zwar nach wie vor drei Variablen auf der rechten Seite, diese können aber jetzt nicht mehr völlig frei gewählt werden. Wenn man nämlich die Werte für zwei Variablen vorgibt, dann ist der Wert der dritten Variablen durch den Funktionswert $y = 100$ restringiert und somit bereits eindeutig bestimmt. Man sagt daher, dass es in diesem Fall nur zwei Freiheitsgrade gibt.

6 Für die Zahl k der Freiheitsgrade wird gelegentlich die Schreibweise $FG = k$ bzw. $df = k$ ($df =$ "degrees of freedom") verwendet.

7 Lies: „X ist Chi-Quadrat-verteilt mit k Freiheitsgraden" für die Schreibweise $X \sim \chi^2(k)$.

8 Die Dichtefunktion einer Chi-Quadrat-verteilten Zufallsvariablen mit k Freiheitsgraden ist gegeben durch

$$f(x) = \begin{cases} \dfrac{1}{2^s \cdot \Gamma(s)} \cdot e^{-\frac{x}{2}} \cdot x^{s-1} & x > 0 \\ 0 & x \leq 0 \end{cases}$$

Dabei ist $s = k/2$ und Γ die sogenannte Gammafunktion, die definiert ist durch

$$\Gamma(a) = \int_0^\infty e^{-t} t^{a-1}\, dt \qquad a > 0$$

Die Gammafunktion erfüllt die rekursive Beziehung $\Gamma(a+1) = a\,\Gamma(a)$. Insbesondere gilt $\Gamma(0{,}5) = \sqrt{\pi}$ und $\Gamma(1) = 1$. Außerdem ist $\Gamma(n+1) = n!$ für jede natürliche Zahl n.

9 In diesem Fall handelt es sich um eine Verallgemeinerung der Binomialverteilung. Bei jedem der n Versuche tritt genau eines von k Ereignissen $A_1, A_2, \ldots, A_k$ ein (im Beispiel ist $k = 4$). Bezeichnet man mit X_i die Zahl der Versuche, bei denen das Ereignis A_i eintritt, dann kann man das gesamte Experiment als einen Vektor $(X_1, X_2, \ldots, X_k)$ von Zufallsvariablen beschreiben. Die Verteilung dieses Vektors nennt man Multinomialverteilung. Eine weitere Anwendung wäre die Durchführung einer Wählerumfrage bei einer Stichprobe von zum Beispiel $n = 1000$ Personen. In diesem Fall müsste man allerdings beachten, dass es dabei auch zu Antwortverweigerungen kommen kann.

10 Dabei handelt es sich um die Spielergebnisse in der Zeit vom 1. bis 31. März 2006, veröffentlicht in: *Permanenzen - Wien, März 2006*, Verlag E.N. Telatzky.

Aufgaben

Die folgenden Aufgaben dienen dazu, das Verständnis des behandelten Stoffes zu erleichtern und zu vertiefen. Um einen entsprechenden Lerneffekt zu erzielen, sollten dabei die Konzepte und Methoden verwendet werden, die in diesem Kapitel präsentiert wurden. Soweit es um eigene Berechnungen geht, sollte man besonders auf die Darstellung des Lösungswegs achten. Für die mit einem * gekennzeichneten Aufgaben ist eine geeignete Software erforderlich bzw. empfehlenswert. Beachten Sie dazu auch die Hinweise in Anhang A. Lösungen zu den Aufgaben mit geraden Nummern finden Sie in Anhang B.

*14.1 Bei einem Würfel soll die Nullhypothese $H_0: p = 1/6$ gegen die Alternativhypothese $H_1: p \neq 1/6$ getestet werden, wobei p die Wahrscheinlichkeit bedeutet, eine Sechs zu werfen. Angenommen, der Würfel wird 1000-mal geworfen, wobei 145-mal eine Sechs auftritt. Führen Sie dazu einen geeigneten Test durch ($\alpha = 0{,}05$).

*14.2 Am Roulette-Tisch eines Spielcasinos gab es an einem bestimmten Tag das folgende Spielergebnis: bei insgesamt 289 Spielen wurde 160-mal Rot und 122-mal Schwarz beobachtet, 7-mal erschien Zero.

a) Liefert das Spielergebnis einen Hinweis darauf, dass an diesem Spieltisch Rot tatsächlich häufiger auftritt als Schwarz? Führen Sie einen entsprechenden Test durch bei einem Signifikanzniveau von $\alpha = 5\,\%$.

b) Wie ist das Resultat des Tests in a) zu beurteilen?

*14.3 Um Aufschluss über ihren aktuellen Wähleranteil zu gewinnen, will eine Partei eine Umfrage unter 2000 zufällig ausgewählten Wahlberechtigten durchführen lassen. Bisher ging man davon aus, dass die Partei von 25 % der Wahlberechtigten unterstützt wird. Auf Grund eines Korruptionsskandals soll überprüft werden, ob sich dieser Anteil verringert hat.

a) Formulieren Sie für einen statistischen Test eine geeignete Null- und Alternativhypothese.

b) Angenommen, bei der Umfrage erklären 450 Personen ihre Absicht, für diese Partei zu stimmen. Testen Sie unter dieser Annahme die bei a) relevante Nullhypothese bei einem Signifikanzniveau von 5 %.

14.4 (Fortsetzung von Aufgabe 14.3)

a) Welchen der beiden Fehler könnte man bei der Durchführung des Tests eventuell gemacht haben, welchen sicher nicht?

b) Angenommen, man hätte ein Signifikanzniveau von 1 % gewählt. Wie würde dann das Ergebnis des Tests lauten?

*14.5 Ist die Zahl der Knabengeburten signifikant größer als die der Mädchengeburten?

a) Wie würde man einen statistischen Test formulieren, um diese Frage zu überprüfen?

b) Führen Sie einen entsprechenden Test bei den Geburten der Stadt Wien für das Jahr 2006 durch ($\alpha = 0{,}05$).
(Daten: Statistik Austria)

*14.6 Ein Unternehmen hat seit Jahren einen Bekanntheitsgrad von 20 %. Nach einer Werbekampagne will man überprüfen, ob sich der Bekanntheitsgrad signifikant erhöht hat. Bei einer Telefonumfrage erklären 240 von 1000 Befragten, das Unternehmen zu kennen. Kann man daraus schließen, dass sich der Bekanntheitsgrad des Unternehmens erhöht hat?

a) Formulieren Sie eine geeignete Null- und Alternativhypothese.

b) Testen Sie die in a) formulierte Nullhypothese bei einem Signifikanzniveau von 5 %.

*14.7 Gegeben sei eine Chi-Quadrat-verteilte Zufallsvariable X mit vier Freiheitsgraden. Berechnen Sie die folgenden Wahrscheinlichkeiten:

a) $\mathrm{P}(X \geq 5)$

b) $\mathrm{P}(2 < X < 4)$

c) $P(X \leq 8)$

14.8 Ein statistischer Test wird bei einem Signifikanzniveau von 5 % durchgeführt. Welche der folgenden Aussagen ist richtig?

a) Die Wahrscheinlichkeit, dass die Nullhypothese wahr ist, beträgt 5 %.

b) Falls die Nullhypothese wahr ist, dann ist die Wahrscheinlichkeit, dass sie abgelehnt wird, gleich 5 %.

c) Die Wahrscheinlichkeit, dass der Test die Nullhypothese ablehnt, beträgt 5 %.

*14.9 Ein Würfel wird 100-mal geworfen. Dabei treten die einzelnen Augenzahlen mit folgenden Häufigkeiten auf:

Augenzahl	1	2	3	4	5	6
Häufigkeit	11	19	14	16	18	22

Kann man aus diesem Ergebnis schließen, dass es sich um einen unfairen Würfel handelt? Führen Sie einen geeigneten Test bei einem Signifikanzniveau von 5 % durch.

*14.10 Die folgende Tabelle zeigt die Verteilung der Zahl der täglichen Verkehrstoten in Österreich im Ortsgebiet (2007):

Zahl der Verkehrstoten	0	1	2	3	4	5
Häufigkeit	235	95	30	3	1	1

Überprüfen Sie die Hypothese, dass die Zahl der Verkehrstoten einer Poisson-Verteilung folgt ($\alpha = 0{,}05$).

Fragen

1. Was versteht man unter einem statistischen Test und was sind seine wichtigsten Bestandteile?

2. Was ist bei einem statistischen Test der Unterschied zwischen dem Fehler 1. Art und dem Fehler 2. Art?

3. Was versteht man unter dem Signifikanzniveau eines statistischen Tests?

4. Wie wird ein statistischer Test bei einem vorgegebenen Signifikanzniveau α mit Hilfe des P-Werts durchgeführt?

5. Wenn man bei einem statistischen Test statt der üblichen 5 % als Signifikanzniveau den Wert 1 % (bzw. 10 %) wählt, welche Konsequenzen hat dies für das Ergebnis des Tests?

6. Wie ist der P-Wert bei einem einseitigen bzw. einem zweiseitigen Test definiert?
7. Wenn die Nullhypothese nicht abgelehnt wird, kann man dann folgern, dass sie richtig ist?
8. Was ist ein Anpassungstest?
9. Wie kann man den Begriff Freiheitsgrad erklären?
10. Wie groß müssen die erwarteten Häufigkeiten sein, um den Chi-Quadrat-Test anwenden zu können?

Exkurs

Popper und das Testen von Hypothesen

Wer sich etwas näher mit dem Testen von Hypothesen beschäftigt, wird sicher früher oder später auf den Namen des Philosophen *K. R. Popper* (1902–1994) stoßen. *Popper*, der zu den bedeutendsten Philosophen des 20. Jahrhunderts gehört, hat sich intensiv mit diesem Thema in seinem im Jahr 1934 erschienenen Hauptwerk „Logik der Forschung" auseinandergesetzt. Er versucht hier eine Antwort auf die Frage zu geben, wie wissenschaftlicher Erkenntnisfortschritt überhaupt möglich ist. Wenn man nämlich der Meinung ist, dass es möglich sei, absolut sichere Erkenntnisse zu gewinnen, dann ergibt sich daraus das Problem, (a) Methoden zu finden, mit deren Hilfe sich absolut sichere Erkenntnisse generieren lassen bzw. (b) Kriterien zu entwickeln, die die absolute Wahrheit wissenschaftlicher Theorien bestätigen. Offensichtlich gibt es einen wissenschaftlichen Erkenntnisfortschritt, aber wie sicher ist die Grundlage, auf der diese Erkenntnisse beruhen?

Nach Ansicht von *Popper* gibt es aber keine absolut sichere Erkenntnis oder so etwas wie eine endgültige Wahrheit. Falls man von Erkenntnissen spricht, so besitzen diese immer nur einen provisorischen, vorläufigen, Charakter. Wenn letztlich aber sogar „bewährte" Theorien den Charakter von Hypothesen haben, dann wird die Diskussion um die Verifizierbarkeit oder Falsifizierbarkeit von Hypothesen verständlich. Für *Popper* ist in diesem Fall die Entscheidung eindeutig: Falsifizierbarkeit ist der Motor, um neue Erkenntnisse zu gewinnen. Dabei wird aus einer zu überprüfenden Theorie (die mehrere Hypothesen umfassen kann), eine Implikation, das heißt eine Folgerung, abgeleitet, die mit empirischen Beobachtungen konfrontiert wird. Falls die Beobachtungen im Widerspruch zu dieser Implikation stehen, gilt die Theorie als widerlegt. Ansonsten wird diese (vorläufig) weiter beibehalten.

Im letzteren Fall bedeutet das Ergebnis der Überprüfung natürlich nicht, dass die Theorie (die Hypothesen) als wahr anerkannt ist (sind). Sie gilt lediglich als nicht widerlegt. Es könnte ja durchaus die Möglichkeit bestehen, dass sie auf Grund eines anderen Tests widerlegt wird.

Literatur: Alt (2001), Blaug (1992), Gadenne (2006), Popper (1994).

Kapitel 15.

Das klassische lineare Regressionsmodell

Mit der linearen Regression haben wir uns bereits im Rahmen der Deskriptiven Statistik beschäftigt. Dabei ging es im Fall der einfachen Regression darum, eine Variable Y, die auch als abhängige Variable bezeichnet wird, mit Hilfe einer Variablen X zu erklären. Anschließend wurde noch der Fall mehrerer erklärender Variablen betrachtet. In diesem Zusammenhang spricht man auch von multipler Regression. In beiden Fällen wird zur Erklärung der abhängigen Variablen eine lineare Funktion der erklärenden Variablen verwendet. Im Gegensatz zur Darstellung in der Deskriptiven Statistik werden wir in diesem Kapitel ein statistisches Modell formulieren, bei dem die abhängige Variable als Zufallsvariable interpretiert wird. Dieses Modell wird allgemein als das klassische lineare Regressionsmodell bezeichnet. Es wird in diesem Kapitel in zwei Varianten präsentiert: das einfache Regressionsmodell (mit einer einzigen erklärenden Variablen) und das multiple Regressionsmodell (mit mehreren erklärenden Variablen). Zwar tritt die abhängige Variable als Zufallsvariable auf, die erklärenden Variablen aber sind nichtstochastische bzw. deterministische Variablen, deren Werte vorgegeben sind. Die Koeffizienten der erklärenden Variablen werden dann im Modell als unbekannte Parameter interpretiert.

Abbildung 15.1 soll diese Situation veranschaulichen. Im Gegensatz zur Deskriptiven Statistik ist der einem gegebenen x-Wert zugeordnete y-Wert kein fester Wert mehr, sondern die Realisation einer Zufallsvariablen Y. Im Rahmen des klassischen linearen Regressionsmodells wird dabei die Zufallsvariable Y als normalverteilt vorausgesetzt. Dies wird in der Abbildung plakativ mit Hilfe einer Dichtefunktion dargestellt. Die y-Werte kann man also in diesem Fall als Stichprobe auffassen, die zufällig aus einer entsprechenden Grundgesamtheit gezogen wurde. Erwartungswert und Varianz der abhängigen Variablen sind bei diesem

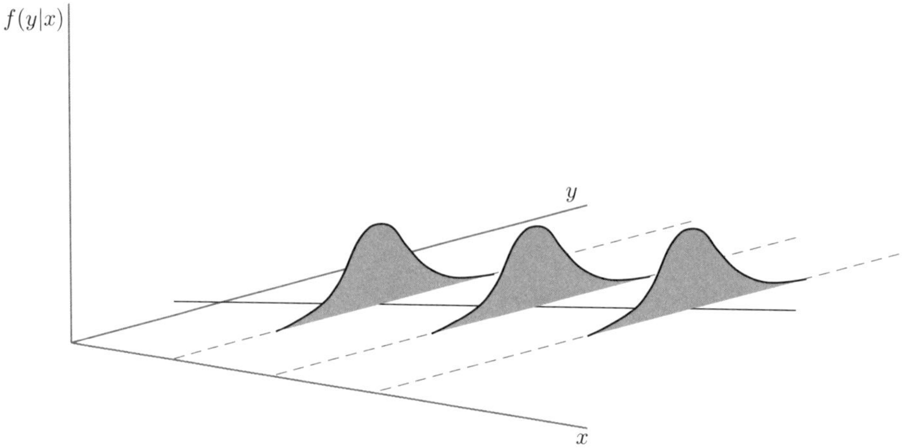

Abbildung 15.1. Zusammenhang zwischen den Variablen Y und X im klassischen linearen Regressionsmodell

Modell unbekannt. Was man mit Hilfe der Modellannahmen zeigen kann, ist, dass der Erwartungswert eine lineare Funktion der erklärenden Variablen ist. Die in der Funktion auftretenden Koeffizienten sind zwar unbekannt, können aber geschätzt werden. Im Vergleich zum „deskriptiven Ansatz“ eröffnet der Ansatz über ein stochastisches Modell zum Beispiel die Möglichkeit, Konfidenzintervalle bzw. Prognoseintervalle zu bestimmen. Vor allem aber kann man damit auch Hypothesen über die Regressionskoeffizienten testen.

Es folgt ein kurzer Überblick über den Inhalt dieses Kapitels. Der erste Abschnitt behandelt das einfache lineare Regressionsmodell, bei dem es nur eine einzige erklärende Variable gibt. Außerdem werden einige Modelleigenschaften hergeleitet. Im zweiten Abschnitt wird der t-Test inklusive der diesem Test zugrunde liegenden t-Verteilung diskutiert. Mit Hilfe dieses Tests kann man überprüfen, ob eine erklärende Variable einen signifikanten Beitrag zur abhängigen Variablen liefert. Im dritten Abschnitt wird als Vorgriff auf den Abschnitt über multiple Regression eine weitere Verteilung, die sogenannte F-Verteilung eingeführt. Der auf dieser Verteilung basierende F-Test überprüft, ob die erklärenden Variablen insgesamt einen signifikanten Beitrag zur abhängigen Variablen liefern. Im Falle der einfachen Regression stimmen der t-Test sowie der F-Test überein. Im letzten Abschnitt wird dann das multiple lineare Regressionsmodell vorgestellt, bei dem es zwei oder mehr erklärende Variablen gibt. Zu jedem der beiden Modellklassen werden verschiedene Beispiele präsentiert.

15.1. Das einfache Regressionsmodell

In diesem Abschnitt werden wir das klassische lineare Regressionsmodell kennen lernen. Es handelt sich dabei um eine konzeptionelle Erweiterung der linearen Regression aus der Deskriptiven Statistik. Die Werte der abhängigen Variablen werden jetzt als Realisationen von Zufallsvariablen interpretiert. Die lineare Regression betrachten wir somit im Rahmen eines stochastischen Modells. Dies ist zunächst mit einigen Schwierigkeiten verbunden, wird aber schließlich eine Reihe von Vorteilen mit sich bringen. Bevor wir auf die speziellen Annahmen des Modells eingehen, sind noch einige Überlegungen erforderlich, die die Darstellung von Zufallsvariablen betreffen.

Bisher war es üblich, gewisse stochastische Voraussetzungen oder Annahmen bezüglich der verwendeten Zufallsvariablen zu machen, etwa dass sie unabhängig sind, die gleiche Verteilung haben usw. Dies ist auch beim linearen Regressionsmodell der Fall, allerdings werden derartige Voraussetzungen häufig nur für die Fehlervariablen (Störvariablen) formuliert. Mit Hilfe dieser Voraussetzungen werden dann weitere Eigenschaften, wie etwa die der abhängigen Variablen Y hergeleitet. Diese Vorgangsweise ist etwas gewöhnungsbedürftig, bringt aber letztlich einige Vorteile mit sich. Betrachten wir dazu einmal Zufallsvariablen $Y_1, Y_2, \ldots, Y_n$, die als unabhängig und normalverteilt vorausgesetzt werden, wobei $\mathrm{E}(Y_i) = \mu$ und $\mathrm{Var}(Y_i) = \sigma^2$ ist, für $i = 1, 2, \ldots, n$. Die beiden Parameter μ und σ^2 seien unbekannt. Wenn wir dann die Abweichungen bzw. Fehlervariablen

$$U_i = Y_i - \mu$$

definieren, dann gilt natürlich

$$Y_i = \mu + U_i$$

für $i = 1, 2, \ldots, n$. Ausgehend von den einzelnen Zufallsvariablen und deren Erwartungswerten haben wir somit entsprechende Gleichungen definiert. Eine Beobachtung der Zufallsvariablen Y_i lässt sich dann darstellen als die Summe aus dem unbekannten Erwartungswert μ und einem Fehlerterm:

$$\text{Beobachtung} = \text{Erwartungswert} + \text{Fehler}$$

Beachten Sie, dass der Wert des Fehlers nicht bekannt ist, da der Erwartungswert unbekannt ist. Anders ausgedrückt: die Werte der Zufallsvariablen U_i können nicht beobachtet werden. Bei praktischen Anwendungen könnte der Fehlerterm von weiteren relevanten Variablen oder auch von Messfehlern beeinflusst sein. Als lineare Transformation der normalverteilten Zufallsvariablen Y_i ist der Fehler U_i jedenfalls normalverteilt, wobei gilt

$$\mathrm{E}(U_i) = \mathrm{E}(Y_i - \mu) = \mathrm{E}(Y_i) - \mu = 0$$

$$\mathrm{Var}(U_i) = \mathrm{Var}(Y_i - \mu) = \mathrm{Var}(Y_i) = \sigma^2$$

Damit ist die Verteilung von U_i bis auf den unbekannten Parameter σ^2 bekannt. Da die Zufallsvariablen $Y_1, Y_2, \ldots, Y_n$ unabhängig sind und jedes Y_i sich nur durch eine Konstante von U_i unterscheidet, sind auch die Zufallsvariablen $U_1, U_2, \ldots, U_n$ unabhängig. Auf Grund der Voraussetzungen über die Zufallsvariablen $Y_1, Y_2, \ldots, Y_n$ lassen sich somit die Verteilungen der Fehlervariablen herleiten. Es ist nicht schwer zu überprüfen, dass das auch in umgekehrter Richtung funktioniert. Geht man von den Eigenschaften der Fehlervariablen $U_1, U_2, \ldots, U_n$ aus, dann lassen sich entsprechend die oben beschriebenen Eigenschaften der Zufallsvariablen $Y_1, Y_2, \ldots, Y_n$ herleiten. Im Prinzip gibt es also hier zwei äquivalente Zugänge, um im Rahmen eines Modells stochastische Annahmen zu formulieren.

Bei der üblichen Darstellung des klassischen linearen Regressionsmodells beziehen sich die stochastischen Modellannahmen vor allem auf die Fehlervariablen. Die Verteilungen der beobachtbaren Zufallsvariablen (= abhängige Variablen) $Y_1, Y_2, \ldots, Y_n$ lassen sich dann daraus ableiten.

Das klassische lineare Regressionsmodell: einfache Regression

1. Für die Zufallsvariablen $Y_1, Y_2, \ldots, Y_n$ gilt

$$Y_i = \beta_0 + \beta_1 X_i + U_i$$

2. Die Variablen $X_1, X_2, \ldots, X_n$ sind nichtstochastisch. Ihre Werte sind vorgegeben (nicht alle gleich).

3. Die Zufallsvariablen $U_1, U_2, \ldots, U_n$ sind unabhängig und normalverteilt mit $\mathrm{E}(U_i) = 0$ und $\mathrm{Var}(U_i) = \sigma^2$. Ihre Werte sind nicht beobachtbar.

4. Die Parameter β_0, β_1 und σ^2 sind unbekannt.

Die erste Annahme besagt, dass die Zufallsvariable Y_i sich darstellen lässt als die Summe aus einer linearen Funktion von X_i sowie einem Fehlerterm U_i. Bei dieser Modellgleichung stellt sich natürlich die Frage: Wie schätzt man die Parameter β_0 und β_1? Es gibt verschiedene Methoden, um Parameter statistischer Modelle zu schätzen. Eine der bekanntesten ist die Methode der kleinsten Quadrate, die wir bereits in der Deskriptiven Statistik verwendet haben. Das können wir auch im Rahmen des klassischen linearen Regressionsmodells tun. Als Ergebnis erhalten wir die Schätzer $\widehat{\beta}_0$ und $\widehat{\beta}_1$, wobei gilt:

$$\widehat{\beta}_0 = \overline{y} - \widehat{\beta}_1 \overline{x} \qquad \widehat{\beta}_1 = \frac{\sum_{i=1}^{n} x_i y_i - n\overline{x}\,\overline{y}}{\sum_{i=1}^{n} x_i^2 - n\overline{x}^2}$$

Diese Formeln kennen wir eigentlich bereits aus der Deskriptiven Statistik, wobei hier allerdings berücksichtigt wird, dass die Koeffizienten des Modells als unbekannte Parameter mit griechischen Buchstaben bezeichnet werden und zwar mit β_0 und β_1. Die geschätzte Regressionsgleichung lautet damit

$$\widehat{Y}_i = \widehat{\beta}_0 + \widehat{\beta}_1 X_i$$

Kommen wir jetzt zu den stochastischen Modellannahmen. Da Y_i eine lineare Transformation der normalverteilten Zufallsvariablen U_i darstellt, ist Y_i ebenfalls normalverteilt. Außerdem gilt:

$$\begin{aligned} \mathrm{E}(Y_i) &= \mathrm{E}(\beta_0 + \beta_1 X_i + U_i) \\ &= \beta_0 + \beta_1 X_i + \mathrm{E}(U_i) \\ &= \beta_0 + \beta_1 X_i \end{aligned}$$

und

$$\begin{aligned} \mathrm{Var}(Y_i) &= \mathrm{Var}(\beta_0 + \beta_1 X_i + U_i) \\ &= \mathrm{Var}(U_i) = \sigma^2 \end{aligned}$$

Da die Fehlervariablen $U_1, U_2, \ldots, U_n$ laut Modellannahme unabhängig sind, gilt dies auch für $Y_1, Y_2, \ldots, Y_n$. Man beachte, dass der Erwartungswert von Y_i nicht konstant sein muss, sondern von dem jeweiligen Wert von X_i abhängt. Von besonderem Interesse bei diesem Modell ist vor allem das Testen von Hypothesen über die unbekannten Regressionskoeffizienten, mit dem wir uns in den folgenden Abschnitten beschäftigen werden.

15.2. Der t-Test

In diesem Abschnitt werden wir einen statistischen Test präsentieren, der auf der sogenannten t-Verteilung beruht. Abbildung 15.2 zeigt die Dichtefunktionen[1] zweier t-Verteilungen[2] sowie, zum Vergleich, die Dichtefunktion der Standardnormalverteilung. Offensichtlich weisen die t-Verteilungen eine große Ähnlichkeit

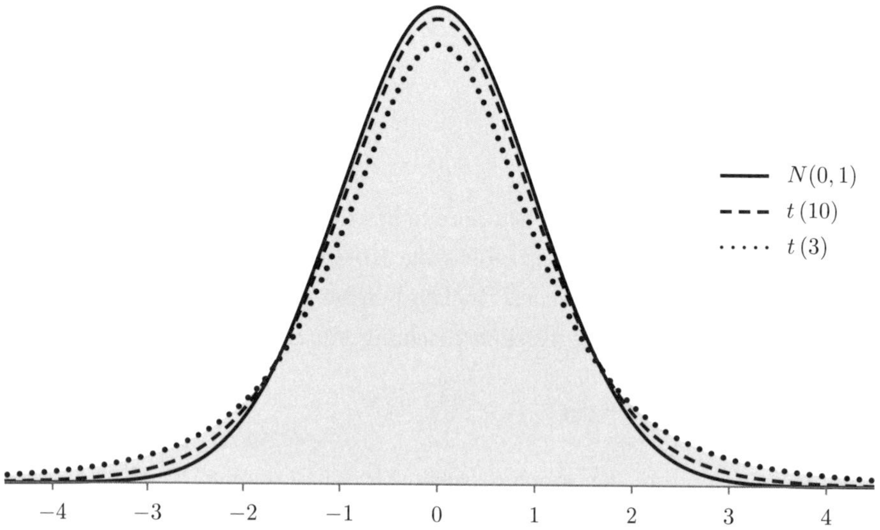

ABBILDUNG 15.2. t-Verteilungen mit drei bzw. zehn Freiheitsgraden und zum Vergleich die $N(0,1)$-Verteilung

mit der Standardnormalverteilung auf. Allerdings sind die Flächen im Zentrum der t-Verteilungen kleiner, während sie in den Verteilungsenden, abhängig vom jeweiligen Freiheitsgrad, größer sind.

t-Verteilung

Sind Z und V unabhängige Zufallsvariablen, mit $Z \sim N(0,1)$ und $V \sim \chi^2(k)$, dann nennt man die Verteilung der Zufallsvariablen

$$T = \frac{Z}{\sqrt{V}}\sqrt{k}$$

eine t-Verteilung mit k Freiheitsgraden.

Schreibweise: $T \sim t(k)$

Eine t-Verteilung[3] wird also mit Hilfe der Standardnormalverteilung sowie einer Chi-Quadrat-Verteilung gebildet. Sie hängt damit nur von einem einzigen Parameter ab, nämlich der Zahl der Freiheitsgrade. Wie man aus Abbildung 15.2 ersehen kann, ist offensichtlich die Varianz[4] einer t-Verteilung etwas größer als die der Standardnormalverteilung. Bei zunehmender Zahl an Freiheitsgraden werden diese Unterschiede allerdings geringer. Als Faustregel gilt, dass ab etwa 30 Freiheitsgraden eine t-Verteilung bereits recht gut durch die Standardnormalverteilung approximiert werden kann.

Eigenschaften der t-Verteilung

Ist T eine t-verteilte Zufallsvariable mit k Freiheitsgraden, dann gilt:

1. $\mathrm{E}(T) = 0 \quad$ für $k \geq 2$
2. $\mathrm{Var}(T) = \dfrac{k}{k-2} \quad$ für $k \geq 3$
3. Für große Werte von k ist T annähernd standardnormalverteilt.

Tabelle 15.1 zeigt dazu einen Vergleich zwischen verschiedenen t-Verteilungen (mit $k = 3$, 10 und 30 Freiheitsgraden) und der Standardnormalverteilung. Dabei sind für ausgewählte x-Werte im Bereich zwischen -4 und -2 die Werte $F_3(x)$, $F_{10}(x)$, $F_{30}(x)$ und $\Phi(x)$ der entsprechenden Verteilungsfunktionen angegeben. Es ist gut zu erkennen, wie mit zunehmender Zahl der Freiheitsgrade die Abweichungen zur Standardnormalverteilung kleiner werden.

Mit Hilfe der t-Verteilung ist es möglich, einen statistischen Test zu konstruieren, mit dem man zum Beispiel überprüfen kann, ob in der Modellgleichung $Y = \beta_0 + \beta_1 X + U$ die erklärende Variable X einen signifikanten Beitrag zur abhängigen Variablen Y liefert. Bei diesem Test wird nämlich die Nullhypothese

$$H_0\colon \beta_1 = 0$$

gegen die Alternativhypothese

$$H_1\colon \beta_1 \neq 0$$

getestet. Wird die Nullhypothese abgelehnt, dann wird man die erklärende Variable in diesem Zusammenhang als eine relevante Variable ansehen können. Derartige Nullhypothesen, die insbesondere beim multiplen Regressionsmodell von großer

TABELLE 15.1. Vergleich verschiedener Verteilungsfunktionen für ausgewählte x-Werte (Wahrscheinlichkeiten in %)

x	$F_3(x)$	$F_{10}(x)$	$F_{30}(x)$	$\Phi(x)$
−4,00	1,40	0,13	0,02	0,00
−3,75	1,66	0,19	0,04	0,01
−3,50	1,97	0,29	0,07	0,02
−3,25	2,37	0,44	0,14	0,06
−3,00	2,88	0,67	0,27	0,13
−2,75	3,54	1,02	0,50	0,30
−2,50	4,39	1,57	0,91	0,62
−2,25	5,50	2,41	1,60	1,22
−2,00	6,97	3,67	2,73	2,28

praktischer Bedeutung sind, gehören zu den am häufigsten getesteten Nullhypothesen im Rahmen des linearen Regressionsmodells. Als Teststatistik verwendet man in diesem Fall die Zufallsvariable

$$t = \frac{\widehat{\beta}_1 - \beta_1}{\widehat{\sigma}_1}$$

wobei der Nenner die Schätzung der Standardabweichung von $\widehat{\beta}_1$ darstellt, die auch als Standardfehler bezeichnet wird. Diese Teststatistik besitzt unter der Nullhypothese $H_0\colon \beta_1 = 0$ eine t-Verteilung mit $n-2$ Freiheitsgraden. Als Signifikanzniveau wird üblicherweise der Wert $\alpha = 5\,\%$ verwendet. Da es sich hier um einen zweiseitigen Test handelt, wird der entsprechende P-Wert wie folgt definiert

$$\text{P-Wert} = \begin{cases} 2 \cdot \mathrm{P}(t \geq t_* | H_0) & \text{falls } t_* \geq 0 \\ 2 \cdot \mathrm{P}(t < t_* | H_0) & \text{falls } t_* < 0 \end{cases}$$

wobei t_* der realisierte Wert der Teststatistik t ist. Der P-Wert wird in diesem Fall also ganz analog wie beim zweiseitigen Anteils-Test in Kapitel 14 berechnet. Wie üblich wird die Nullhypothese abgelehnt, falls der P-Wert kleiner ist als α.

BEISPIEL 15.1

Betrachten wir für den Privaten Konsum und das Verfügbare Einkommen die Modellgleichung

$$C = \beta_0 + \beta_1 YD + U$$

wobei der Index i der Einfachheit halber weggelassen wurde. Eine geeignete Software sollte für die Konsumfunktion einen Regressions-Output liefern, der zumindest die folgenden Informationen enthält (siehe dazu auch die Hinweise in Anhang A): die Werte der geschätzten Koeffizienten, die geschätzten Standardabweichungen (Standardfehler), die Werte der t-Statistiken sowie die entsprechenden P-Werte[5]. Das Bestimmtheitsmaß R^2 darf natürlich nicht fehlen. Die folgende Darstellung enthält noch zwei weitere Angaben: den Wert der F-Statistik und den zugehörigen P-Wert. Dabei beachte man, dass der Wert der F-Statistik in diesem Fall mit dem quadrierten Wert der t-Statistik übereinstimmt. Auf Details zum F-Test werden wir im folgenden Abschnitt näher eingehen.

Lineare Regression

Abhängige Variable: C
Beobachtungen: 18
$R^2 = 0{,}9966$ F-Statistik = 4748 P-Wert = 0,000000

Regressor	Koeffizient	Standardfehler	t-Statistik	P-Wert
Konstante	−76,08735	18,34697	−4,147	0,000758
YD	0,96219	0,01396	68,904	0,000000

Im Fall der Einkommensvariable YD nimmt also die erwähnte Teststatistik den Wert

$$t_* = \frac{0{,}96219}{0{,}01396} = 68{,}9$$

an (Angaben gerundet), wobei in der Teststatistik $\beta_1 = 0$ gesetzt wurde. Für den P-Wert gilt dann

$$\text{P-Wert} = 2 \cdot \text{P}(T \geq 68{,}9 | H_0) = 0$$

was auf Grund des extrem hohen Wertes der Teststatistik nicht überraschend ist. Daher wird in diesem Fall die Nullhypothese $H_0{:}\, \beta_1 = 0$ abgelehnt[6]. □

Beispiel 15.2

Ähnlich wie die Konsumgleichung kann man auch das Bordeauxwein-Beispiel im Rahmen des klassischen linearen Regressionsmodells betrachten. Die Modellgleichung lautet in diesem Fall

$$Preis = \beta_0 + \beta_1 Alter + U$$

Lineare Regression

Abhängige Variable: *Preis*
Beobachtungen: 27
$R^2 = 0{,}2046$ F-Statistik = 6,432 P-Wert = 0,01783

Regressor	Koeffizient	Standardfehler	t-Statistik	P-Wert
Konstante	0,10097	0,08233	1,226	0,2315
Alter	0,01154	0,00455	2,536	0,0178

Die Altersvariable ist signifikant auf Grund des geringen P-Werts von ca. 2 %. Allerdings gilt dies nicht für die Konstante. Bei einer solchen Situation sollte man aber die Konstante dennoch in der Regression belassen, da ansonsten eine Reihe von Eigenschaften der Regression nicht mehr erfüllt sind. Hinzu kommt, dass verschiedene Tests, die in fortgeschrittenen Anwendungen üblich sind, das Vorhandensein einer Konstanten explizit voraussetzen. Die Konstante nimmt somit in diesem Fall eine gewisse Sonderstellung ein. Das Bestimmtheitsmaß fällt mit etwa 20 % recht gering aus. Wie wir bereits aus der deskriptiven Statistik wissen, lässt sich dies aber deutlich verbessern durch die Hinzunahme weiterer Variablen. Darauf werden wir später noch zurückkommen. □

15.3. Der F-Test

In diesem Abschnitt werden wir auf einen weiteren Test eingehen, der ebenfalls im Zusammenhang mit den Regressionskoeffizienten verwendet wird. Mit Hilfe dieses Tests, dem sogenannten F-Test, kann man überprüfen, ob die erklärenden Variablen, insgesamt gesehen, einen signifikanten Beitrag für die abhängige Variable liefern. Im Falle der einfachen Regression lautet die entsprechende Nullhypothese gerade $H_0\colon \beta_1 = 0$ und stimmt somit mit der Nullhypothese beim t-Test überein. Die Teststatistik ist hier das Quadrat der t-Statistik, wobei beide Teststatistiken den gleichen P-Wert liefern.

Die im Rahmen des klassischen Regressionsmodells verwendete Teststatistik lässt sich mit Hilfe des Bestimmtheitsmaßes R^2 wie folgt definieren

$$F = \frac{R^2}{1 - R^2} \cdot \frac{n-k-1}{k} \tag{15.1}$$

F-Verteilung

Sind V und W unabhängige Chi-Quadrat-verteilte Zufallsvariablen mit k bzw. m Freiheitsgraden, dann nennt man die Verteilung der Zufallsvariablen

$$F = \frac{V/k}{W/m}$$

eine F-Verteilung mit (k, m) Freiheitsgraden.

Schreibweise: $F \sim F(k, m)$

wobei k die Zahl der erklärenden Variablen bedeutet, die beim einfachen Regressionsmodell natürlich gleich Eins ist. Unter der Nullhypothese, dass die erklärenden Variablen keinen Beitrag zur abhängigen Variablen liefern, ist diese Teststatistik F-verteilt mit $(k, n-k-1)$ Freiheitsgraden[7,8,9]. Abbildung 15.3 zeigt zur Veranschaulichung die Dichtefunktionen verschiedener F-Verteilungen. Von spezieller Bedeutung ist der F-Test, wenn zwei oder mehr erklärende Variablen auftreten. Für den Fall zweier Variablen lautet die zugehörige Nullhypothese $H_0\colon \beta_1 = \beta_2 = 0$ und ist somit verschieden von den Nullhypothesen bei den einzelnen t-Tests. Betrachtet man die Konstruktion der Teststatistik in (15.1), so erkennt man, dass

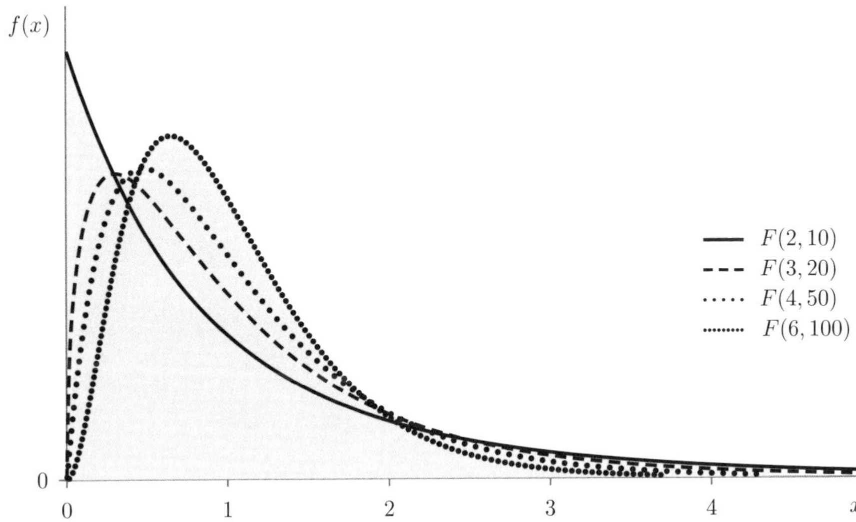

ABBILDUNG 15.3. Dichtefunktionen verschiedener F-Verteilungen

bei gegebenen n und k ein großer Wert für R^2 auch zu einem eher großen Wert für

F führt, während ein kleiner Wert für R^2 entsprechend einen kleineren Wert für F impliziert. Anders ausgedrückt, je größer die Erklärte Streuung bei einer linearen Regression ist, um so größer ist der Wert der F-Statistik und umgekehrt. Es ist daher plausibel, die Nullhypothese, dass die erklärende(n) Variable(n) keinen signifikanten Einfluss hat(haben), dann abzulehnen, wenn die F-Statistik einen „zu großen" Wert annimmt. Hier wird man deshalb einen rechtsseitigen P-Wert definieren, um den Test durchzuführen. Bei Verwendung einer Software wird der Wert der F-Statistik, zusammen mit dem P-Wert, üblicherweise automatisch ausgewiesen.

15.4. Das multiple Regressionsmodell

Bei den im zweiten Abschnitt betrachteten Beispielen sind wir von einer Modellgleichung der Form $Y = \beta_0 + \beta_1 X + U$ ausgegangen, das heißt von einem linearen Regressionsmodell mit einer einzigen erklärenden Variablen. Solche Modelle können durchaus gewisse praktische Bedeutung haben. Bei empirischen Anwendungen treten aber üblicherweise vor allem Modelle mit mehreren erklärenden Variablen auf. Bei solchen multiplen linearen Regressionsmodellen kann man, ebenso wie beim einfachen linearen Regressionsmodell, die Koeffizienten mit Hilfe der Methode der kleinsten Quadrate schätzen und auch Hypothesentests durchführen. Allerdings müssen dazu die Modellannahmen etwas erweitert werden.

Das klassische lineare Regressionsmodell: multiple Regression

1. Für die Zufallsvariablen $Y_1, Y_2, \ldots, Y_n$ gilt:

$$Y_i = \beta_0 + \beta_1 X_{i1} + \cdots + \beta_k X_{ik} + U_i$$

2. Die Variablen X_{ij} sind nichtstochastisch. Ihre Werte sind bekannt, für $i = 1, 2, \ldots, n$ und $j = 1, 2, \ldots, k$.

3. Die Regressoren sind linear unabhängig.

4. Die Zufallsvariablen $U_1, U_2, \ldots, U_n$ sind unabhängig und normalverteilt, mit $\mathrm{E}(U_i) = 0$ und $\mathrm{Var}(U_i) = \sigma^2$. Ihre Werte sind nicht beobachtbar.

5. Die Parameter $\beta_0, \beta_1, \ldots, \beta_k$ und σ^2 sind unbekannt.

Die dritte Annahme bedeutet dabei, dass kein Regressor eine Linearkombination anderer Regressoren sein darf, das heißt, unter den erklärenden Variablen darf es keine linearen Beziehungen wie etwa $X_2 = 3X_1 + 2X_3$ oder $X_3 = 2X_1 - X_2 + 2X_4$ geben. Diese Voraussetzung ist wichtig für die Anwendung der Methode der kleinsten Quadrate.

Die Modellgleichung des Bordeauxwein-Beispiels könnte man zum Beispiel wie folgt zu einem multiplen Regressionsmodell erweitern

$$Preis = \beta_0 + \beta_1 Alter + \beta_2 Temperatur + \beta_3 RegenV + \beta_4 RegenS + U$$

wobei die drei zusätzlichen Variablen *Temperatur*, *RegenV* und *RegenS* denjenigen entsprechen, die bereits im Rahmen der Deskriptiven Statistik verwendet wurden.

Lineare Regression

Abhängige Variable: *Preis*
Beobachtungen: 27
$R^2 = 0{,}7356$ F-Statistik = 15,3 P-Wert = 0,000004

Regressor	Koeffizient	Standardfehler	t-Statistik	P-Wert
Konstante	−3,1716289	0,6928899	−4,577	0,000147
Alter	0,0080519	0,0029410	2,738	0,012013
Temperatur	0,1903096	0,0390606	4,872	0,000072
RegenV	0,0005638	0,0001979	2,849	0,009338
RegenS	−0,0010351	0,0003314	−3,123	0,004947

In diesem Fall sind alle Variablen signifikant. Sämtliche P-Werte liegen deutlich unterhalb von 5 %. Man beachte, dass hier beim F-Test die Nullhypothese H_0: $\beta_1 = \beta_2 = \beta_3 = \beta_4 = 0$ lautet und bei einem Signifikanzniveau von 5 % natürlich ebenfalls abgelehnt wird. Um negative Werte bei der $\widehat{Preis}$-Variablen zu vermeiden, werden wir diesmal eine Variante der obigen Gleichung verwenden, nämlich eine logarithmische Transformation der *Preis*-Variablen. Die modifizierte Modellgleichung lautet in diesem Fall

$$\ln Preis = \beta_0 + \beta_1 Alter + \beta_2 Temperatur + \beta_3 RegenV + \beta_4 RegenS + U$$

Auch bei dieser Schätzung sind wieder sämtliche Variablen signifikant (siehe unten). Man beachte, dass sich das Bestimmtheitsmaß R^2 auf über 80 % erhöht hat.

Lineare Regression

Abhängige Variable: ln*Preis*
Beobachtungen: 27
$R^2 = 0{,}8282$ F-Statistik = 26,51 P-Wert = 0,00000

Regressor	Koeffizient	Standardfehler	t-Statistik	P-Wert
Konstante	−12,160000	1,686000	−7,213	0,00000
Alter	0,023900	0,007155	3,341	0,00296
Temperatur	0,617000	0,095020	6,493	0,00000
RegenV	0,001171	0,000481	2,432	0,02359
RegenS	−0,003866	0,000806	−4,795	0,00008

Die geschätzte Regressionsgleichung lautet hier

$$\begin{aligned}\ln Preis &= -12{,}16 + 0{,}024\,Alter + 0{,}617\,Temperatur \\ &\quad + 0{,}0012\,RegenV - 0{,}0039\,RegenS\end{aligned}$$

Abbildung 15.4 zeigt den Verlauf der *Preis*-Zeitreihe (durchgezogene Linie) sowie deren geschätzte Werte (gestrichelte Linie), die man durch Rücktransformation der geschätzten Regressionsgleichung erhält.

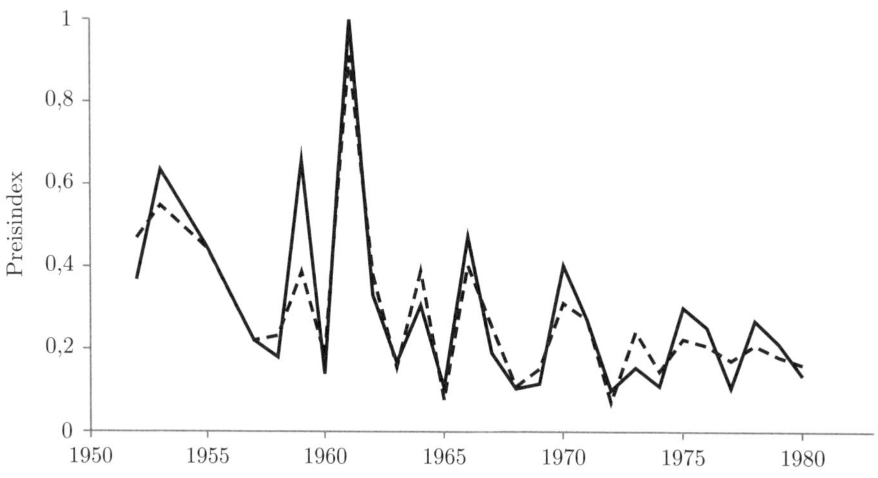

ABBILDUNG 15.4. Verlauf der *Preis*-Variable (durchgezogene Linie) und der $\widehat{Preis}$-Variable (gestrichelte Linie)

Natürlich könnte (sollte) man auch noch andere Variablenkombinationen untersuchen und die jeweiligen Modellschätzungen miteinander vergleichen. Was die Zahl der erklärenden Variablen betrifft, so hängt dies natürlich auch von der Verfügbarkeit der erforderlichen Daten ab. In der Regel sollte man bei einem linearen Regressionsmodell mit maximal einer Handvoll von Variablen auskommen. Unter Umständen werden auch mehr Variablen verwendet. Regressionsmodelle mit mehr als zehn Variablen gelten eher als Ausnahme (und sind nicht selten ein Indiz für die Arbeit eines Anfängers). Bei annähernd gleich guten Modellen wird man oft dem kleineren Modell bzw. dem Modell mit den plausibleren Variablen den Vorzug geben.

Das Ende dieses Kapitels über das klassische lineare Regressionsmodell bedeutet natürlich noch lange nicht das Ende der Geschichte. Man könnte vielleicht sagen, dass wir uns hier am Ende des Anfangs befinden. Bisher haben wir etwas stillschweigend die entsprechenden Annahmen als gegeben vorausgesetzt. Zu einer guten empirischen Untersuchung sollte natürlich auch eine Überprüfung von Modellannahmen gehören, zum Beispiel mit Hilfe entsprechender statistischer Tests. Man könnte zum Beispiel die Unabhängigkeit der Störgrößen überprüfen, etwa mit Hilfe eines Autokorrelationstests. Dies würde allerdings über den Rahmen einer einführenden Lehrveranstaltung hinausgehen und sei hier nur als Anregung für weitergehende Untersuchungen erwähnt.

Letztlich sollte man vor allem den jeweiligen Zweck eines Modells im Auge behalten. Ist man etwa an einem Prognosemodell interessiert, wie man sich das im Falle des Bordeauxwein-Beispiels vorstellen könnte, so wäre die nächste Phase die Verwendung neuerer Daten (der Folgejahre) und die Prognose der Preise für den erweiterten Zeitbereich. Interessant wäre, insbesondere für Vergleichszwecke, die Verwendung konkurrierender Prognosemodelle. Anregungen und Beispiele dazu könnte man sich aus der entsprechenden Literatur holen. Das bedeutet natürlich einigen Aufwand. Für eine gute empirische Untersuchung sollte dies aber selbstverständlich sein.

Anmerkungen

1 Die Dichtefunktion einer t-verteilten Zufallsvariablen mit k Freiheitsgraden lautet

$$f(x) = \frac{\Gamma(s+0{,}5)}{\sqrt{k\pi}\cdot\Gamma(s)}\cdot\left(1+\frac{x^2}{k}\right)^{-s-0{,}5}$$

wobei $s = k/2$ ist und Γ die in den Anmerkungen zu Kapitel 14 definierte Gammafunktion.

2 Die t-Verteilung geht auf den englischen Statistiker *W. Gosset* (1876–1937) zurück. Seine Arbeit über die t-Verteilung erschien unter dem Pseudonym „Student“, da es ihm als Angestellten einer Brauerei nicht erlaubt war, Forschungsarbeiten unter seinem eigenen Namen zu veröffentlichen. Aus diesem Grund wird die t-Verteilung auch als Student-Verteilung bezeichnet.

3 Lies: „T ist t-verteilt mit k Freiheitsgraden“ für die Schreibweise $T \sim t(k)$.

4 Beachten Sie, dass eine t-verteilte Zufallsvariable für $k = 1$ keinen Erwartungswert (und somit auch keine Varianz) und für $k = 2$ keine Varianz besitzt.

5 Wenn man eine Regression mit Hilfe einer statistischen Software durchführt, sind die Werte der t-Statistiken sowie die P-Werte üblicherweise automatisch im Regressions-Output enthalten. Die entsprechenden Hypothesen werden allerdings nicht extra angegeben.

6 Natürlich ist es auch möglich, die Nullhypothese H_0: $\beta_i = 0$ gegen die einseitige Alternativhypothese H_1: $\beta_i > 0$ (bzw. H_1: $\beta_i < 0$) zu testen. Ähnlich wie in Kapitel 14 (im Falle der Normalverteilung) kann man dann den rechtsseitigen bzw. linksseitigen P-Wert definieren. Bei ökonomischen Anwendungen sind einseitige Tests bei Regressionskoeffizienten allerdings eher selten.

7 Lies: „F ist F-verteilt mit k und m Freiheitsgraden“ für die Schreibweise $F \sim F(k,m)$.

8 Die F-Verteilung ist nach dem berühmten englischen Statistiker *R.A. Fisher* (1890–1962) benannt.

9 Die Dichtefunktion einer F-verteilten Zufallsvariablen mit (k,m) Freiheitsgraden lautet

$$f(x) = \frac{\Gamma(r+s)}{\Gamma(r)\cdot\Gamma(s)}\cdot\left(\frac{r}{s}\right)^r\cdot\frac{x^{r-1}}{\left(1+\frac{r}{s}x\right)^{r+s}} \qquad \text{für } x \geq 0$$

wobei $r = k/2$, $s = m/2$ und Γ die in den Anmerkungen zu Kapitel 14 definierte Gammafunktion ist.

Aufgaben

Die folgenden Aufgaben dienen dazu, das Verständnis des behandelten Stoffes zu erleichtern und zu vertiefen. Um einen entsprechenden Lerneffekt zu erzielen, sollten dabei die Konzepte und Methoden verwendet werden, die in diesem Kapitel präsentiert wurden. Soweit es um eigene Berechnungen geht, sollte man besonders auf die Darstellung des Lösungswegs achten. Für die mit einem * gekennzeichneten Aufgaben ist eine geeignete Software erforderlich bzw. empfehlenswert. Beachten Sie dazu auch die Hinweise in Anhang A. Lösungen zu den Aufgaben mit geraden Nummern finden Sie in Anhang B.

Hinweis: Bei den Aufgaben dieses Kapitels wird das klassische lineare Regressionsmodell als Basismodell verwendet.

*15.1 Die folgende Tabelle enthält die Umsätze eines Jahres (in Tsd. Euro) sowie die Verkaufsflächen (in m^2) von 15 Filialen einer Supermarktkette.

Filiale	Umsatz	Verkaufsfläche
1	2990	470
2	880	330
3	5440	840
4	1300	360
5	2680	520
6	3550	590
7	1800	360
8	4420	740
9	3520	690
10	1700	380
11	4900	780
12	1970	350
13	2750	570
14	4580	730
15	3680	680

a) Erstellen Sie ein Streudiagramm der Verkaufsflächen und der Umsätze.

b) Regressieren Sie den Umsatz auf die Verkaufsfläche und kommentieren Sie die wichtigsten Ergebnisse der Regression.

*15.2 (Fortsetzung von Aufgabe 15.1)

a) Stellen Sie die entsprechende Regressionsgleichung auf.

b) Welche Prognose würden Sie für den Jahresumsatz einer neuen Filiale mit einer Verkaufsfläche von 600 m^2 abgeben?

c) Hat der Koeffizient der Verkaufsfläche in der Regressionsgleichung das erwartete Vorzeichen?

*15.3 (Fortsetzung von Aufgabe 6.5) Regressieren Sie die Mips-Variable auf die Zahl der Filialen der *Best Buy Company* für den Zeitraum August 1996 – Juli 2000.

a) Kommentieren Sie die wichtigsten Ergebnisse der Regression.

b) Erklären Sie die Bedeutung der angegebenen P-Werte.

*15.4 Gegeben sei eine t-verteilte Zufallsvariable T mit 30 Freiheitsgraden. Berechnen Sie die folgenden Wahrscheinlichkeiten:

a) $P(T \leq 1)$

b) $P(-2 \leq T \leq 2)$

b) $P(1 \leq T \leq 2)$

*15.5 (Fortsetzung von Aufgabe 6.7) Verwenden Sie die Daten der Software-Projekte von AT&T und regressieren Sie die Variable Aufwandschätzung auf die Zahl der Funktionspunkte.

a) Kommentieren Sie die wichtigsten Ergebnisse der Regression.

b) Erklären Sie an Hand der Ergebnisse für a) die Bedeutung des Standardfehlers und der P-Werte.

*15.6 (Fortsetzung von Aufgabe 15.4) Vergleichen Sie die Ergebnisse mit den entsprechenden Wahrscheinlichkeiten bei der Standardnormalverteilung.

*15.7 Verwenden Sie das Bordeauxwein-Beispiel und regressieren Sie die Variable Preis auf die Variablen Alter und Temperatur. Kommentieren Sie die Ergebnisse der Regression.
(Daten: siehe Kapitel 5)

*15.8 (Fortsetzung von Aufgabe 15.7)

a) Haben die erklärenden Variablen das erwartete Vorzeichen?

b) Wie lauten hier die Null- und Alternativhypothese, die dem F-Test zugrunde liegen?

*15.9 (Fortsetzung von Aufgabe 15.7) Regressieren Sie die Variable Preis auf die Variablen Alter, Temperatur und RegenS und kommentieren Sie die Ergebnisse der Regression.
(Daten: siehe Kapitel 5)

*15.10 Gegeben sei eine F-verteilte Zufallsvariable F mit (6,100) Freiheitsgraden. Berechnen Sie die folgenden Wahrscheinlichkeiten:

a) $P(F \geq 3)$

b) $P(1 \leq F \leq 3)$

c) $P(F \leq 2)$

Fragen

1. Was haben die Darstellungen der Dichtefunktionen einer t-Verteilung und der Standardnormalverteilung gemeinsam und worin unterscheiden sie sich?
2. Wann kann man die t-Verteilung durch die Standardnormalverteilung approximieren?
3. Wie lauten beim klassischen linearen Regressionsmodell die unbekannten Parameter?
4. Was wird beim klassischen linearen Regressionsmodell über die Fehlerterme U_i angenommen?
5. Worin besteht der Unterschied zwischen der Modellgleichung und der Regressionsgleichung?
6. Wie lauten üblicherweise die Null- bzw. Alternativhypothesen bei den Koeffizienten einer linearen Regression?
7. Wozu wird beim linearen Regressionsmodell der F-Test verwendet?
8. Wie sind die im Regressions-Output angegebenen P-Werte definiert?
9. Was versteht man unter dem Standardfehler eines Koeffizienten?
10. Was bedeutet es, wenn bei einer Regression ein Koeffizient das erwartete Vorzeichen besitzt?

EXKURS

Multiple Hypothesen und multiple Tests

Multiple Hypothesenprüfung ist ein Teilgebiet der Statistik, das sich mit speziellen Fragen und Problemen beschäftigt, die beim gleichzeitigen Testen von zwei oder mehr Nullhypothesen auftreten. Obwohl im Rahmen empirischer Anwendungen das Testen multipler Hypothesen eher die Regel als die Ausnahme darstellt, haben sich die Konzepte und Methoden der multiplen Hypothesenprüfung nicht überall im gleichen Ausmaß durchgesetzt. Besondere Bedeutung besitzen multiple Testverfahren vor allem in der Medizin oder der Psychologie, während sie etwa in der empirischen Sozialforschung oder in der Ökonometrie seltener zum Einsatz kommen. Aber selbst wenn man derartige Verfahren nicht verwendet, sollte ein Anwender zumindest mit der Besonderheit des multiplen Testens vertraut sein.

Eines der zentralen Themen im Rahmen der multiplen Hypothesenprüfung ist die Kontrolle der Wahrscheinlichkeit für den Fehler 1. Art. Dass hier ein nichttriviales Problem vorliegt, ist nicht überraschend. Wenn mehrere Nullhypothesen getestet werden, können Fehler 1. Art natürlich auch mehrfach auftreten.

Diese auch als „Multiplizitätsproblem“ bezeichnete Situation soll an einem einfachen Beispiel illustriert werden. Betrachten wir zwei Nullhypothesen H_{01} und H_{02}, die gegen die Alternativhypothesen H_{11} und H_{12} getestet werden sollen. Dabei wird angenommen, dass zu jeder der Nullhypothesen ein Test zum Signifikanzniveau α vorliegt, das heißt, die Wahrscheinlichkeit für das Auftreten eines Fehlers 1. Art sei jeweils gleich α. Unter der Voraussetzung, dass es insgesamt vier verschiedene Kombinationsmöglichkeiten gibt, lauten die Wahrscheinlichkeiten für das Auftreten eines Fehlers 1. Art für die entsprechende multiple Testsituation wie folgt:

Zustand	Wahrscheinlichkeit für einen Fehler 1. Art
(1) H_{01} wahr, H_{02} wahr	P(H_{01} wird abgelehnt oder H_{02} wird abgelehnt)
(2) H_{01} wahr, H_{02} falsch	α
(3) H_{01} falsch, H_{02} wahr	α
(4) H_{01} falsch, H_{02} falsch	0

Während die Wahrscheinlichkeit für das Auftreten eines Fehlers 1. Art bei den Zuständen (2) und (3) durch α beschränkt ist, trifft dies für den Zustand (1) nicht zu. Falls beide Nullhypothesen wahr sind, dann ist nicht garantiert, dass die Wahrscheinlichkeit für (mindestens) einen Fehler 1. Art durch α beschränkt ist. Offensichtlich erfüllt diese Wahrscheinlichkeit die Ungleichung

$$\alpha \leq \mathrm{P}(H_{01} \text{ wird abgelehnt oder } H_{02} \text{ wird abgelehnt}) \leq 2\alpha$$

Beim Testen von drei Nullhypothesen H_{01}, H_{02} und H_{03} wird die Situation schon etwas Dramatischer. Unter analogen Voraussetzungen wie im vorigen Fall gibt es unter den jetzt acht möglichen Zuständen bereits vier, in denen nicht garantiert ist, dass die Wahrscheinlichkeit für das Auftreten von (mindestens) einem Fehler 1. Art durch α beschränkt ist. Je größer die Zahl der Nullhypothesen wird, umso größer kann diese Fehlerwahrscheinlichkeit werden.
Der Grund für diesen Effekt liegt auf der Hand. Das lehrbuchartige Vorgehen bei der Durchführung statistischer Tests berücksichtigt in der Regel nicht die besondere Eigenheit multipler Testsituationen. Das häufigere Auftreten von Fehlern 1. Art bewirkt in der Folge eine Zunahme von scheinsignifikanten Ergebnissen bei den verwendeten Tests, was wohl kaum wünschenswert sein kann.
Um eine Vorstellung davon zu bekommen, wie groß in einem solchen Fall die Wahrscheinlichkeit für einen Fehler 1. Art werden kann, nehmen wir einmal an, dass die zugehörigen Tests unabhängig sind (unter der Annahme, dass alle Nullhypothesen wahr sind). In diesem Fall gilt für die globale Fehlerwahrscheinlichkeit:

$$\begin{aligned}
&\mathrm{P}(\text{mindestens eine der wahren Nullhypothesen wird abgelehnt})\\
&= 1 - \mathrm{P}(\text{keine der wahren Nullhypothesen wird abgelehnt})\\
&= 1 - (1-\alpha)^n
\end{aligned}$$

Diese Fehlerwahrscheinlichkeit kann recht schnell sehr groß werden. Die folgende Tabelle enthält einige Werte dieser Formel für $\alpha = 0{,}05$ und n Nullhypothesen bzw. n Tests. Bei drei Nullhypothesen liegt der entsprechende Wert bei fast 15 %, bei fünf Nullhypothesen schon bei über 20 %.

n	$1-(1-\alpha)^n$	n	$1-(1-\alpha)^n$
1	0,0500	6	0,2649
2	0,0975	7	0,3017
3	0,1426	8	0,3366
4	0,1855	9	0,3698
5	0,2262	10	0,4013

Natürlich stellt sich jetzt die Frage, wie man diese Fehlerwahrscheinlichkeit(en) entsprechend kontrollieren kann. Eine klassische, aber mittlerweile veraltete, Methode wäre die sogenannte Bonferroni-Prozedur. In diesem Fall wird jede der n Nullhypothesen bei einem Signifikanzniveau von α/n getestet. Bei $\alpha = 0{,}05$ und $n = 3$ wäre das jeweilige Signifikanzniveau also nur noch 0,0167. Man kann zeigen, dass in diesem Fall die Wahrscheinlichkeit, mindestens einen Fehler 1. Art zu begehen, höchstens gleich α ist. Dies gilt unabhängig davon, wie viele Nullhypothesen tatsächlich wahr sind. Ein Testverfahren mit einer solchen Eigenschaft nennt man auch Test zum multiplen Niveau α. Der Nachteil der Bonferroni-Prozedur besteht darin, dass die Wahrscheinlichkeit für das Auftreten eines Fehlers 1. Art je nach Situation sehr gering sein kann, was sich entsprechend ungünstig für die Wahrscheinlichkeit des Auftretens von Fehlern 2. Art auswirkt.

Eine einfache Variante, bei der es sich ebenfalls um einen Test zum multiplen Niveau α handelt, ist die sogenannte Bonferroni-Holm-Prozedur. Sie besitzt im Allgemeinen eine höhere Mächtigkeit (= Wahrscheinlichkeit, falsche Nullhypothesen abzulehnen) als die Bonferroni-Prozedur und stellt daher eine verbesserte Testprozedur dar. Die Konstruktion der Bonferroni-Holm-Prozedur basiert auf einer Anwendung des Abschlusstest-Prinzips, mit dessen Hilfe zahlreiche traditionelle Verfahren durch verbesserte (das heißt mächtigere) Varianten ersetzt werden konnten.

Multiple Testverfahren, insbesondere die zuletzt erwähnten Abschlusstests, haben sich in einigen Anwendungsgebieten durchgesetzt, in anderen dagegen kaum oder gar nicht. Welche Einstellung man dazu aber auch immer haben mag, das Problem als solches bleibt bestehen. Gegebenenfalls muss man eben eine größere Anzahl von scheinsignifikanten Ergebnissen in Kauf nehmen.

Literatur: Alt (2005), Hsu (1996).

Kapitel 16.

Ausblick – Ein statistischer Wegweiser

Am Ende dieser Einführung in die Statistik für Wirtschaftswissenschaftler könnte ein Leser natürlich die Frage stellen, ob damit bereits alle (Vor-)Kenntnisse abgedeckt sind, die ein Wirtschaftswissenschaftler idealerweise im Fach Statistik haben sollte. Die Antwort lautet – erwartungsgemäß – Nein! Nach der statistischen Grundausbildung, die üblicherweise in den ersten beiden Semestern stattfindet, sollten im Rahmen (zumindest) einer weiterführenden Lehrveranstaltung zusätzliche Kenntnisse in einigen Statistik-nahen Disziplinen erworben werden. Die Rede ist hier vor allem von Kenntnissen aus Ökonometrie und Zeitreihenanalyse, die ein Wirtschaftswissenschaftler wenigstens in Grundzügen besitzen sollte, um in der Lage zu sein, empirische Arbeiten überhaupt lesen zu können. Auf den folgenden Seiten soll daher – in einer Art Vorausschau – auf diese beiden Disziplinen kurz eingegangen werden, inklusive einiger Literaturempfehlungen.

Bevor wir damit beginnen, soll noch ein Thema besonders erwähnt werden, das gerade im Zusammenhang mit einer weiterführenden Ausbildung in Statistik auf einen Studierenden früher oder später zukommen wird, nämlich die Verwendung von Matrizen. Das bedeutet nicht, dass man sich nicht auch Grundkenntnisse in Ökonometrie und Zeitreihenanalyse aneignen kann, ohne nähere Kenntnisse über Matrizen zu besitzen. Allerdings muss man immer damit rechnen, dass sie an verschiedensten Stellen in Theorie und Anwendung auftauchen und da ist es ein großer Vorteil, wenn man im Umgang mit ihnen etwas vertraut ist. Wenn man mit Beobachtungen von mehr als zwei Variablen zu tun hat, und das ist in der Statistik nichts Ungewöhnliches, wenn man etwa an die multiple Regression denkt, dann ist die Verwendung von Matrizen oft nahe liegend. Mit ihrer Hilfe lassen sich viele Zusammenhänge eleganter formulieren, was man ansonsten durch eine schwerfällige Darstellung mit einer entsprechenden Indizierung ersetzen müsste.

16.1. Ökonometrie

Im Hinblick auf die Anwendung ihrer Methoden genießt die Statistik einen gewissen Nimbus der Allgemeingültigkeit. Wie in vielen anderen wissenschaftlichen Bereichen hat allerdings auch in der Statistik im Laufe der Jahrzehnte ein Prozess der Spezialisierung zur Herausbildung hybrider Gebiete geführt. So beschäftigt sich etwa die Biometrie mit der Anwendung statistischer Methoden in der Medizin, während die zunehmende Beschäftigung mit statistischen Methoden im Bereich der Wirtschaftswissenschaften zur Entwicklung der Ökonometrie führte. Es ist daher nicht überraschend, dass es heutzutage eine Vielzahl an ökonometrischen Lehrveranstaltungen, Lehrbüchern und Softwarepaketen gibt.

Als Ausgangspunkt einer ökonometrischen Ausbildung gilt dabei das klassische lineare Regressionsmodell, allerdings ergänzt durch eine Vielzahl an Verfeinerungen und Modellvarianten. Traditionellerweise erfolgt dies auf der Grundlage des Matrizenkalküls. Wer jemals eine Ökonometrie-Ausbildung absolviert hat, wird das klassische lineare Regressionsmodell vor allem mit der Modellgleichung

$$y = X\beta + u$$

assoziieren, wobei y den Vektor der abhängigen Variablen, β den Vektor der Regressionskoeffizienten, u den Vektor der Störterme und X die Regressormatrix, das heißt die Matrix der erklärenden Variablen darstellt. Der Vorteil der Matrixnotation liegt in ihrer kompakten Darstellung, allerdings muss man sich bewusst sein, dass der Umgang mit einer derartigen Darstellung für einen Anfänger etwas gewöhnungsbedürftig ist. Erfahrungsgemäß stellt dies eine der wesentlichen Hürden für eine nähere Beschäftigung mit der Ökonometrie dar.

Wie bereits erwähnt, beschäftigt man sich dann im Weiteren mit verschiedensten Modellvarianten des klassischen linearen Regressionsmodells. Dies führt in der Folge insbesondere zu den sogenannten dynamischen Modellen, bei denen es nichts Ungewöhnliches ist, wenn zum Beispiel eine zeitlich verzögerte abhängige Variable unter den erklärenden Variablen auftritt. Üblichweise werden auch verschiedene ökonometrische Tests behandelt, mit denen Modellannahmen getestet werden können.

Was die Ökonometrie-Ausbildung von einer traditionellen Statistik-Ausbildung unterscheidet, ist, neben den dynamischen Modellen, insbesondere die Behandlung von Mehrgleichungsmodellen zur Beschreibung interdependenter wirtschaftlicher Zusammenhänge. Eine besondere Bedeutung in der Ökonometrie kommt schließlich der Zeitreihenanalyse zu, auf die wir im folgenden Abschnitt etwas näher eingehen werden.

Hier sind noch einige Literaturhinweise zur Einführung in die Ökonometrie. Was Lehrbücher betrifft, so sollte man beachten, dass ein großer Teil der ökonometrischen Literatur nur in englischer Sprache vorliegt, was andererseits aber den Vorteil besitzt, dass man sich nicht frühzeitig einen sprachlichen Tunnelblick angewöhnt. Ramanathan (2001) wird häufig als Einführung empfohlen. Wooldridge (2005) ist ein neueres Lehrbuch, das viele Anwendungsbeispiele enthält. Bei diesem Buch oder auch bei dem Standardwerk von Greene (2003) sollte man sich allerdings bewusst sein, dass es sich dabei um Bücher mit einem Umfang von ca. 900–1000 Seiten handelt. Das letztere Buch erfordert einige Vorkenntnisse, ist aber als Nachschlagewerk sehr nützlich. Etwas weniger umfangreich ist Stewart und Gill (1998), eine stärker anwendungsorientierte Einführung zweier englischer Ökonometriker. Ein Klassiker ist das Buch von Johnston und DiNardo (1996). Mit Hilfe dieses Buches haben sich Generationen von Studenten auf der ganzen Welt ihre ersten Kenntnisse in Ökonometrie erworben. Dieses Buch erschien erstmals im Jahr 1963 und liegt mittlerweile in der vierten Auflage vor. Kennedy (2008) ist ein ganz besonderes Buch. Es handelt sich dabei nicht um ein traditionelles Lehrbuch, sondern mehr um eine Übersicht über wichtige ökonometrische Themen, die in Form mehrseitiger Artikel weitgehend ohne Verwendung von Formeln beschrieben werden. Winker (2007) ist ein neueres deutschsprachiges Buch, das neben einem Ökonometrie-Teil auch eine Einführung in die empirische Wirtschaftsforschung bietet.

16.2. Zeitreihenanalyse

Viele Daten in den Wirtschaftswissenschaften treten in Form von Zeitreihen auf. Aus diesem Grund sollte daher die Zeitreihenanalyse im Curriculum von Wirtschaftswissenschaftlern besondere Berücksichtigung finden. Häufig geschieht dies im Rahmen einer Ökonometrie-Ausbildung. Obwohl die Zeitreihenanalyse traditionell als Zweig der Statistik gilt, wird mittlerweile nicht selten der Ausdruck „ökonomische Zeitreihenanalyse“ verwendet. Damit wird die besondere Natur ökonomischer Daten betont, die ihrerseits die Anwendung spezieller Methoden erforderlich macht. Einfach ausgedrückt, geht es in der Zeitreihenanalyse darum, eine Beobachtung zum Zeitpunkt t in Abhängigkeit von Beobachtungen früherer Zeitpunkte darzustellen. Ähnlich wie bei der linearen Regression versucht man auch hier, diese Abhängigkeit mit Hilfe einer linearen Funktion zu beschreiben. Im einfachsten Fall könnte so etwas wie folgt aussehen:

$$X_t = \alpha_0 + \alpha_1 X_{t-1} + u_t$$

Sieht man einmal von den spezifischen Modellannahmen ab, dann wird durch diese Gleichung postuliert, dass sich die Beobachtung zum Zeitpunkt t (in Form der Zufallsvariablen X_t) als lineare Funktion der Beobachtung zum Zeitpunkt $t-1$ (in Form der Zufallsvariablen X_{t-1}) plus einem Fehlerterm darstellen lässt. In diesem Fall würde man von einem autoregressiven Prozess der Ordnung 1 bzw. einem AR(1)-Prozess sprechen.

Dabei fällt deutlich der Unterschied zur klassischen linearen Regression auf, bei der auf der rechten Seite eine (oder auch mehrere) erklärende Variablen auftreten können, wobei allerdings keine zeitverzögerten abhängigen Variablen verwendet werden. Hier wird somit versucht, eine Variable nur mit Hilfe ihrer eigenen Vergangenheit zu erklären. Natürlich kann man diesen Ansatz erweitern, indem nicht nur die letzte Beobachtung, sondern auch weiter zurückliegende Beobachtungen berücksichtigt werden, zum Beispiel in der folgenden Form:

$$X_t = \alpha_0 + \alpha_1 X_{t-1} + \cdots + \alpha_p X_{t-p} + u_t$$

In diesem Fall würde man von einem AR(p)-Prozess sprechen. Ein nahe liegendes Problem, dass sich unmittelbar aus dieser Darstellung ergibt, ist etwa die Bestimmung der Ordnung p sowie die Schätzung der einzelnen Koeffizienten. Zahlreiche Untersuchungen haben übrigens gezeigt, dass solche (und auch andere) Zeitreihenmodelle im Hinblick auf die Prognosequalität deutlich besser abschneiden als traditionelle „Strukturmodelle“. Die Betonung der rein statistischen Erklärung geht dann allerdings auf Kosten der inhaltlichen Erklärung.

Hier sind noch einige Literaturhinweise zur Einführung in die Zeitreihenanalyse. Als eine der populärsten Einführungen in die Zeitreihenanalyse gilt wohl das Buch von Chatfield (2004), das mittlerweile in der sechsten Auflage vorliegt (erste Auflage 1975). Der Autor geht vielleicht manchmal etwas zu wenig in die Details, gibt aber einen recht breiten Überblick über das Gebiet der Zeitreihenanalyse. Unter den deutschsprachigen Büchern seien Neusser (2006) sowie Kirchgässner und Wolters (2006) erwähnt, die beide von eher moderatem Umfang sind. Wer sich näher mit Prognosen beschäftigen möchte, dem sei das Buch von Mertens und Rässler (2005) empfohlen. Dies ist ein Sammelband, der zahlreiche Beiträge verschiedener Autoren zu Prognoseproblemen und -verfahren im Bereich der Wirtschaftswissenschaften enthält.

Anhang

Anhang A.

Hinweise zur Verwendung von Excel

In einzelnen Kapiteln ist für diverse Berechnungen sowie für die Erstellung von Grafiken die Verwendung einer geeigneten Software erforderlich bzw. empfehlenswert. Für den Fall, dass eine spezielle Statistik-Software nicht zur Verfügung steht, kann für Übungszwecke auch die weitverbreitete Tabellenkalkulations-Software Excel von Microsoft verwendet werden. Dazu werden im Folgenden einige Hinweise gegeben, insbesondere zu speziellen statistischen Funktionen. Die Hinweise beziehen sich auf die folgenden Themen:

- Zeitliche Sortierung eines Datensatzes
- Spaltentrennung eines Datensatzes
- Korrelation
- Regression
- Standardnormalverteilung
  - Verteilungsfunktion
  - Inverse der Verteilungsfunktion
- Chi-Quadrat-Verteilung
- t-Verteilung
- F-Verteilung
- Erzeugen von (Pseudo-)Zufallszahlen

Grundkenntnisse im Umgang mit Excel werden dabei vorausgesetzt. Die Beschreibung bezieht sich primär auf Excel 2007, allerdings wird auch auf die Unterschiede bei der Verwendung von Excel 2003 hingewiesen. Beachten Sie außerdem die Möglichkeiten der Hilfe-Funktion in Excel 2003/2007. Weitere Hinweise finden Sie im Internet, zum Beispiel auf der Webseite
`http://office.microsoft.com/de-de/excel/CH100645381031.aspx`.

Zeitliche Sortierung eines Datensatzes

Beim Herunterladen eines zeitlich geordneten Datensatzes (Zeitreihe) aus dem Internet kann es vorkommen, dass die Daten so in einer Spalte abgespeichert werden, dass der erste Wert dem zeitlich aktuellsten Wert entspricht. Das ist nicht immer wünschenswert. In diesem Fall gibt es bei Excel 2007 (2003) eine einfache Möglichkeit, die Werte in umgekehrter Reihenfolge anzuordnen, das heißt beginnend mit dem zeitlich ältesten Wert. Angenommen, die ersten fünf Werte der Spalte A lauten

5
3
8
2
4

Man könnte sich zum Beispiel vorstellen, dass 5 einen Wert für das Jahr 2007, 3 einen Wert für das Jahr 2006, ..., und 4 einen Wert für das Jahr 2003 bedeutet. Diese Werte lassen sich jetzt in umgekehrter Reihenfolge anordnen, indem man zunächst in der Spalte B die Zahlen 1,...,5 erzeugt

5	1
3	2
8	3
2	4
4	5

Dann markiert man beide Spalten und wählt beim Menüpunkt DATEN das Untermenü SORTIEREN. Im neuen Fenster gibt man an, dass das Sortieren nach der Spalte B erfolgen soll und zwar absteigend (!). Dadurch werden die Werte in beiden Spalten in umgekehrter Reihenfolge angeordnet

4	5
2	4
8	3
3	2
5	1

Die Spalte A beginnt somit mit dem zeitlich ältesten Wert, nämlich dem Wert 4 für das Jahr 2003. Die Werte in Spalte B können dann natürlich gelöscht werden.

Spaltentrennung eines Datensatzes

Beim Abspeichern von Datensätzen kann es vorkommen, dass verschiedene Informationen zum selben Datensatz in einer einzigen Spalte gespeichert werden. Die in einer

Spalte enthaltene Kursinformation einer Aktie könnte zum Beispiel die folgenden Angaben enthalten

$$2008 - 09 - 01, 6400.85, 6553.90, 5658.20, 5831.02, 24755800$$

wobei es sich hier um das Datum, den Eröffnungskurs, den Höchstkurs, den Tiefstkurs, den Schlusskurs und das Volumen handelt, die nur durch Kommas getrennt sind (statt Dezimalkommas werden hier Dezimalpunkte verwendet). In einem solchen Fall bietet Excel 2007 (2003) die Möglichkeit, die zusammengefassten Einzeldaten zu trennen und in mehreren Spalten abzuspeichern.
Dazu wird zunächst die betreffende Spalte markiert. Beim Menüpunkt DATEN muss man dann auf das Untermenü TEXT IN SPALTEN klicken. Handelt es sich bei den Trennzeichen um Kommas (wie im Beispiel), dann wählt man GETRENNT und klickt auf WEITER. Bei den Trennzeichen wird das Kästchen KOMMA aktiviert, klickt dann auf WEITER und schließlich auf FERTIG STELLEN. Die ursprünglich in einer einzigen Spalte enthaltenen Informationen sollten jetzt auf mehrere Spalten aufgeteilt sein.

Korrelation

Den Korrelationskoeffizienten zweier Datensätze kann man in Excel 2007 mit Hilfe der Analyse-Funktion KORRELATION berechnen. Dazu den Menüpunkt DATEN auswählen und auf DATENANALYSE klicken (ganz rechts). Im neuen Fenster unter ANALYSE-FUNKTIONEN die Kategorie KORRELATION auswählen und auf OK klicken. [Sollte das Add-In ANALYSEFUNKTIONEN nicht verfügbar sein, muss es zunächst installiert werden (siehe dazu `http://office.microsoft.com/de-de/excel/HP100215691031.aspx`).]
Im nächsten Fenster ist der Bereich anzugeben, in dem sich die beiden Datensätze befinden (zwei benachbarte Spalten). Dazu sollten beide Datensätze (inklusive Variablennamen) markiert werden. Danach das Kästchen BESCHRIFTUNGEN IN ERSTER ZEILE aktivieren, die Ausgabe festlegen und auf OK klicken. Als Ergebnis erhält man eine „Korrelationsmatrix", wobei der gesuchte Korrelationskoeffizient unterhalb der Einser-Diagonale angegeben ist.
(Bei Verwendung von Excel 2003 den Menüpunkt EXTRAS/ANALYSEFUNKTIONEN auswählen, dann weiter wie oben.)

Regression

Eine einfache oder multiple lineare Regression kann man in Excel 2007 mit Hilfe der Analyse-Funktion REGRESSION durchführen. Dazu den Menüpunkt DATEN auswählen und auf DATENANALYSE klicken (ganz rechts). Im neuen Fenster unter ANALYSE-FUNKTIONEN die Kategorie REGRESSION auswählen und auf OK klicken. [Sollte das Add-In ANALYSEFUNKTIONEN nicht verfügbar sein, muss es zunächst installiert werden (siehe dazu `http://office.microsoft.com/de-de/excel/HP100215691031.aspx`).]
Im nächsten Fenster zunächst im Feld Y-EINGABEBEREICH den Spaltenbereich angeben (inklusive Variablenname), in dem sich die Werte der abhängigen Variablen (Y) befinden. Im Feld X-EINGABEBEREICH dann den Spaltenbereich angeben (inklusive

Variablenname), in dem sich die Werte der erklärenden Variablen (X) befinden. Im Fall einer multiplen Regression, das heißt bei mehreren erklärenden Variablen, muss man den gesamten Spaltenbereich der erklärenden Variablen angeben, wobei vorausgesetzt wird, dass sich diese in benachbarten Spalten befinden. Danach das Kästchen BESCHRIFTUNGEN aktivieren, die Ausgabe festlegen und auf OK klicken.

Der Excel-Output bei einer linearen Regression enthält zahlreiche Angaben, die aber nicht alle benötigt werden. Wesentlich sind zunächst das Bestimmtheitsmaß sowie die Werte der geschätzten Koeffizienten, weiter dann (für die Induktive Statistik) die Werte für die Standardfehler und t-Statistiken sowie die P-Werte. Unter *Prüfgröße (F)* und *F krit* versteht man den Wert der F-Statistik sowie den zugehörigen P-Wert. Die eher unübliche Bezeichnung *Schnittpunkt* steht für die Regressionskonstante, der Wert daneben für deren Schätzwert.
(Bei Verwendung von Excel 2003 den Menüpunkt EXTRAS/ANALYSEFUNKTIONEN auswählen, dann weiter wie oben.)

Standardnormalverteilung

Verteilungsfunktion

In Excel 2007 den Menüpunkt FORMELN auswählen und dann auf fx FUNKTION EINFÜGEN klicken (ganz links). Im neuen Fenster die Kategorie STATISTIK auswählen, dann die Funktion STANDNORMVERT und auf OK klicken. Wenn man beim nächsten Fenster im Feld Z eine beliebige Zahl z eingibt, dann erhält man als Ergebnis die Zahl $\Phi(z)$ der Verteilungsfunktion der Standardnormalverteilung.
(Bei Verwendung von Excel 2003 den Menüpunkt EINFÜGEN/FUNKTION auswählen, dann weiter wie oben.)

Beispiel 1: Für $z=0$ erhält man den Wert $\Phi(0)=0{,}5$.

Beispiel 2: Für $z=1$ erhält man den Wert $\Phi(1)=0{,}8413$.

Beispiel 3: Für $z=-2$ erhält man den Wert $\Phi(-2)=0{,}0228$.

Inverse der Verteilungsfunktion

In Excel 2007 den Menüpunkt FORMELN auswählen und dann auf fx FUNKTION EINFÜGEN klicken (ganz links). Im neuen Fenster die Kategorie STATISTIK auswählen, dann die Funktion STANDNORMINV und auf OK klicken. Wenn man beim nächsten Fenster im Feld WAHRSCH eine Zahl p mit $0<p<1$ eingibt, dann erhält man als Ergebnis diejenige Zahl z, für die gilt $\Phi(z)=p$, wobei $\Phi(z)$ die Verteilungsfunktion der Standardnormalverteilung ist.
(Bei Verwendung von Excel 2003 den Menüpunkt EINFÜGEN/FUNKTION auswählen, dann weiter wie oben.)

Beispiel 1: Für $p=0{,}5$ erhält man den Wert $z\approx 0$.

Beispiel 2: Für $p=0{,}05$ erhält man den Wert $z=-1{,}645$.

Beispiel 3: Für $p=0{,}975$ erhält man den Wert $z=1{,}96$.

Chi-Quadrat-Verteilung

In Excel 2007 den Menüpunkt FORMELN auswählen und dann auf fx FUNKTION EINFÜGEN klicken (ganz links). Im neuen Fenster die Kategorie STATISTIK auswählen, dann die Funktion CHIVERT und auf OK klicken. Wenn man beim nächsten Fenster im Feld X eine nichtnegative Zahl x eingibt und im Feld FREIHEITSGRADE eine natürliche Zahl k, dann erhält man als Ergebnis die Zahl $1-F(x)$, wobei $F(x)$ die Verteilungsfunktion der Chi-Quadrat-Verteilung mit k Freiheitsgraden ist. Man beachte bei der Anwendung des Chi-Quadrat-Tests, dass in diesem Fall direkt der P-Wert angegeben wird!
(Bei Verwendung von Excel 2003 den Menüpunkt EINFÜGEN/FUNKTION auswählen, dann weiter wie oben.)

Beispiel 1: Für $x=1$ und $k=1$ erhält man den Wert $1-F(1)=0{,}3173$.
Beispiel 2: Für $x=4$ und $k=2$ erhält man den Wert $1-F(4)=0{,}1353$.
Beispiel 3: Für $x=8$ und $k=3$ erhält man den Wert $1-F(8)=0{,}0460$.

t-Verteilung

In Excel 2007 den Menüpunkt FORMELN auswählen und dann auf fx FUNKTION EINFÜGEN klicken (ganz links). Im neuen Fenster die Kategorie STATISTIK auswählen, dann die Funktion TVERT und auf OK klicken. Wenn man beim nächsten Fenster im Feld X eine nichtnegative Zahl x eingibt, im Feld FREIHEITSGRADE eine natürliche Zahl k und im Feld SEITEN den Wert 1, dann erhält man als Ergebnis die Zahl $1-F(x)$, wobei $F(x)$ die Verteilungsfunktion der t-Verteilung mit k Freiheitsgraden ist.
Man beachte, dass bei der Anwendung von TVERT das Argument x der Funktion $F(x)$ nicht negativ sein darf. Benötigt man den Wert der Verteilungsfunktion für ein negatives Argument, das heißt also den Wert $F(-x)$, wobei x positiv ist, dann kann man wegen der Gültigkeit der Gleichung $F(-x) = 1-F(x)$ zunächst $F(x)$ mit TVERT bestimmen und dann den gesuchten Wert $F(-x)$ berechnen.
(Bei Verwendung von Excel 2003 den Menüpunkt EINFÜGEN/FUNKTION auswählen, dann weiter wie oben.)

Beispiel 1: Für $x=0$, $k=10$ und Seiten $=1$ erhält man den Wert $1-F(0)=0{,}5$.
Beispiel 2: Für $x=1$, $k=20$ und Seiten $=1$ erhält man den Wert $1-F(1)=0{,}1646$.
Beispiel 3: Für $x=2$, $k=30$ und Seiten $=1$ erhält man den Wert $1-F(2)=0{,}0273$.

F-Verteilung

In Excel 2007 den Menüpunkt FORMELN auswählen und dann auf fx FUNKTION EINFÜGEN klicken (ganz links). Im neuen Fenster die Kategorie STATISTIK auswählen, dann die Funktion FVERT und auf OK klicken. Wenn man beim nächsten Fenster im Feld X eine nichtnegative Zahl x eingibt und in den beiden Feldern FREIHEITSGRADE 1 und FREIHEITSGRADE 2 zwei natürliche Zahlen k_1 und k_2, dann erhält man als Ergebnis die Zahl $1-F(x)$, wobei $F(x)$ die Verteilungsfunktion der F-Verteilung mit $(k_1,\ k_2)$ Freiheitsgraden ist. Man beachte bei der Anwendung des F-Tests, dass in diesem Fall nicht der Wert der Verteilungsfunktion, sondern der P-Wert ausgegeben wird!

(Bei Verwendung von Excel 2003 den Menüpunkt EINFÜGEN/FUNKTION auswählen, dann weiter wie oben.)

Beispiel 1: Für $x=1$, $k_1=3$ und $k_2=20$ erhält man den Wert $1-F(1)=0{,}4133$.
Beispiel 2: Für $x=2$, $k_1=4$ und $k_2=50$ erhält man den Wert $1-F(2)=0{,}1088$.
Beispiel 3: Für $x=3$, $k_1=6$ und $k_2=100$ erhält man den Wert $1-F(3)=0{,}0098$.

Erzeugen von (Pseudo-)Zufallszahlen

Zufallszahlen können in Excel 2007 mit Hilfe der Analyse-Funktion ZUFALLSZAHLENGENERIERUNG erzeugt werden. Dazu den Menüpunkt DATEN auswählen und auf DATENANALYSE klicken (ganz rechts). Im neuen Fenster unter ANALYSE-FUNKTIONEN die Kategorie ZUFALLSZAHLENGENERIERUNG auswählen und auf OK klicken. Im nächsten Fenster gibt man zunächst die Anzahl der Variablen (= Zahl der Spalten) an, für die Zufallszahlen erzeugt werden sollen (zum Beispiel 1) sowie die gewünschte Anzahl an Zufallszahlen. Unter VERTEILUNG bieten sich verschiedene Möglichkeiten an, zum Beispiel eine Gleichverteilung (Angabe zweier Werte erforderlich, das heißt eines Intervalls, in dem die Zufallszahlen liegen sollen), eine Normalverteilung (STANDARD, Angabe von Mittelwert μ und Standardabweichung σ erforderlich), eine Binomialverteilung (Angabe von p und n erforderlich) oder eine Poisson-Verteilung (Angabe von λ erforderlich). Schließlich muss ein Ausgangswert (natürliche Zahl) angeben werden, mit dessen Hilfe die Zufallszahlen generiert werden, sowie eine entsprechende Ausgabeoption.
Man beachte, dass bei mehrmaliger Verwendung dieser Analysefunktion der Ausgangswert jedes Mal anders gewählt werden sollte, da ansonsten immer dieselben Zufallszahlen erzeugt werden!

Anhang B.

Lösungen zu ausgewählten Aufgaben

Auf den folgenden Seiten finden Sie die Lösungen zu den „geraden“ Aufgaben, die am Ende der einzelnen Kapitel gestellt wurden. Dabei sind oft nur das Ergebnis, gelegentlich aber auch Lösungshinweise oder sogar der gesamte Lösungsweg angegeben. Für die mit einem * gekennzeichneten Aufgaben ist eine geeignete Software erforderlich bzw. empfehlenswert. Beachten Sie dazu auch die Hinweise in Anhang A.

Kapitel 1

1.2

Merkmal	Merkmal
qualitativ	quantitativ, stetig
qualitativ	qualitativ
quantitativ, diskret	quantitativ, stetig
quantitativ, diskret	quantitativ, stetig

1.4

Umsätze	h_i	f_i	H_i	F_i
0 – 100	7	0,27	7	0,27
100 – 200	12	0,46	19	0,73
200 – 300	5	0,19	24	0,92
300 – 400	2	0,08	26	1,00
Summe	26	1,00		

*1.6

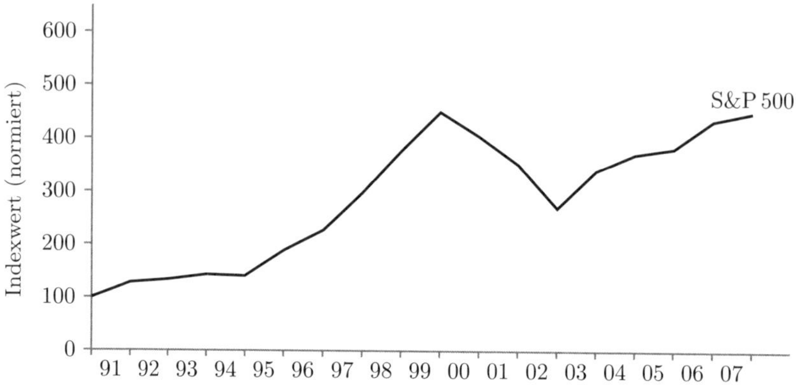

*1.8

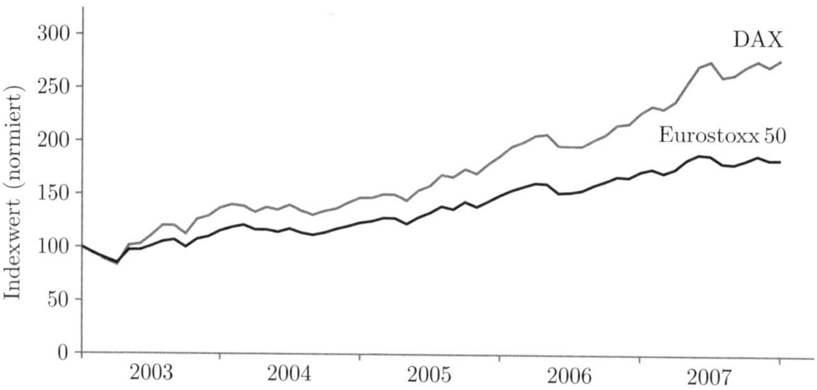

*1.10

Buchstabe	Häufigkeit (in %)	Buchstabe	Häufigkeit (in %)
a	8,5	n	7,1
b	1,7	o	7,6
c	2,4	p	1,7
d	4,9	q	0,1
e	11,8	r	4,8
f	2,3	s	5,5
g	2,3	t	9,3
h	6,3	u	2,9
i	7,4	v	0,8
j	0,2	w	2,3
k	1,2	x	0,1
l	3,6	y	2,2
m	2,9	z	0,1

Kapitel 2

2.2 Ausgaben: 31,8 Euro für 10 kg Obst

Ausgaben pro kg: 3,18 Euro

2.4 x_1, x_2 – Noten der kürzeren Tests

x_3 – Note des längeren Tests

$$\overline{x} = \frac{1}{5}(x_1 + x_2 + 3x_3) = \frac{1}{5}x_1 + \frac{1}{5}x_2 + \frac{3}{5}x_3$$

2.6 a) Median $= x_{(14)} = 20\,\%$

b) Eine andere Verteilung der gleichen Mehrwertsteuersätze würde zum selben Resultat führen. Das Problem ist in diesem Fall, dass die unterschiedliche Größe der Staaten (Bevölkerung, Wirtschaft) nicht berücksichtigt wird.

2.8 durchschnittliche jährliche Rendite: $r = 16{,}1\,\%$

2.10 durchschnittliche jährliche Wachstumsrate (Verwendung des geometrischen Mittels):

Deutschland: $G_1 = 1{,}01 \Rightarrow 1\,\%$ p. a.

Österreich: $G_2 = 1{,}019 \Rightarrow 1{,}9\,\%$ p. a.

Schweiz: $G_3 = 1{,}017 \Rightarrow 1{,}7\,\%$ p. a.

Kapitel 3

3.2 $\overline{x} = 4$

$s^2 = 20$

$s = 4{,}47$

3.4

$$K = \frac{n - 2V + 1}{n - 1} = \frac{4 - 2 \cdot 1{,}16 + 1}{3} = 0{,}89$$

$H = 0{,}80$

3.6

$$K = \frac{n - 2V + 1}{n - 1} = \frac{8 - 2 \cdot 2{,}77 + 1}{7} = 0{,}49$$

3.8 a) $H = \sum_{i=1}^{n} p_i^2 = 0{,}23$

b) Dies hängt vom Marktanteil ab. Allerdings müsste dieser schon recht hoch sein, um den Index zu beeinflussen. Ein Anteil von zum Beispiel 10 % bzw. 20 % würde lediglich einem quadrierten Wert von 0,01 bzw. 0,04 entsprechen!

3.10 $K = \frac{n - 2V + 1}{n - 1} = \frac{11 - 2 \cdot 3{,}23 + 1}{10} = 0{,}55$

Kapitel 4

4.2 Von 2000 bis 2004 ist der Preis des Rohstoffs um 26 % gestiegen. während er von 2000 bis 2006 um 8 % gesunken ist.

4.4 $P_{0,2} = 110{,}0$ $P_{0,4} = 109{,}1$ $P_{0,6} = 116{,}4$

4.6 Betrachten wir einen Warenkorb mit den Gütern A und B sowie den folgenden Preis- und Mengenangaben (Zeitpunkte 0, 1 und 2):

	0		1		2	
Gut	Preis	Menge	Preis	Menge	Preis	Menge
A	5	10	9	15	4	20
B	4	25	6	30	8	40

Es gilt $P_{0,1} = P_{0,2} = 160$, das heißt, der Preisindex bleibt für die Zeitperioden 1 und 2 konstant. Die Preise haben sich allerdings von Periode 1 auf die Periode 2 geändert.

4.8 $P_{5,6} = 110$ (Paasche)

4.10 $Q_{5,6} = 94{,}2$ $Q_{5,7} = 100{,}0$ $Q_{5,8} = 107{,}0$

Kapitel 5

*5.2 a)

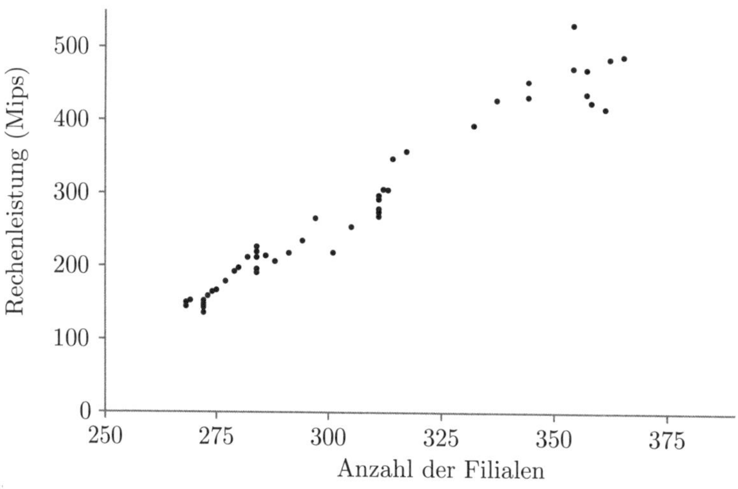

b) $r = 0{,}979$

c) Größe der Filialen, Umsätze, Zahl der Mitarbeiter, Kundenfrequenz, Saisonale Einflüsse.

5.4

Geschlecht $= x_i$	Barzahlung $= y_i$
Weiblich = 1	Ja = 1
Männlich = 0	Nein = 0

$r = 0{,}20$

5.6 a) negativ

b) positiv

c) negativ

d) positiv

5.8 a)

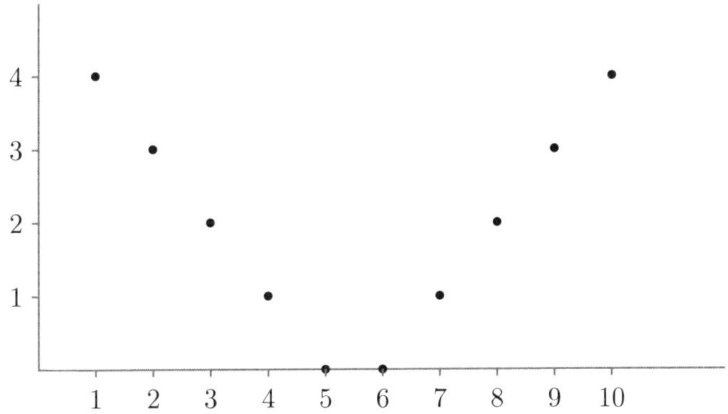

b) X und Y sind unkorreliert:

$$\sum_{i=1}^{n} x_i y_i - n\overline{x}\,\overline{y} = 0 \quad \Rightarrow \quad r_{xy} = 0$$

c) Auch bei einem Korrelationskoeffizienten von Null kann durchaus ein (nichtlinearer) Zusammenhang zwischen den Variablen bestehen bzw. ein bestimmtes Datenmuster auftreten.

5.10 Diesen Schluss kann man nicht ohne Weiteres ziehen. Es ist durchaus möglich, dass in diesem Fall eine sogenannte versteckte Variable existiert, die den beobachteten statistischen Zusammenhang erklären könnte. Dies könnte zum Beispiel das Alter sein. Bei älteren Personen wäre ein höherer Fernsehkonsum und, eben aus Altersgründen, eine schlechtere Sehqualität durchaus verständlich. Der Grund für die schlechtere Sehqualität könnte also auch das Alter sein. Um festzustellen, ob erhöhter Fernsehkonsum die Sehqualität beeinflusst, müsste man also für verschiedene Altersgruppen die Fernsehgewohnheiten und Sehqualiät untersuchen.

Kapitel 6

6.2 a) Steigung positiv oder negativ

b) Vorzeichen von r hängt ab von der Steigung der Regressionsgeraden. Außerdem ist $\sqrt{R^2} = |r|$

6.4 a) $R^2 = r^2 = 0{,}977^2 = 0{,}954$

b) R^2 ist definiert als der Anteil der Erklärten Streuung an der Gesamtstreuung (von Y). In diesem Fall werden gut 95 % der Streuung von Y durch die Regression erklärt.

c) $\widehat{y} = -16{,}2 + 14{,}46 \cdot 50 = 706{,}8 \qquad x = 50$

$\widehat{y} = -16{,}2 + 14{,}46 \cdot 100 = 1429{,}8 \qquad x = 100$

6.6 Y = Zahl der verkauften PCs, X = Werbeausgaben

$\widehat{y} = 103{,}1 + 0{,}0055x$

6.8 a) $\widehat{y} = -0{,}41 + 2{,}63x$

b) Als wichtige erklärende Variable könnte man die Monatstemperatur hinzufügen.

6.10 a) Y = Neuabschlüsse, X = Jahr

$\widehat{y} = -21685 + 10{,}97x$

b) $\widehat{y} = -21685 + 10{,}97 \cdot 2004 = 299 \qquad x = 2004$

Kapitel 7

7.2 K = Kopf, W = Wappen

$S_1 = \{(K, W, W), (K, W, K), (K, K, W), (K, K, K), (W, W, W), (W, W, K),$

$(W, K, W), (W, K, K)\}$

Anzahl von Kopf: 0, 1, 2, 3

$S_2 = \{0, 1, 2, 3\}$

7.4 P(zweimal Wappen) = 0,375

7.6 10! = 3628800

7.8 Nein! Die Lose haben nicht alle die gleiche Gewinnchance. Lose mit lauter verschiedenen Ziffern haben die höchste Gewinnchance, Lose mit lauter gleichen Ziffern die niedrigste Gewinnchance.

7.10 a) 2598960

b) P(es werden nur Kreuzkarten gezogen) = 0,0005

Kapitel 8

8.2 A_1 = Pik beim 1. Ziehen A_2 = Pik beim 2. Ziehen

$P(A_1 \cap A_2) = 0{,}056$

8.4 B = Gerät blinkt auf

$P(B) = 0{,}051$

8.6 W = das Wetter ist eine der Unfallursachen

D = Unfall mit Personenschaden

$P(D|W) = 0{,}267$

8.8 a) 0,45

b) 0,9

c) 0,1

8.10 a) $4{,}6 \cdot 10^{-13}$

b) 0,00025

Kapitel 9

9.2 a) $P(X \geq 30) = 0{,}75$

b) $P(X = 40 \text{ oder } X = 80) = 0{,}45$

c) $P(40 \leq X < 90) = 0{,}65$

9.4 a) $E(X) = 0{,}2$ $E(-3X + 4) = (-3) \cdot E(X) + 4 = 3{,}4$

b) $Y = X^2$

x	0	1	4
$P(Y = x)$	0,2	0,6	0,2

9.6 a) $E(5X) = 10$ $E(X^2) = 9$

b) $E(4X + 2) = -6$ $E(-3X^2 + 2X - 1) = -24$

c) $\text{Var}(-2X) = 20$ $\text{Var}(-2X + 2) = 20$

9.8 $E(X) = 0{,}7$ $\sqrt{\text{Var}(X)} = 0{,}781$

9.10 $E(R) = 265$ $\text{Var}(R) = 51525$

Kapitel 10

10.2 a) $P(X = 2) = 0{,}364$, $E(X) = 2$, $Var(X) = 1{,}1$

b) $P(X = 2) = 0{,}346$, $E(X) = 2$, $Var(X) = 1{,}2$

c) $P(X = 2) = 0{,}271$, $E(X) = 2$, $Var(X) = 2$

10.4 $X = \begin{cases} 1 & \text{Sie werden ausgewählt} \\ 0 & \text{Sie werden nicht ausgewählt} \end{cases}$

$P(X = 1) = 0{,}0003$

10.6 X = Zahl der richtigen Antworten

a) $E(X) = 4$

b) $P(X \geq 12) = \sum_{k=12}^{20} P(X = k) = 0{,}0001$

10.8 X = Zahl der defekten PCs

$P(X \leq 2) = 0{,}868$

10.10 X = Zahl der Stornierungen

a) $E(X) = 15$

b) $P(X > 4) = 0{,}9996$

Kapitel 11

11.2 X = Zeit zwischen den Ankünften zweier Kunden

a) $P(X > 5) = 0{,}713$

b) $P(X \leq 2) = 0{,}393$

11.4 X = Gesamtdauer des Projekts

$E(X) = \mu = 30 \quad \sigma = 1{,}685.$

11.6 a) $P(X < 3) = 0{,}45$

b) $P(1 \leq X \leq 2{,}5) = 0{,}21$

c) $P(X \geq 5) = 0{,}368$

11.8 a) $P(1{,}5 \leq X < 2) = 0{,}75$

b) $E(X) = 1{,}67$

11.10 a) $f(x) = \begin{cases} 0{,}25 & 0 \leq x \leq 4 \\ 0 & \text{sonst} \end{cases}$

b) $E(X) = 2$

Kapitel 12

*12.2 a) $\Phi(1) = 0{,}841$

b) $\Phi(2) = 0{,}977$

12.4 a) $Z_1 \sim N(2, 25)$

b) $Z_2 \sim N(0,\ 0{,}5)$

*12.6 X_1, X_2, X_3 – Einzelgewichte der drei Männer

$Y = X_1 + X_2 + X_3$ $\quad Y$ – Gesamtgewicht

$Y \sim N(240, 192) \qquad \mathrm{P}(Y > 280) = 0{,}002$

*12.8 $\overline{X} = \frac{1}{5}(X_1 + X_2 + X_3 + X_4 + X_5) \qquad \overline{X} \sim N(800, 5)$

a) $\mathrm{P}(\overline{X} < 780) = 0$

b) $\mathrm{P}(790 \leq \overline{X} \leq 810) = 1$

*12.10 a) $\mathrm{P}(7 < X \leq 13) = 0{,}67$

b) $\mathrm{P}(7 < X \leq 13) = 0{,}68$

Kapitel 13

*13.2 Konf $= 60\,\% \pm 3\,\%$

*13.4 $n \geq 4160$

13.6 b)

*13.8 $n \geq 984$

13.10 b)

Kapitel 14

*14.2 a) P-Wert $= \mathrm{P}(Z > 2{,}31 | H_0) = 0{,}0104$

$\Rightarrow H_0$ wird abgelehnt.

b) Nur für sich betrachtet, könnte man das Resultat als einen Hinweis darauf sehen, dass Rot tatsächlich häufiger auftritt als Schwarz. Man sollte aber beachten, dass auch bei einem perfekten Roulettespiel, bei dem man jeden Tag einen solchen Test durchführen würde, gelegentlich signifikante Testergebnisse auftreten werden. Letzlich wäre in diesem Fall zu prüfen, ob derartige signifikante Resultate ungewöhnlich häufig auftreten.

14.4 a) Ein Fehler 1. Art wäre möglich, nicht aber ein Fehler 2. Art.

b) Die Nullhypothese wäre auch bei einem Signifikanzniveau von 1 % abgelehnt worden.

*14.6 a) H_0: $p = 0{,}2$ $\quad H_1$: $p > 0{,}2$

b) P-Wert $= \mathrm{P}(Z > 3{,}16 | H_0) = 0{,}0008$

$\Rightarrow H_0$ wird abgelehnt.

14.8 b) ist richtig.

*14.10 $\lambda = 0{,}474$

Es werden drei Ereignisse betrachtet:

A_i = es gibt i Verkehrstote ($i = 0, 1$)

A_2 = es gibt mindestens zwei Verkehrstote

H_0: Daten stammen aus einer Poissonverteilung

H_1: Daten stammen nicht aus einer Poissonverteilung

	Wahrscheinlichkeit	Beobachtete Häufigkeit	Erwartete Häufigkeit
0	0,623	235	227,4
1	0,295	95	107,7
≥ 2	0,082	35	29,9

$\chi^2_* = 0{,}25 + 1{,}5 + 0{,}87 = 2{,}62$

P-Wert $= 0{,}27$ (bei zwei Freiheitsgraden)

$\Rightarrow H_0$ kann nicht abgelehnt werden.

Kapitel 15

*15.2 a) $\widehat{Y} = -1149{,}2 + 7{,}56X$ bzw. $\widehat{Umsatz} = -1149{,}2 + 7{,}56 \cdot \textit{Verkaufsfläche}$

b) $\widehat{Y} = -1149{,}2 + 7{,}56 \cdot 600 = 3390$

c) Ja. Wenn die Verkaufsfläche zunimmt, würde man einen höheren Umsatz erwarten. Daher sollte die Variable *Verkaufsfläche* ein positives Vorzeichen haben.

*15.4 a) 0,837

b) $0{,}973 - 0{,}027 = 0{,}946$

c) $0{,}973 - 0{,}5 = 0{,}473$

*15.6 a) 0,841

b) $0{,}977 - 0{,}023 = 0{,}954$

c) 0,977 − 0,5 = 0,477

*15.8 a) Ja. Höheres Alter bzw. höhere Temperatur (während des Sommers) sollte sich positiv auf die Qualität und damit entsprechend auf den Preis auswirken.

b) H_0: $\beta_1 = \beta_2 = 0$ H_1: $\beta_1 \neq 0$ oder $\beta_2 \neq 0$

*15.10 a) 1 − 0,99 = 0,01

b) 0,99 − 0,57 = 0,42

c) 0,927

Literatur

Alt, J. A. (2001) *Karl R. Popper*, 3. Auflage, Campus Verlag.

Alt, R. (2005) *Multiple Hypotheses Testing in the Linear Regression Model with Applications to Economics and Finance*, Cuvillier-Verlag.

Alt, R., H. Berrer und R. Kunst (2008) "An Early Warning System for Currency Crises Based on a Forecast Combination Approach ", OeNB Jubiläumsfonds-Projekt.

Anderson, D. R., D. J. Sweeney und T. A. Williams (2001) *Contemporary Business Statistics with Microsoft Excel*, South-Western/Thomson Learning.

Ashenfelter, O., D. Ashmore und R. Lalonde (1995) "Bordeaux Wine, Vintage Quality and the Weather", *Chance*, Vol. 8, No. 4, 7–14.

Auer, v. L. (2007) *Ökonometrie*, Springer-Verlag.

Bauer, F. L. (1995) *Entzifferte Geheimnisse*, Springer-Verlag.

Becker, S. O. und L. Wössmann (2009) "Was Weber Wrong? A Human Capital Theory of Protestant Economic History", *Quarterly Journal of Economics*, 124, 2, 531–596.

Beike, R. (2010) *Finanznachrichten lesen–verstehen–nutzen*, 5. Auflage, Schäffer-Poeschel.

Belke, A. und A. Dross (2009) „Die Kaufkraftparität des Wechselkurses", *WISU*, 10, 1354–1360.

Berry, D. A. und L. Chastain (2004) "Inferences about Testosterone Abuse among Athletes", *Chance*, Vol. 17, No. 2, 5–8.

Blaug, M. (1992) *The Methodology of Economics*, 2. Auflage, Cambridge University Press.

Box, G. E. P. and N. R. Draper (1987) *Empirical Model-Building and Response Surfaces*, John Wiley & Sons.

Brachinger, H. W. (2005) „Verbraucherpreisindex und wahrgenommene Inflation", *WISU*, 5, 640–642.

Bryson, M. C. (1976) "The Literary Digest Poll: Making of a Statistical Myth", *The American Statistician*, 30, 184–185.

Casella, G. und R. L. Berger (2002) *Statistical Inference*, 2. Auflage, Duxbury.

CHATFIELD, C. (2004) *The Analysis of Time Series – An Introduction*, 6. Auflage, Chapman & Hall.

CHUNG, K. L. UND F. AITSAHLIA (2003) *Elementary Probability Theory – With Stochastic Processes and an Introduction to Mathematical Finance*, 4. Auflage, Springer-Verlag.

CLEMENT, M. UND D. PAPIES (2007) „Spam-Filter und ihre Nutzung", *WISU*, 36 (3), 352–357.

CLEMENTS, K. W., Y. LAN UND S. P. SEAH (2007) "The Big Mac Index 21 Years on: An Evaluation of Burgernomics", Discussion Paper, University of Western Australia.

DIEKMANN, A. (2009) *Empirische Sozialforschung – Grundlagen, Methoden, Anwendungen*, 20. Auflage, Rowohlt Taschenbuch-Verlag.

DIEKMANN, A. (2006) *Methoden der Sozialforschung*, VS Verlag.

DIE ZEIT (2008) „Bildet Euch!", Nr. 01, 23. 12. 2008. `http://www.zeit.de/2009/01/C-Interview-Woessmann`

ELTON, E. J., M. J. GRUBER, S. J. BROWN UND W. N. GOETZMANN (2007) *Modern Portfolio Theory and Investment Analysis*, 7. Auflage, John Wiley & Sons.

FAHRMEIR, L., R. KÜNSTLER, I. PIGEOT UND G. TUTZ (2003) *Statistik – Der Weg zur Datenanalyse*, 4. Auflage, Springer-Verlag.

FAIR, R. C. (2002) *Predicting Presidential Elections and Other Things*, Stanford Business Books.

FENZ, G. UND M. SCHNEIDER (2009) „Ein Exportfrühindikator für Österreich auf Basis der LKW-Fahrleistung", *Geldpolitik & Wirtschaft*, Q1/09, OeNB, 47–56. `http://www.oenb.at/de/img//gewi_2009_q1_schwerpunkt03_tcm14-99632.pdf`

FERTIG, M. UND C. M. SCHMIDT (2001) „Empirische Ansätze zur Evaluation wirtschaftspolitischer Maßnahmen", *WISU*, 11.

FIGGE, F. (2004) "Bio-folio: Applying Portfolio Theory to Biodiversity", *Biodiversity and Conservation*, 13, 822–849.

FREEDMAN, D., R. PISANI UND R. PURVES (2007) *Statistics*, 4. Auflage, W. W. Norton & Company.

GADENNE, V. (2006) „Empirische Forschung und normative Wissenschaftstheorie: Was bleibt von der Methodologie des kritischen Rationalismus?", in: A. DIEKMANN (Hrsg.) *Methoden der Sozialforschung*, VS Verlag für Sozialforschung, 33–50.

GANZ, V. UND S. WALLER (2003) „Konjunkturelle Frühindikatoren", *WISU*, 10, 1204–1206.

GONICK, L. UND W. SMITH (2009) *Statistik in Cartoons*, Vahlen.

GREENE, W. H. (2003) *Econometric Analysis*, 5. Auflage, Prentice Hall.

HAUSER, F. (2007) „Kursmanipulationen mittels Spam Mails – Eine Event Study“, *ÖBA*, 213–219.

HAYS, J. M. (2003) “Forecasting Computer Usage”, *Journal of Statistics Education*, Vol. 11, No. 1.
`http://www.amstat.org/publications/jse/v11n1/datasets.hays.html`

HILGERS, P. V. UND W. VELMINSKI (2007) *Andrej A. Markov – Berechenbare Künste*, Diaphanes Verlag.

HILGERS R. D., P. BAUER UND V. SCHEIBER (2007) *Einführung in die Medizinische Statistik*, 2. Auflage, Springer-Verlag.

HILLIER F. S. UND G. J. LIEBERMAN (2005) *Introduction to Operations Research*, 8. Auflage, McGraw-Hill.

HOSSACK, I. B., J. H. POLLARD UND B. ZEHNWIRTH (1999) *Introductory Statistics with Applications in General Insurance*, 2. Auflage, Cambridge University Press.

HSU, J. C. (1996) *Multiple Comparisons – Theory and Methods*, Chapman & Hall.

ISAAC, R. (1995) *The Pleasures of Probability*, Springer-Verlag.

KAMINSKY, G., S. LIZONDO UND C. M. REINHART (1998) “Leading Indicators of Currency Crises”, *IMF Staff Papers*, 45, 1, 1–48.

KENNEDY, P. (2008) *A Guide to Econometrics*, 6. Auflage, Blackwell Publishing.

KIRCHGÄSSNER, G. UND J. WOLTERS (2006) *Einführung in die moderne Zeitreihenanalyse*, Verlag Vahlen.

KOMLOS, J. UND B. E. LAUDERDALE (2007) “The Mysterious Trend in American Heights in the 20th Century”, *Annals of Human Biology*, 34, 206–215.

KORNMEIER, M. (2007) *Wissenschaftstheorie und wissenschaftliches Arbeiten – Eine Einführung für Wirtschaftswissenschaftler*, Physica-Verlag.

KRÄMER, W. (2003a) *Denkste! – Trugschlüsse aus der Welt des Zufalls und der Zahlen*, 5. Auflage, Piper Verlag.

KRÄMER, W. (2003b) *Statistik verstehen – Eine Gebrauchsanweisung*, 3. Auflage, Piper Verlag.

KRÄMER, W. (2003c) *So lügt man mit Statistik*, 4. Auflage, Piper Verlag.

KRENGEL, U. (2003) *Einführung in die Wahrscheinlichkeitstheorie und Statistik*, 7. Auflage, Vieweg Verlag.

KRUG, W., M. NOURNEY UND J. SCHMIDT (2001) *Wirtschafts- und Sozialstatistik – Gewinnung von Daten*, 6. Auflage, Oldenbourg Verlag.

LINKE, A. (2003) „Spam oder nicht Spam?“, *c't*, 17, 150–153.

LIPPE, P. V. D. (1996) *Wirtschaftsstatistik*, 5. Auflage, Lucius & Lucius Verlagsgesellschaft.

LIPPE, P. V. D. UND A. KLADROBA (2002) „Repräsentativität von Stichproben“, *Marketing ZFP*, 24, 139–145.

LORENZ, M. O. (1905) “Methods of Measuring the Concentration of Wealth”, *Quarterly Publications of the American Statistical Association*, 9(70), 209–219.

MANIA, H. (2008) *Gauß – Eine Biographie*, Rowohlt Verlag.

MARKOWITZ, H. M. (1952) “Portfolio Selection”, *Journal of Finance*, 7, 77–91.

MARKOWITZ, H. M. (1959) *Portfolio Selection: Efficient Diversification of Investments*, John Wiley & Sons.

MATSON, J. E. UND B. R. HUGUENARD (2007) “Evaluating Aptness of a Regression Model”, *Journal of Statistics Education*, Vol. 15, No. 2, 1–15. `http://www.amstat.org/publications/jse/v15n2/datasets.matson.html`

MERTENS, P. UND S. RÄSSLER (Hrsg.) (2005) *Prognoserechnung*, 6. Auflage, Physica-Verlag.

MOORE, D. S. UND G. P. MCCABE (2006) *Introduction to the Practice of Statistics*, 5. Auflage, Freeman & Co.

NEUSSER, K. (2009) *Zeitreihenanalyse in den Wirtschaftswissenschaften*, 2. Auflage, Teubner-Verlag.

NEWBOLD, P., W. L. CARLSON UND B. THORNE (2010) *Statistics for Business and Economics*, 7. Auflage, Pearson.

NEWPORT, F., D. MOORE UND S. SAAD (1997) “How are polls conducted?” in: GOLAY, M. *Where America Stands 1997*, John Wiley & Sons.

NIEDERHÜBNER, N. (2005) „Indikatorprognosen“, in: P. MERTENS UND S. RÄSSLER (Hrsg.) *Prognoserechnung*, 6. Auflage, Physica-Verlag, 205–214.

NOELLE-NEUMANN, E. UND T. PETERSEN (2005) *Alle, nicht jeder – Einführung in die Methoden der Demoskopie*, 4. Auflage, Springer-Verlag.

OHMER, S. (2006) *George Gallup in Hollywood*, Columbia University Press.

OPPENLÄNDER, K. (1998) *Konjunkturindikatoren – Fakten, Analysen, Verwendung*, 2. Auflage, Oldenbourg Verlag.

PAKKO, M. R. UND P. S. POLLARD (2003) “Burgernomics: A Big Mac Guide to Purchasing Power Parity”, *Federal Reserve Bank of St. Louis Review*, 85, 9–27.

PETRAS, K. UND R. PETRAS (2007) *Alter spielt keine Rolle – außer man ist ein Rotwein*, Coppenrath Verlag.

PFANZAGL, J. (1988) *Elementare Wahrscheinlichkeitsrechnung*, Walter de Gruyter.

POPPER, K. R. (1994) *Logik der Forschung*, 10. Auflage, Mohr-Siebeck.

QUATEMBER, A. (2001) *Die Quotenverfahren – Stichprobentheorie und Praxis*, Shaker-Verlag.

R Development Core Team (2008) *R: A Language and Environment for Statistical Computing*. R Foundation for Statistical Computing, Vienna, Austria, http://www.R-project.org.

Ronning, G. (2005) *Statistische Methoden in der empirischen Wirtschaftsforschung*, LIT Verlag.

Ross, S. M. (1997) *Simulation*, 2. Auflage, Academic Press.

Schaich, E. und W. Schweitzer (1995) *Ausgewählte Methoden der Wirtschaftsstatistik*, Verlag Vahlen.

Schnell, R., P. B. Hill und E. Esser (1999) *Methoden der empirischen Sozialforschung*, 6. Auflage, R. Oldenbourg Verlag.

Schröder, M. (2005) „Einführung in die kurzfristige Zeitreihenprognose und Vergleich der einzelnen Verfahren“, in: P. Mertens und S. Rässler (Hrsg.) *Prognoserechnung*, 6. Auflage, Physica-Verlag, 7–37.

Schumann, S. (2006) *Repräsentative Umfrage*, 4. Auflage, R. Oldenbourg Verlag.

Schuyler, J. (2001) *Risk and Decision Analysis in Projects*, 2. Auflage, Project Management Institute.

Silgoner, M. A. (2005) „Europäische Konjunkturindikatoren im Überblick: Große Datenvielfalt im Euroraum, Aufholpotenzial in den neuen EU-Mitgliedstaaten“, *Geldpolitik & Wirtschaft*, Q3/05, OeNB, 75–101.
`http://www.oenb.at/de/img/`
`/gewi_2005_q3_analysen_04_tcm14-32035.pdf`

Smith, J. (2000) „A Critical Survey of Empirical Methods for Evaluating Active Labor Market Policies“, *Schweizerische Zeitschrift für Volkswirtschaft und Statistik*, 136(3), 247–268.
`http://www.sjes.ch/papers/2000-III-2.pdf`

Smith, M. J. und D. M. McClung (1997) “Avalanche Frequency and Terrain Characteristics at Roger’s Pass, British Columbia, Canada”, *Journal of Glaciology*, 43(143), 165–171.

Squire, P. (1988) “Why the 1936 Literary Digest Poll Failed”, *Public Opinion Quarterly*, 52, 125–133.

Swoboda, H. (1971) *Knaurs Buch der modernen Statistik*, Droemersche Verlagsanstalt.

Tempelmeier, H. (2008) *Material-Logistik – Modelle und Algorithmen für die Produktionsplanung und -steuerung in Advanced Planning-Systemen*, 7. Auflage, Springer-Verlag.

Thonemann, U. (2010) *Operations Management*, 2. Auflage, Pearson Studium.

The Economist (2009) “Big Mac Index: Exchange-Rate Theory”,
`http://www.economist.com/markets/bigmac/`

TORBERG, F. (2008) *Die Tante Jolesch oder der Untergang des Abendlandes in Anekdoten* und *Die Erben der Tante Jolesch*, LangenMüller in der F.A. Herbig Verlagsbuchhandlung, München.

WEBER, M. (1904/05, 1920) *Die protestantische Ethik und der „Geist" des Kapitalismus*, Textausgabe auf der Grundlage der ersten Fassung von 1904/05 mit einem Verzeichnis der wichtigsten Zusätze und Veränderungen aus der zweiten Fassung von 1920, hrsg. von K. LICHTBLAU UND J. WEISS (1996), 2. Auflage, Beltz Athenäum.

WERDES, A. (2008) „Mehr als Kästchen und Pfeile", Nr. 32, 31. 7. 2008. `http://www.zeit.de/2008/32/C-Faecherportraet-BWL`

WERMUTH, N. UND R. STREIT (2007) *Einführung in Statistische Analysen*, Springer-Verlag.

WINKER, P. (2007) *Empirische Wirtschaftsforschung und Ökonometrie*, 2. Auflage, Springer-Verlag.

WINKLER, W. (1947) *Grundriss der Statistik I: Theoretische Statistik*, 2. Auflage, Manzsche Verlagsbuchhandlung.

WOOLDRIDGE, J. M. (2006) *Introductory Econometrics – A Modern Approach*, 3. Auflage, Thomson South-Western.

WURMDOBLER, C. (2005) *Kaffeehäuser in Wien*, Falter Verlag.

Index